图书馆组织文化：CIS、形象设计与文化建设

柯　平　主编

國家圖書館出版社
National Library of China Publishing House

图书在版编目(CIP)数据

图书馆组织文化:CIS、形象设计与文化建设/柯平主编. --北京:国家图书馆出版社,2017.12(2019.2 重印)

ISBN 978-7-5013-6309-4

Ⅰ.①图… Ⅱ.①柯… Ⅲ.①图书馆文化—建设—研究 Ⅳ.①G251

中国版本图书馆 CIP 数据核字(2017)第 299684 号

书　　名　图书馆组织文化:CIS、形象设计与文化建设
著　　者　柯平　主编
责任编辑　高爽

出　　版　国家图书馆出版社(100034　北京市西城区文津街 7 号)
(原书目文献出版社　北京图书馆出版社)
发　　行　010-66114536　66126153　66151313　66175620
66121706(传真)　66126156(门市部)
E-mail　nlcpress@nlc.cn(邮购)
Website　www.nlcpress.com ——→投稿中心
经　　销　新华书店
印　　装　北京鲁汇荣彩印刷有限公司
版　　次　2017 年 12 月第 1 版　2019 年 2 月第 2 次印刷

开　　本　787×1092(毫米)　1/16
印　　张　18.5
字　　数　460千字

书　　号　ISBN 978-7-5013-6309-4
定　　价　130.00元

目　　录

前　　言

文化人类学有这样一种观点：人是符号的动物，只有人能掌握并运用物质形象的象征意义，并通过这种物质形象的象征意义，进行识别交流和组织控制，创造出自己的生活和文化。形象识别这一行为正是伴随着人类社会产生、发展的整个过程，从远古时期原始人的图腾、饰物，到现代社会形形色色的商标、服装、徽章乃至各种标志性建筑，显示出人类——无论是作为组织还是个体，都希望能够使自身区别于外界的愿望，体现了一种高级的生命活动。进入21世纪以后，人类社会更加强调差异化和个性化。企业不断推出独特新颖的产品，利用现代信息技术提供个性化订购服务，构建自身独特CIS和组织文化。青年人作为最有活力的群体更是追求个性，穿着各种奇装异服，hip-hop风流行。毫不夸张地说，个性和特色，是个人和组织保持其自身特色和生命力的源泉之一。

作为伴随人类发展的图书馆，作为社会组织的图书馆，又如何呢？

世界著名的柏林图书馆的大门上刻有这样一句名言："这里是人类知识的宝库，如果你掌握了它的钥匙，那么全部知识都是你的。"

英国哲学家培根说："图书馆是集古今一切圣贤遗产之大成。"

德国数学家莱布尼茨说："图书馆是人类一切精神财富的宝库。"

英国散文作家兰姆说："在舒适优雅的图书馆里学习，简直是一种享受。看到那些书，就是莫大的幸福。展现在您面前的是丰盛的宴席；您将意识到，一旦入席，即可斟满您的酒杯。"

美国政论家爱默生说："一个完美的小型图书馆，能够创造出巨大的财富。几千年来，世上所有文明国度里的出类拔萃的人们，在那里以最好的方式为我们提供了他们研究的成果和智慧的结晶。"

俄国文学评论家别林斯基说："发展图书馆，不只是为了拥有众多的藏书，而是为了启迪人们的理性，陶冶心灵，以伟人的著作培养高尚的情操。"

俄国作家赫尔岑说："图书馆是思想的公共餐桌，来宾们入席而坐，各自寻觅所需的食品；图书馆是贮存库，一些人把自己的思想和发明创造存进去，而另一些人则按各自的需要把它们取出来。"

俄国作家车尔尼雪夫斯基说："图书馆事业只有得到认真的对待时，才会成为美好的事业。"

美国图书馆学家巴特勒说："图书是保存人类记忆的社会机制，而图书馆则是将人类记忆移植于现在人们的意识中去的社会装置。"

美国图书馆学家谢拉说："未来图书馆最明显的特征，与其说是表现在它的外观上，倒不如说是表现在它的智力活动中。这种活动，从亚历山大图书馆开始，各个时代各个图书馆都有自己的特色。"

……

许久以来,人们因为图书馆物理实在的吸引,因为对个人和社会的作用,而肯定她、赞美她、怀念她。

如果说,图书馆的实在给了人们深深的烙印和影响,那么,即使图书馆的实在已经消失,或者离开某一图书馆多年之后,还会有图书馆的美好印象。这又是什么力量和魔力呢?是如同魔方的图书馆实在,是图书馆的财富,是图书馆的美。

这样说,图书馆早就有了自己的形象识别,区别于其他社会组织的象征。然而,虽然我们一直在探索图书馆的类型与功能,探索图书馆的产生与发展,探索图书馆的建设与问题,却没有对图书馆和图书馆员的形象识别引起足够的重视。

日本小野泰博1978年出版的《图书和图书馆史》指出:"图书馆这个形象,有它自身的传统,即使起个情报中心这样时髦的名称,也不失为其知识文化宝库的姿态。因此,图书馆这个形象总觉得不太清晰。从它的外形来看,总有几分像大教堂,也有的像超级市场。其中也有间于两者的银行式的外观。后二者共同的东西,用英语来表达的话就是'Can I help you?'用计算机接待读者,可以大体看出显著的服务精神。"至于图书馆员的形象,小野泰博描述了作为闲职的图书馆员和作为世俗传道者(secular missionarles)的图书馆员,而不同建筑物、不同类型的馆,图书馆员也就有不同的形象。

最值得思考的是谢拉提出的一个疑问:女孩在游戏时,有人扮演护士,扮演教师,扮演妈妈的角色。为什么就没有人扮演图书馆员呢?

基于以上的背景,结合多年来对于图书馆学的探索,我认为,无论是具体还是抽象的图书馆,需要考虑三个层面:

第一个层面是图书馆工作(library services)。这是与图书馆的物理,与文献、读者结合得最紧密的一层。图书馆之于文献的采集、加工整理与提供利用,之于读者的借阅、咨询、培训等多种服务,与之相关的图书馆资源、图书馆布局、图书馆管理、图书馆服务等,都有专门学问与技术发展的必要。

第二个层面是图书馆事业(librarianship)。这时已超出了单个的图书馆以及具体的工作,而是将各种类型的图书馆置于社会的背景下,反映出图书馆在时间与空间下的不同要素及其组合。图书馆不仅是与文献、读者相关的社会现象,而且是与文化、经济、社会乃至政治相关的社会现象。仅仅从图书馆发展的数字和具体的建筑、人员等诸要素的简单组合,没有系统的思维与时间的抽象,不能真正理解图书馆事业。

第三个层面是图书馆文化(library culture)。它由图书馆现象所凝聚的物质文化、制度文化和精神文化三个部分组成。理论上的图书馆文化研究,涉及概念、理论体系、功能以及与信息文化、网络文化的关系等内容。图书馆文化从整体上是抽象的,但又来源于具体的事物与现象,没有前两个层面的基础,不可能形成图书馆文化;而仅仅有前两个方面的发达,没有文化的思维,也不能使图书馆得到升华。

这三个层面是一个阶梯式的、逐步发展的进程。多年来,图书馆人从早期对于图书馆工作的追求已经扩大到对整个图书馆事业的追求。而今需要的是增加对图书馆文化的追求,这是一个更深的层面,也是图书馆的更高境界。对图书馆的热爱和对图书馆理想的追求,只有到了这一境界,才能真正看到图书馆的本质,真正体会到图书馆从业的伟大,真正感受到"图书馆是天堂的模样"。

20世纪80年代初期,我在读图书馆学专业的时候,"理论脱离实际"早已引起了图书馆界与图书馆学界的关注并作为要解决的重大问题。后来我在图书馆学系任教时，这个问题不仅没有解决，反而有更大的鸿沟，令人百思不得其解。直到我做了图书馆馆长，才有了更深的感悟。有一系列问题：理论研究是为了什么？图书馆最需要什么？理论与应用哪个更重要？这其实都是不复杂不难回答的问题，问题是图书馆员/图书馆学者站在一方局限了自己，问题是图书馆员/图书馆学者没有架起桥梁身体力行。

我对图书馆形象设计与图书馆文化的兴趣，除了基于图书馆学的认识，更重要的是对于具体的图书馆的接触和图书馆的实践。每到一地，参观图书馆，我都有意识地捕获反映图书馆形象的记录和图书馆文化的点滴。在调查研究中，我发现：有许多图书馆工作出色，却没有广泛的影响；有许多图书馆员没有在图书馆找到自己的价值并感受图书馆的价值；有许多图书馆由于忽视形象和文化而直接开展图书馆服务。在做馆长期间，与图书馆员的交流中，我深深感到：图书馆员不仅仅需要专业知识，更需要一种精神。图书馆不能停留在工作与事业的层面，要上升到文化的层面，要有更高的目标和追求。

于是我应邀到许多图书馆去做过讲座，宣讲图书馆文化；于是我和我的研究生们开始图书馆文化的研究，并发表了系列成果，如：《关于图书馆文化的理论研究》（载《图书馆论坛》2005 年第 6 期）、《图书馆管理文化三论》（载《图书情报知识》2005 年第 5 期）等。

在此基础上，我开始了要给图书馆人写一部实用著作的计划，初名为《图书馆形象设计与图书馆文化》，通过为图书馆提供形象设计的具体方法，推动图书馆对于 CIS 的应用，进而通过图书馆文化的建设，实现新世纪的图书馆文化。

从逻辑上来说，图书馆形象设计与图书馆文化是一个整体。借鉴《企业文化概论》（张仁德、霍洪喜主编，南开大学出版社，2001 年）的企业文化、CIS 战略与企业形象关系图，图书馆形象设计与图书馆文化的关系如下：

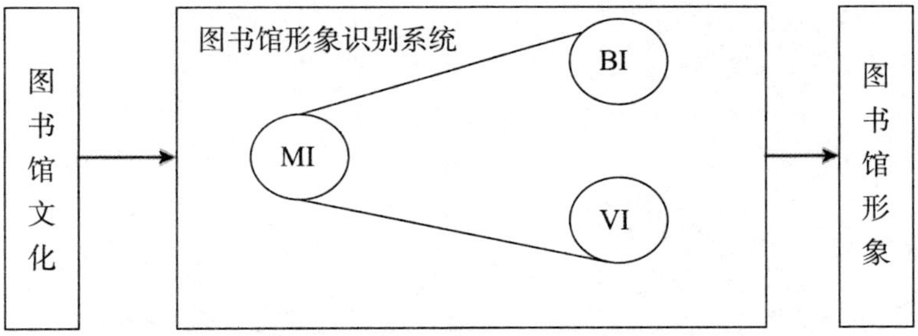

本书的编写是基于此理论框架，结合图书馆的实际，为了给图书馆应用有更强的可操作性和理解上的便利，由表及里，先阐述图书馆形象的具体设计，然后进入图书馆文化分析。全书分为四个部分：

第一部分：图书馆形象概述，将企业形象理论引入图书馆中，阐述图书馆形象识别的意义。

第二部分：详细介绍图书馆形象识别系统的三个子系统：MIS、BIS 和 VIS。在此基础上，介绍图书馆形象导入的具体实施过程与方法。

第三部分：概论图书馆文化，并分别阐述图书馆文化的三个方面，即物质文化、制度文化和精神文化。

第四部分：介绍国内外图书馆在形象导入与图书馆文化方面比较成功的案例。

本书在写作过程中，力求做到：一是实用性，介绍对当代图书馆实用的方法，方法具体，通俗解说,既是具有可操作性的图书馆形象设计工具和图书馆文化指南,又是具有普及性的图书馆形象设计和图书馆文化知识小百科。二是新颖性,全面介绍国内外的图书馆形象设计和图书馆文化,将 CIS 理论和方法引入到图书馆中,理论联系实际,吸收最新的研究成果和案例。三是可读性,语言通俗易懂,引人入胜,加上配有大量图片,以及排版上的艺术性,使之有较强的可读性。

21 世纪,每一个图书馆都有自己的形象,愿本书成为图书馆形象设计的指南。

21 世纪,每一个图书馆应有自己的文化,愿本书成为图书馆文化导入的引擎。

柯平

2006 年 6 月 3 日

2015 年 9 月 15 日修订

第一章　图书馆组织文化概述

随着管理从科学管理到文化管理的发展趋势，组织文化成为图书馆管理的核心领域之一。从战略上，加强图书馆组织文化建设，对于图书馆管理和图书馆发展具有战略意义。

第一节　图书馆为何需要建立组织文化

美国《图书馆管理》曾连续刊登 B. L. Maurice 的《管理沉思》系列文章，指出图书馆管理中出现的一系列问题①。十余年来，老问题与新问题并存，图书馆管理发展到了新的瓶颈。

一、管理大趋势

在图书馆管理的所有著作和教科书中，无一例外地将科学管理作为图书馆管理的理论基础，并大量应用科学管理的理论与方法，形成国内外各式各样图书馆管理理念、模式与实践，以致于学院派的论著从 20 世纪 80 年代的“图书馆科学管理”过渡到 90 年代以来等同于科学管理的“图书馆管理”，而管理实践上逐步讲“科学”并具体到制度管理、质量管理等。

跟踪管理学理论前沿就会发现，科学管理原理一直是管理学的支柱，作为现代管理的标志，促进管理从经验走向科学化，是管理历史上最伟大的贡献；然而，由于生产力的发展以及环境变化引发的管理问题复杂化，使得科学管理局限性愈加突出并被学界普遍关注，于是产生了管理科学和行为科学两大流派，前者更注重经营方针、目标的确定，以提高效果；后者重视人的积极因素，把人看作管理的主体，实现“以人为中心”的管理。

清华大学经济管理学院人力资源管理与组织行为系教授张德认为，纵观世界企业管理的整个历史，其大致经历了经验管理（1769—1910）、科学管理（1911—1980）、文化管理（1981—　）三个阶段，其总体趋势是管理的软化。经验管理的特点主要是经营者靠个人的直觉和经验进行决策和管理，而科学管理主要靠科学的制度体系实现高效率。“发端于 20 世纪 30 年代，流行于 60—70 年代的行为科学，力图纠正和补充科学管理的缺陷和不足，80 年代兴起的企业文化理论正是这种努力的最新成果。企业文化理论完整地提出与科学管理不同的管理思想和方法，成为世界管理的大趋势。由科学管理过渡到文化管理，不是哪个学派的主观臆断，而是科学管理越来越不适应生产力发展的集中表现，是管理实践发展的必然要求。”②

① Line M B. Management musings[J]. Library Management, 2003, 24(1): 86－87; (3): 164－165; (4): 252－253; (6): 360－361; (8): 441－442.

② 张德. 企业文化建设[M]. 2 版. 北京：清华大学出版社，2009：28.

二、从图书馆管理趋势审视组织文化战略地位

进入21世纪以来,图书馆管理面临着前所未有的挑战,P. L. Ward将这些挑战概括为:技术变化的挑战,责任、行为和质量管理的挑战,领导关系的挑战,法律问题的挑战,融资服务的挑战,职工安置的挑战,伦理与价值的挑战,协作、合作与全球化的挑战①。究其来源,主要有三个方面:一是经济和社会环境的变化,经济全球化、文化多元化等要素直接影响着图书馆的经营与运行;二是信息环境特别是信息技术的快速发展总是敏感地作用于图书馆的业务乃至图书馆事业的诸方面,形成巨大的管理冲击力;三是出版发行、媒体、网络、社会文化机构、信息服务部门等利益相关者。

现实早已证明,社会环境、技术环境与利益相关者对图书馆管理的挑战是全方位的,挑战与机遇并存。挑战促使图书馆发生范式转变。R. D. Stueart和B. B. Moran将图书馆和信息服务组织的范式转变描述为:在资源取向上,由自己拥有单一馆藏向虚拟多媒体馆藏转变;在服务取向上,由仓库型向超市型转变;在用户取向上,由等待用户、员工授权向促进使用、用户授权转变②。

基于上述描述,图书馆管理总的趋势是:从硬件管理到软件管理;从资源管理到服务管理;从业务层面的管理到战略层面的管理;从流程管理到应用新技术管理;从以物为中心的管理到以人为中心的管理。Thomas W. Shaughnessy曾强调:为什么图书馆管理者关心组织文化如此重要,在几个可能提供的答案中,最好的答案是,除非组织共有的价值、规范、信念等是明确和集中在所服务的对象上,否则,很难提供持续的优质服务和形成稳定的服务声誉。其次,掌握和改变图书馆文化是一种新的方法和现代技术成功采用的前提。最近的一项调查表明,是部门因素和对计算机的期望因素与技术接受更加密切相关。图书馆内部的部门文化比原来设想的要更有意义得多③。

图书馆组织文化的兴起一方面是管理大趋势下图书馆管理的必然趋势,从科学管理到文化管理不仅仅是管理学界的必然要求,也是图书馆管理的必由之路。另一方面,我国图书馆管理从整体上看,与国外相比还比较落后,随着改革开放以来图书馆的快速发展,图书馆硬件建设突飞猛进,在馆舍、设施设备、技术等许多方面已接近或达到国外先进水平,经费与人力资源差距也逐渐缩小,但在软件建设与管理方面一直薄弱,在服务营销、法规标准、统计与绩效管理、职业认证、战略规划等方面存在着较大差距,特别是组织文化建设还没有成为图书馆界的强烈意识与普遍行动。

因此,图书馆组织文化建设是我国图书馆事业发展战略的要求,也是图书馆业务与管理的迫切需要,必须引起图书馆界的高度重视,充分认识图书馆组织文化,将图书馆组织文化建设纳入图书馆战略规划,并提到图书馆日常工作的议事日程。

---

① Ward P L. Trends in library management[J]. Library Review,2000,49(9):436 -442.

② Stueart R D,Moran B B. Library and Information Center Management[M]. 8th Edition. California:Libraries Unlimited,2013:191.

③ Shaughnessy T W. Organizational Culture in Libraries:Some Managment Perspectives[J]. Journal of Library Administration,1988,9(3):5 -10.

第二节　如何理解图书馆组织文化

一、组织文化

组织文化是企业管理中的一个概念，国外关于组织文化的定义就有160多种①。组织文化(organizational culture)或称企业文化(corporate culture)，源于20世纪70年代末80年代初的美日比较管理学研究。美国学者发现，美国企业管理过分重视物、重视制度和组织结构，应转而重视人、重视企业广大员工。1981年，斯坦福大学帕斯卡尔教授和哈佛大学阿索斯西教授的《日本企业的管理艺术》引述彼德·德鲁克的见解，企业管理不仅是一门科学，而且是一种文化，即有其自己的价值观、信念、工具和语言等，还提出"7S管理模式"，并比较日本松下电器公司和美国国际电话电报公司，认为美国管理人员过于重视策略、结构和制度三个"硬"S，而其余四个"软"S认识不足，因此指出"美国人的敌人，不是日本人和德国人，而是我们企业管理'文化'的局限性"②。

二、图书馆文化

图书馆学界对于文化的关注比管理学界更晚一些。而笔者就"图书馆文化"在"中国学术期刊网络出版总库"进行篇名检索，1989年才有一篇《论图书馆文化》(王胜祥，《黑龙江图书馆》第3期)被收录；如果说12年是一个轮回，那1989—2000年的12年间仅有86篇，而此后2001—2012年的12年间，则有714篇。1996年以前每年不超过10篇，此后也一直未超过年15篇，直到2001年才达到19篇，2004年达到44篇，此后数量递增，于2012年首次破百，达到117篇，2013年129篇，2014年113篇，2015年122篇，侧面说明图书馆文化研究日益受到学界的重视。

关于图书馆文化的表征，不同学者从不同角度进行了阐述。胡芳指出关于图书馆文化的内涵就有十种观点③。分析已有的相关研究，我国关于图书馆文化的理解与探索是沿着两种价值取向和研究路向进行的。一种是伴随着"文化热"，从广义的文化视角，将文化学说应用于图书馆学，将图书馆视为一种文化，如王惠君和荀昌荣的《图书馆文化论》(湖南大学出版社，2004)、柯平和闫慧的"由图书馆现象所凝聚的物质文化、制度文化和精神文化组成的图书馆文化"④，源于国内外关于图书馆文化特性的理论，与阅读文化⑤、信息文化⑥等相关联。另一种是基于管理学的企业文化理论，从狭义的文化视角，分析研究图书馆作为组织的文化，如王世伟的研究⑦和贺子岳的研究⑧等。

---

① 苏忠林. 公共组织理论[M]. 武汉：武汉大学出版社，2013：200.

② 帕斯卡尔，阿索斯. 日本企业管理艺术[M]，1984：3－18.

③ 胡芳. 1997—2005年图书馆文化研究综述[J]. 现代情报，2006，26(9)：103－106.

④ 柯平，闫慧. 关于图书馆文化的理论研究[J]. 图书馆论坛，2005，25(6)：77－82.

⑤ 柯平，闫慧. 网络阅读文化的基本理论研究[J]. 图书馆工作与研究，2007(5)：3－7.

⑥ 董焱. 信息文化论：数字化生存状态冷思考[M]. 北京：北京图书馆出版社，2003：172－181.

⑦ 王世伟. 图书馆管理与服务论丛[M]. 上海：上海社会科学院出版社，2004：80－92.

⑧ 贺子岳. 网络环境下图书馆人力资源的开发研究[M]. 北京：北京图书馆出版社，2004：147.

三、图书馆组织文化

从当前图书馆建设需要以及图书馆管理创新的理论需要出发,采用组织文化的视角,加强图书馆组织文化研究,既有图书馆学理论发展的战略意义,又有图书馆事业发展的战略意义。

如前所述,笔者认为:对组织文化泛化的理解或者狭义的理解都是片面的,将物质文化、精神文化与制度文化三个层面套用到图书馆组织中有些牵强附会,而将组织文化仅仅界定为价值观体系又难以反映图书馆的组织特点。需从战略高度切入,从图书馆组织文化的外显层面和内在核心出发,我们将图书馆组织文化定义如下:图书馆组织文化是一个图书馆所建立的行为规范以及全体职员所表现出的信念与价值观的总和。

在这一定义中,行为规范是图书馆组织文化的外显或外在层面,信念与价值观是图书馆组织文化的内隐或核心层面。

第三节　图书馆组织文化建设的意义

一、改进管理方式　提高管理效能

组织文化管理可以弥补科学管理的缺陷,超越科学管理,有利于提高图书馆管理层次和水平。组织文化管理是一种新的管理,既摒弃了经验管理"人治"的窒碍,也避免了科学管理"法治"的弊端,是先进的管理理念和方法。

我国长期以来图书馆管理不讲科学,只讲经验,特别是依赖馆长个人的作用,加上馆长的频繁更替,使得一些图书馆至今仍处于经验管理和"人治"状态。当大多数图书馆引入并实施科学管理过程中,出现了许多新的问题,如实行定量管理后常常以牺牲质量为代价;实施责任制以后导致责权利的不统一;引入末位淘汰制让员工长期处于紧张状态直接影响工作;过分地对员工实行惩罚管理不仅达不到目的,还起到了反作用,甚至有的图书馆实施责任连坐制,相当于一人错失"株连"同部组,管理的副作用愈加显著。只有在科学管理的基础上强化组织文化建设,实现财务管理、设备管理、人力资源管理、危机管理与战略管理和组织文化的协同,才能彻底改变分散管理和管理落后局面,提高管理的整体层次和新水平。

组织文化建设是图书馆管理发展的必然要求,突出以人为中心的管理,成为图书馆管理的核心内容,有利于提高图书馆效率。

在图书馆服务"以用户为中心"导向的同时,管理上受人本管理的影响,人力资源管理和知识管理成为图书馆管理研究的热点。从理论看,当代图书馆管理体系的发展开始形成三大层面:一是业务管理,包括馆藏资源管理、服务管理、财务管理、统计评估、质量管理、技术管理等,是图书馆基本要素的管理,是图书馆运行的基础,这一层面管理的特征在于基本层面和微观的管理;二是人力资源与创新管理,除人力资源、职业认证等外,不断引入新的管理理论与方法,实现管理创新,如知识管理、危机管理等,这一层面管理的特征在于中高层面和中观的管理;三是战略管理与文化管理,战略规划、组织文化建设是其核心内容,这一层面管理的特征在于组织高层的管理和面向发展的管理。我国图书馆管理正在从低层面管理向高层面迈进,虽然越是高层面难度越大,但这是管理发展的必由之路。

虽然图书馆界曾经开展过“读者第一”还是“馆员第一”的争论，但至今还没有把馆员作用放在恰当的位置。据相关研究，高校图书馆女性馆员比例在70%以上，已出现自卑型、享乐型、慕楚型、瓶颈型等职业倦怠现象[①]。进行组织文化建设，可以根治图书馆人员管理中职业倦怠、职称评审矛盾、压力过大等诸多问题，更好地将激励管理与职业素养相结合，将个体能动性与组织能动性相结合，充分调动图书馆每一个员工的积极性和创造性，创建图书馆组织文化。

组织文化建设要求图书馆优化组织结构，改变落后的领导方式。由于传统图书馆管理中过分强调领导权威，导致专制主义和权力滥用现象，建立新的组织文化要求以民主型取代权威型、以分权式取代集权式[②]。

图书馆组织文化不仅可以最大限度地有效利用人力资源，通过强调以人为本，关心人、理解人、尊重人、培养人，充分满足员工需要层次的提高，最大限度地调动人的积极性；而且可以将图书馆的人力优势变成人才和智力优势，通过文化影响图书馆组织群体行为，增强组织凝聚力，提高组织效力。

二、提升竞争力　塑造良好社会形象

组织文化建设对组织发展战略的制定与实施起着决定性作用，有利于提升图书馆的核心竞争力。

有一个时期将学习型组织引入图书馆有不少研究，却缺乏相应的实践。近十年战略规划研究以及“十二五”“十三五”规划制订呼唤图书馆战略管理理论的指导。图书馆组织文化建设对图书馆战略规划制订与实施起着决定性作用，组织文化建设带来的知识、效益、人文提升等相关价值，有利于增强图书馆的战略意识，确立图书馆的使命和目标，形成图书馆的长期战略，也直接影响图书馆发展战略的实施，有利于实现制订与实施的衔接以及目标与行动的统一。组织文化建设着眼于整体与未来，将组织的业务与管理提升到更高和长远的层面，直接关系到增强和发展图书馆的核心竞争力。

组织文化建设是通过改善与塑造图书馆社会形象，有利于增强图书馆与社会的联系，促进图书馆服务，进而提升图书馆的社会价值和社会地位。

组织形象是组织文化的外在表现。良好的图书馆形象直接影响用户对图书馆的认知，影响用户对图书馆的充分利用。

第四节　CIS 理论与图书馆形象导入

识别是指个体或者组织借助各种感性的形式来彰显其自身区别与外界的特殊性。从组织理论的角度讲，组织存在的原因是因为它有自己特定的使命，使命描述自己的愿景、共享的价值观、信念以及存在的原因，它对组织具有强有力的影响[③]。这种不同的使命是区别不

① 任玉梅. 关于高校图书馆女馆员职业倦怠的几点思考[J]. 山东图书馆学刊，2012(5)：66－69.

② 苏忠林. 公共组织理论[M]. 武汉：武汉大学出版社，2013：222.

③ 周宁，杨金德，朱健强. CIS：企业形象识别设计全书[M]. 北京：北京广播学院出版社，1995：4.

同组织的关键所在,通常这种区别要通过一系列的视觉的、行为的规范来体现出来。

识别离不开形象。为了达到识别的目的,我们必须借助各种感性形象的手段,这也就是所谓的"口说无凭,眼见为实",特殊性必须通过具体的形象来展现给大家,才能得到大家的认同。无论是通过颜色、服装、旗帜或者是行为,它归根到底都是一种形象。

形象是一个复杂的概念,使用也很广泛,比如个人形象、公司形象、国家形象、对外形象等。我们很难用某种单一的东西来代替其形象,比如对于一个人的形象,我们无法简单地抽取一个人的相貌、行为、动作作为这个人的形象。相反,形象是一种综合的感觉,一个人的个人形象必然是综合这个人的相貌、动作、衣着、修养、待人接物等诸多方面而产生的。对于同一个人的形象,不同人的看法也不同,这说明形象在一定程度上也是一种主观的体验和感觉。

塑造并保持一个良好的对外形象非常重要,北京在申请承办2008年奥运会的过程中,以"新北京、新奥运"为口号,倡导绿色奥运、人文奥运和科技奥运的理念。在申办过程中,聘请我国著名导演张艺谋制作申奥宣传片,邀请邓亚萍、桑兰、杨澜、成龙、巩俐作为形象大使,举办北京申奥演唱会和奥运冠军签名活动,从而全方位地展示中国北京的风采,成功地获得了2008年奥运会的举办权。可见,无论是对于个人,还是对于一个团队、一个组织,甚至对于一个城市、一个国家,都需要进行形象设计,图书馆也不例外。

一、CIS的起源和发展

组织文化管理可以弥补人类有意识地进行形象识别的历史可以说是源远流长,但CIS(corporate identity system的缩写,即企业形象识别系统)作为一种系统的经营策略出现,却是现代社会的事情。到了现代社会,随着生产和市场的扩大,企业通常面临着很大的竞争压力。在对手如林、竞争愈演愈烈的情况下,为打破产品的同质化,争取在市场上脱颖而出,企业开始重视和强调自身与竞争对手之间的差别和个性特点,发展自己的形象战略。在这种情况下,第二次世界大战前,英国工业设计协会会长弗兰尼领导了一批杰出的设计家为英国伦敦的地铁系统进行设计规划。由詹世顿负责其中有关字体标准化的设计部分,格罗皮斯负责其中的项目设计,摩尔则负责纪念碑设计。这一整套设计规划被认为是CIS的萌芽。

CIS作为一种新颖独特的竞争战略,二战后在美国兴起,并逐渐在西方发达国家流行起来。在美国的高速公路上,不仅有各式各样的交通标志,而且美国的很多企业都利用高速公路宣传自己的产品,使用两三种简单明快的颜色,易于识别,美国的汽车餐厅麦当劳(McDonald)就是一个典型的例子(见图1-1)。

企业引入CIS有一个成功案例。1956年,IBM公司总裁托马斯·沃森聘请偌伊斯设计出一套完整的视觉识别系统。整个视觉形象系统以公司的英文首字母缩写IBM(International Business Machines)为核心,创造除了极具美感的造型,并围绕着这一核心设计出一系列统一的标准字体及其他应用系统。整个设计体现除了IBM作为一个高科技IT企业所代表的"前卫,科技,智慧"的特点,同时也体现除了一家高科技公司雄厚的技术背景和经济事例,IBM逐渐获得"蓝色巨人"的称号。

而我国直到20世纪80年代才开始重视并引入CIS系统。改革开放以后,1988年太阳神集团开创了我国导入CIS风气之先。在太阳神成功导入CIS系统,并极大地提高其竞争能力的鼓舞下,20世纪90年代初,一大批企业纷纷实施企业形象战略并取得同样的成功。

图 1－1　一些简单的交通标志与公司标识

来源：昵图网[EB/OL].[2016－03－31]. http://www. nipic. com/.

对企业来说，企业形象是企业的关系者对企业的整体感觉、印象和认知。企业的关系者包括消费者、客户、竞争者、股东、投资者、企业员工、潜在就职者、原材料供应者、政府、传媒等。企业形象策划是一种美化企业形象，注入新鲜感、使企业更能引起外界的注意，进而提升企业的知名度、信赖度和美誉度的经营技法①。

二、CIS 的构成与设计

CIS 是运用视觉设计，将组织理念与本质规范化、系统化、视觉化。它以组织的经营理念、管理思想和组织文化为核心，通过视觉艺术将这些理念内容展现给组织内部员工和社会公众，塑造良好的组织形象，从而使公众对组织产生认同感，增强组织内部的凝聚力和向心力，达到增强组织竞争力的效果。

CIS 由企业理念识别（Mind Identity，MI）、行为识别（Behavior Identity，BI）和视觉识别（Visual Identity，VI）构成。

企业识别系统是企业经营理念，行为规范和视觉设计的统一体。一般认为，企业的理念识别系统是企业识别系统的核心，企业形象策划自始至终都是围绕着企业理念来设计的。一个好的理念，是一个企业 CIS 系统成功的前提；相反，基于一个不适合本企业的理念，无论再有多好的行为识别和视觉识别设计都是无济于事的。从这个意义上讲，企业的理念识别系统是企业识别系统的灵魂。行为识别系统是对理念识别系统的一个直接反映，它是在企业基本理念的基础上建立起来的。通过一系列的行为规范、规章制度和活动安排，企业得以将自己的理念牢牢地贯彻到企业的日常经营活动中，将企业的精神深深印入员工的脑子里，并加以制度化和规范化。

企业视觉识别系统则是企业理念更为直接、更为形象的一个表达。从某种意义上，企业形象识别系统是以视觉识别设计作为其中心的。在实践中也可以发现，很多公司在设计自己的形象识别系统时，都将相当大的精力放到了视觉识别环节。毕竟一个企业的精神理念、行为传统都具有很强的历史沉淀性，这并不是很快“设计”出来的，而漂亮的视觉识别系统，无疑是塑造企业形象最快捷的方式。

CIS 设计是一种有计划、有组织、有目标的管理行为，它把管理的哲理性、科学性和艺术性很好地结合起来，为企业在竞争中求生存图发展塑造一个具有生命力的完整形象②。CI 的开发和实施实际上是与企业的内在结构、运转机制和精神文化紧密相关，是从以物为中心

① 叶万春，万后芬，蔡嘉清. 企业形象策划——CIS 导入[M]. 大连：东北财经大学出版社，2006：22.

② 李锐. 试论现代企业形象设计的原则[J]. 现代管理科学，2004(2)：109－110.

到以人为中心的企业精神的转移,强调人的精神力的调动在管理中的巨大作用①。

企业 CIS 工程的引入包括以下步骤:①实施前的调查分析阶段,主要任务是调查企业的历史和现状,包括企业外部的经营环境、企业的战略定位、企业面临的五种力量因素等,以及企业的内部环境,包括企业的文化、员工水平、领导班子、公共关系现状等。②根据调查结果,展开 CIS 的实际开发和实施工作。这一阶段是 CIS 引入的关键步骤,主要由策划和实施两部分组成。③CIS 工程的实施阶段。企业一般从两个方面来逐步推行,一方面对内进行本企业 CIS 工程的宣传和推行,另一方面是对外的发布和展示。只有在内外部两个方面齐头并进,共同推行,才能有效地把我们前面的设计转换为企业切切实实的形象提升。④实施后的维护和评估。企业建立良好的形象不仅要靠优秀的策划设计、有效的实施,更要靠长期坚持不懈的保持和维护。

三、图书馆引入 CIS 系统必要性与可行性

在图书馆引入 CIS 系统并不是毫无必要或者是赶时髦的举动,而是在新的社会环境中重新定位图书馆的位置,充分发挥图书馆对于社会经济、文化发展的重要作用,并在此过程中充分发展图书馆事业自身所必需的。

其必要性表现为:图书馆之所以要引入 CIS 系统,最根本的原因是改革开放以后,中国社会各个方面经历了巨大的变革,传统意义上"藏书楼"式的图书馆已经不能满足社会多方位的需求,客观上要求图书馆求变求发展。

改革开放给中国带来的影响是极其巨大的,这些影响通常既有好的方面也有坏的方面。经济的发展使人民生活水平大幅度提高,但不断拉大的贫富差距却导致"信息鸿沟"的产生;市场经济使资源配置更加有效率,同时也导致"拜金主义"的滋生;文化的开放使我们精神生活更加丰富,也使一些庸俗、堕落的思想加以传播;我们的社会比 20 年前更加多元化,也更充满着不确定性。坦率地讲,图书馆的变革速度要远远落后于整个社会的变革速度,很多图书馆仍然停留在传统意义上的"藏书楼"阶段。社会的变革对图书馆提出了更高的要求。

图书馆应当积极参与我国信息化建设,改变传统的管理体制,打破传统的僵化的管理体制,真正引入现代的管理方法,关注市场及读者的需求,积极主动地开展服务,这样才能在未来的信息时代获得一席之地。"以人为本",图书馆作为一个社会服务机构更应当顺应社会发展潮流,真正把工作中心从"书"上转移到"人"上。

未来的挑战是巨大的,无论如何,图书馆将不可避免地面对自其产生以来最大的变革。这种变革将涵盖宏观上的图书馆哲学、理念,以及微观上图书馆具体业务工作的方方面面。这种巨大的变革将使图书馆必将采用各种先进的管理思想。而无论是管理体制的改变,服务理念的更新,经营的创新,这些内容都需要借助 CIS 工程加以实施。

从可行性方面讲,CIS 系统是企业通过一系列的设计活动,充分发掘企业的内在潜能,从而最大限度上实现价值最大化的活动。最早的形象设计活动其实并不是始于企业界,而是逐渐被引入企业界后发扬光大的。因此对比图书馆,我们发现虽然图书馆在很多方面不同于以盈利为目标的企业,但在图书馆实行 CIS 仍然是可行的。图书馆和企业都是按照现代

---

① 肖薇薇.略论合理开发和利用人的精神力在企业文化中的地位与现实价值[J].商场现代化,2013(24):64-65.

组织的基本原则来设计和运行的，具体来讲，图书馆和企业一样都有自己的哲学和理念，都有一系列的规章制度来保证其运行，都有自己的组织，都有自己的办公场所及丰富的各种用品等。这些都为图书馆实施 CIS 系统提供了前提条件。一批率先实施 CIS 战略并取得巨大成功的图书馆（上海图书馆、泰达图书馆等），也从客观上证实了在图书馆引入 CIS 系统的可行性。

四、图书馆 LIS 系统

图书馆形象识别系统（Library Identify System，LIS），按照一般 CIS 原理建立，在理念识别系统（Mind Identify System，MIS）、行为识别系统（Behavior Identify System，BIS）、视觉识别系统（View Identify System，VIS）三个方面分别进行设计、实施、维护，将 CIS 系统的基本原则同图书馆的业务工作完善的结合起来。

为此，笔者以企业 CIS 基本结构[①]为基础，构建了一个关于图书馆形象识别系统方面的结构模型，如图 1－2 所示：

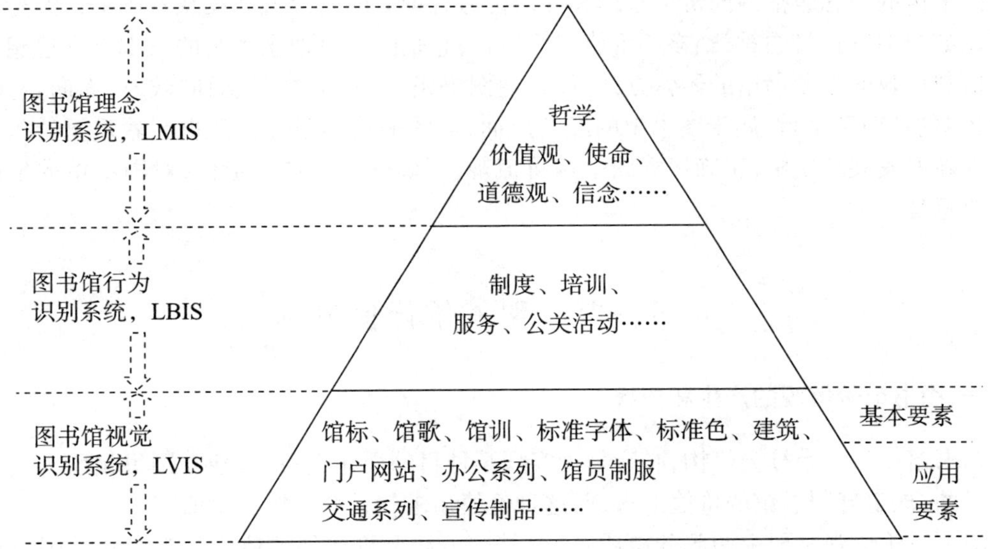

图 1－2　图书馆形象识别系统（LIS）结构模型

来源：本书绘制。

在这个模型中，图书馆理念识别系统（LMIS）依然是处于最高层，对整个图书馆 CIS 系统起着统领的作用，它包括图书馆的哲学、价值观、使命、道德观、信念这些理念层面上的东西。好的图书馆形象识别系统必须建立在正确的理念领导下，尤其是在改革开放进一步深化，社会政治、经济、文化等各个方面经历着巨大变革的情况下，如何找准图书馆在社会生活中的位置，为图书馆确定正确的理念指导，需要我们在实施图书馆 CIS 工程前慎重考虑。

图书馆的行为识别系统（LBIS）和视觉识别系统（LVIS）处在理念识别系统之下，它们包括图书馆的各种规章制度、培训活动、各种服务和公关以及馆歌、馆标、宣传品等方方面面的内容。由于自身情况及定位的不同，各种图书馆在这些方面呈现出极大的差异性和丰富性，研究起来也是非常有趣的。本书将在后面章节中将具有代表性的一些图书馆列举出来，以飨读者。

---

① 叶万春，万后芬，蔡嘉清. 企业形象策划——CIS 导入[M]. 大连：东北财经大学出版社，2006：18.

第二章　图书馆的理念识别系统(MIS)

理念,顾名思义就是一个组织经营管理的观念,有时也称为指导思想。它属于思想、意识的范畴①。理念识别系统,对于图书馆这样一个文化氛围浓厚的事业单位而言,是整个图书馆形象识别系统的核心。它不仅体现着图书馆的经营宗旨与方针,更体现着一种鲜明的文化价值观、鲜明的价值取向。图书馆理念识别系统指图书馆经营管理的指导思想,它包括图书馆的价值观、使命和宗旨、道德观以及信念和口号这些内容,涉及图书馆哲学问题,是图书馆实施 CIS 工程的核心组成部分,对于图书馆整个 CIS 工程实施成败具有至关重要的作用。

图书馆的理念包括内向价值管理和外向价值管理。内向价值观反映着图书馆的行为取向。比如图书馆自身的哲学、核心价值观等内容,它是图书馆理念系统的根本指导思想。外向价值观反映的是图书馆的经营方针,如泰达图书馆的"面向社区、面向政府、面向企业、面向学校"的使命和宗旨,属于图书馆的经营层面,对图书馆的服务活动也起着重要的指导作用。在新的发展环境中,正确树立图书馆价值观,明确图书馆社会定位,对图书馆的发展具有重要意义。

第一节　图书馆价值观

一、图书馆价值观的产生和内容

图书馆作为一个社会机构,必定是为实现某种目的而建立;社会建立图书馆所为实现的终极目的,规定着图书馆的价值追求,而这种价值追求就是图书馆的价值观。

图书馆价值观主要由两部分组成:一个是作为社会机构的整体价值观。它受图书馆哲学思想的影响,具有综合性和高层次的特点,是对于图书馆发展方向、社会服务目标及员工全面发展目标的综合追求,同时指导、制约和统率个人价值观和群体价值观。另一个是图书馆员个人价值观。通常指图书馆员在自己的工作和生活中所形成的价值观,包括对于人生的意义、个人和社会的关系、个人和图书馆的关系等。

构成图书馆价值观的原则和信念不可避免地会受到很多社会因素的影响,比较直接的影响包括图书馆所处的社会和文化的价值观、图书馆上级主管部门的价值观、图书馆职业的从业人员及研究人员的价值观、图书馆的利益相关群体的价值观等。正是由于这种种影响的存在,同图书馆哲学思想一样,虽然图书馆价值观几乎是伴随着图书馆的产生而产生,但它并非一成不变,而是随着社会发展而不断变化发展的。

培养正确的图书馆价值观对于图书馆的发展有着非常重要的意义。图书馆的价值观决定着图书馆的基本价值取向,从整体上规定图书馆的发展目标,使图书馆的工作能够与社会

① 周宁. CIS 企业形象识别设计全书[M]. 北京:北京广播学院出版社,1995:93.

发展、图书馆自身发展以及员工的发展有机地融合起来。充分发挥员工的积极性,推动图书馆事业的不断进步。

图书馆价值观直接影响图书馆员的价值取向。图书馆员是图书馆活动的主体,图书馆的各项工作最终必须落实到员工的身上完成,图书馆员工也是直接同读者接触的人。可以说,员工的工作积极性、工作态度直接决定着读者对于图书馆的评价,要以图书馆积极向上的价值观指导和引领馆员树立爱岗敬业的个人价值观,将个人价值观逐步融入集体价值观,真正认同图书馆价值观,才能有效地促进图书馆的发展。

二、树立我国新时代的图书馆价值观

正确的图书馆价值观对于图书馆的决策和图书馆的行为有着决定性的影响,树立正确的图书馆价值观也是图书馆构建理念识别系统中最为重要的内容之一。那么我们应当如何树立自己的图书馆核心价值观呢?

设计图书馆价值观,首先必须弄清楚对于图书馆价值观的诸多影响因素。由于不同时间、地域的社群与个人因为其所奉行的社会价值观和图书馆价值观存在较大甚至完全不同的差异,从而导致图书馆事业整个运作体系的内在本质与图书馆运作在时空范围内出现巨大差异并体现出鲜明特色。图书馆价值体系内容的形成与所在地域内社会的经济水平、文化结构、制度设计、伦理准则所构成的社会整体价值取向是一种互为表里的关系。图书馆作为社会制度的产物,自然而然地继承了其母体社会所有的基因特点,遗传的保守性根植于其方方面面①。前面我们已经提到,图书馆所处的社会和文化的价值观、图书馆上级主管部门的价值观、图书馆职业的从业人员、研究人员的价值观、图书馆的利益相关群体的价值观对图书馆核心价值观起着最直接的作用。

当今世界已经迈入知识经济的时代,知识一直以来都是经济发展的重要因素之一。在传统社会中,知识仅仅被看作外部因素,并未被纳入经济发展的完整组成之中。在农业社会中,创造一切财富都无法离开土地,土地成为社会经济的首要生产要素,农业生产的局限性与封闭性,致使知识传播、应用和创新速度极为缓慢。伴随着工业社会的到来,资本成为创造财富的主导因素,资本家无限追逐财富的动机和竞争的压力导致知识的应用和创新速度大大加快,但其本身仍然是资本的依附物,在分配上也依然是由资本占据主导地位。到了20世纪80年代,随着信息技术和经济全球化的发展,世界经济和社会运行方式发生一系列根本性的变化。知识经济给传统的图书馆价值观念带来了巨大的冲击。在知识经济中,图书馆中所藏的文献资源由于包含了巨大的知识含量,因而成为一种经济资源。美国微软公司总裁比尔·盖茨就曾经说过:"图书馆拥有着非常重要的信息资源,这些信息资源将会是未来竞争取胜的关键因素。"这种将文献资源视为经济因素的观念无疑会使图书馆价值取向中带有浓厚的功利主义色彩。图书馆将在国家层面以及企业层面的竞争中起到重要作用。图书馆会成为一个国家信息化的基地,马克·波拉特就把图书馆视为"第一信息部门"。知识经济时代,馆藏量和借阅周转率不再是衡量图书馆作用和价值的唯一标准,更加重要的是提供有效信息的数量与开发馆藏信息资源的深度②。

① 李金荣."公共图书馆精神"及"图书馆价值观"讨论之阅读札记[J].图书馆,2005(5):5-10.

② 范茵.知识经济与图书馆价值观念的变革[J].江西图书馆学刊,1999(2):12-14.

信息技术特别是计算机技术和网络技术的飞速发展,无疑是对于图书馆传统价值观念的另一个巨大冲击。由于信息技术的广泛运用,信息的传播、存储媒体的多元化趋势彻底地改变了图书馆的传统收藏模式。对于图书馆的评价不再以传统的藏书数量、馆舍大小、流通率等指标来衡量,文献的电子化程度、数字化程度,网络的传播能力等诸多新的因素成为评价图书馆的服务和建设的新指标。图书馆在新的信息时代还肩负着对用户进行技术培训以及信息素质教育的新的使命。

我国现在处于巨大的社会转型时期,这一社会转型带给中国社会的冲击无论在深度上还是广度上毫无疑问都是空前的。自 1978 年改革开放以来,我国在"以经济建设为中心"思想的指导下,在给国民经济带来巨大发展,人民生活水平极大改变的同时也带来了更为深刻的政治、社会、文化和价值观的变革。亚当·斯密曾经说过:"哪里有巨大的财富,哪里就有巨大的不平等。"中国改革在带来巨大财富的同时,也带来了巨大的不平等、不公正甚至是绝对的贫困。弱势群体的利益逐渐被关注,政府也不再强调"效率优先",提倡"科学发展""以人为本的发展"和"和谐社会"。法制建设和行政管理体制的改革也取得了一定的成效,但中国的改革仍然面临着巨大的挑战①。2004 年 12 月,Google 宣布联手哈佛大学、斯坦福大学、密歇根大学、牛津大学和纽约公共图书馆共推图书数字化,要把 4000 多万册最优秀的图书和人类的知识精华放到网上,供所有的用户使用。Google 公司国际媒体部经理戴比·弗罗斯特说:"Google 的真正价值观在于:如果我是用户,要选择一个搜索站找资料,我会去那个资料最丰富、最有价值的网站找东西。这个网站就是 Google。现在通过这些大学提供的丰富信息资料,可以帮助我们的客户更快地找到他们所需的东西,这才是真正的价值。"②随后,Google 又与各国的相关机构合作,将大量纸质文献电子化,形成"Google 图书",2009 年 10 月,中国文字著作权协会曾对 Google 发起声讨,指责 Google 图书未经授权,就扫描了 570 名权益人的 17 822 件作品。2009 年 12 月,中国作家绵绵将 Google 告上法庭,索赔 100 余万元。历经 4 年多,先后 6 次开庭,北京市高级人民法院做出终审判决,认定 Google 对作家绵绵的作品进行数字化扫描的复制行为不构成"合理使用",Google 败诉。2015 年,Google 图书与传统出版商及作者之间长达 10 年的法律"战争"结束了,美国最高法院宣布将不再接受此案的上诉请求。这意味着,去年美国第二巡回上诉法院的判决是最终的结果,2015 年 10 月 16 日,美国联邦第二巡回上诉法院(United States Court of Appeals 2nd Circuit)以 3—0 的票数裁定 Google 图书的扫描属于"合理使用"(fair use),Google 可以继续往它的数字图书馆计划中添加图书,而不用向图书作者付费。Google 图书最终合法了③。

图书馆应当在中国的改革开放中发挥重要的作用。图书馆传统价值观中"构建宽容、和谐社会""促进社会公正",以及伴随着信息社会出现后的"弥补信息鸿沟"这些思想对于弥合中国巨大的社会鸿沟、推动和谐社会的建立无疑有着巨大的作用。图书馆应当秉承这些价值取向,更多地注意取得广泛的社会效益;而不应当迫不及待地投身于市场经济中,谋求

① 文佳筠. 处在十字路口的中国范茵[J]. 商务周刊,2006(2):38 - 39.

② 靳生玺. 分析:Google 数字图书馆计划的 3 大硬伤[EB/OL]. [2006 - 02 - 16]. http://tech.sina.com.cn/i/2005-07-26/1845674021.shtml.

③ 网易新闻. 打了 10 年官司,谷歌图书在美国合法了[EB/OL]. [2016 - 12 - 12]. http://news.163.com/16/0421/00/BL4SPCGB00014JHT.html.

自我盈利,视更为重要的社会责任于不顾。

图书馆在设计自己的价值观体系时,可以考虑下面的方法:

(1)在分析社会主导价值观的基础上,根据本图书馆制定的最高目标,初步提炼出图书馆的价值观并在图书馆管理层和图书馆员工中讨论。

(2)确定图书馆的价值观后,进一步提炼出图书馆的整个价值观体系。

(3)将图书馆的价值观体系同图书馆的文化、业务、服务等各个层次的其他要素统一协调起来,形成全面准确的图书馆价值观书面表述。

(4)在全馆范围内对图书馆员工进行广泛培训,调动广大员工的积极性,使图书馆的价值观深入人心。

可以肯定的是,由于各个图书馆所处社会环境、自身情况的不同,各个图书馆的价值取向也会有很大的差别。公共图书馆可能会更偏重于整个社会的公共服务,高校图书馆则会侧重于教学和科研,而社区图书馆、特色图书馆也会因为各自的不同情况而有着千差万别的价值观念。

国内外一些图书馆在顺应时代发展、服务社会、树立良好价值观体系方面取得了成功。笔者选取了一些典型例子以俟读者。

三、国内外图书馆的价值观表述

1994 年,联合国教科文组织发表了《公共图书馆宣言》,对公共图书馆的价值取向的表述为:"……公共图书馆,作为人们寻求知识的重要渠道,为个人和社会群体的终身教育、自主决策和文化发展提供了基本条件。"①

---

① UNESCO. Public Library manifesto[EB/OL]. [2006 - 06 - 30]. http://www.ifla.org/VII/s8/unesco.manif.htm。原文为:

"Freedom, Prosperity and the Development of society and individuals are fundamental human values. They will only be attained through the ability of well-informed citizens to exercise their democratic rights and to play an active role in society. Constructive participation and the development of democracy depend on satisfactory education as well as on free and unlimited access to knowledge, thought, culture and information.

The public library, the local gateway to knowledge, provides a basic condition for lifelong learning, independent decision-making and cultural development of the individual and social goups.

This Manifesto proclaims UNESCO's belief in the public library as a living force for education, culture and information, and as an essential agent for the fostering of peace and spiritual welfare through the minds of men and women.

The services of the public library are provided on the basis of equality of access for all, regardless of age, race, sex, religion, nationality, language or social status. Specific sevices and materials must be provided for those who cannot, for whatever reason, use the regular sevices and materials, for example linguistic minorities, people with disabilities or people in hospital or prison.

All age groups must find material relevant to their needs. Collections and sevices have to include all types of appropriate media and modern technologies as well as traditional materials. High quality and relevance to local needs and conditions are fundamental. Material must reflect current trends and the evolution of society, as well as the memory of human endeavour and imagination.

Collections and services should not be subject to any form of ideological, political or religious censorship, nor commercial pressure."

范并思认为，图书馆核心价值观指："图书馆界对于自己的责任或使命的一种系统的说明。"①潘燕桃认为，图书馆核心价值观是："图书馆和图书馆员在图书馆发展过程中如何处理内外矛盾、不随时间的变化而改变的一系列准则，是坚持不懈地努力使全体成员都必须信奉的最重要和永恒的信条。"②李超平认为，中国的图书馆核心价值观研究始于2007年，经历了三次确立与再确立的过程，并形成《图书馆服务宣言》，是图书馆职业整体的理想宣示，也是所有从业者在工作中共同努力的方向③。

以上是行业组织及学术界对图书馆价值观的相关研究和表述，而在实践界，许多图书馆在其官方网站上，旗帜鲜明地表明了其价值观，我们节选如下，以飨读者：上海图书馆上海科技情报研究所是综合性研究型公共图书馆和行业情报中心，同时也是全国文化信息资源共享工程上海市分中心、上海市中心图书馆总馆、上海市古籍保护中心和上海市软科学研究基地"前沿技术发展研究中心"。2016年，该馆官网上显示，该馆的价值观为"精致服务、至诚合作、引领学习、激扬智慧"为核心价值观，以"积淀文化，致力于卓越的知识服务"为使命，努力建设世界级城市图书馆④。

广东省立中山图书馆的新馆建设以优先节能、富集人文为亮点，充分体现其现代、自然、人文三大核心价值观。据中山图书馆馆长介绍，图书馆新馆舍的设计注重自然通风和采光，一年三个季度不用空调，大大节省了能源消耗⑤。

深圳图书馆是深圳市政府投资兴建的集大众性、研究型、数字化于一体的大型现代化公共图书馆，在其2014、2015年两年的工作年报中，连续提到秉持"开放、平等、免费"的服务理念，致力于推动公共文化发展，营造良好学习氛围，为城市发展提供精神动力与智力支持⑥。

泰达图书馆档案馆位于天津经济技术开发区行政、金融、文化的中心区，是国内较早实行图书、档案、情报一体化管理的区域性文化机构，分别被国家档案局和文化部评为"国家一级档案馆"和"国家一级公共图书馆"。为适应滨海新区经济社会发展的需要，泰达图书馆档案馆立足开发区，辐射滨海新区，2008年，该馆官网上显示的宗旨是"搭建平台，服务社会，传承文明"，其目标是全力打造适应区域发展的"信息中心、知识中心和文化中心"。2008年，"全国文化信息资源共享工程天津开发区支中心""中国国家数字图书馆泰达分馆""国家科技图书文献中心泰达服务站"相继成立，为构建中国新经济平台提供强有力的信息支撑，为改善天津开发区人文环境，丰富区域文化生活，促进和谐社会建设提供了有力保障。泰达图书馆作为开发区投资环境的重要组成部分，按照天津开发区特殊的社区结构——融合现代的涉外区域、先进的大学园区、新型的高科技园区为一体的高度的信息开放与资源共享的新城区，采用集图书、情报、档案一体化的办馆模式，对图书、情报、档案联合开发，进行

---

① 范并思. 核心价值：图书馆学的挑战[J]. 图书与情报，2007(3)：2－5.

② 潘燕桃. 图书馆核心价值观相关问题辨析[J]. 图书馆杂志，2011(2)：13－16.

③ 李超平. 中国公共图书馆核心价值观的形成与演变[J]. 中国图书馆学报，2008(6)：19－24，89.

④ 上海图书馆，上海科学技术情报研究所. 上海图书馆上海科学技术情报研究所简介[EB/OL]. [2016－03－24]. http://www.library.sh.cn/dzyd/rdsm/aboutus.htm.

⑤ 陈国华，欧小波. 广东投资五亿元扩建百年省立中山图书馆[EB/OL]. [2006－02－16] http://news.sina.com.cn/c/2005-12-11/12167679490s.shtml.

⑥ 深圳图书馆. 深圳图书馆2016年度工作报告[EB/OL]. [2017－02－16]. http://www.szlib.org.cn/work-report-article/work-report.html.

系统化、协调化、集约化等全面调控,促进区域的资源共享,形成综合性信息服务保障体系,从而更大限度地满足读者的多样化信息需求。随着时间的推移,2017 年,该馆官网上显示的宗旨仍然是“搭建平台、服务社会、传承文明”,其目标也未变——“建设适应区域发展的信息中心、知识中心和文化中心”,值得注意的是,该馆的使命由 2008 年的“科学规划馆藏结构,不断加大馆藏资源建设和资源共享,积极开展决策参考、科技查新、文献借阅、档案查询、声像视听等多方位、多层次公共服务”,变为 2017 年的“坚持图书、情报、档案一体化管理模式,遵守法规、行规,运用现代化技术手段,建设具有区域特色的馆藏体系,不断改善服务环境,提高服务水平,为政府、企业、学校、社区用户搭建文献信息服务平台,为区域经济建设和社会发展提供文化保障和智力支持。”

加拿大国家图书馆与档案馆在其建馆 150 周年之际,在 2016—2019 三年计划中,明确了该馆“被赋予了新的意义”:即使加拿大人更好地了解自己个人和国家渊源的关键资源①。

新西兰国家图书馆在其 2007—2017 年的战略方向中,确立了“图书馆在飞速发展的世界中怎样才能最好地服务”的核心价值观,包括获取新西兰数字记忆、启迪知识的创造和经济改革、共享国家故事、丰富用户的经历等②。

英国不列颠图书馆 2008—2011 年提出的 7 个战略重点及目标中,包括了广泛获取和存储英国的数字出版物、将用户与资源相连接、改革报纸的利用与长期保存、以创新服务和集成过程支撑英国的科研、建立数字基础设施、整合物理馆藏的存储和长期保存以及组织建设等③。

除公共图书馆外,各大高校图书馆也有其各自的价值观。例如,上海交通大学图书馆提出创建“资料随手可得,信息共享空间;咨询无处不在,馆员走进学科;技术支撑服务,科研推进发展”的服务理念,将图书馆定位为“以人为本,读者之家;知识服务,第二课堂;信息主导,共享空间”④。

创办于 1924 年的中山大学图书馆,是中山大学信息资源与服务中心。一贯秉承公平、开放、共享的图书馆理念和优良传统,以“智慧与服务”为馆训,不断完善图书馆的服务功能,提高图书馆的服务质量⑤。

---

① 加拿大国家图书馆和档案馆. 2016—2019 三年计划[EB/OL].[2017 - 01 - 09]. http://www.bac-lac.gc.ca/eng/about-us/three-year-plan/Pages/three-year-plan-2016-2019.aspx.

② 新西兰国家图书馆. New Generation National Library Strategic Drections to 2017[EB/OL].[2016 - 12 - 02]. http://www.natlib.govt.nz/about-us/policies strategy/next-generation-library-strategy.

③ 初景利,吴冬曼. 图书馆发展趋势调研报告(一):环境分析与主要战略[J]. 国家图书馆学刊,2010(1):3 - 11.

④ 上海交通大学图书馆. 历史沿革[EB/OL][2017 - 01 - 19]. http://www.lib.sjtu.edu.cn/index.php? m = content&c = index&a = lists&catid = 134.

⑤ 中山大学图书馆. 本馆简介[EB/OL].[2017 - 01 - 19]. http://library.sysu.edu.cn/red_theme/about-us_detail2.html.

第二节 图书馆使命与宗旨

一、图书馆的宗旨与使命的含义

组织的宗旨指在组织哲学的指导下为实现最高目标而制定的方针与政策,是最高目标和组织哲学在组织具体社会义务上的反映。美国俄亥俄州的俄亥俄大学图书馆中心(OCLC)联机计算机图书馆中心(OCLC Online Computer Library Center)创立于1967年,是一个不以营利为目的、提供计算机图书馆服务的会员制研究组织,其宗旨是为广大的用户发展对全世界各种信息的应用以及减低获取信息的成本。迄今为止,有96个国家的53 548个图书馆在使用OCLC的服务来查询、采集、出借和保存图书馆资料以及为它们编目。OCLC的宗旨是通过向图书馆及其用户提供服务而扩展获得世界信息的途径以及降低图书馆的成本①。

美国图书馆学家谢拉说:"服务,这是图书馆的基本宗旨。"服务是贯穿图书馆发展的主线,图书馆现代化发展的最终目的就是提供更好的服务。

联合国教科文组织在《公共图书馆宣言》中将公共图书馆的使命确定为"公共图书馆服务的核心应该与信息、扫盲、教育和文化密切相关",主要使命为②:

①尽早培育并加强儿童的阅读习惯;②既支持各级正规教育,也支持个人和自学教育;③提供个人创造力发展的机会;④激发儿童和青年的想象力和创造力;⑤加强文化遗产意识,提高对艺术、科技成就与创新的鉴赏力;⑥提供接触各种表

---

① OCLC. Mission[EB/OL]. [2008-12-02]. http://www.oclc.org/asiapacific/zhcn/about/mission/default.htm.

② UNESCO. Public Library manifesto[EB/OL]. [2006-06-30]. http://www.ifla.org/VII/s8/unesco.manif.htm。原文是:

"The following key missions which relate to information, literacy, education and culture should be at the core of public library services:

1 creating and strengthening reading habits in children at an early age;

2 supporting both individual and self conducted education as well as formal education at all levels;

3 providing opportunities for personal creative development;

4 stimulating the imagination and creativity of children and young people;

5 promoting awareness of cultural heritage, appreciation of the arts, scientific achievements and innovations;

6 providing access to cultural expressions of all performing arts;

7 fostering inter-cultural dialogue and favouring cultural diversity;

8 supporting the oral tradition;

9 ensuring access for citizens to all sorts of community information;

10 providing adequate information services to local enterprises, associations and interest groups;

11 facilitating the development of information and computer literacy skills;

12 supporting and participating in literacy activities and programmes for all age groups, and initiating such activities if necessary."

演艺术文化展示的机会;⑦促进不同文化之间的对话,支持文化多样性;⑧支持口述传统文化;⑨保证公民获取各种社区信息;⑩为地方企业、社团和兴趣团体提供充足的信息服务;⑪促进信息的发展和计算机应用能力的提高;⑫支持并参与各年龄群体的扫盲活动和计划,并根据需要组织此类活动。

现代管理学的组织理论认为:组织的总目标通常称为使命(即组织存在的原因)。使命描述的是组织愿景、共享价值观、信念以及存在原因,使命将强有力地影响着组织。使命有时又被称为官方目标,是组织力求实现结果和范围的正式说明。无论是使命或者官方目标,有关组织的目的和哲理性说明都将记录到组织政策手册①之中。

在信息化社会和知识经济的今天,图书馆除了肩负着传统的使命外,还面临着一些新的挑战。很多专家和学者都对这一问题进行了专门的论述,在新的世纪,图书馆还将肩负其促进国家信息化建设、提高国民信息素质、促进知识经济的快速发展、加快文献信息的数字化进程的使命,成为社会的信息资源中心、信息服务中心和信息用户培训中心②。

二、各种使命与宗旨表述

不同类型图书馆根据自身定位对自己的使命陈述也不同。

美国国会图书馆根据自身特殊性,将其使命定位为"不仅是保证其资源向国会及美国民众开放,而且还保证他们从中受益。不仅要保持、维护馆藏知识的丰富性,更重要的是要为美国未来各代储备情报潜力"③。

中国国家图书馆是国家总书库,国家书目中心,国家古籍保护中心,国家典籍博物馆。履行国内外图书文献收藏和保护的职责,指导协调全国文献保护工作;为中央和国家领导机关、社会各界及公众提供文献信息和参考咨询服务;开展图书馆学理论与图书馆事业发展研究,指导全国图书馆业务工作;对外履行有关文化交流职能,参加国际图联及相关国际组织,开展与国内外图书馆的交流与合作④。

上海图书馆的宗旨是"积淀文化,致力于卓越的知识服务"⑤。

深圳图书馆秉承最大限度地满足读者需求的公益服务宗旨,为广大读者提供简便、快捷的服务,除周一闭馆外每天9:00—21:00连续开放,每周对外开放72小时。在服务方式上实行"全面开放、免证进馆、分层管理、一卡通行",面向所有公民开放,普通阅览无须任何证件,一般性服务全部免费,打印、复印等仅收取成本费⑥。

广州图书馆以"连接世界智慧,丰富阅读生活"为愿景,"建设以人为中心、一流的国际大都市图书馆"为总目标,定位为区域内的体系建设推手、城市文化地标、终身学习中心、泛在知识门户、公共交流平台、多元文化窗口等六大功能,秉持"理性、开放、平等、包容"的理

① 理查德 L. 拉夫特. 组织理论与设计精要[M]. 李维安等,译. 北京:机械工业出版社,1999:22.

② 马恒通. 21世纪大学图书馆的新使命[J]. 图书与情报,1998(4):18-21.
陈寿. 试论信息时代图书馆员的新使命[J]. 图书馆论坛,2003(6):34-35.

③ The Library of Congress. About the Library[EB/OL]. [2017-01-24]. https://www.loc.gov/about/.

④ 国家图书馆. 国图概况. [2016-03-15]. http://www.nlc.cn/dsb_footer/gygt/lsyg/.

⑤ 上海图书馆上海科学技术情报研究所. 上海图书馆上海科学技术情报研究所简介[EB/OL]. [2016-03-24]http://www.library.sh.cn/dzyd/rdsm/aboutus.htm.

⑥ 深圳图书馆. 深图概况[EB/OL]. [2017-01-24]. http://www.szlib.org.cn/page/overview.html.

念,致力成为促进阅读、交流与分享,激发理性、灵感与想象力,倡导社会和谐包容的公众共享空间①。

香港的公共图书馆根据联合国教科文组织《公共图书馆宣言》中所载的信念,将公共图书馆定位为“开展教育、传播文化和提供资讯的有力工具,也是在市民的思想中,树立和平观念和丰富精神生活的重要工具”。香港的公共图书馆服务由“康乐及文化事务署”提供,以配合社会人士对知识、资讯、自学进修及善用余暇的需求,并推广香港的文学艺术②。

澳门公共图书馆创建于1895年,隶属澳门特区文化局公共图书馆管理厅,由14间公共图书馆、1间西文古籍图书馆、1辆流动图书车和澳门国际标准书号中心组成。澳门公共图书馆“以本澳的利益为基础,致力为社会不同层面的市民提供各项完善的资源与服务,并积极推广本地阅读风气,鼓励及培养全民主动学习,让阅读融入生活”③。

除国家图书馆、公共图书馆外,各大学的图书馆也有自身的使命与宗旨,比较典型的是:

早在2006年,上海交通大学图书馆的服务宗旨是“读者至上、服务至上”④。时隔十年,2016年,上海交通大学图书馆的服务宗旨已演变为“一站式、自助式;个性化、人性化”⑤。可看出明显的时代变迁的痕迹,体现了以人为本的宗旨。

美国哈佛大学图书馆的使命与目标表述为:“The Harvard Library advances scholarship and teaching by committing itself to the creation, application, preservation and dissemination of knowledge.”⑥(哈佛大学图书馆致力于以创新、应用、保存及传播知识促进学校的学术与教学。)

西卡罗莱纳大学的猎人图书馆则是这么表述其核心价值的⑦:

> 教育和终身学习:
>
> 猎人图书馆支持西卡罗莱纳大学的教学和学习任务。图书馆员帮助用户成功有效地查找和批判性地评估信息。图书馆向用户提供用户需要的顺利完成大学学业的信息,提供由奖学金赞助的物理空间,鼓励将学习和阅读作为用户终生的活动。猎人图书馆主要的核心价值是信仰教育的内在和外在效益,以及图书馆在奉献和提供这种教育时发挥的关键作用。
>
> 合作和共识:

---

① 广州图书馆. 广图概况[EB/OL]. [2017-01-24]. http://www.gzlib.gov.cn/aboutlib/index.jhtml.

② 香港公共图书馆. 简介[EB/OL]. [2017-01-24]. https://sc.lcsd.gov.hk/TuniS/www.hkpl.gov.hk/tc/about-us/intro/intro.html.

③ 澳门图书馆. 简介[EB/OL]. [2017-01-24]. http://www.library.gov.mo/zh-hant/aboutus/introduction/history.

④ 上海交通大学图书馆. 上海交通大学图书馆概况[EB/OL]. [2006-02-16]. http://www.lib.sjtu.edu.cn/chinese/about_the_libraries/tsggk.htm.

⑤ 上海交通大学图书馆. 历史沿革[EB/OL]. [2016-12-16]. http://www.lib.sjtu.edu.cn/index.php? m=content&c=index&a=lists&catid=134.

⑥ 哈佛大学图书馆. 使命与目标[EB/OL]. [2017-01-16]. http://library.harvard.edu/objectives-priorities.

⑦ Hunter Library. Mission[EB/OL]. [2007-12-02]. http://www.wcu.edu/hunter-library/about-hunter-library/library-facts-and-planning/index.aspx.

图书馆员工与学生、老师和行政人员合作收集信息,以帮助用户查询和获得高质量的信息。进一步,图书馆员工互相协作,以管理图书馆的相关操作,并经常配合其他图书馆提供信息和服务。能够倾听和尊重他人的意见,开发满足所有受影响的各方的共识;必要时妥协;通过这个过程热情地实现决策,是图书馆组织内高度重视的品质。

自由的调查:

猎人图书馆通过其理性的承诺,开放,以及关键的调查,在西卡罗莱纳大学保护学术自由的调查中起着至关重要的作用,通过提供平衡的系列学术资源代表各种不同的观点。

尊重个人用户:

尊重每个图书馆用户,规定基本方面的优质服务。图书馆员通过完整性与顾客互动;追求准确性,平等访问和用户的隐私记录;提供服务以满足用户的需求。

适应性:

随着新的机遇和挑战不断出现,猎人图书馆提供各种服务和方式以适应。持续关注用户的需求,图书馆不断寻求新的方法来为大学和已经提供的服务进行改进。

第三节　图书馆的道德观

一、图书馆职业道德规范的作用

职业道德是对于一个职业重要的行为规范。法律、规章制度对于人的行为具有“硬”的约束作用,道德对于行为具有“软”的约束作用。实际上,法律、规章制度无论在其制定过程中怎样的严密,也难免会有考虑不到的地方,这时候就要求发挥道德对于人的约束作用。

在我国古代对于道德的论述中,荀况说:“故学至乎礼而止矣,夫是之谓道德之极。”这就赋予了它较为确定的意义,即人们在社会生活中所形成的道德品质、道德境界和调整人与人之间关系的道德原则和规范。孔子的《论语》中集中论述了在当时社会中人与人之间的道德范畴、道德原则和各种行为规定,《论语》是中国关于道德理论和规范的开山之作。

图书馆职业道德规范指图书馆职业团体或政府部门制定的、为图书馆职业提供行为准则的成文规定。其目的是为了规范图书馆职业实践中的行为,维护整个图书馆职业的信誉和地位。图书馆道德观秉承图书馆哲学思想、图书馆价值观,把它们同图书馆具体实践工作相结合,细化为对人的行为具备约束力的条款,因而它比图书馆哲学思想、图书馆价值观这些形而上的东西更具备操作性和约束力。

二、图书馆职业道德规范的制定

职业道德是整个社会道德观念在本行业中的具体反映。这种关系决定图书馆在制定自己的道德规范时应当充分考虑各个方面的因素,在图书馆道德观的设计中应当:

(1)体现中华民族的优秀传统道德观念。我国图书馆职业道德不是无源之水,而是由中华民族几千年来优秀传统道德观念,结合图书馆自身特点的产物。我国几千年的优秀传统道德观念博大精深，概括地讲有忠诚、无私、节俭、守信、礼貌等各个方面。

(2)符合我国社会主义的社会公德和家庭美德。图书馆是一个重要的社会服务机构，图书馆的道德观必须符合当前社会道德观念的要求。就我国当前而言，图书馆的道德观必须体现出“科学发展观”和“和谐社会”的理念。

(3)必须突出本行业的职业特点。图书馆职业的特点在于：图书馆以文献信息这种特殊的智力产品作为工作对象，图书馆作为社会公共服务机构，必须将读者放到第一位，重视社会效益高于重视经济效益等。

我国发布的《公民道德建设实施纲要》指出：“根据党在社会主义初级阶段的历史任务，当前和今后一个时期，我国公民道德建设的指导思想是：以马克思、列宁主义、毛泽东思想、邓小平理论为指导、全面贯彻‘三个代表’指导思想，坚持党的基本路线、基本纲领。重在建设以人为本，为全民族牢固树立建设有中国特色社会主义的共同思想和正确的世界观、人生观、价值观，在全社会大力倡导‘爱国守法、明礼诚信、团结友善、勤俭自强、敬业奉献’的基本道德规范，努力提高公民道德素质，促进人的全面发展，培养一代又一代有理想、有道德、有文化、有纪律的社会主义公民。”这是对所有人员和各行各业的总体要求，也应该是图书馆员的基本道德原则。

2003 年，中国图书馆学会制定并公布了作为我国图书馆职业道德规范的文件《中国图书馆员职业道德准则(试行)》(以下简称《准则》)，具体内容是：

1. 确立职业观念，履行社会职责。
2. 适应时代需求，勇于开拓创新。
3. 真诚服务读者，文明热情便捷。
4. 维护读者权益，保守读者秘密。
5. 尊重知识产权，促进信息传播。
6. 爱护文献资源，规范职业行为。
7. 努力钻研业务，提高专业素养。
8. 发扬团队精神，树立职业形象。
9. 实践馆际合作，推进资源共享。
10. 拓展社会协作，共建社会文明。

2017 年，我们重新考察了中国图书馆学会的官方网站，发现其颁布的最新的《中国图书馆员职业道德准则(试行)》于 2010 年实行，具体内容是[①]：

1. 确立职业观念，履行社会职责。
2. 适应时代需求，勇于开拓创新。
3. 真诚服务读者，文明热情便捷。
4. 维护读者权益，保守读者秘密。
5. 尊重知识产权，促进信息传播。
6. 爱护文献资源，规范职业行为。
7. 努力钻研业务，提高专业素养。
8. 发扬团队精神，树立职业形象。
9. 实践馆际合作，推进资源共享。
10. 拓展社会协作，共建社会文明。

该准则的制定对于我国图书馆事业的发展有着重要的意义。改革开放以来，我国图书馆事业从整体上看取得了巨大的成就，图书馆的物质条件有了巨大改善、图书馆员的生存环境也得到提高。与此同时，图书馆理念、图书馆服务却没有同步发展，特别是图书馆员自律不够，图书馆员对读者服务不到位，甚至是态度恶劣的事件仍然屡屡发生。在这种背景下，制定《准则》无疑能够对规范图书馆职业的行为起到重要作用。

① 中国图书馆学会. 中国图书馆员职业道德准则(试行)[EB/OL]. [2017-01-01]. http://www.lsc.org.cn/c/cn/news/2010-12/21/news_5092.html.

三、美国图书馆职业道德规范

西方国家在很早就制定了有关图书馆的道德准则,美国图书馆协会理事会于1938通过的《图书馆员道德准则》(*Code of Ethics for Librarians*),其大义如下:

总则

(1)图书馆作为一个机构是为一批指定用户的利益存在的,他们可以是一个社区的公民,或者是一个教育机构的成员,也可以是某个更大的或更专业的群体。进入图书馆职业的人有义务坚持其行为的道德标准,这些行为涉及其服务的管理当局、图书馆用户、作为一个机构的图书馆、同事、图书馆专业的其他从业人员乃至整个社会。

(2)本准则中的"图书馆员"一词指任何被图书馆聘用从事美国图书馆协会所定标准中认为是专业工作的人。

(3)本准则提出专业图书馆员的道德行为原则。它既不是特权的宣言,也不是特定场合建议行动的说明。

(一)图书馆员与管理当局的关系

(4)图书馆员在履行其职责时应当认识到,图书馆管理的最终权限在合法的管理权威,该权威可以被赋予一个指定的个人,或诸如委员会之类的群体。

(5)馆长应当随时向管理权威通报专业规范和工作进展。每一个图书馆员都有责任贯彻管理权威及其任命的行政官员的政策,具有忠诚于图书馆的精神。

(6)馆长应当向员工解释管理权威的决定,在员工和管理权威人员之间做好沟通,保持良好的关系。

(7)馆长如要向管理权威推荐任命一个员工,必须仅仅考虑候选人对于该职位的专业资格和个人资格。延长服务期和提升的决定应取决于表现的质量,并有一个确定的和已知的政策可循。如果工作要求人事变动,应及时预先通知。如果不能做出适当的调整,应根据图书馆的政策和任职期的规定终止不令人满意的工作。

(二)图书馆员与用户之间的关系

(9)在与用户接触的图书馆员的帮助下,馆长应当研究图书馆的现在和未来的需求,并在这些需求的基础上采集资料。在符合图书馆政策和在经费允许的情况下,图书馆应提供尽可能多方面、代表各种观点的资料。

(10)图书馆员有责任使得其潜在用户了解图书馆的资源和服务。所有有资格使用图书馆的人都应可以接受没有偏向的服务。

(11)图书馆员有义务对在与用户接触中获得的私人信息保守秘密。

(12)图书馆员应努力保护图书馆财产,并向用户灌输保护图书馆的责任。

(三)图书馆内图书馆员的关系

(13)图书馆馆长应当代表管理权威,激发员工的责任感和积极性,鼓励他们的业务发展,表扬其工作成绩。员工应了解其工作的职责以及图书馆的政策和问题。

(14)图书馆的服务要高效,必须在员工个人之间和各部门之间具有对同事的忠诚和友善的合作精神。

(15)如要对图书馆政策、服务和人事问题进行批评,只能向适当的权威人士反映,且其目的只能是为了改进图书馆服务。

(18)图书馆员不能代表图书馆进行任何会导致个人利益的商业交易。

(19)图书馆员不能将图书馆资源变为个人用品,损害图书馆对其用户的服务。

(四)图书馆员与其专业的关系

(20)图书馆员应当认识到图书馆事业是一种教育专业,并认识到他们的服务效果取决于他们的自身发展。

(21)由于能力和个性特点对于图书馆工作是十分重要的,图书馆员应鼓励那些具有合适才能的人进入图书馆专业工作,劝阻不适合的人继续工作。

(22)对于候选人和未来的录用单位来说,推荐应当是保密的和公平的,在提交情况说明时应公正指出优点和缺点。

(23)图书馆员应对图书馆专业忠诚信仰,一丝不苟。他们应努力去达到和保持适当的工资水平和工作条件。

(24)只有当其他图书馆的管理当局或馆长发出邀请,才能对该图书馆进行正式评价。

(25)图书馆员应认识到其专业的基本统一性,应加入图书馆的组织,并积极参加图书馆界的各种会议。

(五)图书馆员与社会的关系

(26)图书馆员应向大众宣传图书馆服务的价值,并了解其目标与图书馆目标一致的有关的运动、组织和机构。

(27)图书馆员应代表图书馆参加公共事务和社区事务,使之能在教育、社会和文化机构中占有一席之地。

(28)图书馆员应行为得当,得到公众对图书馆和图书馆工作的尊重①。

同《准则》的简单口号相比,美国《图书馆员道德准则》从图书馆员同管理当局的关系、图书馆员同用户的关系、图书馆员之间的关系、图书馆员同图书馆职业的关系以及图书馆同社会的关系五个方面详细说明图书馆在具体工作中所应有的行为规范,值得我们学习。

四、我国图书馆职业道德规范

有些图书馆在对于整个行业起约束作用的《准则》的基础上,还制定了具有本馆特色的道德规范。

徐州师范大学为其图书馆工作人员制定的职业道德规范如下:

(1)图书馆工作人员努力学习马列主义、毛泽东思想和邓小平理论,坚持四项基本原则。执行党的路线、方针、政策,遵纪守法,遵守学校和本馆的各项规章制度。

(2)热爱图书馆事业。爱馆、爱书、爱读者,树立全心全意为教学、科研,为读者服务的观念,不断提高管理水平和工作效率。

---

① 顾犇.信息产业和图书情报业职业道德准则问题初探[J].中国图书馆学报,2001(2):27-31.

(3)服从分配,忠于职守,认真完成工作任务。工作时专心致志,接待读者热情积极,有礼貌,虚心听取读者意见,出现差错要主动向读者道歉,对违反馆规定的读者要按有关规定处理,但态度要诚恳,语言要文明,不要与读者争吵。

(4)要有全局观点,以提高整个馆的服务效益为前提,各部室之间加强协作,不互相推诿;个人之间提倡团结友爱、互相谅解、互相帮助、取长补短,共同提高,不背后议论,不互相指责。

(5)努力学习文化科学知识,不断拓宽知识面,提高工作能力和学术水平。

(6)爱护国家财产,防火、防盗、防事故,人人有责①。

该规范既反映我国基本公民道德规范中关于坚持马列主义、毛泽东思想、邓小平理论的内容,又包括图书馆员同本职业、读者及同事之间的关系问题,还就一些具体业务工作对馆员提出了要求,值得借鉴。

首都师范大学图书馆也制定了本馆工作人员的职业道德规范,内容如下:

(1)图书馆工作是一项崇高的职业,"一切为了读者"是图书馆服务工作的根本原则,每一个工作人员都应具备良好的职业道德,爱岗敬业,为人师表,服务育人。

(2)图书馆工作人员要以负责的精神、和蔼的态度、礼貌的语言对待读者,最大限度地满足读者对书刊资料的需求。

A. 接待读者要主动热情,不冷落,不怠慢。

B. 解答总是要认真负责,不敷衍,不推诿。

C. 执行制度要耐心,不急躁生硬,更不准刁难读者。

D. 使用文明语言,讲究语言艺术,力戒生硬、冷言冷语、厉声责备。

E. 在任何情况下,都不能与读者争吵,更不准发生动手现象。

(3)图书馆工作人员要坚守岗位,尽职尽责,提高工作效率,保证工作质量。

A. 自觉遵守劳动纪律,不迟到,不早退,不离岗,有事提前请假。

B. 要提高工作效率,上班时间不聊天,不串岗,不吃零食,不干私事。

C. 工作中要认真履行岗位职责,遵守工作细则,保证工作质量。

D. 部与部之间,组与组之间要团结协作,工作人员同志之间要互相关心,以诚相待,不说不做有损于团结的话和事。

(4)图书馆应有良好的馆风馆貌,工作人员应做宣传社会精神文明的模范。

A. 在馆内要保持肃静,不得大声喧哗,不随地吐痰、乱扔纸屑,保持清洁卫生。

B. 举止文明,严禁不洁语言,仪表端庄,衣容整洁。

C. 爱护公物、设备、公共设施、不得乱拆乱动。

D. 认真执行安全保卫制度,严禁在馆内吸烟。

E. 遵守借阅制度,不利用工作职务之便,私自扣留书刊为己所用②。

---

① 徐州师范大学图书馆. 职业道德规范[EB/OL]. [2006-02-16]. http://www.lib.xznu.edu.cn/.

② 首都师范大学. 首都师范大学图书馆工作人员职业道德规范(修订稿)[EB/OL]. [2006-02-16]. http://202.204.214.131/guide/index.php? id=319&category=6243.

该规范的特点是更加贴近实际工作,对于图书馆员对读者的态度、图书馆员工作及行为都有着非常具体的规定。

越来越多的图书馆在遵守基本的道德规范和行业规范的同时,倾向于制定符合自身情况的道德规范,笔者对图书馆制定道德规范有以下建议:图书馆在制定道德规范时应当充分反映社会发展趋势,体现社会基本道德规范的要求,体现本行业道德规范的要求。图书馆应在分析自身特殊的哲学、使命、服务对象、事业范围等具体因素的基础上制定本图书馆的道德规范。不能简单地套用其他行业、其他图书馆的现成规定。图书馆应当考察图书馆工作的每一类具体工作岗位,分析其工作性质及职责要求,在此基础上提出各类岗位最主要的道德规范要求。避免用简单的口号作为行为规范。在道德规范的制定过程中,图书馆应当在管理层和员工中广泛地征求意见,并反复讨论。就目前而言,图书馆要尤其强调图书馆员在对待读者时应当遵守的行为规范。

第四节　图书馆的行动口号

行动口号是对于组织精神的表述,不同于核心价值观、宗旨与使命,信念和口号通常会采用非常简洁明了的语句、朗朗上口的发音,简明扼要地表述组织的精神,既便于记忆,同时也能够很好地鼓舞士气。

口号在唤起组织凝聚力,鼓舞士气方面起着非常重要的作用。甲午战争后,我国面临亡国灭种的危机。洋务派和维新派中很多知识分子逐渐意识到西方资本主义东渐中国的趋势,提出“师夷长技以制夷”的口号,积极学习西方技术。伟大的革命先行者孙中山先生1894年在美国檀香山建立“兴中会”时提出“振兴中华”的口号,鼓舞着千千万万的革命志士。伟大领袖毛泽东在革命困难时期曾发出过“自己动手,丰衣足食,自力更生,艰苦奋斗,克服困难”的号召,带领人民走出困境。改革开放以来,邓小平先后发出过“发展才是硬道理”“科学技术是第一生产力”的号召,领导中国取得巨大的经济成就。而“誓与大堤共存亡”“万众一心、众志成城、抗击非典”等激动人心的战斗口号,帮助我们渡过了一个又一个难关。这些口号以其形象生动的语言、朗朗上口的发音,不仅在当时起到重要作用,更为后世人所牢记,成为历史的见证。

图书馆在实施CIS工程时也不能忽视口号的巨大作用。一个好的口号能够使图书馆的理念更好地为读者所了解,也能让本馆员工时刻牢记为读者服务的精神。从市场营销学的角度来说,口号是一个组织市场战略的一部分,是推动本组织产品和服务销售的利器,然而获得一个好的口号却并不像我们想象的那么简单。

在互联网飞速发展的今天,很多企业都采用@……作为产品名称,以表达本企业积极投身于互联网服务的理念。2003年,ALA曾经邀请许多学校图书馆员用“头脑风暴法”设计其“……@ your library”的口号,最后“Get creative@ your library”(“在你的图书馆变得负有创造性”笔者译)被选作口号。其他入选的口号包括“Every student succeeds @ your library”(“在你的图书馆所有学生都将成功”),“It’s all @ your library”(“一切尽在你的图书馆”),“Get a fresh start-it’s all @ your library”(“重新开始,一切尽在你的图书馆”),“Books, technology and help-it’s all @ your library”(“书籍,技术和帮助,一切尽在你的图书馆”),

"Your future starts @ your library"("你的未来从你的图书馆起步"),"Close the gap @ your library"("在你的图书馆弥合差距"),等等[①],既形象生动地表达出图书馆的理念,又富有强烈的 E 时代气息。

美国北达科他图书馆(Dakota Library)也曾经为其网上图书馆进行口号征集活动,最后的获胜者是来自达科他州立图书馆公共服务部门的皮特森(Peterson),他的口号是"A World of Information…Right Here in North Dakota"("一切信息,尽在北达科他图书馆"),该口号给人一种信心十足的感觉,能够极大地获取用户的信任。其他的一些入围口号包括"Making Powerful Connections"("创造强有力的联系"),"Answers Now! Not Next Year"("现在就给你答案,不是明年"),"Every Question Deserves an Answer"("任何问题都值得回答"),"North Dakota State Library:Courses and Resources Online,All the Time,Check us Out We're all About Serving You"("北达科他州图书馆,我们的课程和资源一直在线,我们随时准备为您服务"),"Online all the time! Access to articles"("我们一直在线")等。

图 2-1　美国俄亥俄多米尼加大学图书馆标志

来源:Ohio Dominican. Logo[EB/OL].[2006-02-16]. http://www.ohiodomin ican.edu/library/logo/

美国俄亥俄多米尼加大学图书馆(The Ohio Dominican University Library)的标志是三只金色的鸟从一个黑色的球体中飞出。该图书馆的口号"Supporting the Quest for Knowledge"("支持对于知识的探求"),同其标志密切呼应:飞翔的鸟代表着对知识的探求而球体则代表着支持,两者之间的平衡则象征着作为一个整体的知识[②]。

相比国外图书馆对于口号的精心设计,我国图书馆的一些口号比较直接和简单。吉林省图书馆全年开馆,他们的宣传口号也很有趣:"365 天　天天都开馆,360 行　行行可办证"[③]。太原市图书馆提出"争创国家一级图书馆"的口号,很直白。

湖南图书馆是国家举办的省级综合性公共图书馆,其前身是始建于 1904 年 3 月,由梁焕奎等人募捐、湖南巡抚赵尔巽准令于古定王台创办的湖南图书馆兼教育博物馆。它是我国最早以"图书馆"命名的省级公共图书馆。以"输入文明,开通知识"为宗旨,以新馆开放为新起点,提出了"无愧第一流的馆舍,争创第一流的工作"的行动口号,多年来坚持"外树形象,内强素质,推进发展"的指导思想,遵奉"读者至上、服务第一"的原则,努力为社会主义精神文明、政治文明和物质文明建设服务,多次荣获全国文明图书馆、一级图书馆等荣誉称号[④]。

深圳市南山区图书馆是深圳市南山区政府投资兴建的公共图书馆,位于南山区中心路段,是南山区标志性的文化建筑之一。坚持以"读者为本""服务第一"的理念,实行开放式服务,社会民众无须任何证件均可进馆阅览,所有书刊开架借阅。全年 365 天,天天开馆。开展各种社会教育与文化传播活动:如周末免费的"博士讲座""百姓健康讲坛""社区科普

① ALA. School Slogan[EB/OL].[2006-02-16]. http://www.ala.org/ala/pio/campaign/schoollibrary/schoolslogan.htm.

② Ohio Dominican. Logo[EB/OL].[2006-02-16]. http://www.ohiodominican.edu/library/logo/.

③ 新商报. 三问大连图书馆[EB/OL].[2006-02-16]. http://www.douban.com/group/topic/1022420/.

④ 湖南图书馆. 本馆简介[EB/OL].[2016-03-15]. http://www.library.hn.cn/bggk/bgjj/.

讲堂”;联系千家万户的“家庭读书活动”;深受小朋友欢迎的“书之声”广场文艺活动等,使南山图书馆成为民众参与文化教育活动、提高文化素质的重要场所①。

“秋韵书屋”是一家网络连锁书店,创办于 1995 年 10 月,经过几年的发展,奠定了一定的基础。从 1998 年 8 月开始,“秋韵书屋”推出一种全新的图书经营策略,即“经营性图书馆”模式,提出“每天只需一角钱,好书新书随便看”的口号。着眼于广大普通读者群,解决读者面对出版社每年十几万种图书,却无可适从,或面对过高的书价,却往往囊中羞愧等困境,满足了读者通过书籍达到对自身提高及娱乐休闲等目的②。

迅捷文献服务中心是一家以中国国家图书馆,以及北京大学、清华大学等高校图书馆为依托,竭诚为中国大学生提供各类文献资料的搜索、复印与传递服务的文献信息服务机构。其“让您在最短的时间内找到一切您所需要的文献材料”的口号,则与其实际业务紧密联系③。

值得注意的是,口号不等于实际,有了好的口号还不够,还必须将口号中所传达的理念切实落实到实际工作中。多年来,我国一些事业机构空喊口号,不做实事,在群众中造成很坏的影响,图书馆必须以此为鉴。

第五节　图书馆馆歌

一、馆歌的形式与意义

馆歌是图书馆文化建设的重要组成部分,是图书馆的一种独特的文化形式。馆歌的演唱形式一般是合唱。若能在大型文艺演出活动中演唱馆歌,将极大地提高图书馆影响力,展现图书馆馆员的精神风貌,同时也给馆员展现自我的机会。馆歌作为一种较为规范的文化形式,可以在图书馆较为正式的活动中演唱,这会使活动显得非常正式庄重,同时具有规范大家行为的作用。馆员演唱馆歌可以从中得到愉悦,受到启发,得到激励,会进一步产生图书馆归属感,从而内化为职业骄傲。

馆歌是图书馆自我展现的一个重要形式,将馆歌演唱视频放在图书馆网站上,可以起到非常好的宣传作用。馆员、爱好音乐的读者会因为感兴趣或好奇心经常光顾图书馆网站。因此,馆歌不仅在馆内起到作用,在馆际也会带来一定的影响。馆歌可作为本馆的形象展示,丰富图书馆的文化内涵,提高图书馆的文化品位。馆歌的类型有很多,列举如下:

---

① 南山图书馆. 南图简介[EB/OL]. [2016 - 03 - 15]. http://www.sznslib.com.cn/node/39.

② 秋韵书屋. 秋韵简介[EB/OL]. [2006 - 02 - 17]. http://www.ya.gov.cn/qysw/index.htm.

③ 迅捷文献服务中心. 专业复印图书介绍[EB/OL]. [2006 - 02 - 18]. http://dupbook.blog.edu.cn/user1/7172/.

(一)整体代表性的图书馆馆歌

(1)上海图书馆馆歌①

知识的海洋

春天和秋天,都是金色阳光,
照亮了你我,你我共读的课堂,
天上的故事,人间的图画,
一切都已珍重典藏。
啊,这里是人类的宝库,
这里是知识的海洋。
白天和黑夜,勤勉开采金矿,
让我們分享,分享终生的滋养,
万代的巨匠,千年的诗篇,
引领平凡人生远航。
啊,这里是人类的宝库,
这里是知识的海洋。
时间与空间,已在脑海遗忘,
迷醉在历史,历史城堡的徜徉,
古老的经典,崭新的信息,
挽起现代生命联网。
啊,这里是人类的宝库,
这里是知识的海洋。

(2)湖南图书馆馆歌②

巍巍麓山下,
千载文脉,源远流长。
滔滔湘水畔,
百年湘图,书卷飘香。
传承国粹经典,我们责无旁贷,
守护湖湘记忆,我们薪火相传。
让阅读伴我成长,让知识照亮心房,
让阅读伴我成长,让知识照亮心房。
如歌岁月里,
濂溪传统,绵延流芳,
斗转星移中,
二酉精神,千古传扬,
博采百家文献,我们敬业务实,
输入时代文明,我们重任在肩,
让阅读伴我成长,让知识照亮心房,
让阅读伴我成长,让知识照亮心房。
让阅读伴我成长,让知识照亮心房,
让阅读伴我成长,让知识照亮心房。
让知识照亮心房。

(3)南昌大学图书馆馆歌③

当我们走进图书馆,
好像走进争奇斗艳的花园,
一册册书本,
一幅幅网页,
好像一朵朵笑开的花瓣,
一群群学子,
一位位教师,
好像蜂儿采摘着蜜甜,
当我们走进图书馆,
好像走进美丽芳香的春天,
一串串数字,
一篇篇文献,
好像一股股温馨的甘泉,
一群群学子,
一位位教师,
好像绿秋吸吮着思源,
光荣啊,
图书馆员,

① 上海图书馆. 上海图书馆馆歌[EB/OL]. [2006-02-18]. http://www.library.sh.cn/dzyd/rdsm/aboutus.htm.

② 优酷网. 湖南图书馆馆歌[EB/OL]. [2017-01-08]. http://v.youku.com/v_show/id_XNTU3MTUzOTg4.html.

③ 南昌大学图书馆. 馆歌[EB/OL]. [2016-09-08]. http://www.lib.ncu.cn/index14.htm.

用心血浇灌知识的花园,
光荣啊,
图书馆员,
把情爱奉献祖国的明天,
光荣啊,
图书馆员,
把情爱奉献祖国的明天……

(二)主题表达式的图书馆员之歌

如:2005年辽宁省图书馆在先进性教育活动中,研究辅导部主任李德戈根据自己的学习体会,创作了体现时代精神、反映该馆群体特征、符合该馆保持共产党员先进性实际的《辽图共产党人之歌》①,其歌词如下:

我们是共产党的宣传员,
为传播共产主义,呕心沥血,披肝沥胆。
诠释理想,传承文明。
信念长存,真理永捍。
辽图共产党人永远听从党召唤。
我们是人民大众的服务员。
为维护人民利益,呕心沥血,披肝沥胆。
服务社会,鞠躬尽瘁。

二、馆歌的征集

馆歌是运用音乐艺术塑造图书馆良好形象,展示图书馆蓬勃向上的团队精神的一种形式。馆歌既可以请专人创作,也可以通过征集的方式获得。征集馆歌,一方面可以扩大影响,起到宣传的作用,另一方面,也可以优选出优秀的作品。

馆歌的征集分为馆内征集和社会征集两类。前者主要的目的在于,由馆员个人或共同创作,形成共有的理念,表达馆内人员的心声。经过馆员创作的馆歌,必然获得馆员的喜爱。后者的主要目的,是扩大馆歌的社会影响,吸引馆外的智慧,增进图书馆的知名度、透明度和信誉度,并获得质量高的具有音乐专业水平的词曲。例如,上海市委宣传部、市文明办、市文广局、市总工会、市文联、音乐节组委会等单位共同发起,由文广新闻传媒集团、市群艺馆承办的上海市行业歌曲创作竞赛活动,使上海推出了一批拥有行业特色、展现行业风采的音乐作品。在"唱响城市精神,展示行业风采——上海市行业歌曲创作竞赛之行业歌词市民评选活动"中,反映图书馆行业的作品有:编号2401《图书馆人的情怀》;编号2402《上海图书馆馆歌——知识的海洋》;编号2403《文明的殿堂》;编号2404《图书馆员之歌》;编号2405《导航在智慧星空下》。2006年5月1日、14日举办了决赛和颁奖。

(一)上海市青浦区图书馆馆歌征集方案

2006年5月,上海市青浦区图书馆在全区征集馆歌,在区政府和图书馆等网站上发布了馆歌馆标征集启示,其活动策划书如下:

---

① 辽宁省图书馆.辽图共产党人之歌[EB/OL].[2006-03-15].http://www.lnlib.com/ltgk/ltjx/2005-2/200503230032.htm.

(一)设计要求:

1. 馆歌(含歌词和乐谱,仅歌词也可)

(1)歌词简洁凝练,朴实自然,能结合图书馆行业元素,充分体现图书馆"读者第一,服务至上"的理念;(2)歌曲的类型、风格、形式不限,但应旋律优美,节奏明快;(3)歌曲篇幅不宜过长,每首歌曲长度不短于2分半钟,不长于5分钟;(4)富有创意,避免与其他图书馆雷同。参选作品的所有内容均属原创,此前未以任何形式发表,未曾以任何方式公开演出,也不属于公开作品。

2. 馆标

(1)紧密结合图书馆行业元素及其职责与业务范围,具有概括力和时代感;(2)图形紧凑、美观,线条清晰、明快,色彩鲜明,具有视觉冲击力;(3)附馆歌创作或馆标设计图的创造过程、内涵的详细说明。

(二)征集方式

征集时间:2006年5月29日至2006年10月28日为征稿期。

投稿方式:可采用交送、邮寄和电子邮件三种方式投稿。

1. 交(寄)稿方式

地址:上海市青浦区城中北路322号青浦区图书馆馆歌馆标征集办公室收(并请在信封上注明"馆歌馆标征集"字样)

邮编:201700

电话:59204537

联系人:顾小姐

(1)馆歌应征稿应包含以下材料:

应征稿一式十份,其应为乐谱与歌词的组合;乐谱应为简谱或五线谱形式,并附以相关的演唱、演奏说明;歌词采用中文创作,并写在乐谱相应音符的下方。同时提交应征稿的创意说明和音响资料一份,可采用卡式磁带、CD、VCD、DVD或MP3、wma等其他流媒体方式中的一种录制。

(2)馆标设计稿应包含以下材料:

设计稿一式三份:其中,彩色图案一份,黑白图案一份,黑白坐标图案一份。要求均按A4纸规格,注明标准比例和标准色(打印稿图案尺寸,要求不小于10cm,不大于15cm),同时递交创意说明和可在PC机上阅读的电子文件。

(3)请用墨水笔准确填写《青浦区图书馆馆歌馆标设计作者登记表》,并与作品一同交付。要确保内容翔实、字迹端正,所填项目不得在馆歌应征稿或馆标设计稿中出现。

2. 电子邮件方式

邮箱:shqplib@21cn.com

邮件必须包括以下内容,否则视为无效作品:

(1)主题请标明"图书馆馆歌馆标征集";

(2)应征馆歌文稿;应征馆标(格式JPG/GIF,尺寸:600×600像素以内,大小:200K以内);

(3)创意说明;

(4)请准确填写《青浦区图书馆馆歌馆标设计作者登记表》,并与作品一同交付。要确保内容翔实、字迹端正,所填项目不得在馆歌应征稿或馆标设计稿中出现。

本活动的详细情况和评选结果,将于2006年12月10日前公布。

(三)评奖方式

1. 11月上旬,邀请有关专家组成评审小组,对应征作品进行初评(歌曲评选将考量原创性、歌词、旋律和作曲等因素,演奏水平和磁带质量不影响歌曲评选。所有歌曲不按类别统一评审)。

2. 11月中旬,初评入围作品将在有关媒体上进行公示,并开展"我喜爱的图书馆馆歌馆标"公众投票评选活动。

3. 11月下旬,馆歌馆标征集办将综合评审小组和公众评选的结果,在公正、公平、公开的基础上,选出青浦区图书馆馆歌馆标的最终作品方案。

4. 12月初,选定的馆歌馆标将连同作者姓名、单位通过《青浦报》、青浦区图书馆网站(http://qplib.sh.cn)、青浦区文化广播电视管理局网站(http://tv.shqp.gov.cn)对社会公布。

(四)奖励办法

1. 馆歌:设最佳歌曲奖1名,奖人民币5000元;入围奖5名,奖人民币1000元;均颁发获奖证书。

2. 馆标:设最佳设计奖1名,奖人民币3000元;入围奖5名,奖人民币500元;均颁发获奖证书。

3. 所有获奖者只能获得最高级别的奖项,并且自行交纳个人所得税。

(五)领奖方式

获奖者持身份证到青浦区图书馆馆歌馆标征集办公室领取。

(六)特别申明

(1)投稿者必须保证对提供的馆歌应征作品、馆标设计方案享有著作权,并根据我国《著作权法》的有关规定,须承诺作品的著作权已属青浦区图书馆所有,但作者享有署名权。投稿者如有侵权行为,一经发现,将取消其参赛资格,如已发放奖金将原额追回。由此引发的一切法律纠纷,由投稿者自行解决,青浦区图书馆不承担任何责任。

(2)作品入围后,必须提供所创歌曲或设计图案的原文件和身份证复印件。如果不能提供,视为自动弃权。

(3)本活动不收报名费,所投稿件一律不退;因邮寄延误、邮寄丢失或损坏、误寄、邮资不足、失窃或其他非馆歌馆标征集办的原因造成的应征作品丢失或损坏的,馆歌馆标征集办不承担任何责任。

(4)对获奖的作品,保留一个月的质疑投诉期。如收到投诉,本馆将进行调查,并做出相应处理。

(5)凡投稿人均被视为认可本申明的内容,投稿作者必须使用真实姓名。

(6)青浦区图书馆对本征稿启事各条目均保留最终解释权。

附:青浦区图书馆馆歌馆标设计作者登记表

参赛类别：　　　　　　　　　　　　　　　　编号(此项由征集办公室填写)

作者姓名		性别		学历	
身份证号			职业(职称)		
单位名称					
现通讯地址(详细填写)					
电话		邮编		E-mail	

填表日期：　　年　　月　　日

注：将填妥后的本表连同馆歌应征稿或馆标设计稿一并寄交征集办公室或网上提交。

[http://www.shqp.gov.cn/gb/content/2006-06/14/content_107295.htm]

(二)扬州大学图书馆馆歌征集方案

扬州大学图书馆于1998年9月由原六所院校图书馆合并组建而成。现为江苏省高校文献信息保障系统苏中地区文献中心，是国家和江苏省的古籍重点保护单位，同时设有“教育部科技查新工作站”。全馆拥有扬子津校区图书中心(昭文图书馆)、荷花池校区图书中心(逸夫图书馆)、瘦西湖校区图书中心(敬文图书馆)以及文献资源建设、古籍特藏、读者工作、系统与数字化、信息咨询与教学研究、科技查新等业务部室。图书文献349万余册，国内外大型数据库70余种，共有馆舍7.54万平方米，现有阅览座位7000余个。经过几十年的风雨历程特别是近几年的投入建设，扬州大学图书馆已经发展成为全省一流图书馆和全国先进图书馆，为学校的人才培养、科学研究和校园文化建设做出了应有的贡献，成为创建高水平研究型大学不可或缺的力量。

为了进一步推进图书馆文化建设，更好展示图书馆的窗口形象，激发全体员工“育人为本、读者至上、服务学术、助力发展”的责任感和使命感，增强图书馆的凝聚力，促进图书馆的服务转型和质量提升，现面向全校公开征集图书馆馆歌原创歌词。具体事项如下：

一、作品征集范围：全校师生员工

二、作品征集要求：

1. 作品应语言优美，简洁凝练，篇幅适中，通俗易唱，内容健康向上，适于传唱和合唱。

2. 歌词要体现扬大图书馆的办馆宗旨和服务特色，具有强烈的时代气息和艺术感染力。

3. 作品需具有原创性，不侵犯任何第三方著作权及其他知识产权。如涉及抄袭、侵权等行为均由作者本人承担相关责任。

4. 征集作品一旦被采用，我馆享有其相关法律权力，并有权对其进行修改、再创作等。

三、作品征集时间：即日起至2016年12月31日止。

四、作品征集方式：

投稿作品可以直接送达图书馆办公室或者通过电子邮件以word文档格式提交。所有投稿作品需注明作者姓名、身份、单位、联系方式。

投稿地址：荷花池校区逸夫图书馆412办公室

电子邮箱:dqyin@ yzu. edu. cn

联系电话:87973418(上班时间)

联系人:殷定泉

五、作品评选及奖励方式:

按照公平、公正、公开的原则,将组织专家对所有作品进行评审,一经采用,将在图书馆网站和微信公众号展出,并对选中作品的作者支付相应的酬金。

扬州大学图书馆

2016 年 11 月 8 日[①]

三、馆歌的应用

(一)在图书馆传唱

1998 年 1 月,佛山市图书馆组织全馆员工集体作词,并由梁文炽副馆长作曲,创作了馆歌《佛山图书馆之歌》。在馆庆晚会上,全体员工合唱了这首馆歌,展现了图书馆员工奋发向上的勃勃生机和不懈追求[②]。

(二)在读者中传唱

北新桥街道图书馆是北京东城区政府正式挂牌的街道图书馆,2003 年,该馆组织爱心读者合唱队自创《北新桥街道图书馆之歌》[③],作为馆歌在读者中间传唱。

(三)在大型活动中传唱

2008 年 6 月 22 日,为表彰 2007 年度表现突出的志愿者集体和个人,上海图书馆志愿者服务队隆重召开了"2007 年度上海图书馆志愿者表彰大会"。伴随着上海图书馆馆歌《知识的海洋》,大会首先播放了一段上海图书馆志愿者服务队工作影像资料,展示了 2007 年度志愿者积极参加上海图书馆一线服务和各项文明创建活动的情况[④]。该馆网站在主页的显著位置报道了该活动,并在相应网页上提供该馆馆歌音频资源。2005 年 10 月 17 日,上海公共图书馆开展"与世博同行,做可爱的读者、做可爱的图情工作者"文明创建主题实践活动。在活动中,上海图书馆争做可敬的图书馆员,以读者的需求为目标,视读者的笑容为心愿。上海图书馆馆歌《知识的海洋》由女子合唱队唱响。《美哉,知识的殿堂》歌颂了上海市公共图书馆行业服务规范。上海海事大学教授鲍日新演讲《文明礼仪与形象》,赵兵朗诵《我是上海人》,狄菲菲朗诵《城市的名片》,方琼等演唱《我和我的祖国》《同一首歌》等。

2003 年 4 月 22 日,南昌大学图书馆在南区机械楼门口举办了"敬业、奉献、自强、创新——迎昌大校庆,满意在图书馆"咨询服务活动。开幕式上,馆员们充满激情地齐颂了"敬业、奉献、自强、创新"的馆训,并演唱了由本馆馆员作词作曲的馆歌。展示出南昌大学图书馆人团结奋进的精神风貌,表达了图书馆全体馆员为把南昌大学建设成为全国性、国际化、高水平的国内

① 扬州大学图书馆. 扬州大学图书馆关于有奖征集"馆歌"原创歌词的启事[EB/OL]. [2017 - 01 - 25]. http://lib. yzu. edu. cn/bencandy. php? fid = 23&id = 719.

② 佛山图书馆. 佛图通讯[内部资料],1998(1).

③ 北新桥街道图书馆. 北新桥街道图书馆之歌[EB/OL]. [2006 - 04 - 20]. http://www. bjdclib. com/look. asp? article_id = 13.

④ 上海图书馆. 上海图书馆召开志愿者表彰大会[EB/OL]. [2017 - 01 - 25]. http://www. library. sh. cn/news/list. asp? id = 5024.

一流、国际知名的综合性大学提供文献信息资源服务和保障的拳拳之心。①。该馆还将“图书馆之歌”放在网站主页显要位置,吸引读者注意,并提供音乐版和演唱版的下载(如图2-2)。

2017年,当我们再次考察南昌大学图书馆馆歌时,发现该馆馆歌仍然在该馆官方网页(旧版)的显著位置②(如图2-3)。值得注意的是,该馆馆歌历经10余载,不仅没有被“下架”,反而被列在该馆“图书馆文化”的类目下,网页制作更加精美,音频下载质量更加清晰、便捷,可以说,该馆对馆歌的认同感与日俱增,馆歌的效用也有目共睹。

图2-2　2003年的南昌大学图书馆网站截图

来源:南昌大学图书馆.主页[EB/OL].[2004-05-03].http://lib.ncu.cn.

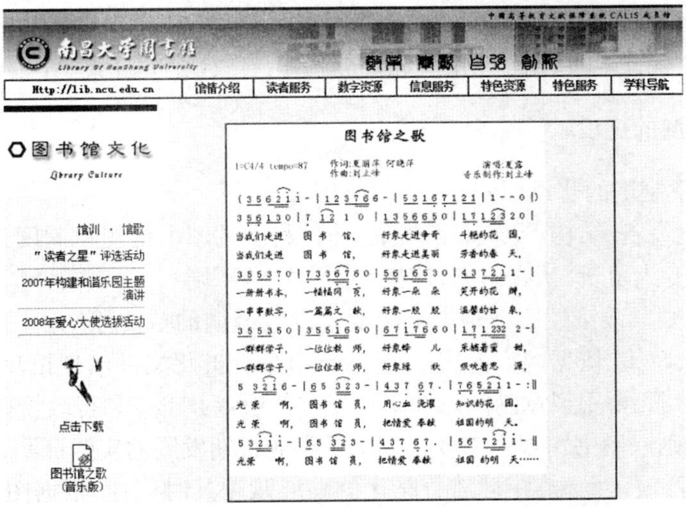

图2-3　2017年南昌大学图书馆馆歌

来源:南昌大学图书馆.馆歌[EB/OL].[2017-01-03]. http://lib.ncu.cn/department/lib_gwh.htm.

① 南昌大学图书馆.南昌大学图书馆新闻[EB/OL].[2006-04-24].http://www.ncuhtd.com/zt/xqzb/news_037.asp.

② 南昌大学图书馆.馆歌[EB/OL].[2017-01-03].http://lib.ncu.cn/department/lib_gwh.htm.

第三章　图书馆的行为识别系统(BIS)

第一节　图书馆的制度

一、图书馆制度的内涵

图书馆规章制度是由图书馆员和读者共同遵守的工作规程与行为准则,它是依据图书馆自身业务和管理工作的现实情况制定的各项规则、规范、条例、制度、守则、标准、措施等一系列的总和,具有一定的约束性,是图书馆开展服务工作和进行科学管理的重要依据和手段。自图书馆产生以来,图书馆制度就一直存在,并且伴随着图书馆职能的变更和工作的开展不断完善,它是图书馆员经过长期实践对图书馆工作的经验积累,是对图书馆各项活动规律的客观认识与总结,是图书馆建设的重要内容,在开展图书馆各项业务工作及实现工作目标的过程中发挥着重要作用。具体表现在:

(1)图书馆的规章制度被赋予了法律意义,具有强制性和权威性,发挥了“依法治馆”的作用,增强了图书馆业务工作的组织性、纪律性和系统性,提高了图书馆的管理效能,是实行图书馆科学管理的依据和准绳。

(2)建立健全的图书馆规章制度,必须从图书馆的实际情况出发,与图书馆事业的深入改革、持续发展相一致,保证图书馆各项业务工作能够有序运转,推动图书馆事业不断向前发展。

(3)图书馆规章制度是图书馆各项政策法规的具体化和本地化,它进一步明确了图书馆员与读者的责任与权利,保证了图书馆一切活动的正常秩序,有效地推动了图书馆的业务工作建设。

二、图书馆制度的建设

1. 图书馆规章制度的建设原则

建立一个制度完备、结构严谨、和谐发展、体例科学的图书馆规章制度是一项十分严谨、严肃的工作,必须专人负责,认真研究,严格遵循一定的原则。

(1)政策性原则。政策性原则是规章制度建设应遵循的首要原则。图书馆要贯彻党和国家的路线、方针、政策,依据国家的法律、法规和有关标准化文件治理馆政、馆务,防止出现违反法规政策的问题,要用规章制度来约束和规范各项业务工作和行政管理。

(2)可行性原则。图书馆规章制度是图书馆事业长期发展的实践证明,在制定时必须要考虑是否切实可行,便于操作,并且随着时代的发展赋予其时代性,根据图书馆事业的发展做到相应的制度创新。

(3)科学性和严肃性原则。图书馆规章制度的科学性是指制度制定必须符合图书馆发展的客观需要,体现图书馆用户为中心的服务宗旨,符合管理过程中的客观规律。严肃性则是确保图书馆规章制度制订和宣布之后,要严肃对待,认真执行,形成良好的传统与文化①。

① 张磊,黄嘉慧. 关于图书馆规章制度的思考[J]. 高校图书馆工作,2002,22(6):42-44.

(4)系统性和简明性原则。规章制度系统性是指图书馆在制定各项单项规章基础上,需要不断对其补充、修订、完善,确保各种规章制度能够全方位有效地管理图书馆工作,并有序结合形成整体,促进图书馆全面提升。图书馆不仅要执行国家有关政策、法规,还需要建立系统全面的业务工作规章制度体系,从而保证本馆业务工作规范运行。在规章制度内容范围上,凡是能用规章进行规范、规定的业务和管理,图书馆都要尽可能地制定出相应的规章、规范,实现完整性和全面性;在规章制度层次结构上,要制定适用于全馆的规章,也制定各部门规章和各工作环节的标准、规范等,实现系统性。简言之,图书馆每一项工作都需要制定与之相配套、相适应的规章、制度、条例与细则①。规章制度的简明性是针对规章制度的行文而言的,要求简明扼要、表达准确,条理清楚、易懂易记,使执行者对规章条文一目了然,遇到问题易于处理,便于遵照执行。

(5)协调性原则。图书馆制度体系是由各种类型的规章有机结合在一起的,是一个有机的整体,各种类型章程要具有协调性和连续性,相互之间联系紧密、互为补充、前后衔接。制定新规章时,要防止内容与已有制度相互矛盾。涉及不同部门的规章制度,制定时要与相关部门进行充分沟通,避免在不同的规章中出现对同一事物的界定和规范相互脱节或不统一等现象。协调性不但要保证馆内规章制度的协调,而且需要与国家及上级部门、与不同系统图书馆之间的规章保持协调②。

(6)发展性原则。发展性原则是指规章制定要与时俱进,紧跟图书馆发展,切不可制定后保持不变,要根据图书馆工作目标和需求的变化,及时进行修订、补充和完善。发展性原则还蕴含的意义是规章要有科学预见性,不可因循守旧。主要体现在熟知当下社会环境、行业环境特点,了解其对业务工作产生的影响,准确把握发展趋势,及时掌握与图书馆工作有关的新发展。深入调研全馆业务工作情况,了解自身的特点和现实条件,充分预见可能发生的问题,制定出具有防范性的措施,从而使规章制度在一定时期内具有较好的适用性③。

(7)稳定性原则。图书馆制度的发展性原则,要求制度随图书馆职能和环境的变化进行修订和完善,但这并不意味着制度可以朝令夕改,图书馆规章制度需要将现实问题和前瞻性问题适度结合,以保证制度在一定的时空条件下保持相对不变,遵循相对稳定的原则。制度一旦出台,不能随心所欲的更改,否则会影响其严肃性。需要经过实践检验,通过正当的修改程序来修订制度④。

(8)民主性原则。规章制度是图书馆的工作人员和读者共同遵守的原则,理应需要二者共同参与规范的制定和修订,不仅能够集思广益,提升规范的科学性,也是图书馆发扬民主,让群众积极参与图书馆建设的重要体现。

(9)标准化原则。图书馆规章制度的制定是为了图书馆管理的科学化和各项工作标准化和规范化。因此,规章制度本身应符合标准化,在制定标准时应参照国际和国内的行业标准;同时对于一些馆内具体工作也可制定相应的标准规范,提高工作的规范化和效率。

2. 图书馆规章制度的建设过程

图书馆在规章制度建设的过程中,除了要明确指导思想,遵循一定的原则以外,还应当

①②③　赵晓虹.国家图书馆业务工作规章制度建设的回顾与思考[J].国家图书馆学刊,2003,12(3):3-12.

④　张磊,黄嘉慧.关于图书馆规章制度的思考[J].高校图书馆工作,2002,22(6):42-44.

注意实行严密、科学的方法,使规章制度从制定、审批、发布、执行、检查以及修订、完善等全部过程逐步走上规范化发展的轨道。一般来说,图书馆规章制度的建设包括以下几个环节:

(1)制定与审批

在图书馆制度的制定过程一般包括:任务立项、调研准备、拟定草案、征求意见和修改、审批等几个步骤。

制定和修订规章制度首先要进行任务立项。图书馆制度制订组织或人员收集整理有关图书馆发展规划和上级部门要求的有效信息,分析图书馆业务和管理中出现的问题,在此基础上提出立项建议。图书馆职能部门审查并研究提议,分析其可行性,如能立项可列入图书馆年度计划。此外,图书馆其他部门或人员及读者也可针对现实需求提出制定规章制度的建议,具有可行性和必要性的提议亦可立项。

调研准备是制定图书馆规章制度的重要基础。调研准备涉及深入调查、总结归纳、分析研究、确定方案等内容。调研的重点有:一是业务和管理调研,包括图书馆业务建设和管理过程涉及的各类信息,以及各种业务统计数据的分析和设定指标的可行性论证;二是政策调研,包括国家制定的有关图书馆事业和图书馆工作的方针、政策;三是现状调研,针对文献信息对现状及发展的调研和预测;对国内外图书馆的调研,包括工作动态、有关问题的管理经验、新型管理模式和相应规章的制定情况;四是趋势调研,对图书馆情报学专业及相关领域的国内外最新学术成果、发展动态与趋势,有关图书馆行业的世界高新科技的应用等方面的调研;五是需求调研,对规章制度适用对象包括工作人员及读者的调研。通过深入调查,掌握现实状况,以丰富的资料和数据为依据,借鉴成功经验,通过综合分析,明确要解决的问题,确定规章的重点和主要内容,提高规章的预见性和前瞻性。

接下来要按照确定的重点和内容拟定草案,规章制度是指导工作和进行行政管理的规范性文件,一定要做到含义明确、措辞严谨、行文规范,以免因为用词错误或者语句表达不当产生歧义,造成不必要的误会。

制度草稿要广泛征求图书馆工作人员和广大读者的意见。以征求馆内意见为主,涉及规范与要求读者的制度内容,有必要征求读者的意见。规章制度首先要以征求意见稿的形式下发到全馆或相关部门,或者以召开研讨会或者座谈会的形式听取意见。对于政策性的馆级重要规章,制定过程必要时可征求图书馆同行的意见。对于反馈的意见要进行归类整理后,作为制度修改的主要参考依据,以此为基础对征求意见稿进行修改,修改之后,需再征求意见,再修改,如此反复数次,直至形成定稿。

规章制度在发布和执行之前要履行必备的审批程序,送交主管部门或馆务会议审议批准。公共图书馆的规章制度一般只要馆务会议批准即可执行,而作为下属机构的图书馆的规章制度,例如高校图书馆、科研单位下属的图书馆等,为了维护规章制度的权威性,必须先经过馆务会议通过,然后再送交上级主管单位审核批准。

(2)实施与检查

经过批准的规章制度,按照各图书馆公文处理办法的规定,履行正式发文手续发布下达,制度下发后要求有关部门和人员认真学习,严格遵照执行。图书馆的规章制度一经发布,应该坚决执行,并在执行过程中发现问题,及时研究、修订,使之不断完善。

此外,还应建立监督检查机制,对本馆的规章执行情况进行监督检查,并实行相应的奖惩措施,对规章制度的贯彻执行给予较好的控制。

(3)修订

图书馆的规章制度不可一成不变,要随着国家有关政策法规、文献工作国家标准以及本馆发展目标的调整而及时进行修订,要根据本馆工作内容、工作重点以及工作流程的改变而改变,如果工作中增加新的项目,相应规章也要增加新的内容。规章制度的修订和制定一样,也要经过立项、调研、拟文、征求意见、修改、批准、实施几个步骤①。

3. 图书馆规章制度的内容

传统图书馆规章制度主要由三个部分组成:综合性规章制度、行政管理规章制度以及业务工作规章制度。

(1)综合性规章制度

综合性规章制度是指国家针对各种类型图书馆所制定的相关章程、规程、条例等全面性的规章制度,多由中央部(委)和省、市厅(局)一级领导机关发布,属于图书馆的纲领性文件,是其他规章制度的主要依据,具有概括、全面、原则性强的特点。

我国最早的有关图书馆的综合性规章制度应当是《京师及各省图书馆通行章程》,它也是我国第一部图书馆法规。它规定了"图书馆"作为我国藏书机构的法定名称,取代了"藏书楼"这一传统的称谓。该章程的主要内容包括:

图书馆的宗旨:图书馆旨在"保存国粹,造就通才,以备硕学专家研究学艺、学生士人检阅考证之用,以广征博采供人浏览"。

图书馆的设置与名称:除京师设京师图书馆外,各省、各府、厅、州、县均得设馆,并均以"图书馆"为其名称。

经费:京师图书馆经费,由学部核定筹拨;各省由提学使司核定筹拨;各府、厅、州、县由地方公款内撙节开支。

人员配备:设监督一员,提调一员,其余各员,量事之繁简酌量设置。

环境设备要求:地址以远市避嚣为合宜,室内要求受光通气,注意防潮霉浊。设藏书室、阅览室、办事室。京师和各省图书馆得附设排印所、刊印所。

图书的搜集与保管:除近时私家著述有奉旨禁行及宗旨悖谬者、及海外图书中宗旨学说偏驳不纯者不得采入外,中外图书均在收藏范围之内。特别要求"访求遗书及版本",以广搜罗。鼓励海内藏书之家,将所藏秘籍暂附馆中,特规定图书馆加意保护,以免损失。

图书的阅览:对观览之类的一般图书,可供人随意浏览;宋元椠精钞之本"特保藏于一室,由馆每月择定时期,另备券据,以便学人展视"。

规章制度:观览图书,任人领取翻阅,唯不得污损剪裁及携出馆外。京师及省外图书馆均需刊刻观书券,以便稽查,凡入馆观书,非持有券据,不得阑入。

奖励办馆:对私人藏书丰富,自行筹款设立图书馆的,可将书籍目录、办理章程,呈地方官报明学部立案,善本较多的,由学部查核酌量奏请颁给御书匾额,或颁赏书籍,以示奖励。

(2)行政管理规章制度

行政管理工作及制度因馆而异。但无论具体情况如何,主要涉及人员、档案、基本财务

① 赵晓虹.国家图书馆业务工作规章制度建设的回顾与思考[J].国家图书馆学刊,2003,12(3):3-12.

资料、文书、业务的管理,以及考勤、会议、学习制度、安全、卫生制度的制定等。主要包括组织管理制度、岗位责任制度、人员管理制度、设备的管理与使用制度、经费的管理与使用制度、行政管理制度、统计制度等。

例如,清华大学图书馆的行政管理规章制度包括:《清华大学学生文明公约》《文明读者公约》《清华大学图书馆入馆规定》《清华大学图书馆参观接待办法》《清华大学图书馆校外人员查找资料接待办法》《图书流通规则》《违规使用借书证处理办法》《清华大学图书馆馆藏书刊遗失、损坏赔偿办法》《关于使用北三环—学院路高校图书馆联合体馆际借阅证(清华证)的一些说明》《清华大学图书馆消防设施和火警急救程序》《关于版权的公告》《清华大学图书馆维护知识产权声明》,等等①。

(3)业务工作规章制度

图书馆业务制度是对各业务部门和专业人员就某一具体的业务工作所制定的操作规范和行为准则,是用来规范图书馆的专业行为。一般包括以下几方面的内容:

1)综合性业务规章制度。主要包括业务工作规范、业务流程中书刊文献管理办法、业务工作监督考核办法等适用于全馆的综合性业务工作规章制度,以及由各业务部门制定的岗位责任制度、工作规范、手册等。

2)图书馆文献资源建设制度。主要指馆藏文献的采选标准、加工要求和购书经费管理等内容;以及规定图书馆入藏文献的类型、数量、范围及重点;文献资源的增长率、文献资源系统的结构及剔旧原则。

3)图书馆文献资源加工条例。主要指文献分类、著录规则以及工作细则等内容;规定了目录体系、计算机文献管理原则、书目数据标准、目录组织规则等。

4)图书馆文献资源开发利用制度。馆藏管理方面,主要有馆藏文献库房管理条例、文献出入库的清点、馆藏文献的保管及保护、库房的安全保卫等详细规定。文献使用方面,主要有善本特藏文献、中文图书报刊保存本使用管理办法、参考咨询服务工作使用馆藏文献的规定和近期制定的电子资源利用管理暂行办法等。

5)自动化、网络化建设规章制度。规定图书馆使用机型、图书馆自动化管理集成系统、数据标准、计算机应用范围及网络建设的步骤及措施。规定图书馆数据库的选题、类型、规模、数据标准,以及数据库建设方式、建设周期、服务形式等。

6)读者服务规章制度。包括面向读者服务制度和面向工作人员的读者服务工作规则两方面内容。图书馆读者服务制度,规定读者利用图书馆的方法和义务、各服务点的收藏范围、服务对象、借阅办法和管理方式等;图书馆信息服务制度,规定图书馆信息服务的内容、对象、形式及效益;图书馆视听服务制度,规定图书馆视听服务的内容、时间及性质;图书馆计算机网络服务制度,规定图书馆网络服务的原则、读者上网应遵守的规则、网络系统维护、与网络运营商合作关系等;图书馆社区服务管理制度,规定图书馆为社区服务的原则、措施及方法,如社区服务选点范围、服务点的建设方式等②。

---

① 清华大学图书馆. 规章制度[EB/OL]. [2006 - 06 - 20]. http://www.lib.tsinghua.edu.cn/about/policy.html.

② 方敏. 图书馆人文管理[M]. 哈尔滨:黑龙江人民出版社,2008:136 - 137.

4. 加强和完善图书馆制度的几点建议

(1)编制有关图书馆规章制度的汇编,完善规章制度体系

编制制度汇编需要对已有的各项业务规章制度进行全面整理和评估,进行重要业务规范、规定的制定、修订和完善,以形成适合图书馆业务工作发展需要并具有可操作性的业务制度系统,有利于发现和解决目前规章建设中存在的问题、完善规章制度体系,从而加强业务工作的科学化、规范化管理。

编制汇编并不是简单地把规章收集起来排列顺序,而是要对全部文件加以整理、补充、修改,甚至在新的基础上制定一套新的系统化规章,力求简明实用,可以全面反映本馆实际,能够更好地发挥制度的指导和规范作用。

(2)进一步规范规章制度建设规程

首先,要规范规章制度的形式。例如,在规章制度的标题上,什么情况下用“条例”,什么情况下用“规范”均应与相应的国家标准对应。

其次,要规范规章制度的建设规程,在此有必要借鉴政府颁布的法律、规章的执行程序,以有关行政法规为依据,不得有与之相抵触的规定条文,以防在执行中出现矛盾。

此外,还要建立规章备案、归档、统计制度,要求各部门设置专人对本部门制定的规章进行登记,建立档案,列出目录,进行统计,并提交业务管理部门,以便对全馆规章制定情况进行统计并建立目录。

(3)建立已有规章制度的评估和定期修订制度

图书馆规章制度的规划、制度、实施与完善是一个动态发展过程。需要配备专人负责相关工作,设定合理的修订周期,集中组织开展全面修订,保证规章制度日趋完善。在修订周期上要符合本馆的实际情况和发展要求,例如中国国家图书馆每3—5年进行一次全面修订,既符合本馆的发展计划,也为规章的试行、实施和修订的准备时间。

(4)加强业务制度和行政制度的协调发展

图书馆规章制度分为图书馆业务工作制度和图书馆行政管理制度。业务制度使各项业务工作加以标准和规范,行政管理制度则是对图书馆人、财、物的组织与管理。图书馆整体工作能否正常运转,取决于两者相辅相成,形成一个完备的体系,协调一致,平衡发展。

(5)不断创新图书馆规章制度

图书馆规章制度创新主要涉及三个重要的问题。一是人事管理制度的创新。以往的制度中,“治人”色彩浓厚,倾向于对管理对象(人和物)的约束和规范,从整体上缺乏能动性和灵活性。制度应当充分体现“以人为本”的思想,充分挖掘人的潜力,获得员工的支持。例如通过定岗定编、分流增效、向社会招聘人才等形式,建立人事聘用制度,竞争上岗,增强员工的主观能动性;要按照岗位类别、员工劳动价值和工作业绩,拉开奖金和工资的档次,建立激励机制和劳资奖惩制度等。二是网络环境下的制度创新。计算机技术与互联网技术使得图书馆在业务工作流程以及服务内容等方面发生了深刻的变化,如RFID等新技术在图书馆的应用需要对新的制度和办法进行规范和调整。三是在发展中完善,在稳定中创新。图书馆的规章制度需要不断的完善,要设专人负责,对图书馆的制度建设做出整体的规划,按照规划做好指定的资料收集、研究、反馈等,不断将新制度纳入制度体系之中,使制度建设成为一项常规性工作,在发展中保障制度的不断完善。同时,图书馆制度必须保持相对的稳定,不能朝令夕改。但随着社会的发展以及图书馆工作的变化,在适当的时候,可以通过恰当的方式和修改程序来完成补充、修改工作。

第二节 图书馆的培训

图书馆培训工作是图书馆日常工作的重要组成部分,可以分为两个方面的内容,一是对内的培训,培训的对象是图书馆的全体工作人员;二是对外的培训,针对使用图书馆的全体用户。

一、图书馆员培训

图书馆员培训,是对图书馆工作人员进行继续教育,使他们通过学习,提高自身的专业水平、现代化技能以及综合服务能力,建立完善的学习体系和考核机制,促进图书馆工作的创新和发展。

1. 应注意的问题

(1)培训对象应全员化

图书馆最大的服务能力不是取决于某几个人的突出表现,而是取决于整个图书馆的发展状况。有些图书馆因培训经费所限,只对一线人员进行培训,忽视对管理人员的培训,或是注重对青年职工进行培训,而忽视对老馆员的培训。这些做法在某种程度上制约了图书馆整体的长远发展。图书馆应当有计划、有步骤地推进馆员培训,将其对象扩展为全体成员,全方位的提高本馆员工素养,使图书馆的人才结构和知识结构更加趋于合理,从而提升图书馆的整体服务能力。

(2)培训内容应有针对性

有些图书馆在进行员工培训的过程当中,没有考虑员工之间知识结构和工作能力的差异性,采用同一进度、统一模式的培训,这种做法不仅耗费了大量的培训经费,而最终也不一定达到理想的效果。图书馆的员工培训应具有多样化和针对性,针对不同知识层次和不同岗位的员工可培训不同内容,培训方式上也可采取差异化教学,从而使每个馆员都能从员工培训中提升业务能力,提高服务水平。

(3)正确运用激励机制

激励管理是一种十分有效的科学管理方式,与图书馆员的培训工作结合起来,可以调动馆员学习的积极性,使得培训工作获得更好的效果。图书馆的激励机制有多种手段,可以将精神激励与物质激励相结合,例如表彰、奖励先进个人,或是以此作为聘岗、晋升的重要依据之一等。通过适当的激励,可以使全馆工作人员明确培训的重要性,变"要我学"为"我要学",从而促进全馆素质和工作质量、服务水平的整体提升①。

(4)保证培训费用的落实

对于很多图书馆而言,员工培训的一个很大制约因素就是经费问题。图书馆可从以下两个方面着手解决:一是通过有效的外部公关,争取到更多的经费支持;二是通过图书馆的创收来弥补内部馆员培训经费的不足,现在很多图书馆都有相关的创收服务项目,如影印服务、深层次情报分析等,当然这些创收服务必须在图书馆服务能力范围内进行。三是充分发挥馆员的智慧,图书馆的员工通常都有着不同的知识结构背景,因此,可以让馆员走上课堂

① 杨杞. 正确运用激励机制搞好图书馆岗位培训[J]. 大学图书情报学刊,2005,23(1):62-63.

分享各自领域内图书馆可用的知识,减少馆员培训的师资投入。

2. 培训内容

(1)岗位培训

岗位培训就是针对图书馆各个岗位的工作人员开展的专业技术培训,培训的目的是使工作人员适应当前岗位工作的需要,通过继续教育,学习最新知识,提高工作效率,更好地完成本职工作。岗位培训的内容是针对某项具体工作所需的专业知识和专业技能,如图书编目工作人员培训等。

(2)全方位培训

对于某个具体的图书馆工作人员来说,除非岗位的知识和技能是他的薄弱环节(如新馆员),否则仅仅依靠岗位培训来提高自身的能力还远远不够。现代化图书馆需要的是全方位的复合型人才,不仅要求馆员掌握岗位知识和专业技能,还要求馆员具有较高的人文素养,具有一定的外语能力,并且能够熟练使用计算机、网络等现代化高新技术,掌握沟通能力、组织协调能力、危机处理能力等。这就要求图书馆员工培训的内容应从狭隘的岗位培训转向丰富多彩的全方位培训。

3. 培训方式

(1)组织馆员交流与培训

现在越来越多的图书馆注重馆员的对外交流与培训,主要形式有海外交流与学习、参与国内外的专业培训班、高级研讨班,邀请知名专家到馆开展讲座等继续教育形式。例如,上海交通大学图书馆每年都会选派几位馆员去海外参与交流与访问;定期在馆内举办各类馆员培训,鼓励馆员参与图情领域的各类会议、讲座等。通过参与馆内外的各项交流与访问不仅开拓馆员的眼界,也让馆员在具体的交流活动中增强专业技能。

(2)轮岗

图书馆内的岗位轮换也是一种学习和培训的方式。通过轮岗,新馆员可以在较短的时间内对图书馆的整个工作流程和运作管理有一个全方位的认识,找到适合自己的岗位,有助于对具体工作的把握;对于老馆员而言,轮岗可以避免在一个岗位的枯燥感和固定的思维模式,还可以找到最适合自己的岗位和发展方向。

(3)继续教育

图书馆应鼓励馆员参与继续教育,包括通过成人教育形式和在职深造机会,加强基础文化知识和专业知识的学习,提高专业水平和业务素质,不断提升学历层次。馆员也应树立终身学习的理念,加强学习与吸收,不断提升知识素养。

(3)参与科研

科研是培养一专多能人才的重要步骤,图书馆要鼓励馆内人员参与学术研究,馆员要善于从工作实践中寻找科研切入点,将图书馆具体问题的解决路径上升到理论高度,并为实践提供指导。有条件的图书馆可在馆内设立馆级层面的科研项目,鼓励广大馆员申报,并为他们提供指导。有经验的馆员应当指导、帮助年轻馆员做好科研,共同取得进步。以科研促进服务,服务带动科研,从而形成一个良性循环。

二、读者培训

为了提高读者的信息利用能力,使图书馆的各种文献资源能够得到充分的利用,图书馆需要通过各种方式对读者进行培训。目前,读者培训工作已经成为现代图书馆业务工作的重要内容之一。不同层次读者的信息需求有不同的特点,因此培训的内容及培训的方式应有所不同,这样才能获得最佳效果①。

1. 培训内容

(1)图书馆入门培训

内容包括:图书馆基本情况、图书馆建筑结构与功能区域分布、图书馆服务项目,图书馆资源概况,部门设置、规章制度以及品牌活动项目等。其目的在于帮助读者了解图书馆,并尽快学会利用图书馆。

(2)检索技能培训

主要包括:各种工具书的使用方法,如我国古代的类书的使用;各种数据库、检索软件的使用,尤其是大型综合数据库和检索系统;各种类型搜索引擎的使用。其目的在于培养读者的文献检索技能,通过图书馆对读者进行文献检索知识的讲解和指导,引导和帮助他们利用检索工具进行检索,既让读者学会传统图书馆文献检索的基本知识,又要让读者学会利用计算机开展文献检索,通过接触到更加丰富的信息资源,更好地满足自身的需求②。

南开大学图书馆一直以来特别注重对于读者的培训工作,尤其注意培养读者对于电子文献资源的利用能力,经常以各类培训班、讲座等形式来提高读者对于电子信息资源的检索和获取能力。

以下是南开大学图书馆2015—2016年第二学期图书馆讲坛系列讲座中心馆具体安排。

2015-2016第二学期图书馆讲坛系列讲座(中心馆)

日期:2016-02-25 点击率:1204

为了使我校师生更好地了解和使用图书馆的电子资源及其服务,图书馆每学期都定期举办如何有效利用图书馆资源和服务方面的系列讲座,以更好地满足全校师生教学科研的文献需求。

本学期的图书馆讲坛系列讲座共12讲。

地点:中心馆培训室211。

时间:周四下午3:00-4:00. 具体安排如下:

讲 座	时间	题 目	主讲人
第1讲	3月3日	南开大学图书馆中心馆创新服务介绍	张立颖 史劲松
第2讲	3月10日	如何利用数据库进行课题检索及写作(社科)	庞佳
第3讲	3月17日	如何利用数据库进行课题检索及写作(理工)	匡登辉
第4讲	3月24日	找不到文献全文怎么办——馆际互借和文献传递服务	苏东
第5讲	3月31日	如何利用WEB OF SCIENCE助力科研工作	周静
第6讲	4月7日	论文的收录引用与核心期刊的查找	陆萍
第7讲	4月14日	国内外硕博士学位论文的获取与利用	朱佳寅
第8讲	4月21日	中外专利检索信息检索与利用	郝晋清
第9讲	4月28日	知识因“发现”而美丽----南开搜索(EDS知识发现系统)的介绍与应用	张蒂
第10讲	5月12日	如何利用数据库检索中国古典文献资料	林红状
第11讲	5月19日	管理知识、捕捉灵感——“印象笔记”入门	王珺
第12讲	5月26日	Citespace在文献综述中的应用	王丽婷

图3-1 南开大学检索讲座安排

来源:南开大学图书馆. 2015—2016第二学期图书馆讲坛系列讲座(中心馆)[EB/OL]. [2016-03-16]. http://www.lib.nankai.edu.cn/news/tzgg/765.html.

---

① 刘薇薇,赵云艳,张蕾. 浅谈高校图书馆读者培训工作[J]. 医学信息学杂志,2004,25(6):462-463.

② 丛立. 现代图书馆特点及读者培训工作[J]. 现代情报,2001(3):77-77.

(3)信息认知能力培训

除传统图书馆信息的利用能力外,信息认知能力培训还要帮助读者学会选择正确的信息以使事情完成得更好,利用信息有助于决策;让读者能够甄别与评价信息;提高处理信息的能力;能够有效使用与交流信息能力等。培训的目的在于帮助读者树立良好的信息意识,挖掘潜在信息需求,提升图书馆资源的可利用性,推动图书馆信息服务的发展①。

2. 培训形式

(1)定期讲座

定期讲座是图书馆最为常用的读者培训形式,具有面对面、直观、易于交流和沟通等优点。定期讲座多以专题形式开展,培训内容涵盖数据库及检索工具的使用、检索策略与技能、课题检索方法、常用软件使用操作技巧以及针对读者群特定讲座等。例如,为弘扬中华文化,中国国家图书馆定期举行各种讲座:翻译文化系列讲座,国家图书馆文津讲坛,“中国古典诗词析读”系列讲座,“国际知识与中国外交”系列讲座,中国典籍与文化系列讲座等一系列大型讲座。北京大学图书馆每学期举办的“一小时讲座”系列活动,旨在提高读者的信息素养,助力学术研究。图书馆可以举办定期或不定期的培训班,培训内容比专业课程培养简练实用,比讲座内容丰富、具体。通过这种比较灵活的培训方式,能够让一些受过专业教育的用户在短期内获得最实用的知识。培训的知识也需要定期的更新和补充②。

(3)远程教学

网络教学适用于那些很长一段时间无法来到图书馆听讲座或者参加培训班的读者,针对这一部分读者,图书馆可以把讲座或者培训班的内容加工成多媒体文件,利用网上远程教学设备实现,由读者根据自己的需要点播。例如,国家图书馆把举办过的国家图书馆文津讲坛系列讲座、中国典籍与文化系列讲座、敦煌与丝路文化系列讲座等系列讲座的录音、录像进行整理,并将之提供给广大读者,方便大家直接从网上阅览。

(4)帮助文件

为了方便用户随时随地参考、查询,图书馆可将用户培训内容做成帮助文件,链接到图书馆网站中,这是最为经济、便捷的用户培训方式。例如,南开大学图书馆的主页上,对这部分内容主要是以问答形式反映出来,如怎样查找所需信息资源、怎样申请免费邮箱、怎样查询用户信息等。用户在利用图书馆信息资源过程中遇到的问题基本都能通过这些简洁明了的帮助文件找到答案。

(5)用新媒体方式咨询

随着信息技术的发展,实时交流工具越来越多,传统的利用 E-mail、QQ、MSN 实时交流工具已经不能完全满足用户的需求,因此,图书馆应跟上时代的步伐,积极拓展与读者互动的交流方式,利用微博、微信等新媒体工具平台与读者互动交流,发布图书馆最新动态,及时为读者答疑解惑。

(6)开设文献检索课程

文献检索课程是高校图书馆进行读者教育的最佳方式,它能使学生读者系统地掌握文献信息检索知识,全方位地提升信息素养。

---

① 周小延. 新形势下图书馆用户的培训[J]. 情报资料工作,2004(s1):388 - 389.

② 丛立. 现代图书馆特点及读者培训工作[J]. 现代情报,2001(3):77 - 77.

三、培训的组织

做好图书馆的培训工作,使图书馆的整体水平得以提高,使图书馆的各种文献信息资源能够充分利用,是图书馆面临的一项长期而艰巨的任务。图书馆应设立专门的培训部门来负责图书馆的培训工作,由培训部门的专业人员对培训用户进行分析,结合本馆实际情况制订出切实可行的培训方案。

要重视对内的培训(图书馆员培训),根据本馆实际情况,以及不同馆员的不同需求,有针对性地制订馆员培训计划,帮助每一个馆员制定和完成自己的目标,从而提升图书馆的整体水平,使图书馆得到更好的发展。

对外的培训(图书馆读者培训)是图书馆培训工作的重点,是图书馆日常工作的重要内容,也是图书馆各项服务工作得以顺利展开的关键。用户培训内容要以读者需求为导向,及时反映图书馆的新业务、新举措、新资源等最新变化,如图书馆开展的新服务项目、新购进的数据库或相关软件等。不断更新教学内容,保持与时俱进,保证将最新的检索技术与工具以及信息资源及时有效地推送给用户。同时,要不断丰富培训方式与手段,在开展培训的过程中恰当地融入现代化的培训设施和手段,创新培训途径与方式,采用数字信息技术、网络技术以及多媒体技术,丰富培训的内容,从单一的知识灌输型培训转向多样化的能力提升型培训。此外,针对用户群体特点,设计不同的培训内容,各有侧重,如信息检索培训,针对中老年科研人员需要以常用数据库操作方法为主,侧重资源介绍,而针对青年科研人员则要着重于检索策略的制定以及具体的检索技巧,侧重检索能力提升①。

第三节　图书馆的服务活动

一、图书馆服务的内涵

图书馆服务,简单地说就是为了满足读者的信息需求而开展的各项工作。服务是一种文化,图书馆的服务可以体现图书馆特有的价值观。一个世纪之前,图书馆以馆藏的多少为荣,21 世纪的今天,在这个注重服务的时代,只有出色的服务才是各个图书馆区别之所在。

二、图书馆服务的内容

1. 新时期图书馆服务工作的变化

(1)服务手段的现代化

新时期的图书馆早已突破传统图书馆的局限,利用互联网给用户打造全新的用户服务体验。移动图书馆无处不在,用户只需下载一个 APP 就可以拥有掌上图书馆,很多图书馆的服务都可以在移动终端获取;E-mai、QQ、微博、微信等便捷的沟通方式拉近了用户与馆员之间的距离,让沟通无时不在;RFID、GIS、3D 打印等新技术在图书馆应用,让用户不仅开阔眼界,更体验到智慧图书馆的魅力所在。新技术改变了图书馆的服务技术与手段,让图书馆向智能型方向转变。

---

① 张宏. 高校图书馆用户信息需求与培训策略[J]. 图书馆论坛,2004,24(2):165 - 167.

(2)服务形式的多元化

随着移动终端的和网络的普及,用户的信息行为和需求也随之发生变化,图书馆开始为用户提供多元化的信息服务。多元化信息服务是指图书馆开展的包括文献传递服务在内的各种文化、教育和信息服务活动,也包括为方便读者而开展的休闲性与辅助性文化活动。多元化信息服务要求图书馆不断扩大其服务规模,在空间上,不仅要提供传统的外借阅览场所、电子阅览室、多媒体阅览室,还要提供展览厅、讲演厅、会议室、活动室、影视厅、休息室等各类文化空间;在服务内容上,既要开展文献信息的借阅查询服务,还要开展专题报告、学术研讨、培训辅导、文化娱乐、休闲等文化教育服务活动,同时可以充分利用社交媒体和网络社区信息发布,开展各类信息咨询服务活动[①]。

(3)服务理念的人文化

传统图书馆"重藏轻用",馆藏资源以印刷型文献为中心,处于被动服务状态,提供以馆藏为中心的文献服务[②]。新时期的图书馆更强调"以用户为中心"的服务理念,无论是大开放的馆藏格局,还是走进用户的学科化服务,又或者是图书馆空间改造都将当下用户新的需求变化融入其中,以满足用户的全方位信息需求作为图书馆服务的出发点。

(4)服务内容的知识化

面对日益激增的海量信息,图书馆不仅要满足读者一般性信息需求,还需要帮助读者从繁杂的信息资源中捕获他们需要的、对解决实际问题有用的信息内容。加强对信息资源的深层次开发和利用,并将信息分析、加工、组合成为相应的知识解决方案,并进一步将这些知识固化在新科研项目、产品设计或管理机制中,以提高信息服务的知识含量。知识服务应该是图书馆服务未来的发展,其服务的对象往往是决策机构、特殊读者,它以信息的搜寻、组织、分析、重组为基础,提供能够有效支持知识应用和知识创新的服务。因此,知识服务对促进知识的传递、利用和转化具有非常重要的意义[③]。

2. 新时期图书馆服务工作的内容

(1)开展网络信息服务

1)个性化定制服务。个性化定制服务是运用先进的信息技术,通过定制的用户界面获取用户个人信息,了解和分析用户的需求,以互联网丰富多彩的数字资源为基础保障,为用户提供更为切合需求的信息服务。用户通过 My Library 个性化服务系统从图书馆的全部数字资源中选取自己需要的信息,日后再访问系统时,即可获取与此相关的最新内容,从而实现个性化定制服务。

2)多样化咨询服务。现代图书馆的参考咨询工作服务形式在网络技术的推动下呈现多样化,极大地满足读者需求。以电子邮件、微博、微信等即时通信工具为代表的实时交互服务,极大方便读者与馆员的交流。

3)流通阅览服务是图书馆的常规服务。在网络环境下,读者可以通过图书馆馆藏书目系统完成预约与续借,无须亲自到馆操作。如今微信公众平台和图书馆 APP 只需轻点手机屏幕即可实现随时随地的图书馆借阅。读者不仅可以通过电子阅览室或光盘阅览室,获取阅读电子出版物的服务,通过图书馆提供的移动图书馆就可以阅读大量的图书与报刊,阅读

①②③　刘静霞. 现代图书馆服务的发展趋向[J]. 图书情报导刊,2005,15(3):8－9.

服务无处不在①。

4)网络合作服务。利用网络技术,联合多个图书馆、专家以及各个图书馆的馆藏资源,建立跨地区、跨专业的协作服务,它不仅要利用网络上的信息,还要利用网络下的、各个图书馆所拥有的非在线信息。上海图书馆开通的网上联合知识导航站,受到了广大读者的欢迎和重视,它通过网络,联合解答用户提出的种种问题,并建立问答一览表数据库,便于读者利用。

5)网络信息导航服务。网络上的信息资源纷繁复杂,图书馆作为信息导航者,要承担起网络导航员的重任,肩负搜集、筛选、组织、整合各类信息的责任,节约用户时间,便于查找所需信息。同时还需要分门别类的收集网上站点,便于读者快速地进入自己所需的网站进行浏览,图书馆员要对各种类型搜索引擎的功能、特点、检索方法及查询范围进行研究和评估,编写网络搜索工具使用指南②。

(2)信息技能培训服务

网络信息资源不断增多,各类数据库纷纷登场,图书馆读者面临诸多资源,常常不知如何迅速获取和有效利用各种信息资源。图书馆应该需要帮助读者提升信息素养,加强甄别与获取有效信息的能力。针对不同层次的读者开展各种专业知识和信息技能的培训,如常用数据库介绍、文献检索技巧、常用网络工具与软件介绍与使用等。通过这些培训,可以帮助读者掌握网络环境下检索、获取、利用信息的技巧,提高读者的现代信息意识和信息技能③。

(3)情报分析服务

面对崭新的信息环境,读者对信息的需求往往是更加专深的,不满足于某一本书或一篇文章。图书馆需要重视读者的需求,方便读者直接获取有关某一课题的相关信息或数据,可以为有需求的读者提供定题检索、查新、编译、科研调查等服务,如科技查新,科研中追踪,科研后成果转化等相关服务④。

(4)特色数据库建设

特色数据库是根据图书馆所在地区或学校专业特色建立的专题文献数据库,是图书馆资源特色的重要体现。公共图书馆要与本地经济与社会发展的信息需求相符合,高校图书馆则要以学校教学科研为导向,充分结合本馆现有文献资源、人力、财力等现实条件,优化建设⑤。

(5)知识挖掘和信息增值服务

知识挖掘和信息增值服务是图书馆的深层次服务。图书馆信息服务人员要根据读者的需求,对大量的原始信息进行去粗取精,去伪存真,进行深层次地信息加工与挖掘,获得高质量的信息,通过综合分析,把经过提炼的有用的信息和知识提供给读者,而不是单纯的文献线索和原始文献,尤其是二次、三次文献的开发利用,提高图书馆信息服务和产品的含金量,使读者在最短的时间内获得最大的信息量,达到信息增值服务的目的⑥。

---

①②③⑤ 曹云珊.数字化参考咨询服务及图书馆服务功能的拓展[J].大学图书情报学刊,2005,23(2):59-60.

④⑥ 胡群策.论21世纪高校图书馆服务[J].大学图书情报学刊,2005,23(3):13-15.

(6)阅读推广服务

阅读推广是图书馆及社会有关方面为培养大众阅读习惯、激发大众阅读兴趣、提升大众阅读水平进而促进全民阅读所从事的一切工作的总称。阅读推广旨在通过各种活动培养人们对阅读的喜爱,以提高图书馆的利用率,更好地发挥图书馆的信息服务和教育职能①。近年来,随着全民阅读的兴起,越来越多的图书馆开始做相关的阅读推广服务,包括导读书目、读书节活动、亲子阅读、书展、主题讲座、经典阅读活动等。阅读推广服务从根本上来说与图书馆的其他服务无异,都是图书馆服务读者的行为。

三、图书馆服务活动的几点建议

1. 改革管理体制,增强激励机制

图书馆服务的有效开展,离不开领导和馆员的支持,因此,图书馆服务的创新首先要从管理体制上着手,建立与现代图书馆发展相适应的管理体制,营造一个充满活力、优胜劣汰的用人环境,增强激励机制,最大限度地激发馆员的潜能,通过公开竞选、灵活的聘任制、合理的奖惩机制提高馆员的积极性,以最大的热情投入到工作中,提高服务质量。

2. 营造和谐优雅的环境

现代图书馆应该是集学习、休闲为一体的服务性场所,其主张空间的设计要随意、人性化,让读者自由自在地阅读、休息甚至按自己的使用要求重新组织,就像在自己家中的书房一样②。读者在图书馆不仅可以获得图书馆全方位的服务,而且感到舒适。例如,座椅可以多样化,从普通的木头靠椅、长椅到一人沙发、多人沙发,甚至有些地方只在地板上放几个靠垫,既可以读书也可以倚靠休息;有些台阶可以使用木质材料,既可以走路也可以随时靠坐;桌子可以有厚重的阅览桌,也可以有灵活可以随意组合的轻便桌椅;灯具既有吊灯、顶灯,也有读者随手可以开关的台灯、墙灯等,做到人与环境的有机融合,为读者营造和谐优雅的环境。

3. 更新图书馆的服务理念

(1)以人为本,服务至上

图书馆面临的服务环境与用户需求随着新技术的发展而改变,传统的服务理念难以适应不断变化的图书馆服务工作,因此以读者需求为导向的服务观念逐渐融入图书馆服务中,顺利完成从"物的传递"向"知识的传递"的过渡。计算机技术、网络技术和多媒体技术的广泛应用,图书馆需要根据读者的具体要求定制个性化信息产品,提供一对一的服务,以是否满足读者需求为服务质量的衡量标准,创造全新的现代化服务理念,树立"以人为本,服务至上"的服务宗旨。

(2)树立图书馆的品牌意识

图书馆服务也需要营销,这样才能让图书馆赢得更多读者的信赖,主动服务,打造服务品牌是重要手段。图书馆服务品牌是包括服务项目、内容、质量、态度、服务能力以及人员素质等多项要素构成的图书馆形象。①树立品牌的基础是合理构建信息资源体系。图书馆服

---

① 雷菊霞,乔婧,袁玉敏.新环境下图书馆阅读推广工作探析——北京师范大学阅读推广实践与思考[J].大学图书馆学报,2014(5):86-91.

② 肖珑.后数图时代的图书馆空间功能及其布局设计[J].图书情报工作,2013(20):5-10.

务的基础是图书馆的信息资源,因此树立品牌的基础也离不开信息资源体系的构建。图书馆要根据馆藏特色和用户需求,有针对性地对信息资源进行有效整理和深入分析,建立信息导航。为用户提供分类有序、高速配送的增值信息资源,以提升信息服务质量,获得用户的认可,建立良好的口碑①。②树立品牌的关键是提供优质高效的服务。利用网络技术的优势,拓宽服务领域,如参考咨询、定题服务、跟踪服务、文献检索等,利用电子邮箱、BBS 等了解读者对图书馆工作的意见和建议,及时调整和改进服务工作,使图书馆和读者保持及时沟通和接触。此外,还要根据自身所处环境和读者对象,开发有特色的服务项目和服务形式,抓住本馆特点,优化服务重点项目。只有这样,才能实现图书馆服务的创新和增值。③树立品牌的基本方法是展示和传播。图书馆可运用网络技术和多媒体技术,将图书馆的信息资源、服务项目等传达给广大读者,使图书馆获得较高的知名度、美誉度,得到大众的支持,从而为树立图书馆服务品牌起到推动作用。

(3)提高图书馆工作人员素质

数字化环境下,为了能够提高图书馆的服务质量,改进服务方式,图书馆工作人员必须要全面提高自身的素质。首先需要具有良好的职业道德、扎实的专业知识和广博的知识体系;其次要熟悉计算机网络操作,具有较高的英语水平和良好的交流与沟通能力。除此之外,还要不断地充实自己,培养自己的信息意识、信息技能以及创新精神,适应时代发展的要求,更好地为读者服务。

第四节　图书馆的公关活动

一、图书馆公共关系的内涵

图书馆公共关系,按照美国《图书馆协会图书馆和情报学词汇》的解释是:图书馆或情报机构向用户或潜在用户通报其活动计划和服务内容,以改变公众对这些活动和服务的价值判断的一种活动。根本目的在于协调图书馆与公众的关系,以达到自身的发展。作用在于争取和增进内部及社会公众的信任与支持,为图书馆事业发展创造良好的社会环境②。

图书馆的公关活动是强化图书馆形象的必不可少的有效行为,对图书馆形象建设起到推动和协调的作用。图书馆的公关活动在国外已有相当的发展,如俄亥俄州的"俄亥俄图书馆委员会(Ohio Library Council)",这个委员会的一项重要工作就是专门游说州议员,以增加政府对图书馆的拨款,每当州议会开会讨论预算时,委员会就组织图书馆的工作人员和热心的读者在会议厅外集会,多少给州议员们一些"压力"。另外,委员会还将印制了大量"口号""行动纲领"的书签放在各个公共图书馆里,供读者取用,起到宣传公关效果。近年来,国内的图书馆也都在积极开展公共关系活动,并取得一定的成效。图书馆通过公关活动,可以创造积极的公众舆论,树立良好的形象和声誉,进而加强公众对图书馆的利用和支持,推动图书馆事业的发展。

---

① 胡群策.论21世纪高校图书馆服务[J].大学图书情报学刊,2005,23(3):13-15.

② 闻祥花,曾宏葡.大学图书馆公共空间的有效拓展——面向新生开展公关活动,塑造图书馆形象[J].大学图书情报学刊,2002,20(4):84-86.

1. 图书馆公关活动的对象

公共关系有三个基本要素,公关主体、公关对象以及传播媒介。在图书馆的公关活动中,公关主体是指图书馆,公关对象则是图书馆面对的外部公众以及内部公众。

(1)外部公众

外部公众是指图书馆面对的各种不同类型的读者,他们是图书馆最重要的公关对象,图书馆的最终目标就是为这些读者服务,图书馆处理好与外部公众的关系,是增强图书馆吸引力,保证图书馆信誉的前提。

1)学生读者

学生读者是图书馆的重要组成部分,尤其是在高校图书馆,学生占到读者总人数的80%以上,图书馆必须同这部分主要外部公众搞好关系。图书馆应通过各种宣传活动使学生们加深对图书馆的了解,能够充分利用图书馆。例如,对新生开办如何利用图书馆的讲座,对高年级的学生开展搜索引擎、数据库利用的讲座,等等。此外,还应引导学生们积极参与图书馆的管理活动,以此增强他们爱护图书馆的责任心,培养他们良好的阅读道德,使之加深对图书馆工作的理解与认同,化解矛盾,保证图书馆各项规章制度的开展。

2)教师读者

教师读者是图书馆的重点服务对象,他们对文献的需求主要反映在教学和科研活动中,图书馆应当了解他们的阅读性质以及对信息的心理需求,有针对性地为他们提供具有高新性、专业性、研究性、时效性的文献资料,对科研课题进行跟踪服务,并经常咨询他们对图书馆的意见和建议,逐步完善图书馆的形象。

3)主管领导读者

主管领导是图书馆外部公共关系中至关重要的一部分读者对象,主管领导对图书馆印象如何,直接关系到图书馆的生存和发展。因此,必须尽最大努力提升图书馆在上级领导心中的地位和作用,及时让领导了解图书馆的最新信息、国家对图书馆的方针政策以及外界对图书馆的赞誉等,争取得到领导的关注,以便取得在人力、财力、物力上的支持。

4)机关各单位读者

这部分读者对象与图书馆有着千丝万缕的联系,如高校图书馆面对的人事部门、财务部门、总务部门等,他们既是图书馆的用户,又是保证图书馆的工作能否顺利开展的外部条件,这些部门都从不同的侧面涉及和协助图书馆的工作。因此,图书馆应当积极主动的与之保持良好关系,经常沟通,取得相互理解和支持。

5)社会公众读者

除上述几类读者之外,图书馆还要面对社会上一些其他的读者群,这部分读者也是图书馆发展不容忽视的一部分力量。针对这部分读者的公关活动可以通过一些传媒来实现,例如有目的地制作一些宣传材料、剪报,组织各种类型的沙龙、画展,利用电视媒体、报刊组织有奖征文,开设培训中心、翻译中心等,尝试有偿服务,积极参与信息市场,适应和服务于市场经济,使图书馆获得客观的经济效益和社会效益①。

(2)内部公众

内部公众是指图书馆内部的所有工作人员。图书馆内各部门之间、各员工之间、领导与

---

① 杨一虹.浅析图书馆公关活动的对象及特点[J].黑龙江社会科学,1996(5):78-79.

员工之间也存在着各种形式的公共关系。内部公关活动有助于形成良好的工作和学习氛围，激发图书馆员工内在的潜力。各阶层沟通的畅通，对图书馆内部组织的管理会有很大的促进作用，从而会形成友好互动，良性竞争，各成员间团结和谐的人际关系是提高内部凝聚力的强大推手，也有助于图书馆各项工作的顺利开展①。

2. 图书馆公关活动的特点

(1)图书馆公关活动的协调性

图书馆公关活动的协调性是指图书馆与外部用户、内部成员之间通过各种公关活动，进行双向的信息沟通，从而顺利解决图书馆工作中遇到的各种问题和矛盾。

首先，内部公共关系是图书馆顺利开展各方面工作的基础，其状态如何，直接关系到图书馆目标的实现和形象的塑造。图书馆对内的公关活动可以协调好内部成员之间的各种关系，使图书馆内部各职能部门之间和馆员之间相互理解、团结一致，使图书馆充满生机和活力。图书馆要获得外界的认同和支持，首先必须要取得馆内各成员的理解和支持，使图书馆成为一个协调和谐、配合默契的高效率集体。

其次，图书馆应当协调好外部公共关系，加强与读者之间的双向了解，获得政府与社会的认同和支持。当前，国内图书馆在社会上的认同度并不高，外界对图书馆还存在着诸多误解，对图书馆的工作性质缺乏了解，误认为图书馆的工作就是借借还还的简单服务性劳动，对图书馆的规章制度无法理解，体会不到从事学术性服务工作的重要性和复杂程度。针对这些问题，图书馆应当抓住各种机会，深入服务对象中去，通过各种公关活动协调好图书馆与各类读者的关系，消除隔阂，加深理解，建立起相互信任、相互合作的融洽关系。

(2)图书馆公关活动的互益性

图书馆公关活动的互益性是通过图书馆之间和图书馆与读者之间的相互协作，使双方的需求都得到最大的满足，实现共同利益而双赢。既分工又合作的图书馆网建立是发挥图书馆公关活动的互益性的前提。图书馆网使不同类型、不同地区的图书馆联合在一起，形成正式的、完整的、有组织的整体，使零碎的、分散的文献资料变成有价值的可利用信息资源。“资源共享”是互益性特点发挥的主要手段和方式，其目的是通过“馆际互借”“国际互借”以及高层次的专项信息服务使全社会共享图书馆的文献信息资源，提高图书馆事业整体效益，全面履行图书馆的职能。图书馆网能够及时掌握文献信息的社会需求动向，使得人类的知识财富得到最大限度的利用，公众和读者的需求得到最大限度的满足。

(3)图书馆公关活动的实践性

图书馆公关活动的实践性是通过具体行动来加强与外界的来往，积极采取各种措施，树立起良好的图书馆形象。首先，要努力做好各种公关策划，积极开展各项公关活动，最大限度地争取社会各界的认同和支持。目前，图书馆改革的中心问题是增加图书馆经费，没有足够的经费，图书馆事业何来发展？为此，图书馆必须取得社会的认同、理解和支持，通过传媒大力宣传自己，开展各种研讨会、展览、讲座、联谊活动等改善公众对图书馆的印象，谋求上级部门、社团企业等的支持、资助和捐赠，增加资金，使图书馆的改革和发展得以摆脱困境，顺利发展。其次，要加速培养高层次的复合型人才，促进图书馆事业的发展。图书馆界一直以来都十分缺乏公关能力，只是孤立地处理自己本馆内的业务，使得图书馆与图书馆之间，

---

① 杨萍. 论公共图书馆公关活动的实施策略[J]. 图书情报论坛，2015(5)：45－47，51.

以及与社会各界之间缺乏合作与联系，这些都严重阻碍现代化图书馆的发展。图书馆需要既精通业务又善于纵横捭阖的开拓型活动家，他们有极高的公关能力，能够使图书馆左右逢源，能够通过不断的活动得到社会各界的信任和支持，能够以最小的代价和最快的速度获取大量的信息资源，能够使图书馆的事业顺利发展①。

二、图书馆公关活动的实施程序

图书馆的公关活动是一个高度计划性、规范性、连续性的工作，要求公关人员按照调查、策划、实施和评估四个程序进行。

1. 公共关系调查

“没有调查就没有发言权”。做任何事情，调查研究都是第一步的工作。图书馆的公关调查主要是了解公众对图书馆的评价和整体意见，有时也常就具体的某项公关活动的条件进行考察。图书馆的公关调查涉及对图书馆外部公众和内部公众两个方面的调查。

(1)调查内容

图书馆公关调查的目的是为了区分和确定本馆的公众对象、测量舆论民意、评价组织形象，并以此为塑造图书馆形象、策划公关活动提供依据。因此，图书馆公关调查的主要内容包括：图书馆形象调查、公众舆论调查、图书馆开展公关活动的条件调查。

图书馆形象调查可以分为自我期望形象调查、图书馆实态形象调查以及形象差异分析三个方面。自我期望形象就是图书馆对自身形象的目标要求，了解这一目标要求需要在图书馆内部进行，不但要研究和领会馆领导以及图书馆上级主管部门的想法和意图，而且要深入图书馆内部，了解图书馆全体员工的希望和要求，此外还要完整的把握图书馆各方面的实际情况。只有这样，才能寻找到主观愿望和客观实际的最佳结合点，提出可信、可行的自我期望形象。图书馆实态形象的调查主要依靠各种传播媒介，图书馆实态形象的信息必须通过传媒传播给公众，而公众对这些信息的反馈以及信息在公众成员之间的交流也需要依赖传媒，传播媒介是塑造图书馆形象必不可少的工具。图书馆的自我期望形象与实态形象往往存在着差异，因此，公关人员还需要对这些差异进行分析和研究，找出原因，完善自己的工作。

公众舆论调查是对公众的态度进行收集和统计，用数据、图标等简明的方式显示公众对图书馆的整体意见。公众舆论是公众各种意见和态度的集合，是多层次的，具有广泛性和动态性，需要进行分解、分析，得出公众舆论的倾向和影响力。

图书馆在形象塑造和开展馆内工作的过程中需要进行大量的公关实务活动，这些活动是否应该开展，如何组织实施都离不开公关活动条件的调查②。

(2)调查方法

访谈法，即通过与调查对象交谈收集口头资料的方法，通常是在面对面的情况下进行，具有很强的直接性、灵活性和适应性，同时也具有回答率高、效度高的特点，但是标准化程度比较低，并且对调查人员的个人素质要求很高，调查规模不能过大。

问卷法，就是调查人员通过使用问卷对所要了解的问题进行分析和度量，从而收集到可

① 周欣娟. 论图书馆公关特点[J]. 图书馆研究，1994(2):37-39.

② 张德，吴剑平. 企业文化与CI策划[M]. 北京：清华大学出版社，2000:310-311.

靠的信息资源的一种方法,其优点在于标准化和低成本,可以通过邮寄或者电子邮件发出及收回。问卷法对于问卷设计水平以及调查对象的文化程度都有一定要求,且回收率和可靠性较低,应与访谈法相结合。

引证分析法,是指调查人员对各种传媒所传播的有关图书馆形象等方面的信息进行调查分析的方法,属于定量研究,主要是对媒介所传播信息的数量、质量、实践、频率等数据进行统计,一般说来,图书馆的信息被媒介使用的次数越多,其影响力越大、知名度越高。

抽样法,就是从全部的调查对象中科学的抽选出一部分进行调查,采用抽样法具有周期短、调查资料较为准确可靠、节省调查费等优点①。

2. 公共关系策划

图书馆公共关系策划就是图书馆公共关系人员根据图书馆组织的现状和目标要求,分析现有条件及发展趋势,研究和制订出最佳行动方案的过程。它具有前导性、能动性、目的性、系统性、创造性、现实性等特点。

(1)策划的原则

策划是公关工作的中心环节,其优劣直接影响到图书馆公关活动的效果,这就要求策划工作应当尽量遵循把握大方向、公众利益优先、尊重客观事实、努力求异创新,以及刚性弹性结合的原则,以提高公关策划的科学性、规范性、可行性和实效性。

(2)策划的程序和步骤

公关策划一般分为两个阶段。先是准备阶段,这些准备工作包括图书馆形象现状及原因分析、确定策划工作目标要求等,后一个阶段包括设计主题、分析公众、选择媒介、经费预算、审定方案五个步骤,是公关策划中至关重要的一个阶段②。

3. 公共关系计划的实施

公关活动的方案已经确定,接下来就是使之付诸实践。鉴于实施过程本身的动态性和内外各种影响因素的广泛性,为保证公关活动在复杂的实施过程中不偏离既定的目标,必须要做到以下几点:

(1)选择时机

古人云"天时、地利、人和",在实施时首先要考虑的问题就是何时实施,如果没有选择一个恰当的时机,不但会对公关工作产生十分不利的影响,有时甚至会导致整个计划方案失败,产生相反的结果,具体公关活动时机的掌握应从政治、经济、文化大环境以及图书馆自身的小环境出发综合考虑。

(2)任务分解

公关目标的实现过程,由若干相互关联的具体工作分别执行,因此有必要以目标为向导将整个计划分解成必不可少的具体任务,有条不紊地加以实施。进行任务分解时,要根据各项工作任务的性质和特点,安排恰当的人选担任,做到事得其人,人事相宜,增强公关方案实施过程的可靠性。

(3)控制进度

图书馆公关活动在实施过程中,要按照一定的程序,既要掌握工作进展情况,又要控制

① 张德,吴剑平. 企业文化与 CI 策划[M]. 北京:清华大学出版社,2000:312-313.

② 张德,吴剑平. 企业文化与 CI 策划[M]. 北京:清华大学出版社,2000:313-316.

时间,保证各项具体工作协调有序进行,避免出现多项工作不同步的现象,造成工作脱节和延误,影响图书馆的信誉。

(4)反馈调整

图书馆公关工作会受到各方面的影响,因此在执行方案过程中需要根据各方信息反馈进行适当的修整和调整,保障实施结果更好地达到预期目标①。

4. 公共关系结果的评估

公共关系结果评估就是根据特定的标准,对公关计划、实施与最终结果进行检查和评价,以判断其优劣的过程。对图书馆公关结果进行评估是完善与改进公关工作的重要环节,是继续开展公关工作和进行后续公关活动的必要前提。公关评估也是激励图书馆员工参与的推动力,并且引起馆领导对公关工作的重视和支持②。

三、图书馆公关活动的模式和方法

图书馆日常工作中确有成立专门的公关机构必要。但最理想的公关组织是全员公关,即全体员工都是图书馆公共关系组织的一员。做到全员上下人人都善于沟通协调,人人都懂得危机处理、应急管理,图书馆公关组织的基础才是一个有整体,在这种整体机制下,图书馆形象的提升和工作任务的完成才有保障③。但由于种种条件限制,图书馆在具体的公关活动中可采取设置专职岗位,或者是雇佣外界独立的公关机构与图书馆一起工作,还可以聘请一些专家和权威人士为图书馆多做宣传,扩大图书馆的影响力,提升社会地位。

图书馆公关活动的总目标是树立良好的图书馆形象,最终提高图书馆的社会地位与影响力,使图书馆的社会价值和自身价值获得最大实现,因此,各类公关实施策略非常重要,以下将具体介绍几种图书馆公关活动:

1. 全国性的图书馆周活动

通过举办全国性的图书馆周活动,把公众和新闻媒体的注意力引向图书馆,向社会推广图书馆的各种服务,加强公众对图书馆的利用和支持。1975 年美国图书馆周的首次成功举办,使其获得美国公共关系学会授予的银质奖章。1989 年,我国文化部决定每年 5 月的最后一周为全国公共图书馆服务宣传周,这是图书馆公共关系的一大举措。2014 年的主题为“图书馆——传承优秀传统文化,建设民族精神家园”、2015 年的主题为“履行图书馆职能,促进全民阅读,建设书香社会”。期间研讨会、展览会、报告会、联谊会、座谈会、读书竞赛、演讲、书市、书展、书刊交换、流动书库、敞开办证、解答咨询、散发传单、专题讲座等活动在全国各地红红火火地展开。作为国家政府第一次明文规定的全国统一时间集中宣传图书馆的活动,其影响之大,效果之好,为世人瞩目。因此,有人称之为图书馆公共关系史上的转折点和里程碑。

但是,目前的图书馆服务宣传周仍只限于公共图书馆内,应当扩大到所有类型的图书馆中。此外,还有一些图书馆只是局限于在宣传周内开展活动,没有长期地坚持下去,容易使“图书馆周”活动流于形式。

---

① 张德,吴剑平. 企业文化与 CI 策划[M]. 北京:清华大学出版社,2000:317 - 320.

② 张德,吴剑平. 企业文化与 CI 策划[M]. 北京:清华大学出版社,2000:320 - 322.

③ 杨萍. 论公共图书馆公关活动的实施策略[J]. 图书情报论坛,2015(5):45 - 47,51.

2. 公共服务广告

图书馆为了能够吸引公众的关注,获得公众舆论的认可,在社会中树立自己的良好形象,必须与新闻媒介建立良好的关系,并进一步通过它来争取公众舆论的理解和支持。

公共服务广告就是图书馆利用媒体进行的一项比较有效的公关活动,其主要职能是让公众了解图书馆的最新信息,并反复报道图书馆所提供的服务项目和所进行的各项计划。近些年来,在我国公开发行的图书情报专业杂志以及一些国家、地方性报刊上,刊载了不少宣传图书馆的文章,例如,2016 年 7 月 14 日,《人民日报》发表的《图书馆为何重获读者青睐》,指出政府对图书馆特别重视,投入很大,加之图书馆的服务好,吸引了越来越多的读者来图书馆。此外,一些图书馆还经常会在专业杂志或者地方性报刊上编发特别简报,介绍图书馆的服务和活动,吸引更多的读者更好地利用图书馆。

在利用传播媒介这一方面,我们也要多多借鉴国外图书馆的先进经验。在国内,我们的宣传队伍还不够强大,图书馆员写的宣传图书馆的文章,很少在影响力较大的报纸、杂志以及广播、电视上传播,无法引起足够强大的社会效应。而国外图书馆在进行宣传的公关活动中,会聘请专业的新闻记者、艺术家、摄影师和播音员来协助图书馆宣传活动,这样能吸引社会上更多的关注,通过宣传,使图书馆成为焦点,扩大自身的影响。此外,我们还要学习国外图书馆繁荣图书馆文学,创作关于图书馆人物和活动的文学作品、影视作品等①。

3. 利用名人效应

利用名人效应是图书馆公关活动的一种有效方法。在宣传图书馆界名人的同时,也提高图书馆的知名度,为图书馆赢得极大的荣誉。利用社会知名人士,邀请党政机关领导、商业要人、学术界知名专家学者、文艺界的明星等成为图书馆的阅读形象大使,为图书馆阅读活动宣传,产生更为广泛的社会影响,利用名人效应达到教育目的。图书馆的重大活动,应邀请相关领导和知名人士出席讲话,以扩大图书馆的声誉,赢得更多的支持。

4. 建立图书馆发展基金

图书馆的经费问题,一直以来都是阻碍图书馆事业发展的最严重困难,国内各地各级图书馆都曾面临着资金短缺、办馆困难、书价上涨等棘手的问题。随着现代公共文化服务体系构建的进程推进,图书馆员更需面向社会大胆参与公关活动,积极争取社会力量支持,力争个人、团体、政府、党群、企事业单位的信息、资金、设备的投入和赞助,可以建立各种形式的图书馆发展基金会,通过公共关系手段,向社会各界筹集资金,以形成多方面共同办馆的新格局。

杭州市图书馆事业基金会是我国较早的一家图书馆基金会,发起单位有杭州图书馆、杭州少年儿童图书馆以及萧山、余杭、临安、桐庐、建德、富阳、淳安等区县市七家图书馆,有不少杭州知名企业家担任基金会理事。该基金会接受募捐的资金完全用于全市各级公共图书馆事业的发展,缓解了国家对图书馆事业投入的不足。除了专门的图书馆发展基金会外,社会上还有一些其他的基金会有一些对图书馆的捐款项目,例如,李嘉诚基金会参与的北京大学图书馆新馆的建设以及对广东省图书馆活动经费的捐赠等。

5. 读书沙龙

图书馆举办各种类型的读书沙龙,可以为社会大众提供具有学术气氛的学习机会,满足

① 徐东生. 新形势下的图书馆公关活动[J]. 图书馆研究,1994(1):32-34.

大众知识需求。同时也为图书馆与公众提供一个良好的交流空间,通过与社会公众的面对面交流,广泛听取意见,既了解公众的利益与需求,又能让公众更好地认识图书馆,实现双向交流与沟通,促使图书馆工作赢得更多读者信赖。

6. 面向社会,开展有偿服务

在市场经济条件下,图书馆应当发挥主动性,努力扩充自己的读者范围和服务内容,积极参与信息市场,适应和服务于市场经济,适当地尝试有偿服务,更好地面向社会,争取得到较多的社会公众,在取得一定的社会效益的同时,也能够提高图书馆的经济效益。

7. 其他公关活动

除上述几点外,图书馆还有一些其他的公关活动,例如对馆内的一些公关活动以及热线咨询活动和发放公众需求卡等。对内公关主要是为了协调图书馆内部全体工作人员之间的关系,是为了调动每一个员工的工作热情和增强图书馆内部的凝聚力,培养员工的集体荣誉感,通过各种方法来创造一个温馨、友爱、协作的工作氛围。热线咨询以及发放公众需求卡的活动旨在及时了解公众对图书馆信息或服务的要求。

第四章　图书馆的视觉识别系统(VIS):基本要素

视觉识别(VI)是指借助静态的识别符号,通过视觉传递信息的各种形式。它最早出现在企业管理和品牌建立的领域,是企业识别系统(CIS)中重要的组成部分,也是所接触的层面最广泛、效果最直接、最具传播力和感染力的传达方式。视觉识别就是将企业的理念与价值观通过静态的、具体化的视觉传播形式,有组织、有计划地传达给社会,树立统一的识别形象。

图书馆的视觉识别就是将图书馆的精神、思想、经营方针等主体性内容进行视觉外化,使社会公众能一目了然地掌握图书馆的信息,并产生认同感,达到识别的目的。视觉识别系统由基本的设计要素与应用要素两部分组成,是图书馆形象最直接也最直观的表现。

第一节　图书馆视觉识别系统构成

图书馆视觉识别系统应以图书馆的理念识别为基础,也就是视觉识别的内容一定要反映出图书馆的精神和观念。图书馆的活动和视觉识别系统是图书馆理念识别系统的具体表现,活动是动态的识别系统,视觉识别则是静态的识别系统。但是,视觉识别系统并非简单的视觉传达手段,它是建立在视觉传播理论、视觉传达设计和视觉传播媒体控制管理等的基础上的一项系统的、科学的又复杂的传播工程。

一、图书馆视觉识别理念

视觉传达是组织信息传播的主要途径,作为受众来讲,视觉信息是人们获得信息的主要渠道。所以在很多企业的战略中,视觉识别系统具有相当重要的地位。对于图书馆来说,视觉识别在最近几年的图书馆战略中也具有越来越重要的位置,没有视觉识别系统的识别系统战略是不成立的。

视觉识别的首要问题是将图书馆的理念、图书馆的内部结构、图书馆的实际内容、图书馆的特点以及将来的发展方向等演绎为视觉符码。视觉符码作为视觉的最基本的元素,具有抽象的特征,要使符码或符码系统成为特定图书馆的象征或某个具体内容的象征,必须掌握视觉符码的意义、设计、传达的规律,还必须能使图书馆的信息概括、提炼、抽象成可以顺利转变为视觉符码的概念。

图书馆视觉识别应具有视觉传播的"统一性"和"独特性"两个特征,在图书馆的识别系统战略中,视觉识别的一项重要任务,就是要采用一贯的、统一的视觉形象设计,并通过可能的媒体和手段扩散出去,才能有意识地创造一个个性化的、统一的视觉形象。这不仅可以便于公众识别、认识,更利于公众建立感情,产生信赖的心理。统一的视觉识别系统,还有利于消除图书馆内外信息传递中出现的差异。

统一的视觉传达,必须通过一定的视觉样式,把图书馆的抽象概念形象化,运用图形、色彩等视觉语言，通过有效的传播媒体传达出来。但是，在技术和环境多变的当今社会，图书馆的发展也非常快，因此，优秀的图书馆形象识别（Library Identify，LI）战略不仅仅要着眼近期，还要放眼未来。这就要求有一个科学的视觉识别系统设计和传播的管理机制。对传播的管理，一是保证已经制定的基本视觉要素和应用要素坚决、彻底地得到落实；二是使传达中出现的问题及时得到解决。这就要求已经设计的视觉识别系统的有机性、可塑性、逻辑性要强，还要具有一定的灵活性和发展性。为保证 LI 计划的实施，关于视觉识别系统的规定要清楚、详细周到、易于操作、易于发展。

图书馆管理理念是视觉识别设计概念的出发点，图书馆形象在各视觉设计要素中的具体化必须围绕这个理念展开，这是基本定位，与图书馆理念相对应的是设计概念，一般来说，设计概念有形象、机能、和系统三个重心。设计概念的构成如下：①形象方面，即系统的方向和系统的目标；②机能方面，即图书馆的机能、项目的机能、对社会的机能和其他机能；③系统的核对重点，相乘累计效果，管理效率化，成本节约及其他。

二、图书馆视觉识别系统设计

VI 设计应遵循的原则：①VI 设计必须坚持以图书馆理念为灵魂的导向原则。视觉识别设计不是一般的平面的、静态的符号设计，作为传达图书馆理念、图书馆精神、图书馆文化的重要媒体，它应从多视角、多层次、立体化、全方位来传达图书馆的理念。②必须坚持民族化和国际化相统一的原则。图书馆是一国文化积淀的象征，因而，图书馆的形象首先应体现深厚的传统文化特色。同时，在全球化发展迅速的今天，图书馆的国际接触也越来越频繁，图书馆视觉识别系统在体现民族文化和民族特色的同时，也要强调与国际接轨，以赢得世界的认同，从而提高图书馆在国际的知名度。③必须坚持设计风格的统一性原则。在视觉识别要素的设计中，基本要素和应用要素的设计在风格上应保持高度的一致性、统一性，这是强化公众视觉感受的有效手段。④视觉识别设计应当遵循有关法律的规则，不能运用已经注册的商标或品牌，不能抄袭他人的作品等。⑤VI 设计必须遵循一些习惯。比如某个国家或某个民族对某种颜色或某种图案的禁忌等。⑥VI 设计还必须遵循美学和审美的规则。

图书馆视觉识别的基本要素主要有：图书馆建筑，图书馆环境设计，图书馆名称，馆歌，图书馆标志（馆标、馆徽），图书馆标准字体（图书馆的名称、广告语、口号专用字体等），图书馆的标准颜色，图书馆的造型角色，图书馆的象征图案等。

视觉识别的基本要素是表达图书馆理念的统一性的设计要素，是应用要素设计的基础，为使在信息传播中达到对内（图书馆内）、对外（社会公众）视觉上的一致性，塑造明确而统一的图书馆整体形象的效果，对基本要素中标志、标准字、标准色等的应用有着极严格的使用规定。在图书馆的视觉识别组成要素中，图书馆标志、标准字、标准色是核心要素，也是发动所有视觉要素的主导力量。

图书馆视觉识别的应用要素主要有图书馆馆内布局（图书馆家具、导向识别系统、馆内环境布置），图书馆办公和事务性用品（徽章、识别证、名片、信封、礼品袋、信笺等），图书馆员制服，图书馆网站，其他。应用要素是对基本要素的强化，同时从微观的角度塑造图书馆的形象。图书馆视觉识别要素系统见图 4－1。

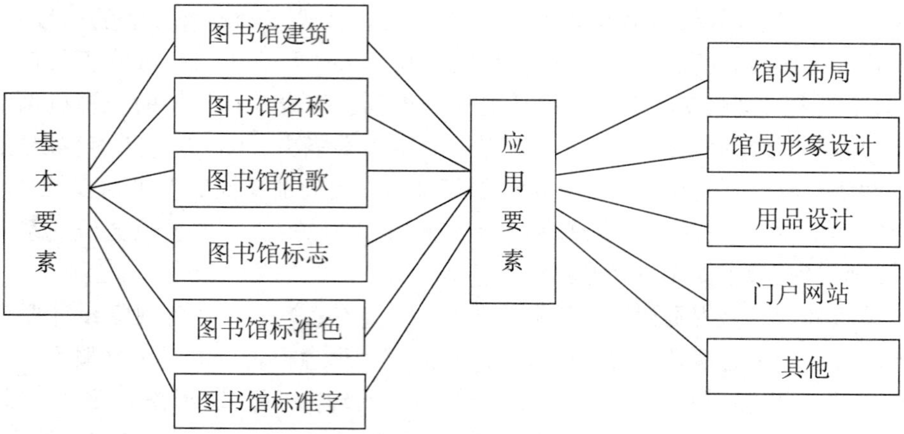

图4－1　图书馆视觉识别系统示意图

来源:本书绘制。

第二节　图书馆的建筑

图书馆被誉为人类文明的记忆器,是保存人类文明的条件,也是反映一个国家或地区综合文化水平的标志。从藏书机构产生到现代图书馆发展的几千年中,图书馆建筑的发展经历了古代封闭式的单一的藏书楼时代、近代二位一体的半开放时代,以及现代多元化完全开放式的时代。图书馆最初的繁盛是由于西方古登堡印刷术的发展和中世纪欧洲大学教育的兴起,具有现代意义的雏形;另一阶段的繁荣来自于19世纪工业大革命带来的需要,以及美国慈善家卡内基对公共图书馆建设的支持,这一时期大量公共图书馆的建立,推动了图书馆建筑的发展;最近数十年同样是图书馆繁荣发展的黄金时期,虽然20世纪中后期计算机和网络的诞生,引起了关于图书馆是否有必要继续存在的大讨论,很多人对图书馆未来持悲观态度,认为数字化资源的发展将带来图书馆数量的大量减少及图书馆功能的萎缩,然而自1990年以来,互联网的繁荣发展并没有抑制图书馆的人均馆藏流通量,到馆人数却大幅提高。

随着城镇化进程的推进,更多现代化、新型图书馆成为我国城市、社区的文化地标。现代公共文化服务体系的构建则进一步提升图书馆的社会地位,越来越多的图书馆承担着城市标志性的文化建筑、大学的核心建筑的责任,以最显而易见的形式表达着图书馆的内涵。图书馆建筑犹如不同风格的旋律,在不同时代、不同地区展示着不同的乐章。

一、图书馆建筑的发展

(一)国外图书馆建筑发展历程

约公元前3000年在两河流域的古巴比伦王朝的一座寺庙废墟附近,有大批泥板文献被集中在一起,成为已知最早的图书馆。公元前7世纪亚述巴尼拔国王在尼尼微建立藏有大约2.5万块泥板文献的皇宫图书馆①。古希腊、古罗马时期也都有为奴隶主阶级及其贵族知识分子保存资料的图书馆。古埃及最迟在古王国时期(公元前28至前23世纪)就有王室图书馆和寺院图书馆。古罗马的公共图书馆大多与神庙相连,富丽豪华,宏伟壮观,馆内设有阅览厅、柱廊,有的馆内开设有会堂和演讲厅。这时的图书馆馆藏有限,规模不大,藏阅一体,功能简单,却极度豪华。

到公元三四世纪,这些图书馆大都关闭了。一直到基督教再次复兴后,部分图书馆开始重建,这时图书馆的兴建大多依附于修道院与僧侣的发展。僧侣对于圣经与相关经书的研究,对于资料的存取阅读的场合成为现在大众图书馆的最初模式。

图书馆建筑在早期没有特定的形式,一直到13世纪修道院皆兼具图书馆的收藏与书籍制造的功能,所藏书籍开始不仅仅限于宗教类。此时这些藏书的地方还不叫图书馆,而是各种封闭的书橱,这种书橱在拉丁语中叫armarium。这个词后来又被用以指食橱、衣柜或橱柜。这种书橱大多放置在壁龛中,后来演变成现在的藏书室。因而,这一时期图书馆建筑的形式就是运用教堂原有的形式当作基督教复兴后图书馆形式的原形。

13世纪起欧洲大学纷纷设立,出版物也开始以非宗教类为主流,修士以教师的身份进入大学,这时图书馆的功能依附于校园教堂中,当时的书本被置于读经台上且被锁链固定,书橱也演变成类似于陈列式的书架。这一时期的图书馆以法国巴黎大学图书馆和英国牛津大学图书馆为典范,图书馆模型也大致相同,其形式仿照修道院和大教堂图书馆,主要不同之处是其藏书能被充分利用。

14世纪中期,意大利文艺复兴改变了图书馆收藏的范围和空间形式,教堂中殿与周围回廊形成图书馆的新模式。书本上的链条慢慢除去,书架开始向四周墙壁设置,于是便出现一种圆形屋顶下设中央大厅的建筑构造形式,墙壁的周围是与墙齐高的书架,旁边设阅览席位,以此来满足容纳更多阅览座位和管理上"藏阅合一"的使用要求。在建筑上由原来石造建筑的大梁、密柱逐渐演变为利用拱券结构创造高敞开阔的高大空间,改善了通光,设计、建筑技术也有很多进步。让阅读环境更加宁静肃穆,给博大崇高的感觉,置身其中如入知识宝殿。17、18世纪图书馆建筑的标准,是真正从功能需要出发,切实做到物质与精神、技术与艺术的自然融合。

随着藏书量的增加,19世纪中期,图书馆开始将阅览室与书库分开,检索系统也开始使用,图书馆建筑的形式仍为旧有形式。进入20世纪,随着各种建筑式样的出现,图书馆的功能也因社会的变化更加多样化。

20世纪初,图书馆提倡开架式文献管理方式。1933年,美国巴尔的摩市伊诺克·普拉特自由图书馆开创开敞式平面设计先例。随后美国建筑师A.S.麦克唐纳根据读者接近藏书的设想,提出模数式建筑设计思想,并应用于1955年伊阿华州立大学图书馆的建筑设计与实现,成为图书馆建筑史上的里程碑。至此模数式图书馆的建筑模式在欧美趋于普及并逐渐取代固定功能模式。

(二)我国图书馆建筑发展历程

中国殷商时期已经具有专门用以存放甲骨文献的窑穴,被认为是中国图书馆、档案馆的

① Nikolaus Pevsner. A history of building type Libraries[EB/OL].[2016-05-20]. http://homepage.ntu.edu.tw/~d92521016/521U3730/LinkedDocuments/2-2.pdf.

萌芽。两汉时专门收藏典籍的皇家藏书楼(如东观、石渠阁)的建筑已初具规模。其后著名的皇家藏书楼有隋代的观文殿、唐代的崇文馆、宋代的集贤馆、元代的艺林库、清代的文渊阁(故宫文渊阁)等。宋代以后,私人藏书楼建造日盛,如明代范钦的天一阁、清代钱谦益的绛云楼、瞿镛的铁琴铜剑楼等。

中国在漫长的封建社会出现以收藏、保管为主的藏书楼。由于中国古代藏书楼以藏为主,仅供少数人使用,实行封闭式管理,其建筑一般采用木构架结构,青砖砌墙,青瓦或琉璃瓦盖顶,多为2层或3层,在藏书楼建筑的处理上采用一系列的防火、防蛀、脚朝等技术措施。有些藏书楼建筑力求均衡对称,有的组合为庭院式建筑群,院中开凿水池以防火,并种植花草树木,环境清幽。皇家藏书楼除实用外,多数较为富丽堂皇。此时还出现由私人营建的藏书楼,宁波的天一阁是我国现存最早、影响最深远的私家藏书楼之一,它的建筑风格及建筑设计原理不仅反映中国古代的建筑学思想,同时反映古代中国的哲学思想和风水文化等。天一阁正是用其建筑本身反映出对自然与美的追求,堪称中国古代藏书楼的典范。

20世纪初,西方固定功能的图书馆建筑模式传入中国。那时的图书馆功能由以文献收藏为主转变为文献保存、传播和利用并举,建筑内部空间相应形成藏、借、阅、文献整理加工四类空间,藏、借、阅三段式组合布局形式。建筑多采用砖石和钢筋混凝土混合结构,内部各种空间多以不可移动、厚重的墙隔开,成为各自独立的空间。到了70年代,现代钢筋混凝土框架结构已普遍应用,内部空间中的隔墙虽不承重,但也不易移动,仍未脱离固定功能模式。由于独立的和设在阅览室中的辅助书库已经普及,形成局部的藏阅合一空间;同时注重与基本书库和阅览室的组合。例如,当时北京大学图书馆将三者组合成单元体,形成以闭架为主,辅以局部全开架或半开架的管理方式。80年代,一些图书馆吸收国外模数式图书馆建筑设计的优点,建设开架书库,从此层高、柱网和载荷逐渐趋于统一。

二、图书馆建筑的地位与选址

现代图书馆从19世纪末20世纪初开始出现。科学技术的飞跃发展,给人类带来知识的爆炸性增长,促使知识载体的繁衍,也促使图书馆专用设备的产生和推广应用。同时,还极大地刺激人们对知识的渴求,仅仅经过短暂历史时期的近代图书馆管理模式,已经不能适应这样的形势变化。随着图书馆的普及以及图书馆数量的增加,图书馆建筑的地位也逐渐提高。

(一)国家图书馆建筑的地位

国家图书馆是一国文明的象征和标志,作为一个国家最高级别的图书馆,国家图书馆的建筑形象是展现在公众视野中的第一印象或最初印象,是有型的物理形象,它需要通过具有鲜明特性的建筑外形视觉传递使公众感知图书馆的关键主题。国家图书馆良好的建筑形象能够吸引社会视线,引导人们对知识交流与共享的认知、强化公众对其记忆并巩固其在国内乃至国际的传播①。

中国国家图书馆,是国家文献信息基地和文献收藏基地,是肩负传播文化、服务社会职能的中华总书库,起着展示中华文化精神的旗帜作用。坐落在北京市海淀区中关村南大街33号的国家图书馆一期原名北京图书馆,紧邻紫竹院公园,于1987年落成。国家图书馆一

① 朱红涛. 国家图书馆社会形象定位研究[J]. 国家图书馆学刊,2013(6):46-52.

期的建筑群构成严谨的古典对称格局,以基本书库为中心高低错落的建筑组群、建筑单体的经典三段式配以现代改良后的平直汉阙形式屋顶、围合的幽静庭院环境,典型地反映那个时代的建筑思潮和公共文化建筑特征,位列20世纪80年代"十大建筑"之首。国家图书馆二期和一期裙楼在高度上保持一致,新馆与中关村南大街的边界和主入口形态都与老馆相呼应。建筑基座东南、东北两侧分别设置读者餐厅和学术交流区的出入口,西侧是货运和工作人员出入口。整个石材基座南、北、西三面由黑色的倒影水池环绕,一方面是作为安全考虑的隔离,另一方面也是为了强调石材基座从地下"开凿"出来的建筑效果。在周围喧嚣繁杂的城市环境中,它显得简约、安静、内敛、凝重,又极具现代建筑技术带来的视觉震撼①。

英国国家图书馆是世界上最大的图书馆之一。它的主要职责就是有效地让公众使用图书馆的丰富馆藏。新馆(图4-2)于1997年11月开始对外开放,为众多研究人员和学者提供一个优良的工作学习环境,占地面积108000平方米,耗资近4.5亿英镑。藏书1200万册,每年服务人数超过40万,是英国20世纪最大的公共建筑。新馆书库和11个不同的阅览室内的各式书架总共长达300公里,馆内还有3个面积总共为1350平方米的展览大厅,陈列着该馆的精品。馆内各公共部门都能通向餐厅,读者从餐厅可以欣赏对面那幢造型十分新颖的国王图书馆,那是一座共有6层、高17米的玻璃塔,存放着英王乔治三世6万册藏书。因其独特的艺术风格和气势辉煌的馆内布局而受到人们的赞誉,并成为各国旅游人员除不列颠博物馆之外另一期望参观的地方,成为伦敦又一著名文化景观。

图4-2　英国国家图书馆

来源:Ctrip. British Library[EB/OL][2010-05-03]. http://you. ctrip. com/sight/london309/109977. html.

法国国家图书馆于1995年建成,造价80亿法郎(相当于100多亿人民币),位于塞纳河畔,建筑面积为35万平方米。该馆造型(图4-3)是由四幢高耸入云、相向而立、象征着展开的书的塔楼构成,全为钢化玻璃结构,高度为80米;四座大厦之间由一块足有八个足球场大的木地板广场相连,没有任何"墙"和"围栏"等。地下有层高为13米的阅览室;建筑材料

① 廖昕. 国家图书馆二期工程暨国家数字图书馆[J]. 建筑学报,2008(10):28-35.

采用环保的金属、玻璃、木板和红地毯等;中间围成一个下沉式的中心花园,其中种植着从诺曼底森林移来的成年松树、白桦、橡树等250棵,隐喻着伊甸园——知识与罪恶的源泉。该图书馆是巴黎东郊新区的“萌芽”,是这个新区心脏的奠基石,堪称世界第一的图书馆巨人,而且被法国总统密特朗称为法兰西最高的建筑艺术珍品①②。

图4-3 法国密特朗图书馆

来源:Bibliotheque Francois Mitterrand. 欢迎来到法国国家图书馆[EB/OL]. [2016-05-03]. http://www.bnf.fr/fr/outils/a.bienvenue_a_la_bnf_zh.html.

法国国家图书馆具有很强的标志性。这四本打开的书像城市的航标,鲜明地划定了图书馆这块神话般的、具有象征意义的馆舍在巴黎的位置。这四本打开的书似乎在遥远的地方在与读者对话,因为对大部分人来说,他们在法国国家图书馆的阅读活动是在进入这个馆之前先从阅读这四本巨著开始的。他们从遥远的地方就望到了这四部书,从而认出法国国家图书馆并确定它在城市的方位。

四座角端上的塔楼像是四部张开的大书,彼此展翼相对,划定出一个象征性的场所,法国图书馆,一个神秘的地界,就凭仗着这四角的高塔,将它的存在与特质都投射在城市的大尺度中。城市的地标发展壮大着“书”的概念,并以塔楼使用上的随机性,也就是书籍收藏的随机性,象征求知的需求和知识的增长永无止境,是一个缓慢然则持续的沉淀过程。别样的隐喻也跃上心头,要么是藏书楼,要么是大粮仓,或是无涯无际的书架,或是竖向的迷宫,这些清晰鲜明的意象就这样汇聚在建筑一体之上。广场的布置更加强了空间利用的理念,其下用于书库储藏。塔楼起到的作用是帮助确立和彰显这一宝藏在文化上的意义。这样一个公共场所,将会在神圣的文化机构与街市上的行人之间,带来直接而自然的接触。然后一座“内置”也就是下沉花园的纳入,柔化了项目的象征性位置,提供了一处静谧场,远离都市的喧嚣和烦扰。就像一圈修道院里的回廊,这里的空间静水流深,波澜不惊,使人不觉间便陷入凝视沉思,蓬勃于智性的活动③。

---

① 王惠君,荀昌荣. 图书馆文化论[M]. 长沙:湖南大学出版社,2004:173-176.

② 鲍家声. 现代图书馆建筑设计[M]. 北京:中国建筑工业出版社,2002:300.

③ CBC. 法国国家图书馆[EB/OL]. [2016-03-24]. http://www.archreport.com.cn/show-6-2646-1.html.

(二)公共图书馆建筑的地位

公共图书馆建筑地位最明显的体现是图书馆已经成为都市标志性的文化建筑,城市的公共图书馆体现了这个城市的文化水平和审美标准。

美国西雅图市中心图书馆坐落于西雅图市中心,外表呈不均匀的几何形状,内部装修色彩明亮。由曾经获得建筑界最高荣誉:普利策建筑奖的美国著名建筑师雷姆·库哈斯(Rem Collhass)主持设计(图4-4)。西雅图中心图书馆自开放之日起,参观者就蜂拥而至,一些人飞来西雅图就只是为了看这所建筑物,凹凸之帷幕墙外观(图4-5)已成为该市地标。美国《时代》杂志把它列在2004年度最佳建筑物榜首,2005年美国建筑师协会给予杰出建筑设计奖(AIA Honor Awards)。

图4-4　西雅图中心图书馆模型

来源:Archdaily. Seattle Central Library/OMA + LMN[EB/OL].[2010-05-03]. https://www.archdaily.com/11651/seattle-central-library-oma-lmn/.

图4-5　西雅图中心图书馆实图

来源:Archdaily. Seattle Central Library/OMA + LMN[EB/OL].[2010-05-03]. https://www.archdaily.com/11651/seattle-central-library-oma-lmn/.

我国广西壮族自治区图书馆,是广西最大的省级综合性公共图书馆。馆舍占地面积29000平方米,建筑面积21000平方米,主楼10层,书库大楼20层,整个建筑由一、二、三段组成,其中一、二段凌驾于波光粼粼的湖面之上,被称为"水上图书馆",如图4-6,湖水静谧,绿树环绕,书香沁心。外墙有反映民族特色的纹饰,在水波中反映出广西山水美景的自然风光与人文特色。

(三)高校图书馆建筑的地位

在高等学校里,作为"文献信息中心"和"学术性机构"的图书馆,是学校教学科研的重要组成部分,许多国家把图书馆与教师队伍、实验设备列为办好现代化高校的三大支柱。美国《大学图书馆标准》(1979)提出"图书馆是大学的心脏"的观点,已为世界各国所接受。高校图书馆的地位不仅表现在图书馆的作用上,更重要的还表现在图书馆的建筑上,而建筑重要性最典型的是体现在图书馆建筑的位置上。高校图书馆选址的原则主要表现在:

1. 对应校园入口处

图书馆建造在校园门口应对的位置,是现代高校校园规划较为常用的布局形式之一,它强化了图书馆在校园中所起到的重要作用,同时通过图书馆建筑的形象展现高校的实力。

不论是对于本校师生还是校外路过的行人来说,应对校园门口的建筑物总能给人以最深的印象。这种布局形式一般要求图书馆规模比较大,并通过入口广场空间来衬托建筑的宏伟气势。这种做法在高校图书馆新馆建设中普遍被采用。

图 4－6　广西壮族自治区图书馆实图

来源:邹金汇拍摄。

北京大学新图书馆正对北大东门(图 4－7),每一位经过门口的行人都会看到巍峨的图书馆。新馆设计体现校园文化建筑的质朴大方、端庄稳重的风格,取中西合璧文化特色,与燕园原有建筑之间达到和谐与变化的统一,同时相对周围楼群又明显处于主导地位,是整个建筑群的中心,是燕园三大标志"一塔湖图"之一,是北京大学的标志性建筑。

图 4－7　北京大学图书馆

来源:北京大学图书馆. 馆舍风貌照片集[EB/OL]. [2016－05－03]. http://www.lib.pku.edu.cn/portal/bggk/guanshefengmao? qt-guansheneibulueying=2.

同济大学图书馆正对于学校的正门,由打开的两本书形式的建筑组合而成,这幢建筑从任何角度看都呈打开的书的形式,前面是竖有毛泽东雕像的入口广场(图4-8)。进入同济大学大门,首先映入眼帘的是毛主席雕像和其背后的图书馆。图书馆设计为打开的书的形式,使人很容易联想到知识,其图书馆的布局也给人温暖的学习的感觉。

图4-8　同济大学图书馆

来源:刘玉红拍摄。

2. 位于教学区中心

学校教学区中心建造图书馆符合图书馆选址的便利性,所处位置方便学校师生到馆,能够提高图书馆的利用率。许多学校将图书馆置于校园教学区的主轴线上,形成教学区建筑群中的主体,产生很好的艺术效果,图书馆端庄典雅的形象及其特有的文化气质,最能体现出校园浓厚的文化氛围。这种布局也成为高校校园规划常用的布局方式。

郑州大学新校区图书馆(图4-9)位于学校的主干道上,是教学区的核心,前面应对郑大东门入口广场,主干道上排列着各重要教学楼,广场两边也为教学楼和重要实验室。以图书馆为中心呈凹式排列。图书馆左右两边分别有绿树水面环绕,环境美丽幽静,不仅衬托出图书馆的重要位置,还为学习带来优美的环境。

3. 位于教学区与学生生活区中间

将图书馆布置在教学区与学生生活区之间,可以提高图书馆的可达性,方便读者使用,以学生的使用功能为主要出发点选择图书馆位置。高校图书馆最主要的使用者是在校学生,他们不仅白天到图书馆借阅书刊,而且晚上更愿意去图书馆学习。同时,靠近学生生活区不仅能吸收有目的的来者,也有助于无目的的学生前往。这种布局方式更加方便学生,实用性强。

图 4 - 9　郑州大学新校区图书馆

来源:郑州大学校园风景图片. 图书馆[EB/OL]. [2017 - 05 - 03]. http://www.zzu.edu.cn/zzupic/zzupic.htm.

4. 位于校园绿地或景区中心

高校图书馆是校园文化建设的重要基地。将图书馆布置在校园绿景区之中,不仅可以充分利用室外优美的自然环境,开展多种文化活动,而且还可以通过图书馆建筑的外观陶冶学生们的情操,从而更好地实现图书馆的文化育人职能。

武汉大学图书馆旧馆(图 4 - 10)建于 1934 年,是位于武大最美丽的樱园之狮子山顶的皇冠形仿故宫建筑,正面可以眺望远处的洛迦山,还与洛迦山脚下同样风格的行政楼相呼应。四周山坡上三面是郁郁葱葱的灌木林,前面山坡是依山而建的武大老斋(老学生宿舍),

图 4 - 10　位于樱顶的武汉大学图书馆旧馆

来源:柯平拍摄。

宿舍楼中间数百台阶，拾级而上，直到图书馆前面平台。山脚下是久负盛名的樱花大道，每当樱花灿烂时，游人如织。

（四）图书馆建筑选址

图书馆馆址的选择首先要考虑图书馆外的环境。一般而言，图书馆应该选择在交通方便、环境安静、位置适中的地方。理想的图书馆要根据其性质选址建立在社区中心、市中心或学院中心相较安静、开阔的地带，交通便利，阅读氛围浓厚。方便的地理位置能够吸引读者前来借阅，可以成为城市文化的中心或学校文化的中心。基地最好地势高一些，排水要顺畅，且远离污染源，能够更好地保护图书。馆址不宜设在主干道上，防止交通噪声，建筑物可适当后退，留出绿化带或设置隔音障壁。在选择馆址时，也可与城市园林绿地结合起来，赢得自然幽静的外部空间环境。图书馆应置于园林绿化优美的外部环境之中，使图书馆与周围景观融为一体，同时又为周围景观锦上添花。我国很多图书馆都注意到这一点，不管是公共图书馆，还是高校图书馆都逐渐成为游客观赏、留步的选择场所。

例如，武汉大学图书馆旧馆坐落在樱顶，四周树木成荫，早春樱花盛开，中秋桂花芬芳，对面可以眺望郁郁葱葱的洛迦山，及与之遥相呼应的行政楼，往下可以纵览整个校园，山前山后，山上山下，或者高树参天，或者绿草霏霏，景观令人赏心悦目，至今仍是很多学生自习的最佳场所，同时也是武大游览必去之地。

坐落于千佛山北麓的山东师范大学图书馆，前面是五色梅花瓣的办公楼，左右是红砖碧瓦的现代教学楼，南面绿树成荫，北面月季花园，东面竹林，西面假山，相映成趣，互为匹配，可谓锦上添花。从馆内放眼南望，佛山胜境一览无遗，别有一番情趣。中山大学珠海分校的图书馆也是馆址选择的典型案例。图书馆背靠山，前面是大片的绿地，图书馆以山为梯，设计与学校生活区相连的通道，远处还可以眺望美丽的大海。

在我国，不少省、市、县公共图书馆都选择在绿色资源丰富的公园里兴建馆舍，借自然美景与书香融汇。例如，苏州图书馆选址在原市人大、市政府大院，占地116万平方米，充分利用旧有的花木、流水。该馆学术报告厅建在两棵香樟树东侧，掩映在翠绿之中，取名为“天香小筑”的小花园则是典型的园林式图书馆景观。济南大明湖畔的山东省图书馆，墙外湖光涟漪、泉声帆影，读者临窗便可饱尝秀色，久读而不知其倦。位于天津经济技术开发区的泰达图书馆，南边是一望无际的绿化带，绿树青草交相生辉，正是图书馆各阅览室正面所对的方向，周围是泰达学院和开发区管委会，环境安静、优美，是开发区人员学习和休闲的好去处。

图4－11中左图是从泰达图书馆内看外部的环境，右图则是泰达图书馆外部环境一角及建筑外设计，环绕图书馆半周的水池，里面游弋着自由的金鱼。

图书馆新建筑在选择馆址上，不仅要考虑建筑与周围环境的协调，而且特别注意建筑内外公共空间的延伸与融合。上海图书馆总体环境设计中有相当一部分具有公共空间的特征，两个入口处的开放空间同时也是城市广场，将图书馆建筑视为创造城市开放空间的手段，延伸至城市的外部空间，实现建筑与城市空间的对话、衔接、过渡。加拿大温哥华公共图书馆，把与其相连的广场视为一个整体。类似一个购物中心，主楼与弧形长廊面向广场的一面均有高大玻璃窗，采光充分，往往直接称之为“图书馆广场”。山东交通学院图书馆在建筑场地的北侧，原有一个池塘，设计中将它保留了下来并加以改造。水面不仅改善了图书馆周边的微气候，同时还形成优美的环境景观。

图 4－11　泰达图书馆内、外

来源:闫慧拍摄。

对于筹建一个新图书馆来说,选址是建筑设计必须解决的首要问题;而对于图书馆形象识别系统的建设和维护来说,图书馆的选址也是图书馆 VIS 的首要应用要素,如果图书馆拥有了好的选址,其 VIS 基本要素如馆标、馆徽、标准色、标准字体等方可找到适当的用武之地,VIS 的应用要素才会找到良好的起点,才能充分体现图书馆的理念识别系统和行为识别系统的真正内涵。

图书馆建筑设计师眼中的选址所要遵循的原则包括:位置适中、交通方便;环境安静;自然环境及地质条件;留有扩建余地等。如果从形象识别系统角度来剖析,选址所要遵循的原则应该包括如下几点:

第一,充分展现图书馆理念识别的内涵,包括图书馆职业哲学、价值观、使命、信念等。如果图书馆坚持资本主义哲学思想,那么图书馆在选址的时候肯定要考虑选择那些能给图书馆带来最大经济效益的区位,如尽可能地靠近企业或经济发达地区;如果图书馆坚持社会主义哲学思想,那么图书馆在选址方面应该会选择靠近弱势阶层或群体的地理位置;如果图书馆坚持自由主义的哲学思想,那么图书馆则会选择处于各个社会群体聚集地的中心位置作为馆址。

目前,图书馆实践和理论视野中的使命、信念充分体现了平等、人文关怀、和谐的使命,如图书馆的工作重心从书本位向人本位转移、成为终身教育和文化娱乐中心、信息传播与交流中心;图书馆信仰、尊重、致力于保障公民信息权利的精神。如何将这些使命、信念、精神体现在图书馆选址中,是构建图书馆 VIS 考虑的关键问题之一,如有学者认为图书馆地理位置上接近读者①等。

位于天津经济技术开发区(简称 TEDA,泰达)的泰达图书馆在建馆之初就确立了“四个面向”的使命和宗旨,即面向政府、面向企业、面向学校、面向社区。泰达图书馆的选址情况如下:泰达图书馆位于渤海湾天津经济技术开发区的生活区,东面是南开大学泰达学院等教育机构;

① 吴建中. 21 世纪图书馆新论(第二版)[M]. 上海:上海科学技术文献出版社,2003:141.

西面是天津经济技术开发区投资服务中心(即管委会)、开发区海关、翠亨村居民区等;面临在建的泰达中心商务区;背靠金融街和开发区占地面积最大的工业园区,该园区支撑着被美国《财富》杂志誉为"中国最受赞赏的工业园区"①的经济发展,园内聚集了一大批代表世界最先进生产力的跨国公司投资企业,《财富》500强公司中有39家在开发区投资了81个项目②。该馆的选址充分贯彻了其"四个面向"的使命和宗旨。泰达图书馆的馆址情况如图4－12所示。

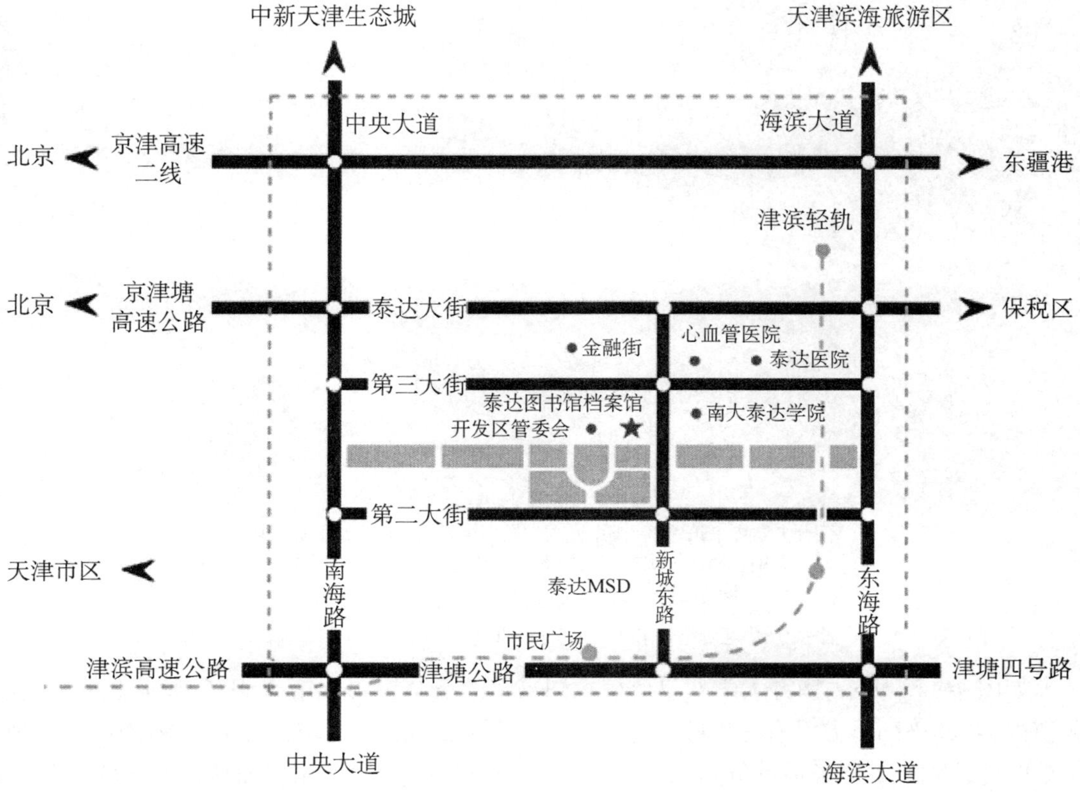

图4－12　泰达图书馆位置图

来源:泰达图书馆.服务指南－来馆路线[EB/OL].[2011－05－03].http://www.tedala.gov.cn/gywm/fwzn.asp.

第二,要有利于行为识别活动的开展。图书馆的行为识别活动泛指图书馆BIS的建立与维护,具体包括图书馆服务活动、公关活动、图书馆相关制度、图书馆的培训活动等。好的选址才是吸引读者的基本条件和第一步,也就是好的选址才能使图书馆行为识别活动富有真正的意义。试想,如果图书馆远离核心读者所在区,除非图书馆开展的行为识别活动非常有特色而且能够吸引读者,要不然很难达到BIS的效果。

图书馆有关读者方面的制度、图书馆开展的读者培训活动、图书馆的核心服务如借阅、阅览等基本都是以读者进入物理图书馆为前提。公共图书馆要充分考虑公众的聚集地和公众到馆的成本,一般位于城市交通方便的适中地区;高校图书馆要充分考虑高校师生到馆所

① TEDA.TEDA经济发展[EB/OL].[2014－10－15].http://www.teda.gov.cn/newpage/common/gaimao/htm/jjfz.htm.

② 天津经济技术开发区.天津经济技术开发区概述[EB/OL].[2014－10－15].http://www.investteda.org/jianjie.asp.

需用的时间，基本上都是位于教学区和生活区之间。

部分高校图书馆因新/老校区，以及学科分馆的存在，更能通过开展服务体现行为识别的效果。如南开大学八里台校区的多数学生、教师常用的图书馆有逸夫馆、理科馆、经济学分馆。大体的馆址分布如图 4－13 所示。

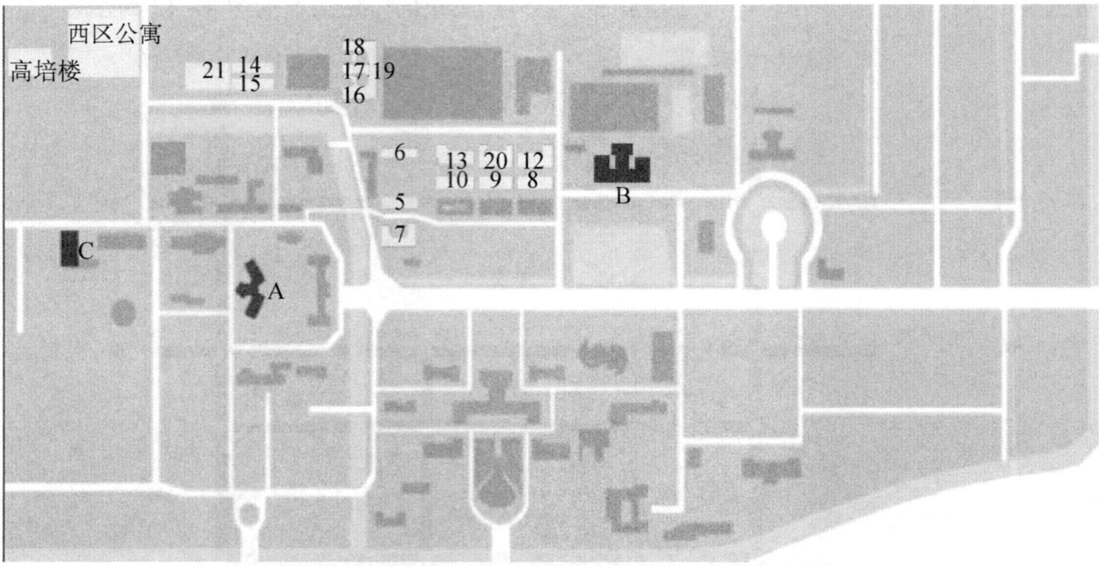

A南开大学图书馆新馆　B南开大学图书馆老馆　C经济管理分馆
5—21宿、西区公寓、高培楼等为南开大学本部的学生公寓

图 4－13　南开大学图书馆馆址示意图

注：上图由笔者结合南开大学主页上旧地图与现实情况修改而成。

如图 4－13 所示，南开大学八里台校区图书馆的三个主要分馆 A、B、C 基本上位于生活区与教学区（该图下方没有标出的深色图形）的交界处，历史上形成的这些选址均比较合理。该馆的选址对于其服务活动等行为识别要素起到直接的支持作用。如该馆于 2005 年 5 月 20 日起推出“爱心伞”服务，在雨天可以帮助 A、B、C 三个图书馆的读者顺利从图书馆到达生活区及其他目的地。南开大学“爱心伞”服务，如下图 4－14 所示。

图 4－14　南开大学图书馆新馆的“爱心伞服务”

来源：南开大学新闻网. 南开大学图书馆新馆的“爱心伞服务”[EB/OL]. [2012－05－03]. http://news.nankai.edu.cn/nknews/news.aspx? id＝5863.

三、图书馆建筑整体设计

从当前图书馆建设需要以及图书馆管理创新的理论需要出发,采用组织文化的视角,加强图书馆组织文化研究,既有图书馆学理论发展的战略意义,又有图书馆事业发展的战略意义。

图书馆建筑是图书馆展现给读者的最主要的形象,也是图书馆视觉识别系统中最主要的应用要素之一。这里的“图书馆建筑整体”是除图书馆馆内布局的其他建筑设计要素,偏重于整体角度的图书馆建筑,主要包括选址、场地设计、造型、空间设计等。如何在建筑设计中,运用构图、比例、尺度、色彩、质感、装饰、绘画、花纹、雕刻、采光、园林、家具等手段向读者展示图书馆建筑的端庄典雅、宏伟壮丽,通过建筑外观向公众宣传本馆的内在形象,这是图书馆建筑中一个非常重要的问题。

(一)现代图书馆建筑设计原则及设计理念

1. 图书馆建筑设计原则

(1)功能是建筑设计的基础

建筑是技术和艺术的综合品,即具有严密的科学性,又具有丰富的艺术性。建筑艺术具有与其他艺术(画画、雕刻)等的共性,都以独特的形式感染人,吸引人,但又具有其自身的特性,建筑的艺术价值是建立在其使用价值的基础之上的,功能是建筑设计的基础,特别是对于图书馆这样功能具有特性的建筑。满足图书馆的藏书、阅览、服务等功能的需要,才是图书馆建筑建设的主要的目的,也是图书馆建筑设计的首要原则。图书馆建筑设计首先要考虑功能的需要,适用性的需要,要合乎内部需求的规律。

图书馆建筑的发展史表明,它的发展正是基于图书馆功能的不断变化而改变其建筑形式及内部构造。最近几十年,随着图书馆功能的增加和读者对图书馆服务要求的增高,图书馆建筑不仅满足于藏书、阅读的需求,还要满足各种丰富的娱乐和休闲服务,比如咖啡厅、书店、电子阅览室、报告厅、展览厅等。新的图书馆建设还要追求读者对环境的要求,对不同阅览和学习形式的要求,图书馆普遍用玻璃墙幕正式体现了这一点。

建筑设计的首要因素是要因循功能的需要,但功能并非唯一因素,在注重功能的同时,也应注重形式,形式是对功能的表达,成功的形式有时比功能更能吸引读者,但都不能走极端,应达到内容与形式有机的统一。

(2)图书馆的性质决定了建筑物的形象

建筑设计的另一问题,就是建筑物如何表达这一建筑的性质问题。建筑物的类型很多,功能也各不相同,但怎么通过建筑物的形象表现出建筑的性质是建筑设计应该考虑的问题,即在建筑艺术处理上必须赋予建筑物恰如其分的形象。图书馆,从外形和形象上看应该表现出其是一个藏书阅览的场合,它与一般的商场、展览馆等应有实质上的不同,也不应与教学楼、实验楼等相同。它的外貌和装饰应该向人们表明这是一座安静舒适的、适合人们学习的文化建筑,它的出现应勾起人们学习的欲望,引导人们走向知识。

图书馆建筑设计书的模型以及玻璃钢架结构,图书馆前普遍具有的多层楼梯都从不同的侧面反映了图书馆的性质。同时,不同的图书馆类型也应有不同的表达方式,儿童图书馆应充分体现儿童读者的心理,不仅在色彩运用上丰富,在建筑风格上也应符合儿童的心理。国家图书馆往往以其规模取胜,不仅建筑庞大,更应反映图书馆的特色。高校图书馆建筑多以树立学习的欲望为目的,以有限的资源满足更多的服务为前提,图书馆建筑大多朴素大方。公共图书馆是一城市或一地区的代表,形式更具有灵活性,形象更具有艺术性。

(3)与环境的协调

图书馆建筑的设计还应考虑与周围环境的关系,总体规划不仅要与周围建筑群风格协调,还要与周围的自然环境相得益彰。

这种协调首先表现在建筑风格的选择上,高校图书馆的建设更能体现这一特色,图书馆建筑与校园原有建筑风格的一致,对原有建筑特色的体现,以达到学校建筑群整体的效果。北京大学图书馆和武汉大学新图书馆的建设很巧妙地体现了这一原则。北京大学图书馆和武汉大学图书馆都通过中式屋顶反映了原有建筑的风格,其中北京大学大殿式的建筑正是燕园中传统建筑对中国文化的体现风格,而武汉大学新图书馆依旧沿用翠绿的琉璃瓦屋顶,与老图书馆及其他建筑遥相辉映。对原有建筑风格延续的另一种表达方法就是在原有建筑物的基础上接建新的建筑,其风格、形式,甚至色彩都与原有建筑相差无异。这一方面的典型就是清华大学图书馆新馆的建立。

清华大学图书馆新馆于1991年建成(图4-15),位于清华园的中心区,与1919年及1931年两次建成的老图书馆(图4-16)连成一体,成为校园中心最大的建筑。新馆建筑面积2万多平方米,为了与老馆和大礼堂协调,新馆把高大的中心部位后退,并置主入口于院内,丰富了环境系列,形成了一个典雅宁静有较浓厚文化学术气氛而富有生气的读书环境。

新馆设计充分遵循"尊重历史,尊重环境"的原则,在体现时代精神和建筑个性的同时,努力使建筑与周围环境和谐统一,相互呼应、浑然一体,在空间、尺度、色彩和风格上保持了清华园原有的建筑特色,红砖墙、坡瓦顶、拱门窗,精雕细刻,朴实无华,富于历史的延续性,但又不拘于原有建筑形式而透出一派时代气息。

当然与周围环境的协调,并非一定要与原有建筑风格一致,也可以运用现代建筑风格表现出与原来的不同,展现时代的变换。但要注意与周围环境的和谐。

图4-15　清华大学图书馆新馆

来源:清华大学BBS.图书馆概况[EB/OL].[2012-05-03].http://www.tsingniao.com/chn/xxjs/jdjs/library.htm.

图 4-16　清华大学图书馆老馆

来源:清华大学 BBS. 图书馆概况[EB/OL]. [2012-05-03]. http://www.tsingniao.com/chn/xxjs/jdjs/library.htm.

以深圳大学城为例。2000 年 10 月,深圳市委、市政府决定在青山环抱、一水相依的南山区西丽湖畔创建深圳大学城。深圳大学城主要有三所大学:北京大学、清华大学和哈尔滨工业大学。大学城将大学城图书馆设计在深圳大学城核心区,连接三个研究生院园区;还根据大学城的地形特征,在北京大学与清华大学园区之间的大沙河上建起一座图书馆,形成跨河骑山之势(图 4-17)。

图 4-17　深圳大学城校园规划图

来源:深圳大学城. 校园规划[EB/OL]. [2011-05-03]. http://www.utsz.edu.cn/02utsz/index.asp? cateID=2.

这样的设计,既巧妙地利用了地形地貌,又增加了一道人造的"书桥",无疑是一道亮丽的风景线,成为大学城标志性建筑。整个建筑全长 440 米,宽 40 米,其中图书馆长 240 米、宽 40 米。图书馆的主体建筑由香港罗麦庄马公司(RMJM)设计(图 4-18),2005 年 1 月开工建设,占地面积 5.16 万平方米,建筑面积 4 万平方米,2006 年 6 月建成交付使用,深圳市政府投资 2 亿元人民币。

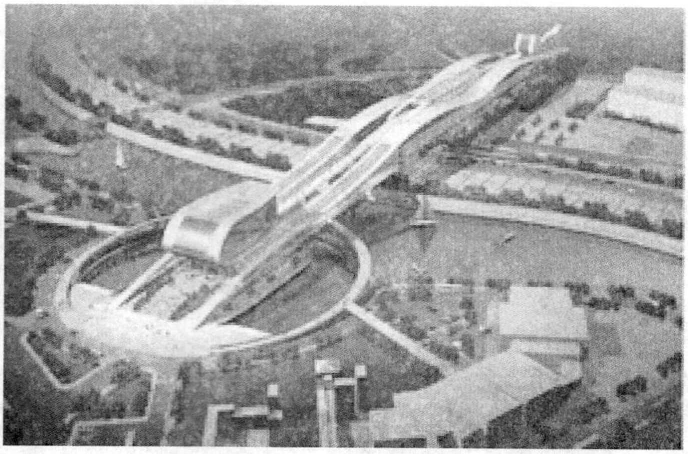

图 4－18　大学城图书馆模型

来源:深圳大学城. 校园规划[EB/OL]. [2011－05－03]. http://www. utsz. edu. cn/02utsz/index. asp? cateID＝2.

(4)反映民族和地方文化特色

图书馆既然是文化建筑,反映一个民族的文化特色或地方特色是图书馆建筑设计的另一重要问题。它要求建筑师在满足功能要求的前提下,综合运用现代技术和物质条件,创造出具有民族的和地方特征的建筑形式。特别对于我国优秀的历史文化和独特的建筑艺术风格,它要求建筑师既不能是盲目复古,也不应该是今日西方建筑的翻版。建筑艺术和风格应在继承我国优秀的古典建筑的基础上努力更新,在学习外国先进技术和经验的基础上进行创造。

很多人认为随着社会的发展,全球交流的增多,建筑的设计也不再完全追求某一文化的特色,建筑风格全球趋同,特别是模数式建筑出现,是新图书馆建设的首选模式,但这种说法只是一方面的,同样的建筑材料也会产生不同的建筑风格。我国很多新图书馆的设计依旧加入了传统文化的因素,给人一种文化的归属感和厚重感。首都图书馆就是很明显的例子,其门口就像中国古代的亭子,屋顶也沿用中国古代的建筑屋顶形式。对于这样重要的图书馆建筑,采用这些建筑艺术处理手法,注意表现我国传统建筑的特点无疑是必要的,它将可作为我国文化荟萃的代表和我国悠久文化的象征。

2. 图书馆建筑设计理念

英国著名图书馆建筑专家 H. 福克纳－布朗借用著名的基督教“十诫”提出十大图书馆建筑原则,即“福克纳布朗十诫(Ten Commandments)”①:

(1)灵活性(Flexible)。从设计、结构到服务功能都应做到灵活性,以适应时空的变化。

(2)紧凑性(Compact)。读者、职员以及图书的流向要做到紧凑合理。

(3)适用性(Accessible)。从馆外到馆内,从入口处到各个部门,要规划得合理,要设计一个良好的导引系统。

(4)扩展性(Extensible)。在未来扩展时可灵活延伸,将损失减小到最低限度。

(5)多样性(Varied)。在藏书空间和读者服务的提供方面留有自由的选择余地。

(6)组织性(Organized)。图书馆资源的组织与陈列要做到明了有序,文献空间和读者

① H. Faulkner-Brown. The open plan and flexibility[EB/OL]. [2016－05－20]. http://www. unesco. org/webworld/ramp/html/r8722e/r8722e18. htm.

空间应安排停当。

（7）舒适性（Comfortable）。在环境、通风、温湿度、光线等方面要柔和、协调，尽量借用外部的自然环境，以吸引更多的读者利用图书馆。

（8）稳定性（Constant in environment）。稳定不变的照明、暖气、冷气、通风和声学环境对图书馆资源的保护尤为重要。

（9）安全性（Secure）。借以控制读者的行为和图书的损毁。

（10）经济性（Economic）。将建设和维护一个图书馆所需要的经费和人员控制在最低限度。

（二）图书馆造型形象的识别

图书馆的造型是图书馆建筑的形象问题，是视觉识别系统最显眼的组成部分。造型是科学技术与文化艺术的完美结合，设计者不仅需要把图书馆功能与艺术创作紧密结合起来，而且要保证与图书馆周围环境相吻合，设计的造型可以在目前的建筑技术下实现。但是并不等于说造型完全取决于图书馆的功能，应该有个性化、民族性等特色①。例如，我国图书馆的传统造型是“工”“日”“山”等字形，大都呈现方盒子、平顶等造型，因为传统图书馆功能藏、借、阅是互相分离的；现代图书馆大多已经实现了开放式借阅，而且增加了大量的其他功能如会展、餐饮、图书销售、娱乐等②。

从图书馆形象识别的角度分析，图书馆造型是图书馆视觉形象的直接体现，是图书馆功能、图书馆建筑环境、建筑技术、图书馆个性、民族性、地域性等相结合而产生的视觉形象。目前，比较常见的几种主要图书馆造型包括：围绕“书”而形成的造型、饱含民族特色的造型、现代主义流派造型、传统造型等。我国目前大部分的图书馆造型是传统造型，即以南北为中轴、左右相对称的建筑造型，在此不再列举案例。

1.“书”造型

以“书”作为图书馆建筑造型设计的切入点是图书馆建筑设计常见的方式，是比较普遍的图书馆造型形象，也是图书馆永恒的主题。此类造型充分反映了图书馆热爱图书的价值观，反映了人类热爱文明、尊重知识、崇尚图书的职业理念，也是图书馆建筑设计师对图书馆直观印象与理解的体现。

前文有述的法国国家图书馆新馆，即密特朗图书馆也采用了图书设计，如同四本打开的巨书，坐落在巴黎塞纳河畔，每幢建筑以打开的书本形状设计，四“书”相对，又构成一本完整而更伟大的书。从巴黎遥远的地方向东南方向望去你会看到形状如同四本打开的书似的四座玻璃大厦，那便是这个图书馆巨人的上半身，它的下半身则埋在地下，因此，如不走近它，读者是看不到这下半身的，而这一部分才是它的艺术灵魂。那就是四个建筑围成的是一个绿意盎然的露天广场，周围是研究阅览厅，上层金色玻璃帷幕大楼是公共阅览厅，内设 1650 个座位。本节着重列举当前比较突出的几个图书馆作为案例供读者参考。

深圳图书馆新馆于 2005 年开馆，是市政府面向 21 世纪投资兴建的集大众型、研究型、数字型于一体的大型现代化文化设施，坐落于福田中心区，占地 29612 平方米，总建筑面积 35000 平方米③。该馆由日本著名建筑师矶崎新先生主持设计，其造型（图 4－19）独特、构

① 鲍家声．现代图书馆建筑设计［M］．北京：中国建筑工业出版社，2002：167．

② 吴建中．21 世纪图书馆新论（第二版）［M］．上海：上海科学技术文献出版社，2003：176－183．

③ 深圳图书馆．新馆建设［EB/OL］．［2015－08－05］．http://www.szlib.gov.cn/newlib/newlib.htm．

思精巧、宏伟典雅、秀外慧中。西立面为黑色的整然刚硬的垂直大墙面,以消除马路高速车流的影响;南面是放射性垂直树立的三本书形状,被誉为“三本书”;正立面采用大规模的由三角玻璃组成的玻璃幕墙及竖向拉杆,颇具竖琴的音乐韵律,形成三维玻璃曲面和委婉变化的流水垂幕(图4-20);北面则是由一棵构造为钢结构体的银色黄金树支撑,构成该馆的入口大厅,并且与音乐厅的金色黄金树共同象征着福田中心区文化城的城门。色彩是由中国传统的阴阳五行——黄、红、青、白、黑等五种颜色构成。读者徜徉其中,犹如金山觅宝、学海泛舟,堪称城市建筑的精品之作①。

图4-19 深圳图书馆新馆造型

来源:深圳图书馆.参观深图[EB/OL].[2016-05-03].https://www.szlib.org.cn/page/visited.html.

图4-20 深圳图书馆新馆

来源:深圳图书馆.参观深图[EB/OL].[2017-05-03].https://www.szlib.org.cn/UserFiles/page/upload-orig/1405412960938.jpg.

① 吴晞.文明沃土,知识津梁——解读深圳图书馆新馆[J].图书馆工作与研究,2002(3):21.

图 4－21　深圳图书馆新馆

来源:深圳图书馆. 参观深图[EB/OL].[2016－05－03]. https://www.szlib.org.cn/page/visited.html.

中山大学珠海校区图书馆位于校区南门处,于 2000 年建成并投入使用,图书馆楼分左右两边,每边各有 13 层。左边主要是中山大学图书馆珠海校区分馆,右边楼主要是计算机实验中心[①]。整个图书馆的造型为一本打开的巨大的书(如图 4－22 所示),总建筑面积约为 36000 平方米。该分馆是中山大学图书馆的基础图书馆和贮存图书馆[②]。

图 4－22　中山大学珠海校区图书馆造型

来源:中山大学珠海校区. 图书馆[EB/OL].[2011－05－03]. http://zhuhai.sysu.edu.cn/library.

① 何海涛. 中山大学珠海校区园区网方案简介[EB/OL].[2015－08－05]. http://www.net-express.com.cn/sysinte/anlijx/avaya/zhshdx.htm.

② 中山大学图书馆. 本馆概况[EB/OL].[2015－08－05]. http://library.sysu.edu.cn/general.asp.

2. 饱含民族特色的造型

世界各地的图书馆不仅存在建筑风格上的差异,在文化特色上也有着明显的区别,不同的图书馆造型反映不同的地域文化。图书馆造型的民族性是识别图书馆所在地域的民族特色以及图书馆所继承的地方文化传统的主要 VIS 要素。我国民族背景多元化,地域文化丰富多彩,图书馆造型如何创造性地融合当地的民族特色是建筑设计个性化的需要,同时也需要读者对图书馆所处地域文化和建筑设计师的设计理念有充分的理解。这里列举几个比较有特色的案例,仅为抛砖引玉。

绍兴图书馆(又称鲁迅图书馆)是地市级综合公共图书馆,新馆占地面积 2 万平方米,总投资 5550 万元,于 2000 年 5 月试开放。该馆造型(图 4 - 23)按照绍兴春秋时期"伎乐铜房"形态加以简化与提炼,喻示着绍兴悠久的人文历史和建筑的文化内涵。新馆采用现代化的国内外流行的"三统一"模数化大开间设计,全中央空调系统。整体建筑特色鲜明,装饰精美,环境优雅①。

图 4 - 23　绍兴图书馆造型

来源:绍兴图书馆. 图书馆概况[EB/OL]. [2011 - 05 - 03]. http://www.sxlib.com/about.

内蒙古图书馆是北方大型的省级公共图书馆,于 1996 年建成,设计师为高薇和屈培青,位于呼和浩特市东城区东风路,建筑面积为 2 万平方米。其造型(图 4 - 24)以内蒙古民族文化为创作背景,建筑主体采用灰白色强面,主入口上方 7 块紫红色的体量体现了北方建筑坚实粗犷的特性,产生强烈的整体感和韵律感;建筑师对圆形蒙古包进行变异,形成八边形阅览室;建筑群以多层为主,减少建筑表面积②。

3. 现代主义流派造型

建筑的现代主义流派③,大胆采用新建筑材料、新技术和新结构,强调"以功能为中心"。现代主义的图书馆建筑摆脱水泥、瓷砖、油漆、涂料等传统建筑材料的束缚,打破中国传统的

① 绍兴图书馆. 绍图简介[EB/OL]. [2015 - 08 - 05]. http://library.sx.zj.cn/.

② 鲍家声. 现代图书馆建筑设计[J]. 北京:中国建筑工业出版社,2002:238.

③ 汝信,王媛,朱易. 全彩西方建筑艺术史[J]. 银川:宁夏人民出版社,2002.

以南北为中轴、左右两边和谐对称的模式①,利用钢玻璃、木材等新建筑材料。如天津泰达图书馆、江苏昆山图书馆、美国的纽约皇后区法拉盛图书馆②等。

图 4 - 24　内蒙古图书馆的建筑造型

来源:内蒙古新闻网. 图书馆新馆开放[EB/OL]. [2011 - 05 - 03]. http://cnnews. nmgnews. com. cn/system/2006/02/01/000022116. shtml.

泰达图书馆坐西北朝东南,其造型(图 4 - 25)大致呈下大上小的椭圆形柱状结构,与体形为狭长高耸、平而一端成尖劈的板式高层建筑的档案馆,一圆一方形成强烈的体量对比;以腰体垂直中线偏北部的东北向和西南向两个入口为轴,将椭圆体形一分为二,南面全部采用玻璃幕墙,北面则采用厚实的花岗石墙;透过玻璃幕墙图书馆内部的大开间核心服务区

图 4 - 25　泰达图书馆

来源:泰达图书馆. 泰达图书馆主页[EB/OL][2017 - 05 - 03]. http://www. tedalib. gov. cn/.

① 李晓菲. 中国图书馆建筑造型设计的文化探究[J]. 同济大学学报(社会科学版),2001(5):5 - 8.

② 柯平. 社区图书馆的一个范例——纽约皇后区法拉盛图书馆[J]. 图书馆建设,2001(4):107 - 109.

(阅览空间)全部映入眼帘。整个造型大胆摆脱传统图书馆造型(如“工”字形、“田”字形等)的束缚,与周围现代化的滨海金融街建筑群、南开大学泰达学院建筑群以及投资服务中心大楼遥相呼应,相得益彰,但各具特色。读者可以非常容易地透过玻璃幕墙以及入口处明显的形象标识系统辨认出泰达图书馆。

昆山图书馆位于江苏省苏州市的县级市——昆山市,2005 年 1 月 28 日落成,占地面积 12 000 平方米,建筑面积 18 600 平方米,耗资 1 亿多元,楼高 5 层,是“目前全国县级市中规模最大、投资最多的公共图书馆”①。由澳大利亚知名设计师哈罗德设计(图 4 - 26),其设计风格独具匠心,新颖独特。外壁用大幅玻璃幕墙构建,以灰、白为主色调加之大幅的玻璃幕墙装饰,极具现代感而不失凝重的圆弧造型寓意腾飞,简约大气②。

图 4 - 26　昆山图书馆造型一览

来源:昆山图书馆. 本馆概况[EB/OL]. [2011 - 05 - 03]. http://www.csls.org.cn/relanews/relanews2.htm.

(三)空间布局形象

空间布局形象是图书馆建筑内部功能分区为外界带来的视觉形象,也是图书馆 VIS 应用要素的重要组成部分,主要包括总体布局、功能分区等。涉及图书馆建设的基本理念:是采用传统的布局方式,如阅览室在前、书库在后;阅览室在四周、书库在中央;阅览室在中央、书库在四周;阅览室在上、书库在下等;还是采用大开间、统一柱网、统一层高和统一荷载等的模数式图书馆布局方式;还是模块式图书馆布局方式等③。图书馆功能分区是图书馆建筑内部对空间的划分与功能的分布、关系等。

中国传统的图书馆大都采用藏、阅空间分离、固定分割的小开间、闭架管理、多种柱网等总体布局方式,国内早些时期建立的图书馆都是属于这种布局方式,而且现存的大部分图书馆都是这种情况,从 20 世纪 20 年代的北京图书馆、东南大学图书馆(原孟芳图书馆)、南开大学图书馆等到 70 年代兴建的云南省图书馆、北京大学图书馆,再到 90 年代建设的新馆如

① 昆山图书馆. 新馆介绍[EB/OL]. [2015 - 08 - 05]. http://www.51ks.com/lib/index.htm.

② 范并思. 参观昆山图书馆[EB/OL]. [2015 - 08 - 05]. http://oldhuai.blogchina.com/721489.html.

③ 鲍家声. 现代图书馆建筑设计[M]. 北京:中国建筑工业出版社,2002:45 - 64.

南开大学图书馆新馆都是采用这种传统模式。与此相适应的传统功能分区也是藏书与阅览分离,而且主要是以这两种功能为主,附加功能也不全面。这种空间布局方式反映的是传统图书馆对书的重视程度大于人、以图书馆为中心的职业价值观、职业哲学等 MIS 要素。

随着开架借阅的普及,新馆建设中大开间的建筑设计普遍。即使是老馆,也借由室内布局改造,推进图书馆空间布局方式的改革,向开架、藏、借、阅等功能一体化、大开间、三"统一"、模数式、模块式等发展。这一点在公共图书馆体现得尤其明显,其中与公共图书馆与社会公众的关系不断加强密不可分。新馆如公共图书馆中的泰达图书馆、昆山图书馆、绍兴图书馆、深圳南山图书馆、马鞍山市图书馆等,大学图书馆中的深圳大学图书馆、上海交通大学包玉刚图书馆、深圳高等职业技术学院图书馆等都是其中代表。

图书馆的功能分区也呈现多样化的趋势,读者需求的多样化也使得图书馆建筑的功能越来越多,除主要的阅览、藏书、出纳、检索、业务、行政办公等空间之外,辅助空间和公共活动空间越来越丰富,如读者休息功能区、报告区、展览区、书店、餐饮功能区等,这种趋势在公共图书馆体现地尤其明显。这些功能分区的变化也印证了图书馆学著作①中提及的图书馆发展趋势:图书馆成为终身教育和文化娱乐中心、信息传播与交流中心等论断。

四、图书馆建筑环境设计

图书馆周边环境、建筑环境和室内环境等图书馆自然环境的优劣将直接影响图书馆能否卓有成效地开展各种工作,也将影响读者在生理与心理上对图书馆的认同。

本书把图书馆的建筑作为视觉识别系统的基本要素之一进行详细介绍。这样安排的目的是:像图书馆这样的公共部门,其建筑本身就具有很强的视觉冲击力,图书馆建筑是视觉要素的主要组成部分,其他要素还应以建筑为基础进行设计;同时,建筑的设计是最吸引读者和游客的主要因素之一,因而作为基本要素放在本章。图书馆室内环境的设置放在下一章节作为应用要素介绍,该部分重点以图书馆室外环境的设计介绍为主。

图书馆室外环境是指图书馆建筑及其所控制的附近区域及周边的环境。图书馆建筑物的功能和特点决定其所辖范围大小,主要包括所处的周边环境、小广场、绿地、围墙、庭园、环境小品等,还包括室内与室外的过渡性空间,如露台、屋顶花园、中庭、走廊、内天井等,以上诸多构成图书馆建筑的室外环境。本节从优美的环境对图书馆及读者所起的作用谈起,然后简单介绍图书馆室外环境设计的一般环节。

(一)图书馆环境的作用

英国城市规划理论家勒·柯布西埃曾经说过"阳光、空气、绿化"是城市住宅不可缺少的三大要素,并且他认为"绿是人类生命的欢乐和希望"②。图书馆作为休闲娱乐和静心吸收知识的地方,需要创造一个安然的藏书保护环境。合理的绿化既能够达到美化环境的效果,又能够让读者感到舒适、安逸与愉悦,因此营造图书馆所特有的绿化环境十分必要。良好的图书馆建筑外部环境能够更加吸引读者到馆,同时也对图书馆本身有很多益处。这些作用具体表现如下:

---

① 吴建中.21 世纪图书馆新论(第二版)[M].上海:上海科学技术文献出版社,2003:176-183.

② 东京大学工学部建筑学科安藤忠雄研究室,曹文珺.勒·柯布西埃全住宅[M].宁波:宁波出版社,2005.

1. 图书馆环境对读者的影响

现代社会的飞速发展,造成城市急剧膨胀,高层建筑大量涌现,用地紧张,绿化面积大幅度萎缩,各种公共场所都在用心营造着自己的小环境,图书馆也不例外。从生理需求上讲,人们需要有一个美丽而洁净的阅读环境。良好的图书馆环境,能够诱导读者的学习欲望,能吸引读者更多更好地利用图书馆进行读书治学,充分发挥图书馆环境育人的作用。因为一个好的阅览环境,能激发学习兴趣,使读者心情舒畅,使之获得知识上的满足,又能陶冶情操,让读者感受到情感上的愉悦。

2. 图书馆环境对图书馆自身的影响

(1)图书馆建筑外部环境是很多图书馆的功能载体之一。读者在这里进行室外休憩活动,或休息,或停留。试想,读者在这里或是观看鲜艳的花朵、碧绿的草地、参天的古木,或是欣赏亭台瀑石、建筑小品、小桥流水,是多么心旷神怡、精神振奋。特别是现代图书馆的发展方向,它不仅是一个汲取知识的殿堂,也是人们放松心情、休闲娱乐的第二起居室。因而图书馆外部环境是吸引读者的功能载体之一。

(2)对于图书馆的风貌和景观效果的构成,对于使用者在图书馆中的视觉以及心理感受,室外景观所起到的作用更是无可替代的。绿化设施是图书馆的修饰和润色因素,是视觉环境的调节者,它们既创造着良好的景观,又可遮掩和修补室外的不良景观。一定规模的外部环境可构成展现图书馆自身建筑物的背景,室外环境中的小品如拱门、列柱以及树木等作为衬景标志,将会增强图书馆建筑景观尤其是建筑物观赏的层次感,也会限制或强化视线,将其组织到最精彩之处。

(3)对图书馆周围的小气候环境起到积极的调节作用。图书馆室外环境若植被繁茂,布置得当,会形成良好的微气候环境。在冬季,密集布置的树木可以有效地减弱风的侵袭。在夏季,可形成遮阴效果,有利于调节空气的温湿度,防止过热和过分干燥。空气中的有害气体和灰尘是危害书籍的重要因素之一。灰尘如与空气中的有害气体相结合,对书籍的破坏作用则更大。绿化则减少有害气体、灰尘对书籍的破坏。植树绿化也是降低噪声最经济的有效措施。据国外研究,夏季树叶密茂时,可降低噪声 7—9 分贝,秋季可降低 3—4 分贝。当然,不同的树种有不同的隔音效果,一般图书馆附近植以叶面粗糙、面积大、树冠浓密的树木,吸声能力显著。因此,绿化能够减少空气中的含菌量,降低外界的噪声干扰,有效调节图书馆小环境,利于图书馆卫生环境和读者的健康。

(二)图书馆建筑外部环境设计

图书馆建筑外部环境设计非常重要,它能够让人们在没有进入图书馆之前,感受到它的文化气息与融会自然的魅力。一个环境优美、绿意盎然、富有时代气息、极具吸引力的图书馆外部环境,能够让图书馆建筑在环境上与大自然有机地结合。

(1)在绿化布局上,要注重发挥绿化对于建筑的点缀、陪衬、引导、空间组织和美化方面的作用。对绿化进行精心处理,恰当配置园林小品,可形成丰富多彩的空间结构,增强建筑艺术的表现力。因此,应突出图书馆主景,做到主次分明、合理配景。一般要因地制宜,采用点、面、线相结合的方法。所谓线,即在图书馆外围建立整齐的防护林带线。所谓面,即在图书馆周围全面铺植草坪。所谓直,即垂直绿化(又称攀缘绿化)。绿化形式包括规则式、自然式与混合式。

(2)在绿化方式的选择上,一是集中绿化带应以植草为主。既要保护建筑又保持良好的通风采光条件,可在其中点缀零星树木、配以草坪灯,形成宽敞且通透明朗的绿色空间,实现不遮阳、不挡视线。二是以绿色为主。绿色象征着生态的平衡,充满青春活力。可以考虑相应地点缀水池、假山、色彩鲜艳的花卉,与绿化地形成对比适度的幽雅环境,将图书馆打造春意盎然的文化花园。三是注意绿化的层次性。在外部环境绿化中,可采取综合搭配方式,形成错落有致的绿化布局。如将树木的高低、树冠的大小、树形的千姿百态(如圆形、三角形、半球形等)加以搭配。

(3)绿化植物的选择很大程度上决定了绿化效果的好与坏,图书馆绿化植物的选择要根据各地具体情况,注意选择本地区常见的并具有特色的植物作为绿化品种。在规划布局中应根据绿地的作用、种植的目的、当地植物的生态习性选择植物,进行合理的搭配种植。树种一般应选择叶面粗糙、树冠大而浓密的树木,以增强吸音能力,降低噪声,而且尽可能选择与图书馆附近地带所种植物不同的树种,使读者首先从绿化效果上感受到环境发生的变化。

(4)绿化环境与其他因素的结合。绿化环境对于图书馆和读者固然有很多好处,但若结合其他要素,则能达到更好的效果,比如水池、雕塑等。泰达图书馆周围的水池,就改变了单一的绿色,流动的水及游动的金鱼带给人另外一种情趣。

总之,图书馆的外部环境将决定一个图书馆对读者的吸引程度,图书馆在设计的时候不仅要考虑外部环境的优美,还要考虑馆址的选择。如果只考虑优美的环境,把图书馆放在一个人迹罕至的郊区,也不能取得相应的效果;如果只注重放在人群集中的地方,没有相应的可以扩展的环境空间,就不能让读者感受到图书馆安静、典雅的氛围。

(三)图书馆场地设计形象的识别

图书馆的场地设计形象也就是场地的规划设计,包括图书馆的分区、图书馆交通的组织、室外场地、总体布置方式等内容。从建筑设计的角度看,图书馆场地设计的原则和要求包括:分区明确、布局合理、联系方便、互不干扰;合理、高效地组织交通,使读者人流、书流和服务人流分开,互不干扰且又便捷;必要的室外场地、朝向和自然通风条件良好;场地设计要因地制宜、集中紧凑、节约用地;充分考虑基地客观自然条件及人文景观、做到与周围环境相协调,与环境共生共存①。

从形象识别系统的角度来看,图书馆的场地设计思路和效果反映的是图书馆的理念与行为识别特征,包括图书馆所坚持的哲学理念、精神、服务理念、图书馆的服务活动等方面。所以,从图书馆建筑的场地设计可以识别出图书馆的这一系列形象要素。

关注人、以人为本是新时期图书馆建筑设计理念的发展趋势②,基于这种理念形成了开放式、人性化、生态化的图书馆建筑场地设计形象③,主要有以下一些特征:

首先,图书馆室外场地设计趋于生态化和人性化的首要特征是与图书馆建筑相配套的绿化及水域面积。如泰达图书馆南面的绿化带(图4-27)、树荫中的香港科技大学(图4-28)、南开大学八里台校区理科图书馆(图4-29)等在生态化方面都比较突出,尤其是拥有

---

① 鲍家声.现代图书馆建筑设计[M].北京:中国建筑工业出版社,2002:23-30.

② 谭祥金.当前图书馆建筑的几个问题[J].中国图书馆学报,2004(6):26-29.

③ 张俊杰.郁林元.现代图书馆建筑的特性探索:天津泰达图书馆设计创作与实践[J].建筑创作,2004(4):62-79.

多年历史积淀的两个内地高校图书馆;泰达图书馆在玻璃幕墙周围建设了一条流动的小溪和金鱼池,这座坐落在渤海之滨的"知识水晶宫"犹如浮出海面的宫殿,这种巧妙的场地设计赋予了该馆饱满的含义,并且充分展现其生态和人文理念。

图 4-27　泰达图书馆的绿化带

来源:昵图网.泰达图书馆航拍图[EB/OL][2016-05-03].http://www.nipic.com/show/3375780.html.

图 4-28　香港科技大学图书馆

来源:柯平拍摄。

其次,图书馆停车场与馆外无障碍设计。停车场的建立不仅是为了满足"当地城市规划部门有关规定的相应建筑覆盖率和停车场的面积要求",更重要的是体现关心读者需求的人本理念;无障碍设计对图书馆来说,尤其是对于把"关注弱势群体"作为使命和职业精神的公共图书馆来说尤其重要,一个图书馆建筑是否拥有馆外无障碍设施,如轮椅通道等,是其理念、职业使命等理念识别要素的直接体现。图 4-30 中所展示的就是泰达图书馆西门外的地下停车场入口标识,及该馆东门外地下停车场的出口标识。图 4－31 是泰达图书馆东门的无障碍通道,除此之外,该馆在洗手间、电梯等地点都设置了相应的无障碍设施。

图 4－29　南开大学八里台校区理科图书馆

来源:南开大学. 图书馆首页[EB/OL].[2016－05－03]. http://www.lib.nankai.edu.cn/.

图 4－30　泰达图书馆地下停车场入口和出口

来源:闫慧拍摄。

图 4－31　泰达图书馆的无障碍通道

来源:闫慧拍摄。

再次,图书馆建筑中交通组织形式也是图书馆 VIS 的应用要素之一。交通组织是为了有效地组织图书馆的人流、书流而进行的出入口和通道安排,如在有儿童阅览室的公共图书馆中,应该为少年儿童阅览区设置单独的出入口,这也体现图书馆对少年儿童读者的人文关怀和其他读者需要安静环境的重视。关于这方面,原旧金山市立图书馆馆长道林(K. Dowlin)提出“道林法则”,即:

书流——①把资料处理的数量减少到最低限度;②把距离缩短到最低限度;③成批处理和移动资料;

人流——①洋葱模式,即读者从四面八方最快捷地走到中心,并直接从中心上楼;②安静区域,即中心区域为闹区,周围一圈为次静区,外围为静区。

依据道林法则,图书馆在考虑馆内外交通组织时,往往会设置多个入口、多个上楼通道,图书馆构造会从整体上区分馆员工作区和读者服务区等。

第三节　图书馆名称与标志

一、图书馆名称的要求

LI 计划的一个重要要求就是确定图书馆的名称。图书馆的名称是图书馆识别最重要的要素之一。名称是信息与人们心灵之间的第一个接触点,如果图书馆的名称不利于信息传递,就会影响图书馆活动。但是图书馆的名称并没有企业的名称在塑造企业形象时那么重要,图书馆的名称最重要的是强调实用和代表一定的含义,因而,对图书馆的命名并不一定需要一个特殊的名字,但是如果图书馆名称的选择有多个时,对它的选择也应符合以下要求:

1. 具有联想特征

图书馆名称是文化的象征,它能刺激大众,促进图书馆形象。名称往往需要带有吉利、优美、文雅、内涵的提示和联想,以便反映图书馆自身的品位和意图,在社会上留下好印象。一个好的命名,无不含有特定的文化内涵和价值取向,而其中的文化内涵包含着地域条件、社会背景及传统特色诸多因素。也就是说任何一个图书馆除了它本身应具有的条件外,离不开其所在本土文化的根基。因而,图书馆名称的选择要有一定的社会背景和文化内涵。泰达图书馆的意思是康泰发达,正是天津开发区的开拓者对那片土地未来的期望,因而把天津经济技术开发区命名为泰达开发区,图书馆取名为泰达图书馆。

2. 独特

视觉识别系统的目的之一,就是尽可能强调组织的个性,以便迅速扩大影响,在社会上保持清晰的形象。任何种类的事物都有它的名称,名称的最大特点在于避免混淆。

3. 易记

简短、便于记忆是一个重要的原则,其目的仍然是便于让形象度迅速推广。高校图书馆的名称一般直接以高校名称作为图书馆的名称,这一方面名称不会重复,另一方面也便于记忆。

4. 悦耳

很多为图书馆选择独特名字的图书馆应该注意图书馆名称的悦耳。图书馆名称应当是“音、形、意”的完美结合,以达到好听、好看、好记的效果。特别是语感要好,因为企业名称不仅是让人看的,更多是让人“读”的,容易发音、清楚明白,不致引起误会及错误的联想。词语发音悦耳,名称容易被记住,不但读者方便,还可增加大众对图书馆的亲近感。中国古代的藏书楼都具有优美且悦耳的名称,比如天一阁。

5. 简洁

在同样的信息传递条件下,图书馆名称的文字越短越占优势、如果文意相同、则笔画越少越便利。也就是说笔数越少认知程度越高、识别要素越单纯传播效果越好,如果名称字数很长,会影响图书馆的知名度。现在很多图书馆的名称一般有两种:一种是简称,另一种是全称。现代图书馆都喜欢用简称作为对外宣传的主要名称。特别是国外的图书馆,多以简称出现。

二、图书馆名称的来源

图书馆已有几千年的历史,因而图书馆的名称随着图书馆的发展在历史的长河里也闪闪发光。说到亚历山大图书馆的时候,会想到繁华的古代埃及;说到尼尼微的时候,会想到最早的图书馆形象。同样听到天一阁或者文渊阁的时候,自然会想起我国古代的藏书楼,以及在这些藏书楼撰书的大学士。古代图书馆的命名比现在更具丰富性,因而考察图书馆名称的来源,不仅只研究现代图书馆的名称,还包括古代及近代的藏书楼,它们命名的来源形式主要有:

1. 以文化含义命名

以文化含义命名的图书馆,最典型就是我国古代的藏书楼。中国古代的文人雅士,多半好集书典藏,藏书成为一种社会文化现象。明清之际,私人藏书进入鼎盛时期,藏书楼便风行一时。私人藏书家不仅注重其所藏书籍的珍贵、藏书楼建筑构造的精巧,往往要将自己的藏书之所标之为"××楼""××阁",以附庸风雅。为其藏书楼所提之名,或引经据史,或流连景物,或有所寄托,或仰慕前贤,层出不穷,令人有观止之叹,文化韵味不言自明。古代藏书楼的名称或由诗文而生,或以名藏品命名,或以字号代替,都具有很强的文化含义。

天一阁,明代藏书家范钦之藏书楼。取《易经注》中"天一生水,地六成之以水灭火"之意,此阁四面临水,上通六间为一,中以书橱间隔,下分六间,是中国古代藏书楼建筑的典范。

绛云楼,原是著名的学者、藏书家钱谦益为其爱妾明末清初江南名妓柳如是所建。"绛云"之名,取紫微夫人"乘飙俦裳被,齐牢携绰云"的诗意,以绛云仙姥喻河东君。其匾额也是柳如是手书,笔法遒劲,奇气盈然。

皕宋楼(陆心源)。因陆氏所藏宋版书已收罗至100种以上,将原来藏书楼辟出一部分专门收藏宋元珍本,故取名"皕宋楼"。"皕"为"二百"之意。

另有清朝著名的七大藏书阁(文渊阁、文澜阁、文津阁、文汇阁、文源阁、文溯阁、文宗阁)的命名也都有一定的文化含义,每一阁都以文开头,除"文宗阁"外,另外一字都以水为偏旁,这与图书防火有关。随着图书馆的大量出现,清代以后的图书馆不在注重图书馆名称的命名,但也有一些有文化意义的图书馆名称出现,比如商务印书馆的藏书楼涵芬楼,梁启超在民国时期建立的松坡图书馆等。

2. 以人名命名

国外图书馆的名称,以人名命名较为常见,或是因图书馆资金的捐助者,或是为了纪念总统,或是以著名的科学家或文学家命名。美国几乎每一届总统都建有纪念图书馆,比如:罗斯福图书馆(Roosevelt Library)、艾森豪威尔图书馆(Eisenhower Library)、肯尼迪图书馆与博物馆(Kennedy Library)、约翰逊图书馆与博物馆(Johnson Library)、卡特图书馆与博物馆(Carter Library),等等。卡内基是美国著名的公共图书馆捐助的慈善家,以他的名字命名的图书馆有很多家，其中著名的有卡耐基梅隆大学图书馆（Carnegie Mello University Libraries）、美国匹兹堡卡耐基图书馆（Carnegie Library of Pittsburgh）。我国也有一些以人名命名的图书馆，比如西安交通大学、上海交通大学都建有钱学森图书馆，就是为了纪念交通大学 1934 年毕业的校友科学家钱学森。1957 年 9 月，交通大学图书馆随校分设西安、上海两地。1995 年 5 月，经中宣部批准及钱学森本人同意，西安交通大学将图书馆命名为钱学森图书馆。2011 年 12 月 11 日钱学森 100 周年诞辰之际，坐落在上海交通大学徐汇校区的钱学森图书馆建成对外开放。

3. 以地名或机构名命名

以地名命名的图书馆最为普遍，主要是以图书馆属于的国家、城市、地区以及大学等命名。这种命名方法虽然没有什么特殊的含义，但明了，易于记忆，并能利用所属地名的知名度提高图书馆的知名度。比如不列颠图书馆、上海图书馆、北京大学图书馆、剑桥大学图书馆等。

4. 其他

除了以上图书馆名称的来源之外，图书馆的名称还可能来源于其他的含义，比如首都图书馆，是因为它属于北京，北京是中国的首都而得名。

不管是图书馆的建筑还是图书馆的名称，都会给用户留下第一印象，是图书馆塑造形象的第一步，因而对图书馆建筑的选择和图书馆名称的选择都具有重要的意义，应放在图书馆视觉识别系统的基本要素首位。

三、图书馆标志相关概念及其地位

（一）图书馆标志

标志或象征标志是用特定的明确的造型、图案、文字、色彩来表示某种事物或象征某种事物的，它不仅具有作为事物存在的单纯性指示作用，而且包括目的、内容、性质的总体体现。标志就是将事物对象，抽象的精神内涵，以具体的可见的形象表现出来。

企业标志在今天竞争激烈的市场经济社会中，扮演着越来越重要的角色。它应用最广泛，出现频率最高。标志不仅具有发动所有视觉要素的主导力量，也是统一所有视觉要素的核心。更重要的是，标志在消费者的心目中是企业、品牌的统一物，集中地体现了企业特征和商品的外部形象，如图 4－32 所示。

图 4－32　几个公司标志

来源：昵图网[EB/OL].[2016－03－31]. http://www.nipic.com/.

图书馆的标志就是用特定的图案或造型，配以合适的颜色和文字以表达图书馆的理念、精神、地位和身份。它应是图书馆的象征，是浓缩了图书馆文化的符号，是能折射出图书馆人追求卓越、服务读者的精神风貌的独特标志。图书馆标志同样是图书馆视觉识别系统的核心，是统领视觉要素的核心，也是创造图书馆品牌和传播图书馆品牌的基础，如图 4－33 所示。

THE BRITISH LIBRARY　The world's knowledge

英国国家图书馆

中国国家图书馆

亚历山大图书馆(埃及)

注：亚历山大图书馆标志图片中背景为场馆建筑，来源自亚历山大图书馆主页宣传片。白色部分是其标志，因其图书馆标志设计反映其场馆外形，故选用此图片说明。

图4－33　几个图书馆标志

来源:中国国家图书馆. 主页[EB/OL]. [2016－03－31]. http://www.nlc.cn/.

英国国家图书馆. 主页[EB/OL]. [2016－03－31]. https://www.bl.uk.

亚历山大图书馆. 主页[EB/OL]. [2016－03－31]. http://www.bibalex.org/en/default.

(二)图书馆标志的特点

图书馆标志和其他标志一样,有其共性的一面,但作为图书馆视觉识别系统的基本要素又有其自身的特点,主要表现为以下几个方面:

1. 识别性

识别性是标志设计的核心,图书馆标志的首要功能应是便于识别。标志可以图书馆核心理念及其丰富的文化内容为设计题材,造型要素丰富而多样,表现形式也可追求新颖独特。由此设计所获得的造型符号,具有强烈的视觉冲击力,最能表现出图书馆视觉识别特性,具有图书馆视觉识别等情报传达功能的设计要素。不仅如此,图书馆标志想要在众多标志中脱颖而出,就必须保持其独特的识别性。图书馆与生产企业不同,与服务行业也有较大差别。它作为人类知识的宝库和文献信息的中心,在传播文化、积累知识、传递信息等方面,具有其他行业无可比拟的独特性,同时也要具有相关行业中独特的个性,应在图书馆标志中体现出来。图4－33中国国家图书馆的馆标就表现了其独特的识别性,运用具有中国独特文化意蕴的繁体字“圖”作为图书馆的标志,一方面明显代表图书馆的意思;另一方面非闭合的方框表明图书馆处于发展中,不断地接收外来的营养、新的形式、新的事物。同时这个图案让人很容易想起过“国家”的“国”字,将国家的书放在一个图书馆内,那么这个图书馆肯定就是国家图书馆。这个标志不仅融合了中国深厚的传统文化,而且具有鲜明的识别性和独特性。

2. 领导性

图书馆标志和企业标志一样,是图书馆视觉传达要素的核心,也是发动图书馆传达信息的主导力量。在视觉识别计划的各要素展开设计中,标志具有的独特风格,构成要素的内容,具有非常重要的地位,它统领各要素的展开,其他要素的设计以标志为参照、为标准,标志的领导性地位决定了标识系统的统一。图书馆标志应该是图书馆形象的代表,它在整个图书馆形象战略中具有领导作用和统合功能。例如,历史悠久的红十字,它不仅仅是卫生界的标志,各类医院的指路牌,还寓含着“救死扶伤、治病救人”的精神,是让病痛人和苦难人重新燃起希望的象征。当看到下面的标志(图4－34)的时候,首先想到的是两个常用的搜索引擎,不管这两个公司是否还有其他重要的服务或产品。

图 4 – 34　百度和 Google 公司标志

来源:昵图网[EB/OL].[2016 – 03 – 31].http://www.nipic.com/.

3. 同一性

图书馆标志要通过文字、图案、色彩把图书馆精神、文化中所包含的精华传达给社会,让公众认识、了解图书馆。这些信息不仅要通过图书馆标志来宣传,还要通过图书馆的公关活动,馆内的员工服务行为等全方位来体现,所以要有绝对的统一性,要与馆舍的整体色彩、馆内的文化积淀、员工的精神面貌、浓郁的文化氛围相统一,要和图书馆形象工程相统一。

因而,图书馆的标志绝不仅仅是图书馆的脸面,更不能将其作为一种表面的装饰以飨大众,应当把图书馆的服务及内容与外部象征保持一致,这样才能获得广大读者的认同。

4. 造型性

标志设计的题材可选范围广泛,抽象符号、具象图形、几何图案、中英文字体等都是可选题材,表现设计的形式也多种多样,由此,对标志的造型性要求就显得更为重要,图书馆标志设计中所选定图形的造型特色可以说将决定这一标志其传达的图书馆信息效力,即会影响到读者对图书馆服务品质的信心和对图书馆形象的认同。

5. 持久性

标志不是流行时装,它是与组织内涵相匹配的超越时代的形象,应当可以历时经久,不被淘汰。因而图书馆标志的设计不仅要表现图书馆深厚的文化底蕴及图书馆持久不变的特性,同时也要有很强的时代感,这样才能持久使用。

6. 延展性

标志是视觉传达要素中传播效能中应用极广泛,且出现频率相当高的,在各种媒介传播,尤其是广告宣传上,标志都彰显出其独特的延展性,标志可以适用于不同的印刷方式,不同的制作工艺技术,不同的材料质地和应用项目,可以采用不同的对应性和延展性的变体设计,以产生切合、适宜的效果和表现,这就是标志图案的延展功能。比如标志可以立体的模型立于图书馆前,也可以悬挂在建筑之上,也要可以各种不同的平面印刷形式出现在图书馆的各种用品和宣传务及网站上。

延展性另外一种表现就是在特殊的日期、特定的场合可以有适合的变化,其基本图形不变,但可以根据主题做适当的改变,以适应特定时期、特定场合的需要。这种变动的标志一般出现在图书馆的网站,或特定活动的宣传页上。如图 4 – 35 中 Google 和百度在特定时期的标志。

在早期,由于技术和传播手段的限制,标志的这种延展性没有得到人们的重视,但是随着计算机技术的发展和传播途径的扩展,这种延展性以其更生动的传播姿态引起了人们的注意。

注：上部分为百度公司在国庆节、中秋时期曾经用过的logo；下部分为Google公司在情人节、图书馆周的logo。

图 4－35　标志的特定时期变体

来源:百度[EB/OL].[2016－10－01].http://www.baidu.com.
Google[EB/OL].[2016－02－14].http:// www.google.cn.

(三)图书馆标志的类型

1.依据不同的功能分类

图书馆的标志根据功能的不同可以分为馆标和馆徽。《现代汉语词典》上这样解释“标”:标志;记号;用文字或其他事物表明。而“标志”是表明特征的记号。《现代汉语词典》上又这样对“徽”进行解释:表示某个集体的标志、符号。从解释可以看出,不管是馆徽,还是馆标,都是图书馆的标志,具有同样的代表图书馆个性的意义。因而,在很多情况下,图书馆对馆标和馆徽的理解是一致的,且图书馆的馆标和馆徽也是同样的图案,二者合二为一。只有悬挂在图书馆建筑之上的图案称为馆徽,在其他场合出现的时候均称为馆标。但是也有一些图书馆的标志设计中,馆标和馆徽是分离的,是两个不同的图案和造型,从不同的侧面表现图书馆,代表图书馆的内涵和特征。例如,天津市开发区的泰达图书馆,早期馆徽是由斜放的打开的书构成的图案;2003 年 12 月泰达图书馆档案馆正式开馆,馆徽也融合了图书要素,如图 4－36 所示。

图 4－36　原泰达图书馆馆徽(左)、泰达图书馆档案馆馆徽(右)

来源:泰达图书馆.本馆概况[EB/OL].[2011－05－03].http://www.tedala.gov.cn/gywm/jggk.asp.

原泰达图书馆馆徽,是有中国的汉字“书”的繁体字“書”的倾斜立体效果演变而来,蓝色的部分像是可以无限伸展的源头,深刻地突出了图书馆这个主题。如今,泰达图书馆档案馆的馆徽是书本的交融,从不同的角度反映图书馆的实质和泰达图书馆档案馆的特性。

2.依据标志造型特色分类

从标志造型特色方面考虑,图书馆标志在造型上可以分为具象性、抽象性和结合型三大类。

具象标志往往是经过修饰、简化、概括或夸张过的具体图像。由于标志的使用目的、应用场合和传播的客观要求,即使是具象的标志,也非常简练、大方和易于识别记忆。比如中国国家图书馆的馆徽就是属于具象型的标志。

抽象标志一般是以点、线、面、体的造型要素设计的标志,抽象标志大多为几何形或有机、无机图形,抽象标志具有较好的视觉效果和传播应用的方便性,但也有理解上的不确定性,只有在综合的条件下,赋予其含义,才能达到其识别、记忆及与图书馆同一性的功能。例如,上海图书馆的馆徽,如图4-37所示。

抽象与具象相结合的标志,不仅具有抽象标志和具象标志二者的优点,而且改变了它们的缺陷,是很多图书馆标志的首选。

如图4-38所示,中山大学图书馆馆徽中心是变化了的中国繁体字“書”,不论繁简,不论形式,见证着图书馆的历史、现在与未来。

图4-37　上海图书馆馆徽:知识的阶梯

来源:上海图书馆. 网站主页[EB/OL]. [2016-10-01]. http://www.library.sh.cn.

图4-38　中山大学图书馆馆徽

来源:中山大学图书馆. 网站主页[EB/OL]. [2016-10-01]. http://library.sysu.edu.cn.

四、图书馆标志设计的原则与主体

(一)图书馆标志设计的原则

1. 构思深刻,构图简洁

图书馆标志和其他组织标志一样,通过标志这一“符号”语言来传达信息,构成首先应抓住图书馆标志的功能特点和内在需要,图书馆不仅是文化的积淀者,而且更是先进知识和先进技术的承载者和使用者,因而图书馆的标志应充分体现文化和知识的特点,还要反映图书馆发展的现代性。对于我们拥有几千年文明的汉语文化,构思要求显然更为重要。图书馆与其他行业一样,也有自己的理念、文化、精神,“以人为本”“为读者服务”是其基本精神,传播知识、传递信息、服务社会是其主要的理念。设计者需要精心揣摩,深刻领会如此丰富而深刻的内涵,通过文字、色彩、线条和块面的造型表达出来,并传播出去。

标志的构图一定要简洁,给人一种一目了然、印象深刻的感觉,只有这样才能更好达到第一印象的效果。设计要惜墨如金,构图形式要简洁、明快、易记,使人过目不忘。风靡全球的麦当劳集团,仅仅一个造型柔和、红黄相间的“M”字母,就把无数顾客招至店中。法国图书馆的馆标(图4-39)更是以其简洁明了的图案代表了其特色。

这里,构图简单明了,一本打开的书,像一只展翅飞翔的鹰,同时还像一个大括号,可以包含无限的知识和无限的发展空间。右边的字母是法国国家图书馆的法语缩写。

2. 图案形象生动,易于识别

标志是以生动的造型图像构成视觉语言。通过视觉系统,造型图像传导进入精神系统,留下深刻的印象,起到视觉吸引力的作用。杂乱无章的图形或是平庸无奇的标志,就不能引起观众的心理冲动,其结果就是过目就忘,意义匮乏。标志的形象设计应力求生动,避免自然形态的简单再现,追求个性。在设计时,用夸张、重复、节奏、象征、寓意或抽象的手法进行设计,才能达到易于识别,便于记忆的效果。

图4－39　法国国家图书馆馆标

来源:Bibliotheque Francois Mitterrand. 欢迎来到法国国家图书馆[EB/OL].[2016－05－03]. http://www. bnf. fr/fr/outils/a. bienvenue_a_la_bnf_zh. html.

3. 新颖别致,独具一格

标志如果流于一般将不利于人的记忆,若是雷同则更是失去了标志的作用。图书馆的标志要体现图书馆的特征,有些图书馆的标志过于繁杂零碎,缺乏视觉冲击力,既不易识别,又不美观。而图书馆标志图形设计的新颖、独特是其精神所在,因此图书馆的标志符号、图形和文字,都应反映出其自身特点,体现出别具一格的标志性效果。更要特别避免与其他标志的雷同,因为创造性是标志设计的根本原则,设计者更要发挥丰富的想象力,以达到新颖别致,富有美感的传达效果。

图4－40以"書"字为设计的题材,形状像一个开启知识殿堂的金钥匙,又像一枚书签。构图新颖别致,别具一格。

图4－40　日本国立国会图书馆的馆标

来源:日本国立国会图书馆. 网站主页[EB/OL].[2016－10－01]. http://www. ndl. go. jp.

4. 符合美的法则

图书馆标志图形和其他组织标志图形一样,要充分考虑造型上的美学规律,唤起人们视觉感之中的美感,引发美的共鸣与冲动。在标志设计过程中,应注意尺度的统一与变化、均衡与稳定、对比与协调、比例与尺度等情况。

图书馆标志设计的形式美法则主要表现在:统一与变化的美,即在统一中求变化,在变化中表现统一。对称与均衡的美,中国的艺术从古到今都非常重视对称美,最典型的表现在中国的建筑上,均衡是对称美的重要表现,均衡可分为调和均衡与对比均衡两大类,也即均衡不仅表现在图形的形状、大小、分量相等或相同,还表现在量的均衡、色的均衡、力的均衡等。

形式美的法则还表现在比拟与联想上,比拟是指事物意象之间相互的折射、寓意、暗示和模仿。而联想是由一种事物到另一种事物的思维转移与呼应,是与一定事物的美好联想有关。比如泰达图书馆馆标的设计,从侧面看像迎风起航的帆,让人联想到中国的一句古话"学海无涯苦作舟",图书馆便是承载学习的舟。同样上海图书馆的馆徽会让人想起"书山有路勤为径”,在学习的道路上,可以借助图书馆一步一步攀登。

形式美的法则还表现在节奏与韵律上,图形构成中规律重复的一种属性是节奏与韵律。节奏的形态美反映为条理性、重复性、延续性等艺术表现形式。韵律美则是一种抑扬顿挫有规律的重复,有组织的变化。节奏是韵律的条件,韵律是节奏的变化。此外,还有调和与对比、比例与尺度等形式表现出来的美。

图书馆标志的设计还应运用世界通用的形态语言,避免一味地追求传统的、狭隘的形态语言,而造成沟通上的困难,同时又要注意吸取民族传统共通的部分,努力创造具有本国文化特色的世界通用标志形态语言。最典型的莫过于亚历山大图书馆的标志(图 4 - 33 右)。

(二)图书馆标志设计主体的选择

图书馆标志设计的主体选择及其基本依据是主题和素材,图书馆标志的主题确定之后,造型要素、表现形式与构成原理才能展开。设计之初不注重主题的选择,或带有随意性和主观性的做法都将极大地影响后续设计的执行。

标志设计的题材主要分为文字标志与图形标志两大类。图书馆标志设计的主题主要来源于以下几类:

1. 图书馆的本质

从中国各种图书馆的标志可以看出,大部分的图书馆标志设计都离不开书,不管是繁体的“書”字,还是展开的书本(图 4 - 41)及飞扬的书页,还有现代形式的光盘,都表现了图书馆的本质是书的殿堂,是不同形式知识的殿堂。

图 4 - 41　嘉兴图书馆的馆徽,以叠放的书本为设计的题材

来源:嘉兴图书馆网站. 主页[EB/OL]. [2016 - 03 - 31]. http://www.jxlib.com.

2. 图书馆的类型

图书馆的类型作为主题就是图书馆的标志可以反映出图书馆的类型,比如国家图书馆、高校图书馆等,高校图书馆的馆徽或馆标一般会反映出高校的名称。中国国家图书馆的馆徽很容易让人联想到这是国家图书馆,如图 4 - 33 所示。

图 4 - 42　陕西省图书馆的标志

来源:陕西省图书馆. 主页[EB/OL]. [2016 - 03 - 31]. https://www.sxlib.org.cn.

3. 图书馆的名称

图 4 - 42 是以“S”和“L”为设计主题的,S 是“陕西”汉语拼音暨英文名 SHAANXI 的第一个字母,L 是 LIBRARY(图书馆)的第一个字母,二者结合,代表陕西省图书馆。二者的变形组合,犹如一册正在展开的书,自左至右观赏,一架拾级而上的阶梯跃入眼帘,如高尔基的名言——书籍是人类进步的阶梯。

4. 图书馆的建筑

很多图书馆建筑的设计都具有图书馆的寓意,因而以图书馆的建筑为标志的设计题材即具有意义深刻的意味,也具有鲜明的代表性。例如,泰达图书馆的馆标就以泰达图书馆的建筑“知识的水晶宫”为设计的题材,和图书馆建筑一样,采用通透的玻璃材质。如前述亚历山大图书馆的馆标正是以其新馆的建筑造型为设计的题材。

5.联想设计

图书馆的实质是书,而书的实质是知识,因而以知识和学习为设计的题材也是图书馆标志的选择。

英国国家图书馆的标志是"世界的知识",正表明图书馆是知识宝库的本质,见图4-33。上海图书馆则用蓝色象征着知识的海洋,而蓝白相间的阶梯正象征着图书馆是攀登知识的阶梯,见图4-37。

五、图书馆标志的设计流程

图书馆标志,可以聘请专业公司设计,也可以社会征集。例如,重庆图书馆馆徽征集活动从2005年8月开始,得到全市广大市民和读者的极大关心,以及来自全国各地设计者的广泛支持和积极参与,收到来自全国24个省、直辖市、自治区和香港特区共204名作者的303份方案。2006年7月10日,重庆图书馆馆徽评选活动结束,评审专家组经过严格认真的初评、终审,经批准最终确定采用由四川目标企业形象设计有限公司张路平、叶见春同志共同设计的138-2号方案(图4-43)。

图4-43 重庆图书馆馆徽

来源:重庆图书馆.主页[EB/OL].[2016-03-31].http://www.cqlib.cn/.

该设计方案把中国文字的"重"字左半边与"圖"字右半边巧妙地结合在一起,犹如"重庆图书馆"缩写的一枚古印。该方案整体造型层次分明,像一本一本重叠的书籍;线条错落,又像知识的迷宫。该方案由红色和黑色两部分组成,"圖"字右边外和重庆图书馆新馆的建筑造型相似,达到了形似的效果。"重"字的左半边与"圖"字右半边中间部分相连似网络并延伸出图书馆,象征着信息时代的到来,知识载体的多样化,也意味着图书馆的服务不仅仅是传统意义上纸质文献信息服务,还有非纸质文献信息,特别是数字文献信息服务。整个方案主题鲜明,个性突出,端庄大方,具有较强的文化内涵。

为了更好地展现图书馆标志的开发过程,下面简单介绍一般标志的开发流程。

(一)调查与开发

品牌标志是组织识别系统(CIS)的核心,也是整个组织传播系统的枢纽。标志设计的成功与否,直接影响到识别系统以至企业CI总体战略的成败。对于图书馆来讲,标志也是图书馆视觉识别(LIS)的核心,标志的设计,会影响图书馆LI战略,影响图书馆运营的业绩。图书馆的标志设计及宣传成功,同样会成为图书馆的无形资产,成为图书馆界的品牌,这在提高图书馆名声的同时,也为图书馆的发展带来有利的条件。因此,图书馆在进行标志设计时,应精心策划,全力以赴,以期开发出一个精致、成功的标志,使之成为图书馆发展的助力器。

标志图形的设计是整个LI战略的重要组成部分,是图书馆综合状态的外在表现的重点。因此,在标志设计正式作业以前,必须对图书馆情况进行了解,作为设计意念开发的前提。然后通过对问题的分析,根据图书馆LI战略的指导思想和任务,基本明了VI设计的目标。图书馆标志设计的前提基于以下几个方面:

图书馆运营的理念和未来的发展规划;图书馆管理的内容,内容的特性;图书馆服务的特性;图书馆在社会中的形象及地位;图书馆管理者对LI战略的期望;图书馆管理者对标志等视觉识别内容(题材、造型、形式)的期望;图书馆所在行业的特点及其他图书馆的有关情况等。

标志图形是视觉的,因此对其开发作业和展开应用的实施细节,在设计前也必须充分思考和准备,避免因设计不周而造成展开运用的严重缺失。

标志的开发即立意。在分析图书馆的各种状况之后,结合图书馆期望树立的形象,大体要设计的图书馆标志的面貌也就产生了。要使设计有的放矢,应在此基础上整理提炼出图书馆的基本形象关键词,并由基本形象转变为设计概念。这样图书馆标志的设计也就有了明确的目标和方向,可以选择合适的设计主题、素材、和表现要素,使设计具体化。设计的主题来源在前文已经详细讲过,在这里不再赘述。

(二)设计表现

完成前文所述标志设计的意念开发,即设定好一定的发展方向后,需要从这些备选方向中选出符合图书馆理念、精神,且具有长远战略考量的进行深入发展。设计的重点在于:①确定标志的基本造型要素。决定是通过点、线、面、体等为代表的单一要素造型,还是选择用综合多种要素进行理念展示。②选择恰当的构成原理。依据形态构成美的规律和形式法则进行分析、探讨,如动、静、节奏与韵律、比例与尺度、空间与分割、对称与均衡等。在合理运用构成原理的基础上调动各种造型要素,展现图书馆精神。

在明确立意后,设计表现是逐步精细化的工作流程,是对设计标志进行视觉修正与完善,以确保标志造型在各种传播媒介应用中的一致性。一般包括以下方面:①标志造型的视觉修正;②标志造型的标准作图;③标志运用尺寸的规定和放大、缩小的视觉修正;④标志的变体设计;⑤标志与基本要素的组合规定。

(三)标准制图

最终呈现效果不能缺少标准制图,确保标志的统一性和一贯性;对各实施细节进行规定,确保之后应用设计的实际执行,避免标志产生变形和差异化的不统一现象。根据需要,对标志进行标准制图,以树立系统化、标准化的使用规范,按照已规划的方案,全面展开标志的应用项目。

标志作图法的重点是将标志图形、线条规定成标准的尺度,以保障正确复制和再现。标志的标准作图一般有以下方法:①方格法;②比例标志法;③圆弧角度表示法。以上方法可单独或综合使用。原则要求是以数值化为前提,追求简明准确,便于使用,避免任何随意性,以保证标志图形在应用中保持一贯的形象。

因为标志在 VI 系统中使用频率最高、应用范围最广的视觉要素。对标志的展开应用,必须制定出详细和严格的规定,来确保标志的完整与顺利实施。其中,对标志应用中尺寸的放大、缩小的修正法,要特别地予以规定。

(四)变体与组合

由于标志的应用场合和媒体不同,各种媒体对标志图案的造型要素有不同的要求,变体设计是为了配合不同的媒体和不同的场合所做的设计表现。

标志变体,万变不离其宗,以不改变原有标志宗旨和标志形式为原则,灵活运用各种造型要素。一般变体设计的方法有:线条粗细的变化;彩色与黑白的变化;正形与负形的变化;各种点、线、面的变化。

将标志与其他基本要素进行各种组合设计,使之成为规范化、系统化的整体,也是应用设计的需要。其中,标志与图书馆的名称标准字组合设计应用最广。

基本要素的组合系统,以应用设计项目的客观需要为依据。根据应用媒体的规格大小、排列方向、编排位置、空间关系等,设计出所需的组合单元,如横排、竖排、斜排、大小、方向等不同形式的组合。设计的重点在于,使标志与基本要素的构成取得均衡感,使之获得比例与协调的空间关系。

第四节　图书馆的标准字体与标准色

标准字体与标准色是视觉识别(VI)中基本视觉要素,是将图书馆的规模、性质、经营理念、精神,通过具有可读性、说明性、鲜明性、独特性的字体与颜色进行传播,以达到识别的目的,其重要性不亚于图书馆的标志。由于文字与色彩可直接将图书馆的名称、口号等直观地传达出来,视觉、听觉同步,可强化图书馆形象。

设计专家们发现不同的字体会让人联想到不同的实物,引起不同的感觉。比如"由细线构成的字体""枚红色"易让人联想到服饰、化妆品类;"圆滑的字体""乳白色"让人联想到香皂、糕点和糖果等;"角形字体""深蓝色"让人联想到机械类、工业用品类的产品。可见,具有不同个性的字体与色彩,可以传达出不同的文化理念,表现出独特的性质和产品待性。中国的图书馆的标准字偏爱繁体的字形和字体,多选用冷色调颜色也有其自身独特的意义。

一、图书馆标准字及其特征

(一)图书馆标准字

标准字(logotype),原来是印刷用语,意指将两个以上的文字,组织成一个固定的整体。Logotype 的语源是 logic + type,意指具有逻辑意味的铅字。就设计意义而言,泛指将某种食物、组织、团体的全称(full-name)整理组合成一个群体的字体,也就是组合字体。

标准字与普通铅字字体的最大差别,在于标准字除了造型外观设计上的差别外,更在于文字间的配置关系,强调总体的风格和个性形象。普通的字体,在排列组合上无法预想按部就班而来的文字,因此其设计的出发点在于能与任何文字进行排列组合,制成所谓的"既成文字",可依据需要来任意组合。标准字的设计是根据一个企业或一个组织的需要,根据其名称、品牌、活动主题、广告口号等精心设计创作的。标准字通过对于字距、笔画的配置、线条的粗细做统一的设计,尤其是文字的配置关系,经过视觉的调整修正,取得平衡的空间、和谐的结构。图书馆的标准字一般是根据图书馆的名称、口号等设计而来的,以便在各种媒体及各种场合下,统一呈现图书馆的形象。

标准字体在设计选择上种类繁多,同时字体表达的差异性也很大,比如选用书法字体,楷书、隶书、草书外,还有经常使用的黑体字、明体字、宋体字、仿宋体字等字形类别都具有不同视觉表达的特色。标准字作为基本视觉要素,其总体设计要具有以下特征:

1. 识别性

标准字的识别性体现在独特的风格和强烈的个性印象上。依据图书馆服务理念、文化背景和信息服务业的特征,创造符合本行业的字体,传达图书馆的性质以达到图书馆识别的目的。这也是很多图书馆在标准字选择上偏爱名人题字,偏爱繁体字的原因。随着时代的发展,新的图书馆的建立,开始偏向展现其时代性,因而标准字的选择也开始体现时代性,灵活好用的各种字体都成为图书馆的选择,如下图 4 - 44 所示。

北京大学图书馆标准字　　复旦大学图书馆标准字

上海图书馆标准字　　深圳图书馆标准字

图 4 - 44

来源:北京大学图书馆. 主页[EB/OL]. [2016 - 05 - 03]. http://www. lib. pku. edu. cn.

复旦大学图书馆. 主页[EB/OL]. [2016 - 03 - 31]. http://www. library. fudan. edu. cn/main/index. htm.

上海图书馆网站. 主页[EB/OL]. [2016 - 03 - 31]. https://www. library. sh. cn/.

深圳图书馆. 主页[EB/OL]. [2016 - 05 - 03]. https://www. szlib. org. cn/.

2. 易读性

图书馆标准字传播的信息、说明的内容应简要易读,才能达到让人一见就能留下深刻印象的目的,也即达到视觉的瞬间的效果。因而,字体笔画、结构法必须按国家颁布的汉字标准,力求准确规范(图 4 - 45),避免随意性,以免造成辨认的困难。题字也多以行书、楷书为主,避免狂草。拉丁字母的设计也应力求清晰规范,注意与汉字的协调。

图 4 - 45　中科院文献信息中心标准字

来源:中科院文献情报中心. 主页[EB/OL]. [2016 - 03 - 31]. https:// www. las. ac. cn.

3. 造型性

标准字体设计成功与否,造型因素是决定性的条件。在遵守造型原理与规则的前提下,追求创新感、亲切感和美感,标准字通过其形态特征传达图书馆的个性形象(图 4 - 46),力求做到美的传达,创造图书馆美的形象,提高传播的效果。

图 4 - 46　中国国家图书馆、加拿大国家图书馆标准字

来源:中国国家图书馆. 主页[EB/OL]. [2016 - 03 - 31]. http://www. nlc. cn/.

Bibliothèque et Archives Canada. Bienvenue au site Web Bibliothèque et Archives Canada[EB/OL]. [2016 - 03 - 31]. http://www. collectionscanada. gc. ca/.

4. 延展性

由于标准字在各种信息媒体上,使用的频率很高,还要和其他的基本视觉要素进行各种组合,适应不同材料、不同工艺、不同技术的处理方法,还需适应放大、缩小、反白、线框等多种表现形式,并且能始终保持字体的识别性和易读性特征。

5. 系统性

标准字体设计完成后,必须导入视觉识别系统,与其他基本要素和谐组织、搭配,形成综合的视觉优势。同时又要适应多种使用场合信息传达的需要,设计多种组合状态,形成系统性的设计。图书馆标准字的设计一方面要注意汉语名称与英语名称标准字的和谐搭配,也要注意与上级单位名称的和谐搭配。特别是大学图书馆标准字的确定应该与大学的视觉识别系统保持一致,其字体及字形的设计应注意与大学标准字的协调配合,这样才能达到统一的、加强的效果。如果标准字不统一,首先会破坏整体的美感,同时会改变人们对此组合的感觉,最后适得其反。

图 4 – 47 为 2006 年(左)和 2016 年(右)东南大学图书馆网站上所显示的标准字,可以明显看出 2006 年截取时东南大学图书馆字样由两部分构成,属于不同的标准字系统,缺乏协调美,文字的大小比例关系也有不平衡之感,图书馆的标准字和学校名称的标准字放在一起并不协调。而 2016 年再登录该校图书馆网站,虽然文字上没有原来更具图书馆特色,但协调性强,不突兀。

图 4 – 47 东南大学图书馆标准字

来源:东南大学图书馆. 主页[EB/OL]. [2006 – 05 – 13]. http://lib. seu. edu. cn/.
东南大学图书馆. 主页[EB/OL]. [2016 – 03 – 31]. http://lib. seu. edu. cn/.

(二)不同种类的标准字

在视觉媒体相当发达的当前社会,人们每天都会接触报纸、刊物、路牌、招牌等各种传播媒体。可以看到各种各样的标准字。其种类之多,其范围之广,较之标志来得更常见,如企业名称、产品名称、商店名称、活动名称、广告标题等文字的设计均属标准字。还有电影的名称、戏剧的名称、杂志、小说的标题设计等均属标准字。如今,图书馆及其他公共组织也在大力宣传,扩大自己的影响力,同时在设计自己的传播系统,也涉及各种各样的标准字的设计。

标准字的种类繁多,功能各异,然而其基本的、共通的任务,在于建立独特的风格,塑造差异的形象,以期达到识别的目的。标准字因其功能不同,有其不同的种类,依照其性质与图书馆标准字设计相关度的可概略区分如下;

(1)图书馆名称标准字(library logotype):是经过统一设计的图书馆名称,用以传达图书馆精神,表现图书馆服务理念,建立图书馆品格和信誉。图书馆名称标准字是图书馆标准字中最重要,也是其他各种标准字的基础。

(2)字体标志(logo mark):将组织名称设计成独特性格、完整意义的标志,达到容易阅读、认知、记忆的目的,在识别系统中,具有精炼、统一与视听觉同步诉求的优点。这种做法已成为近年来企业标志设计的主要趋势,但图书馆这方面的例子还比较少。企业中耳熟能详的例子有:索尼 SONY、富士 Fuji、IBM 等。

(3)图书馆口号、馆训等的标准字:图书馆的口号和馆训及其他的宣传话语也是在图书馆媒体中出现频率比较高的字群,并且这些字更能清楚地表明图书馆的服务理念和服务态度,以及图书馆成长的目标,因而这些字群也是图书馆视觉识别的重点,把这些字设计成标准字,以统一的形象出现在图书馆的不同媒介上,将能加深读者对图书馆服务的理解,提高图书馆的形象。广东省立中山图书馆馆训为“渊深者修诸己,汲养者惠于人”、浙江图书馆选择用脍炙人口的“书籍是人类进步的阶梯”作为口号,并设计为一定的标准字,在馆内、网站等处张贴展示,让读者在感受思想共鸣的同时产生更多文化认同感,提升对图书馆的信赖。

(4)活动标准字(campaign logotype):活动标准字是为新服务推出、节日庆典、展示活动、竞赛活动、社会活动、纪念活动等图书馆的特殊活动所设计的标准字,一般来说,此类的标准字与图书馆名称等有明显的差异,因为使用期限较短,设计形式较为活泼、风格自由、印象强烈是其特色。这一类的标准字应与图书馆名称、图书馆口号、馆训等标准字搭配使用,因而设计时应考虑它们之间的和谐配合及主次关系。

(5)标题标准字(title logotype):标准字用于广告文案、专栏报道、宣传海报、报告开头等。经过精心的设计,赋予标题以个性表达其内容。这一方面在图书馆主要表现为图书馆服务的说明书、图书馆广告海报及其他。

二、图书馆标准字的设计

为了使标准字风格独特、创意新颖,需要掌握设计的要领,按照科学、合理的设计程序,融合设计师丰富的经验与设计技巧,创造符合图书馆形象的字体造型。标准字的设计程序如下:

(一)调查分析

在着手进行图书馆名称等标准字的设计之前,为避免设计上的盲目性和随意性,应事先进行调查分析工作,对图书馆正在使用的标准字和专用字,及同行其他图书馆、博物馆、展览馆等的标准字进行收集、整理、分析,只有尽可能地收集这些材料,并从中分析,归纳出带有共性的和规律性的内容,比较其各自的优缺点和使用后的反应(内容包括字体的总体风格、编排格式、识别性、易读性、延展性、系统性等),找到目标对象易于识别、认同的字体形式,作为设计标准字体的参考依据,同时通过比较分析,也可寻找到与众不同的个性,以避免雷同而产生混淆不清的现象。调查一般从以下几方面着手:

- 有无符合图书馆形象的名称字体在使用?
- 如果有,这些字体是否符合标准字的设计?
- 是否是独特的风格和独特的形态?
- 是否传达图书馆的理念、发展性和信赖感?
- 是否满足读者的喜好?

(二)确定基本造型

在设计字体之前,首先应根据图书馆所要传达的内容和期望建立的形象确定字体的造型。如:正方形、长方形、扁形、斜体或外形自由、样式活泼,或是根据具象图案内嵌字体等。也要根据识别系统整体的需要,确定标准字的字形,是楷书、行书还是隶书,还是根据题字的造型加以标准化。

外形确定之后,可在其中划分若干方格细线作为辅助线,以方便配置笔画。较为常见的字格有十字格、米字格、井字格(五宫格)、回字格等,还可根据字体偏旁部首的结构形式,做出辅助线。英文标准字的设计,则需要顶线、大写线、阅读线、腰线、基底线等诸多辅助线协助,以便正确地将字书写在正确的位置上。

(三)配置笔画

配置笔画需先写出骨架子,也就是布局,在打好的格子上,以中性铅笔轻轻地画出字的间架,依据结构布局,进行上下、左右、大小穿插的调整,以求空间的均匀。再根据打出的字架,画出文字的实际结构,将其疏密、黑白不均匀之处加以适当的调整,用铅笔稍重画出。其中,适当使用直尺、验图笔、直线笔、圆规等工具,以求准确、美观。

(四)字体的错觉与校正

文字是在平面上展开的,构成明确形态的符号,其结构是由点线间架构成,是一个完整的整体,从视觉心理上,从人类对图形理解的通性来说明"文字造型"与图形的关系,是文字设计的基点①。

视错觉是指人类的视觉中,其物象的单纯存在和其他等一物共同存在时产生的异常现象。视错觉在现代艺术设计中被广泛运用,由于汉字的字体结构,笔画繁简不一,实际粗细相同、大小一致的字形在我们视觉上并不完全相同,因此为文字图形设计提供了很高的借鉴价值。在现代文字图形设计中既可以引起歧义而表达多重含义,又可以构建耳目一新的视觉效果②。

字体的错觉大致表现在:①线的粗细错视;②点与线的错视;③交叉线的光谱错视;④黑白线的粗细错视;⑤正方形的错视;⑥垂直分割错视;⑦点在画面上的不同位置的错视;⑧图形发展对文字间架的关系影响等。

三、图书馆标准色及其设计特点

(一)图书馆标准色

标准色是指定某一特色的色彩或一组色彩系统,作为重要视觉组成内容运用在所有视觉传达设计的媒体上。通过色彩的知觉刺激与心理反应,以反映企业的经营理念或产品的内容特质。标准色在整体设计系统中,具有强烈的识别效应,也是传递战略的有力工具。色彩对于图书馆的重要性不亚于企业,特定的色彩为图书馆打造特定的感觉,不同的色彩为图书馆营造不同的氛围。

标准色的设定之所以受到重视,与今天日益发展传播事业有莫大的关系。目前,人们竭尽所能开发各种传播媒体与技术,信息的传达与信息的接收通过不同的渠道,以雷霆万钧、无法阻挡之势扩散开来。在视觉传播技术与理论高速发展的今天,色彩的作用无疑也引起了更多重视。除了色彩固有的能带给人知觉刺激的生理作用之外,日积月累的生活习惯、手边的日常用品、根植于心的社会规范、虔诚的宗教信仰,甚至自然观等,都会对我们所见的色彩产生出丰富的具象联想或是更为抽象的情感寄托。就像碳酸饮料公司选用饱和度更高的颜色,通过视觉刺激带动快乐、青春的味觉通感,具体如可口可乐公司的红色、百事可乐的蓝色。同样是红色,中国人民银行的红色,则更多了些沉稳、大气,表现出中华民族的团结、乐观与雄厚的实力。标志色正是通过运用这些隐含其中的微妙心理力量,塑造标准色背后的产品、主体的形象。图书馆也要利用色彩的力量,来确立图书馆在读者心中的感受,建立自己的形象,特别是少儿图书馆更是能通过色彩的冲击,建立与小读者的感情。

---

① 陈泽强. 文字形态的苏醒—当下平面设计中文字设计的视觉表现研究[J]. 文字设计,2014.

② 郭欣欣. 论视错觉在文字图形设计中的运用与表现[J]. 美与时代月刊,2007(5):89-91.

图书馆标准色是传播图书馆信息,建立统一形象的基本视觉要素之一。理想的图书馆标准色,能准确地反映图书馆的服务理念、策略和组织机构的状态。图书馆的标准色主要用于图书馆标志的设计,也就是馆徽、馆标、图书馆建筑的颜色及内部布置特色等。图书馆标准色的设定主要有以下几种情况。

1. 单色标准色

单色标准色,是图书馆指定一种颜色作为图书馆的标准色。单个标准色具有集中、强烈的视觉效果,方便传播,容易记忆,是常见的标准色形式。例如,可口可乐的红色、3M 的红色、爱迪达的蓝色、荷兰航空的蓝色、美能达的蓝色、中国国际航空的红色等。在图书馆界,上海图书馆在 1996 年新馆开馆之初,确定了蓝色为机构色①。

2. 复数标准色

很多图书馆标准色的选择,并不局限于单色的表现,而是采用两种或两种以上的复数色彩的搭配,追求色彩的组合效果,增强色彩律动的美感,同时也传达了企业的相关信息。例如,美孚石油的红与蓝,富士胶卷的红与绿,AT&T 的黄与蓝,联合航空的红、橙与蓝,广东太阳神集团的红与黑等。现实中有很多图书馆的标准色是复数标准色,具代表性的有前文提到的重庆图书馆的黑与红。

选择一种颜色为图书馆的标准色,再配以多个辅助颜色,即标准色 + 辅助颜色构成标准色系统。图书馆标准色的设计就是在明确各种颜色对图书馆诠释的含义后,结合图书馆自身的特点及要表达的理念和含义,选定图书馆要使用的标准色。

例如,深圳大学城图书馆在室内设计时根据对大学意义的诠释,采用淡雅的标准色,即以冷灰色和白色为主色调,提供一个平静与专注的阅读环境,包括:金属吊顶为全白色;白色乳胶漆圆柱;窗框为白色及金属灰;地面为冷灰与深灰;为打破大空间片色的单调,核心筒内面为橙色,衬以室内绿化为整个空间带出了标点。同时,采用辅助色彩,构成图书馆的标准色系统。

图书馆选定的色彩,是图书馆形象识别传达系统整体布局中一项十分重要的视觉要素,某种程度上说,是图书馆理念的象征。标准色一经确定,图书馆所有涉及视觉传达的部分都将采用。图书馆标准色与图书馆标志、标准字体等基本要素一起,成为构成图书馆视觉系统的核心构架。图书馆标准色彩计划,总体来看具有如下特征:

1. 科学化

图书馆标准色选用的科学性首先是对色彩学中有关色彩的客观特性的理解,如色彩的色相、明度、纯度对色彩情感与象征的影响。更重要的是根据图书馆自身的环境特点、具体图书馆所处地区读者对图书馆的环境期望,当然更不能忘记考虑不同民族、不同地区的色彩偏好及心理差异等。综合考虑上述内容,设定满足读者心理与图书馆服务理念、符合图书馆组织框架的色彩战略,以实现通过科学化、合理化形象识别,传达系统设计工作,达到建立图书馆形象的目的。

2. 差别化

图书馆的标准色是图书馆以树立形象、扩大影响、提高吸引力的有力武器。图书馆色彩应表达图书馆理念的特点,还要表达出不同部门及不同服务的个性差别。因此,图书馆的标

① 王世伟. 关于蓝色与图书馆的诠释[J]. 图书馆建设,2002(4):8 - 9.

准色也应具有差别化的特点。

3. 系统化

图书馆标准色彩计划为图书馆视觉传播服务,故必须反映图书馆的实际状态、传播策略。还要有长远的战略眼光,考虑到图书馆发展的需要,因此图书馆标准色的计划必须将抽象的话语形象与色彩形象加以系统化,使之成为客观科学的色彩形象尺度,同时具有较强的逻辑关系,较好的适用性。

(二)色彩对图书馆的诠释

色彩本身除了具有知觉刺激,以引起人的生理反应之外,还会经由观赏者的生活经验、社会意识、风俗习惯、民族传统、自然景观、日常用品等因素的影响,对色彩产生具象的联想和抽象的感情,这种联想和感情是人类对色彩的共同认识。图书馆标准色彩的心理基础正是建立在人类对色彩共同认识的基础之上,个性色彩的挖掘是依赖于共性的认知,共性的认知又在个性的色彩中得以体现。

图书馆的文化形象一直以来是阅读思考、学习自修、获取知识信息的文化场所。这一形象塑造及图书馆的文化属性决定了图书馆需要构造一个充满文化氛围、便于知识传播,同时又洋溢生命活力的空间,由此给读者以创造性的遐想氛围,更能让读者获得思想上的驰骋。既然图书馆是让人远离喧嚣、放松愉悦的文化服务场所,也就决定在颜色选择上,图书馆更多选择蓝色、绿色、金色等颜色,以塑造一个或典雅宁静,或轻松而愉快的文化氛围。

1. 蓝色的图书馆——知识的海洋

色彩的选择需要表现图书馆的上述特性,蓝色系是很多图书馆的首选标准色,因为蓝色的内涵恰好可以诠释图书馆的内涵。图书馆常被形容为"知识的海洋",把知识与海洋的蓝色联系起来,把蓝色作为知识无限的一种色彩注解。图书馆被人们誉为知识的宝库和文化的殿堂,是人类文明的积淀所在,也即是知识海洋的所在。

蓝色带给人的是一种庄重、沉稳、深刻、内秀的感觉,也象征一种知识与文化的深邃。中国国家图书馆其高低错落的屋顶孔雀蓝色琉璃瓦,给人以深刻、高雅之感。无独有偶,马来西亚国家图书馆象征其民族传统文化头饰的外部造型中,其屋顶所采用的传统文化图案也是取材于蓝色瓷砖,给读者以文化的震撼力。加拿大不列颠哥伦比亚大学沃尔特·C.克尔纳图书馆(University of British Columbia Walter C. Koerner Library)的大块蓝色玻璃幕墙,远看其立面犹如一部可以阅读的文库,让人肃然起敬。提示图书馆员在阅览室不能大声闲谈,应主动维持一种静谧的气氛;它也提示读者在图书馆要做到悄然无声,以共同创造一种思想的环境。图书馆的宁静由图书馆的性质所决定,也是一种社会公德的体现。图书馆是一个公共场所,当人们要表达各种情感,与他人进行交流时,应以尊重他人、不妨碍他人为前提。而蓝色恰恰是图书馆宁静特征对图书馆员和广大读者行为规范的约束和提示。

蓝色还代表着未来与创造,而这也正是图书馆性质与功能的一种注释。在大自然中,那让人充满幻想和奥秘的宇宙天空是蔚蓝色;在人类社会中,那代表未来发展的宏伟计划被比喻为"蓝图"。蓝色象征着对未来的遐想,对新知识的创造,对美好理想的憧憬。而这也正是著名未来学家托夫勒对蓝色的解释。

2. 绿色的图书馆——生机勃勃的环保事业

绿色作为一种文化,是指人类仿效绿色植物本色,取之自然又回报自然,而创造有利于大自然生态平衡,实现经济、环境和生活质量之间相互促进与协调发展的文化。狭义的绿色指的是纯天然、大自然,是自然生态的象征;而广义的绿色是人类需要以一种新的绿色眼光对已有的文明与技术重新审视,以不耗竭资源、保持生态平衡的方式求得发展,这是一种以可持续发展为目标,更积极、更现实的概念。除了上述环保的意思之外,绿色系给人的感觉是平静、安稳、清雅、柔和、清畅、安逸、生机勃勃、无限的生命力;同时,绿色对于在图书馆阅读的读者来说,很易消除眼睛的疲劳,因而绿色也是图书馆标准色的重要选择。

3. 金色的图书馆——收货的良田

从前文讲到的图书馆标志中可以看到,图书馆标志选择的颜色中还有相当多的选择金色或者黄色,特别是国外的图书馆,金色代表庄严,代表富贵,代表高雅的文化,代表力量,很多壁画都是以金色系表现。金色是力量和财富的象征,同时也是打开力量和财富大门的钥匙的象征,而这个钥匙就是知识,用金色代表知识的宝库——图书馆,给人一种积极向上的动力。金色还具有很强的冲击力,代表愉快、明快的风格。因而黄色或金色系也是图书馆标准色的重要代表。

除了上述图书馆倾向于选择的代表色彩外,其他颜色也具有一定的意义。白色代表干净、纯洁、明快,可以给读者无限的想象空间;红色代表热烈,儿童图书馆可能会喜欢浓烈一些的颜色;黑色代表图书馆字体的颜色,有一定的正式感和严肃感;淡灰色同样给人安静、祥和的感觉,这些颜色也是图书馆标准色的普遍使用色。下面列举的是常用的几个主要色彩的具体联想和抽象感情,见表 4 - 1。

表 4 - 1　色彩与具体联想和抽象感情间对应关系表

颜色	具体联想	抽象情感
红色	火焰、太阳、血、红旗、辣椒	热烈、青春、朝气、积极、革命、活力、健康、新鲜温暖的、蒸汽、愤怒
橙色	橘子、柿子、秋叶	快活、温情、健康、欢喜、和谐、任性、疑惑
黄色	灯光、闪电、黄金、金发、香蕉、菠萝、柠檬、咖喱、蛋黄、银杏树的落叶、麦穗、黄沙	愉快、明快、光明、朝气、希望、快乐、富贵、轻薄、未成熟、刺激
绿色	大地、草原、庄稼、森林、蔬菜、青山	自然、健康、成长、新鲜、安静、和平、凉爽、清新
蓝色	天空、海洋、水、青山	沉静、平静、科技、理智、速度、年轻、青年、寂寞、冷淡、消极、冥想、阴郁、诚实、真实、可信
紫色	葡萄、萝卜	优雅、高贵、细腻、神秘、不安定
黑色	夜晚、黑夜、黑发、黑烟、乌鸦、煤炭、暗	沉着的、厚重的、重的、旧的、老年的、古典的、不吉利、悲哀、绝望、恐怖、死亡、地狱、心地阴险
白色	雪、云、雾、白纸、白布、天鹅	纯洁、清白、纯粹、纯真、洁净、明快、和平、神圣、轻薄、空虚、空白
灰色	水泥	平凡、谦和、失意、中庸

来源:本书整理。

色彩除了带来上述表格中的具体联想与抽象情感间的关联之外,色彩通过视觉器官还将引发多种知觉现象,即色彩学上的“色彩的共感觉”。不仅仅是视觉上的,更重要的是描述色彩在视觉、听觉、嗅觉、触觉、味觉上带动所引发的联想,超脱单纯的视觉反射,色彩的运用和诉求更多依靠多种知觉器官的反应而共同实现,因此“色彩的共感觉”具有很大的影响力。这些感觉才真正影响人们对色彩的选择,同时也极大地影响人们对色彩的感情。因此,在图书馆标准色开发过程中,要系统地的审视颜色本身的特性与图书馆特性是否相容。

四、图书馆标准色的开发程序

前文展示了图书馆标准色设计的价值,及其所具有的科学化、差别化和系统化特点。实践中进行任何设计活动和开发作业,必须掌握上述各种特征要求,以发挥色彩的传达功能。其中最重要的是要制订一套系统的开发程序,以便规划活动顺利进行。

图书馆标准色彩的确定建立在图书馆服务理念、组织结构、服务目标、行业特点、图书馆内涵、图书馆环境、用户阅读心理需求等总体因素基础之上。有关标准色的开发程序,基本上可分成以下六个阶段:

(一)调查分析

此阶段的重点主要是调查、分析图书馆行业在色彩要求上的独有属性,并分析与同行其他图书馆之间的差异,以选用表现自己特色的色彩作为标准色。分析色彩与图书馆服务理念的关系,与大众习俗、读者心理需求之间的关系。其调查内容主要是:

(1)收集相关资料。

(2)图书馆现有色彩使用情况分析,包括建筑、外部环境及内部装修色彩等。

(3)图书馆现有色彩的认识形象分析。

(4)同行业及相关行业色彩使用情况分析。

(5)公众对同行业及相关行业色彩的认知形象。

(二)确定表现概念

本阶段是根据图书馆色彩调查分析的结果以及图书馆发展战略的需要,来设定对应性的表现概念,以创造图书馆形象,确定图书馆标准色形象概念的关键词,进而进行综合评价。

(1)关于图书馆服务观念方面的关键词(如终身学习、无限知识、享受生活与文化、感谢和服务、信息领先、诚实协力、创造力、信用和责任,等等)。

(2)关于图书馆风格的关键词(如开放的、温和的、活泼的、安静的、典雅的、舒适的,等等)。

(3)关于图书馆形象的关键词(如有信赖感、有庄严感、有亲和力、有实力的、有发展性、有未来性、技术水平高、合乎时代潮流、国际化,等等)。

(三)形象分析

本阶段是依据色彩形象尺度表将图书馆形象的概念与色彩形象做客观、合理的定化,其实施的步骤分别如下:

(1)分析收集的资料,纳入系统。

(2)归纳形象概念,给予形态分类。

(3)将设定的形象概念纳入语言形象尺度表。

(4)将有关色彩资料纳入色彩形象尺度表。

(5)对照比较语言形象与色彩形象有无吻合。

(6)为形象概念与色彩形象在色彩形象尺度表上找到客观合理的定位。

(四)效果测试

本阶段是根据选定的色彩样本进行心理性、生理性和物理性的调查与测试,以确定色彩样本有无表现图书馆的形象概念,其测试的项目分别如下:

(1)色彩具象、抽象的联想及嗜好等心理性的调查作业。

(2)色彩明视度、记忆度、注目性等生理的效果测试。

(3)色彩施工制作的技术性、材料性、经济性等物理性分析评价。

(五)确定制作

本阶段是对色彩传达的过程进行管理规范,针对不同材料、油墨、技术等制作执行的问题,予以明确化的数值规定,制定共同遵循的色彩管理系统。其实施的重点分别如下:

(1)根据选定的色彩给予明确的规定:表色符号、印刷喷色的规定、油墨厂牌编号、测色数值、色雾等数值化、符号化的规定。

(2)制作正确的色彩样本,以供施工时执行,即制作业的参考。

(3)订立不同材料、实施技术等色彩容许差范围。

(六)监督管理

本阶段主要在选取色彩的效果,以便同一化与正确化的使用,建立标准化的色彩计划。其实施细节分别如下:

(1)对制作的色彩进行审查。

(2)印刷品订样色彩评估。

(3)产品模型色彩评估。

(4)资料收集、整理、回溯管理系统。

第五章　图书馆的视觉识别系统(VIS):应用要素

图书馆视觉识别系统(VIS)的应用要素是基本要素在具体图书馆实践中的体现,主要内容包括图书馆的馆内布局、图书馆员的制服设计、图书馆门户网站等。本章分别对以上各个应用要素进行介绍。

图书馆形象的概念主要有三个支柱:①图书馆应确立并表明其主体性;②图书馆应塑造良好的、值得信赖的形象;③图书馆应统一识别表现,并使之标准化。在确立图书馆的思想,以及基本形象要素之后,就必须考虑图书馆如何提供信息,如何将提供的信息传达出去的问题。图书馆如何提供信息,如何将提供的信息传递到目标对象,我们把这些图书馆所拥有的各种信息传达应用项目,称为图书馆的应用项目。

图书馆信息传达是一项系统工程,要准确地、全面地、统一地传达,就必须对应用项目进行控制,使之标准化,保持形象的一致性。因此,图书馆视觉识别系统(LIS)应用设计原则应遵循:

1. 标准化原则

对图书馆基本视觉要素在各媒体上的应用进行统一控制,制定明确的规范,即适用设计的规定。例如,基本要素的组合状态,各种组合适用的媒体范围,以致详细的使用说明和注意事项。

2. 统一化原则

对图书馆的媒体和非图书馆的媒体应用设计进行统一,使之产生一致的形象感,必须有相关的实施程序,策划小组除对图书馆的固定媒体进行统一设计外,对未来可能使用的媒体也必须进行预想性设计,力求前后统一。这主要表现在图书馆内外风格设计的一致,以及各种媒体应用的一致。

3. 适用性原则

应用设计要在调查分析的基础上,充分利用图书馆现有媒介进行传达,发挥现有媒体的作用。新增的应用项目应符合图书馆的业务往来或管理作业的实际需要。

4. 修正补充时的程序化原则

应用设计在实际使用中往往会出现诸多问题需要修正或补充设计规定时,不能由制作者随意更改或补充,而应由设计策划人提案,继由实施管理的部门协调即可,才能正式列入CI手册中去,作为今后的范本。

图书馆视觉识别系统应用设计主要包括以下几项:①图书馆外部环境设计;②图书馆内部环境布置;③图书馆员衣着制服应用设计;④图书馆网站应用设计;⑤图书馆办公用品设计;⑥图书馆宣传用品、交通用品等的应用。

第一节 图书馆的馆内布局

图书馆的内外环境都应充满浓厚的学术氛围和文化气息,充分满足图书馆职能和性质的需要,体现出浓郁的人文精神和内涵。人文环境是图书馆环境的重要组成部分,它主要应体现出三个方面的功能:一是激起读者美好的读书欲望,培养他们求知的欲望,上进的心愿和务实的学风;二是拉近读者与图书馆之间的距离,使读者一进图书馆便能找到亲近感和归属感;三是培养读者的审美情趣,解除他们的心理压力。而人文精神表现最突出的就是图书馆馆内布局,它不仅表现出一个图书馆服务的水平,同时表现出一个图书馆的品位和风格。人文精神的体现主要是一系列"人性化"的设计。

"人性化"是建筑设计领域如今蓬勃发展的重要着力点,作为文化建筑中对灯光、隔音处理等方面均有一定要求的特殊建筑,图书馆建筑的功能价值也得到了认识上的革新。现代图书馆的使命、宗旨要求公共图书馆成为公众终身学习之地。日渐博兴的第三空间理念更是提出图书馆应成为公众学习思考、独立决策和文化发展的重要场所。因此,更要求图书馆向公众提供安静舒适的阅读思考环境,便于舒缓繁忙的工作生活带来的紧张情绪,更可以成为交流沟通、激发思维火花的重要公共空间,所以去除琐碎压力带来的烦躁是图书馆建筑环境设计的焦点。图书馆建筑设计的核心就是"人性化",为读者营造安全、便捷、舒适、温馨的环境,当然"以人为本"不仅是以读者为本,图书馆建筑设计中更要考虑长期工作其中的图书馆工作人员,为他们提供良好的工作条件。由此,图书馆建筑结构布局、装修装饰、灯光绿化等都要充分体现"人文关怀"。要在声、光、空气、色彩、家具、温湿度和环境布置等方面下功夫,尽量使人在视觉、听觉、触觉和心理上感到舒适。另外,尊重自然、关注环境、创造健康的生活正在成为时代的强音,图书馆要创造一种健康的、富有生气的学习、思考、交流的空间,图书馆文化应该是绿色文化,无污染的文化,图书馆的环境应该是人类理性的环境。本节分别从图书馆的家具选择和布局,图书馆的室内环境装饰和绿化及图书馆内的导向标识系统设计谈起,讲解图书馆室内布局怎样才能反映人文的关怀,营造"洁、静、雅"的读书氛围。

一、图书馆家具的选择

图书馆家具数量大、品种多,要精心安排。其要求是与建筑格调协调、符合功能要求,实用舒适,经久耐用。好的图书馆家具应让读者一进图书馆就能够感到幽雅、宁静、舒适、赏心悦目,产生积极的阅读效果,为图书馆建设锦上添花。如果图书馆设备只求坚固实用,造型不新颖、色彩不和谐,装饰线条过分繁杂,都会使读者产生压抑感,图书馆也显得零乱粗俗,失去整体美。图书馆是一个高雅文明的文化场所,一切陈设都应符合这个特性,互相映衬成为和谐的一体,以满足读者的审美要求。图书馆家具选择的要求如下:

1. 显示知识殿堂的氛围

既体现中国深厚的文化底蕴,又要有时代的特点,符合国际图书馆事业的发展趋势。朴实高雅,简洁大方,开放而不张扬,精致而不奢华。图书馆中运用最多的家具是书架和阅览设备,书架的选择多以经济适用、耐用为标准,配合图书馆室内颜色,多选择淡灰色和乳白色的钢架为主,根据不同书库的需要,配以适当的实木书架,多为米黄色和黄色的木质原本的颜色。构造简洁，样式大方，颜色温和，结实耐用。阅览设备的选择，现代图书馆大都喜欢购置实木的桌椅，不仅经济适用，还让人感觉典雅大方，且坐上去舒服。从古到今，中国的家具都崇尚木质，不仅是因为有舒服、大方的感觉，最重要的是给人一种亲近自然、回归本原的感觉。实木的家具大都以黄色或米黄色为基本色，接近木材的本来色彩，这样的家具往往让人感觉安静、高雅、稳重、亲切、有质感，兼具美观、舒适、耐用，并易维护。桌椅多宽大、厚重，或有隔间，或没有。

2. 坚持适用原则，设计服从于功能

受制于适用，动静清晰，流线顺畅，注重安全和环保。图书馆家具设备的设计遴选，应力求充分发挥图书馆各项服务功能，符合读者使用需求和图书馆工作需要。家具的实用性，适合人体工学原理早已成为共识，家具的选择一定要适合读者的长期坐姿，桌椅高低要配合适当。同时，面对信息科技越来越多的应用，对家具也提出了新的需要，阅览桌要有电源插座和网络接口，注意其与管线的配合。检索台一般为直立式，意为使查用者不致占用过长时间而影响其他读者使用；而信息检索用桌椅考虑到读者较长时间使用的舒适性，及方便置放电脑与相关设备，又能有放笔记本、参考书的地方。还为不同类型的资料载体设置最适合的地图架、视听资料架、光碟资料架、展示书架等。图书馆家具设备应力求规格标准化，方便选购、布置及补充。

3. 以人为本，坚持以读者为中心的服务理念

体现对读者的尊重和关怀，充分考虑不同类型读者和工作人员的需求。一般书架和期刊架的高度不应超过五层，方便读者取书。儿童阅览室的书架更应该以低矮、灵活、好看为主。还应有为残疾读者服务提供的各种阅览和取书的需求设备。根据不同读者不同时期的需要安排不同的家具。阅览室和书库多以适用的阅读桌椅为主，而休息室和团体研究室多以考究的沙发和咖啡桌为主。而办公室的家具应以图书馆整体的色调和风格为基准，根据具体的需要，选择相应的家具。选用的设备要符合人体工学原理，以免使用不便或长时间使用导致疲劳。设备的布置，应考虑使用的伸展空间。另外，桌面不宜采亮光，以免反光影响阅读。家具设备应考虑特殊读者如老人、其他生理障碍者之需要，便利其使用图书馆的各项资源。

4. 适应现代新技术的应用

满足图书馆实现自动化、网络化、数字化、智能化的需要。信息的发展，使得知识的表现方式和传达方式发生了很大的变化，只有印刷性的图书的图书馆已不是完整的现代意义上的图书馆。人们的需求也随着社会的发展变得丰富多彩，对图书馆的需求也变得五花八门，为满足人们对图书馆的需求，图书馆必须采用现代化的手段，提供数字化的服务。从电子导游、多媒体视听室、电子阅览室到音乐欣赏室、多媒体报告厅、展览室，每一项都体现了信息技术、网络技术的发展，因而，图书馆家具的购买必须满足这方面的需求，并且应保证操作简单，设备完整，效果良好。

二、图书馆家具布局

现代图书馆建筑大开间的开放性突破了传统图书馆小面积分割封闭的模式，主要目的一是让读者直接接触文献，二是实现建筑资源的共享。除特定的珍贵文献外，其他文献应一律开架，实行藏、借、阅合一的服务模式，让读者在知识的海洋里遨游。因而，现代图书馆家具的布局大都延承大开间的需要，书架排列很长但能一目了然；书多但不压抑。阅览区与书架区互相衬托，阅览区扩大了图书室的空间和视野；书架区显示了阅览室的充实感。另外，随着图书馆功能的增加，图书馆内增添了很多功能室和功能区，这些区域更是图书馆的点

缀,他们的家具配置更能体现一个图书馆的品位和人文关怀。这些家具的布局在考虑空间的同时,还应考虑与周围环境的搭配。

实例一　泰达图书馆

泰达图书馆于2001年始建于天津经济技术开发区的核心地区,2003年12月泰达图书馆档案馆正式开馆,占地面积1.67万平方米,总建筑面积6.67万平方米,其中图书馆档案馆建筑面积3.36万平方米、设计档案馆藏容量100万卷、藏书容量150万册、阅览座位1200个、日可接待到馆读者用户5000人次,现有馆藏图书90万册、馆藏档案44万卷。

从建筑到家具布局都采用国际公共图书馆标准,钢架玻璃的模数式构造,通透的大开间,借阅一体化。尤其是家具的选择很具有品味,根据不同图书的需求有不同高度的、形式各样的书架;根据读者进入图书馆享受服务的不同设有不同的家具。不管你进入泰达图书馆是为了阅读,还是为了网上冲浪;不管你是被图书馆美丽的环境吸引,还是来参观;不管你是学生想来这里自习,还是你来自企业,想和自己的同事来这里团体研究,泰达图书馆总有你合适的空间,总有你满意的家具。泰达图书馆是泰达学院学生喜欢的学习空间,是泰达开发区企业人员休闲充电的场合,也是泰达社区人员娱乐学习的好去处,同时也是儿童的天堂。

泰达图书馆多个阅览室的阅览座位安排在玻璃墙幕下,一是光线好,二是便于读者中途稍事休息,透过玻璃墙幕,可以看到外面美丽的风景。自习室的座椅选用黄色的木质家具,圆形桌子配上几把椅子。

图5-1　泰达图书馆自习室

来源:闫慧拍摄。

泰达图书馆各层走廊旁边排放着整齐舒服的沙发,读者可以在阅读疲乏的时候,从阅览室出来稍事休息,这些沙发就在每一个阅览室门口的对面。图书馆除了一楼阅览室外靠近玻璃墙幕的地方,都设置为团体研究的地方,有为数不等的各种沙发和咖啡桌，你可以在这里休息，也可以和朋友一起感受这种氛围，还可以喝上一杯咖啡或清香的绿茶，或几个人一起阅读。

图 5－2　泰达图书馆走廊

来源：闫慧拍摄。

泰达图书馆藏阅一体，阅览室左右两边靠近墙幕的地方多设置阅读席位，要求不同，阅览家具不同，有配置台灯的圆形大课桌，也有长形的、隔开的课桌，读者可以根据需要自由选择。中间是书架，根据书的不同有不同的书架，图中为工具书书架和期刊书架。

图 5－3　泰达图书馆开放书库一角

来源：闫慧拍摄。

实例二　深圳大学城图书馆

2006 年 3 月 27 日,笔者参加深圳大学城图书馆布局与家具专家论证会,听取了图书馆的汇报。该馆家具方案的主要依据是:市领导的重要指示精神;图书馆职能定位与功能需求;中华人民共和国行业标准《图书馆建筑设计规范及相关家具标准》;市财政局《深圳市市直党政机关公用设施配置标准》;国内主要图书馆经验;建筑设计单位、家具供应厂商、设计专家的建议与意见。

确定的家具配置原则有:实用,满足今后五年内的实际需要;以人为本,营造舒适的学习与工作环境;与建筑整体风格和室内装修风格协调一致;依据图书馆规模、定位、布局与功能需要;依据网络布线与信息点的位置及空间状况。

确定的家具选型原则有:使用与布置灵活,满足多元化与个性化需要;实用、耐用、易清洁、朴素大方;不求多样,但求系列化,风格简洁;有利于提供学习效率与工作效率,符合人体工学设计;设计和制作达到先进水平;用材优良、结构合理、造型美观、色彩协调、加工精致。为配合室内白天花、冷灰地面、白柱、橙墙色彩,考虑的家具主要色彩有:阅览桌面为铁灰色、阅览椅为灰白色;书架与报刊架为银灰色;工作卡位及读者卡位为铁灰、银灰相间;橙墙下的沙发为深灰色;不强调家具色彩,从整体突出书刊与读者,表现活力与变化;导视标识配以明亮色彩,引导读者使用图书馆。该馆提供的效果图,如图 5－4 所示。

图 5－4　深圳大学城图书馆布局与家具效果图

来源:深圳大学城提供。

三、图书馆照明

图书馆作为阅读园地,灯光照明的重要性不言而喻。灯光不仅可以营造氛围,还可以给人精神上和心灵上带来愉悦,英美图书馆十分重视灯光的运用。比如,在利物浦图书馆儿童阅读区,流畅的环形灯带温暖明亮,良好的光线可以让小朋友感到自由放松,可以在愉快的氛围中阅读、游戏。在伯明翰大学教育图书馆,小小的黑色阅览桌上配以柔和的暖色台灯,给人安宁、沉静的感觉,便于进入阅读和思考的状态。在阿斯顿大学图书馆的学习中心,根据不同区域的功能安排不同的灯光,分别营造出宜于读书、思考、交流的不同氛围,让人感到贴心、舒适。英美的一些图书馆,为了营造气氛,甚至完全放弃自然光照。如美国耶鲁大学的储存图书馆,窗户不用玻璃,皆用整块的薄片大理石,室内只能看到半透光状态下的大理石的美丽花纹,别有一种韵味,但如此微弱的自然光无法支持阅读,室内全靠层次丰富、搭配和谐的灯光来照明①。

光线是视觉感知的基本元素。光刺激视觉,使我们感觉并认知四周的环境,获得外界的信息;光的明暗强弱突现物体的三维立体感,塑造形象,显现空间的层次,构筑室内外空间;光呈现时间万物的缤纷色彩,修饰环境,产生令人激动的艺术效果;光引导视觉,启发联想,增加视觉感知的深度,渲染气氛,影响人的心理和情绪。图书馆(除盲文阅览)所有的作业服务,都是在光的全过程参与下通过视觉来完成的。智能型图书馆需要具备能够满足各项功能要求的高品质光环境,应该明亮、舒适,为建筑空间提供最适宜的光气氛,没有光污染并且节约能源。因而光环境设计要充分考虑人的活动需求、心理特点和视觉环境。既要注重光的物理性能,更要重视人对照明的感受,分析人对视觉环境的接受程度和人与环境的相互作用。同时还要考虑图书馆的特殊性,光线对图书的作用。

现代科技解决了照明设计、照度测定等技术问题,人对环境的感知如空间变化、环境气氛、安全感、愉悦感和私密性都还无法量化,只有从视觉感知角度分析,不断优化设计,才能使光环境达到优良品质。现代图书馆都在追求“绿色”照明,“绿色”照明包含两个方面:第一,必须有一个优质的光源,即发光体发射出来的光对人的视觉是无害的;第二,必须有先进的照明技术,确保最终的照明对人眼无害。第三,节约电能,保护环境。三者兼备,才是真正的“绿色”照明。要实现“绿色”照明,应从以下几个方面做起。

(一)明确照明标准

图书馆照明按实用功能划分为:书库照明、阅览照明、办公照明、交通照明、室内装修照明和建筑物外景照明等。按照我国 GBJ 50034—2004《建筑照明设计标准》图书馆建筑的相关场所照度设计标准为下表 5-1。

表 5-1　图书馆建筑照明标准

房间或场所	参考平面及其高度	照度标准值(LX)	UGR	Ra
一般阅览室	0.75m 水平面	300	19	80
国家、省市及其他重要图书馆的阅览室	0.75m 水平面	500	19	80
老年阅览室	0.75m 水平面	500	19	80

① 王波.我们应该向英美图书馆学习什么《书香英伦》序[J].图书馆论坛,2016(2):136-141.

续表

房间或场所	参考平面及其高度	照度标准值(LX)	UGR	Ra
珍善本、舆图阅览室	0.75m 水平面	500	19	80
陈列厅、目录厅(室)、出纳厅	0.75m 水平面	300	19	80
书库	0.25m 垂直面	50	—	80
工作间	0.75m 水平面	300	19	80

来源:中华人民共和国建设部. GB 50034—2004　建筑照明设计标准[S],2004

绿色照明以节约电能、减少环境污染为特征。这并不意味着降低照度,尤其是图书馆建筑,它的服务对象是数以万计的读者。如何为读者提供快捷、便利、准确的查询借阅条件和舒适、宁静的视觉环境,是图书馆照明设计的主题。而现代化的图书馆阅览室一般均采用藏、借、阅合一,以阅为主,在人工照明设计中,就应选择较高的照明标准。例如,阅览室应选择 300LX 的照度。

(二)考虑实际情况

照度确定的同时还要考虑实际的标准,首要保障眩光小。凡是感到刺眼的光就是眩光,极易使眼睛发生调节痉挛,严重时可损坏视网膜,导致失明。优质的照明技术必须在灯具上装有消去直射和反射眩光的特殊技术措施,尽量将光源做漫射处理,同时,使光能损失最小,成为人们常说的十分“柔和”的光进入人的视野。人们长期的阅读很容易受灯光的伤害,应把伤害降低到最低值。其次是照度要高。所谓照度,即发光体发出的光能在台面上反映出的高度。无眩光条件下的适当高照度,可使眼睛在观察物体时感到轻松,减轻眼疲劳。再次是照度分布均匀,自然光的照度分布最好,在人的视觉观察范围内,从中心至边缘,均匀度为 100%,因而,不仅视觉效果好,长时间看书也不易疲劳。当人工光的照度分布均匀性达到 60% 以上时,对人眼适应性及视觉效果影响不大,当其均匀性小于 50% 时,人眼的视觉效果和视觉疲劳会明显变差和加重。最后是观察功能强,照明的目的在于观察,若给观察提供深层次的方便,如用特殊的技术,在台灯的合适位置上装一个优良的光学放大镜,既可使眼睛看东西轻松,又能观察肉眼看不清的东西。

(三)光源的选择

1. 利用日光

天然光线是最古老最经济的光源。自然光光色柔和,淡色性好,没有污染,是创造优美环境取之不尽的能源。我们的先辈曾利用自然光的光和影在建筑内外空间创造了许多产生巨大艺术感染力的作品。日光和人工照明在光环境设计中具有同样重要的意义。建筑设计中要充分利用自然光线,引入自然光线。但自然光线有其局限性,如季节、天气都会影响自然光的照明效果。而且,天然光是最有破坏危险的光源。图书馆所收藏的资料,大多为纸张类印刷品,而这些印刷品会受天然光源的紫外线辐射的损坏。又因为天然光缺少灵活性,屋顶和墙壁都会导致天然光很难有效均匀地照射到整个室内空间。经窗户直接射入的阳光往往是倾斜方向的。现代化的图书馆建筑虽大都采用玻璃构照,但其照明效果并不全尽如人意。

2. 人工照明

当进入建筑空间的日光不足或不均匀时,可以通过人工照明做补充或利用人工照明制造特殊气氛。现代设计师在应用天光方面,不断探索,许多图书馆采用中庭玻璃顶采光,但是中庭玻璃顶大厅下部光线常常不足;随着太阳移动阳光直射下来,还会造成检索屏幕上的眩光,需要认真细致实地调查,采取技术措施。

图书馆建筑新的发展开始注意充分利用自然光,玻璃墙幕是新建图书馆的首选,另外大玻璃窗也可以让自然光更多地透入图书馆。一方面,可以拥有明亮的、自然的阅读环境,另一方面,有利于图书馆书库的干燥,也有助于图书的保护。自然光不管对于读者还是图书馆都是最适合的选择,但自然光也有很多不足之处,这时就需要人工照明。随着人们利用图书馆的时间越来越长,人工照明也变得越来越重要,人工照明设计的原则应是以人为本,注意读者的感受、员工的感受。

图书馆的书库和阅览室采光和照明的一个总原则是:经济、实惠、好用。因此,在设计图书馆建筑时既要考虑其外形的气势,又要达到最佳的视觉效果。

四、图书馆内导向标识系统

导向标识系统是20世纪90年代中期在铭牌行业中出现的一种全新的称谓。它是为适应社会的发展和管理的需要而产生的,标志着铭牌的发展,已经从初始的依附产品、针对产品而做的功能提示,扩展到更大的空间。在大的空间范围内,其识别定位的功能,其他标牌无法替代。导向标识系统,不同于一般使用的铭牌,导向标识则要求它与自然氛围和谐、与使用环境合拍,为此,标识系统的设计也就构成它特有的内容。标识既然构成系统,就已表明它不是一个孤立的一个牌子,它是具有群体性、成套性、完整性的系列化产物,可以是对建筑物楼宇功能的系统说明,也可以是对园区范围的户外指示性或公益性的告知。

(一)图书馆标识的类型

图书馆作为一种公共文化建筑,其人流量非常大,且人流的变化也非常频繁,独特的、反映图书馆特色的导向识别系统对图书馆来说非常重要。

由于图书馆的特殊性,根据标识的内容,其导向识别系统应包括两个方面,一方面是指一般的位置定位系统及环境识别标志,主要包括图书馆整体概况的指示图(电子形式和平面形式)、图书馆各个部门的标牌、图书馆不同功能场所的标牌,以及不同功能设备的指示。另一方面,图书馆的导向识别系统还应包括书库及期刊库的分类标识,这些标识是读者和图书馆工作人员找书和放书的依据,应融入图书馆导向识别的整体,与一般标识形成整体的美感,且与图书馆整体环境相协调。图书馆之标识系统具有指引方向、辨识目的地、指示规则、警告或禁止、表明职称、姓名等功能。

图书馆应依据实际需要、位置设计,选择适用的材质及样式,达到调和、美观实用的目的。依功能分为四类:①导向型。提供方向指引的功能,以指示性箭头或平面图等形式,指明方向,导引读者正确、迅速地到达目的地。②指位型。用以标示图书馆整体结构和各区室的所在位置。③提示型。用以协助读者了解图书馆的规定和要求,以便读者遵守馆规,进而更有效地利用图书馆。④宣传型。用以协助读者对图书馆的服务内容和业务活动有所了解和掌握,进而充分地利用图书馆的各项资源。

各标识应设置在读者最需要又醒目的地方,如入口区标识主要有图书馆开放时间、馆内阅览规则、馆外借阅规则等;各阅览室应设置标识,以方便指引读者实用。

(二)标识系统设计

良好的标识导向系统源于良好的设计要素(符码)和科学的导向分类。科学的导向分类是依照顾客的到达及其阅读习惯,由外至内、由大至小、由先至后的顺序而设计,它综合了建筑环境、标识信息、专用符号、专用色和专用字体等应用条件,是服务设施中必不可少的一环,也是视觉传播应用要素中的重点。

标识系统对形体的设计其自由度要比一般铭牌更大,特别是标识系统采用模块化的拼装组合结构。所谓模块化组合,是指采用预制的规格型材,组合成大小所需的"方阵",以方阵代表某一模块,再由多个方阵合并成一个整体。它具有按功能需要而设定,体现实用化、规范化、组合化,便于更换、调整、组合、拼装与拆卸的特点。它可以根据空间的环境自由发挥,表现出个性化的设计理念。①式样,要服从实用的原则,为传递标识的内容信息服务。只考虑装饰效果而忽略功能作用,就本末倒置。②外形,要服从于内容。一方面要考虑便于内容的表达,另一方面要考虑表达的内容。③大小,是指尺寸。尺寸的大小取决于环境空间和标识内容,要与之相适宜、谐调。④风格,决定于使用标识的场合。不同的标识系统,使用场合的不同,形体的风格也不相同,不应该是单一刻板的模式。因而,图书馆的导向标识系统应该简单大方,设计典雅、独特,与图书馆的整体氛围相吻合。

标识的内容大多以文字主题为内容,它又不同于标志设计的符号寓意,要求简明、醒目。①简明:则表示标注的内容简单明了,切忌文字冗长、表达累赘。部门标牌能清晰说明部门的中英文名称即可;图书馆整体布局标牌应结合图示和中英文字,简单明了说明情况。书库分类标识应根据分类法简单标明。②醒目:标识是让人看的,而不是摆设。文字必须清晰、醒目,有些标识要顾及视距。而标识的摆放地点应根据人们视觉的习惯,放在最易看到和最容易寻找标识的地方。比如图书馆整体概况标识牌应放在一楼大厅入口不远处;各阅览室标牌应以醒目的大字,挂于门楣,各导向识别标识应设置于走廊、楼梯及电梯中。图书的分类标牌应附属在书架上,以与书架不同颜色的标牌标出。此外,用图形符号代替文字的解说,是导向标识的一大特点。除了法定的图形符号外,在标识的设计中,适当运用图形表达内容,也是很普遍的,它可以体现一种文化精神,调节和活跃标识的气氛。构思巧妙的图形设计,确能收到较好的效果。图形标识一方面可以更简洁清晰地表明内容,另外一方面还充分地表现出人文精神。

标识系统的色彩用色原则主要是与环境、场合的谐调。一是要注意色彩的统一和变化,一个系统应选定一种具有自我风格的色彩系列,在这个系统中,所有的色彩都应统一,并在统一中注意深浅的变化,及根据场合的不同可以适当地选用其他的颜色,但每一个标识不管在这个系统中的哪个地方,都能反映出它是系统中的一部分。在图书馆中最重要的是要注意一般标识颜色与分类标识颜色的统一。儿童阅览室与成人阅览室颜色的区别,特殊标识与一般标识颜色的区别。二是用色要少。色彩不宜喧杂,宜控制在两色之内,可利用基色的阴阳变化,提示功能。图5-5是泰达图书馆不同地方的标识:泰达图书馆的导向标识主要以象牙白色和灰色为主,采用不同的组合放在不同的位置。

图书馆内部布局以及家具的选择决定一个图书馆内部的构造,也决定一个图书馆的风格以及吸引人的程度。馆藏固然重要,但如果没有适合阅读的气氛,没有舒适的、合理的家具展示图书供读者运用,也只能是一堆死的东西;一个图书馆建筑外表看再具有形象美,如果没有内部内容的充实,没有典雅、大方、合理的布局也不能吸引读者长期的来往。只有图书馆内合理的布局、明确的指示,才能有便于工作人员整理,有利于读者充分利用资源。

图 5－5　泰达图书馆二楼标识牌与书架上的标识

来源:闫慧拍摄。

第二节　图书馆内部环境装饰

一、色彩装饰

色彩不仅是美丽的具象颜色,背后更是一门科学,很多致力于色彩学研究的学者都是希望掌握色彩学的相关知识,利用色彩更好地服务工作与生活。图书馆可以利用色彩提高服务质量,创造一个宁静、舒服的适宜环境,是图书馆人文建设中不可忽视的课题。

英国著名心理学家格列高里认为:“颜色知觉对于我们人类具有极其重要的意义——它是视觉审美的核心,深刻地影响我们的情绪状态。”在视觉环境设计中,色彩是一种映入眼帘的第一传达要素,它在促进人体心理现象的产生和转化方面具有奇特的作用,既可把人的组织器官引向环境,又可把人从环境引向人的内心世界。为此,图书馆装饰在构思设计时务必充分考虑环境色彩的有效运用。而构成色彩美的根本因素是调和,只有调和的搭配才会给人一种赏心悦目、品位高雅之感,反之就会使人感到生硬、刺目、品位俗劣。奥斯特瓦德说过:“效果使人愉快的色彩组合,我们称之为和谐。”

色彩的选择是图书馆内部环境装饰中的重要内容,能够营造环境中独特的气氛,图书馆中色彩的选择首先是要更好地传达图书馆的理念。图书馆馆内色彩布局追求和谐宁静的色彩,从而达到以读者的心理需求出发,进而影响读者的心理,并带动读者愉快地进入阅读静思状态。

由此来看,图书馆更适宜选择的颜色是白色(使情绪安定、舒畅)、绿色(利于消除疲劳)或天蓝色(使呼吸平稳、轻松),如图书馆阅览室的天花板、墙壁、窗帘等大面积部分可采用这几种颜色。书架和家具的颜色前文已有叙述,黄色系是其代表。休闲、娱乐氛围中的沙发色彩则可以丰富多彩,但要注意与图书馆背景相协调。中性色也多运用在图书馆的设备和家具上,木制、金属和塑料的设备都适合于图书馆环境。图书馆最重要的书架、书柜、书桌等设备购买前,更要注意这些关键设备与图书馆整体的和谐。色彩的合理运用能协调读者的注意力,也能使读者体验到思想空间与现实世界的和谐、统一等。儿童阅览室的色调应以丰富活泼为主,不管是书架还是桌椅,都应反映儿童思维的跳跃性和丰富的联想力,以及好动、好奇的性格。

为了营造出一种和谐、宁静、高雅、大方的环境气氛,图书馆装饰中的色彩设计(包括墙面、天花板、地板、家具、装饰品等)需重点考虑如下方面:

(1)明度较高、纯度较低的冷色作为主色调。暖色(如红、橙、黄)明亮而鲜艳,使人兴奋,容易有华丽感;冷色(如蓝绿、蓝、蓝紫)则使人安静,往往给人一种文雅、朴实、沉着之感。同时,由于冷色有后退感,以它为建筑的主色调,易形成空间层次。无彩色系的白色与其他纯色组合有明快感、积极感。根据图书馆性质对环境设计的特殊要求,在主色的选择上宜采用明度较高、纯度较低的冷色调。

(2)以纯度较低的有彩色系(包括暖色)作为辅色。纯度高、明度高的色显得强烈、兴奋、鲜艳、华丽,给人一种紧张感,而黑色低沉、忧郁,这些颜色在图书馆装饰中都是应该尽量避免的。灰色和纯度低的色系(包括暖色)则显得朴实、稳妥,给人以舒适感。例如红色,当它为纯度和明度都较高的大红或朱红时,过于鲜艳、张扬,不宜作图书馆室内色彩设计中的辅色,而当它掺入适量灰色,成为灰红(锈红)时,则可适当运用,作为主色的衬托。

(3)选择适当的点缀色。为了呼应主色,同时在画面中活跃气氛,可以适当地选用一些点缀色。其色彩与其他色彩相比较都是高色度或高明度反差的颜色,但在画面中所占的面积应最小,只对主色起衬托作用。

(4)图书馆内各功能区,如检索大厅、阅览室、视听室、音像室等,装饰的色彩应以单色调和、类似调和为主,慎用对比色,尽量避免极富刺激性的互补色以及多色组合。在构思设计色彩配置时宜选择同一色相的色彩,以期达到色彩上的高度统一,从而保持一种外观上整体和谐的感觉。这种色彩调和称之为单色调和。在色彩搭配中,这是一种最直接、最容易取得调和的方法。但是,此方法虽易调和,也有其不足之处,处理不好会给人一种单调、平庸、毫无生气之感。较恰当的方法是充分利用同一色彩的不同深浅或纯度上的差异来配合使用,使之在搭配中创造出一种层次上的判别对比,从而得到一种既统一又有变化的效果,创造出一种宁静、高雅、明快、整体统一的环境气氛。类似调和则选用那些相互邻近的色彩作为设计的搭配用色。由于在色相环中位置相邻的色彩之间含有共同的因素(如蓝色与紫色互为邻近又都含有蓝色的因素),因此选用邻近色作配比色也极易取得和谐效果,而且由于邻近色虽含有共同的色素,但却又分属两个不同的色系,既有不同色相上的对比,给人一种既含蓄统一,又富于变化的视觉美感。

二、绿化装饰

(一)绿化装饰的功能

1. 生态功能

绿色植物是大自然的杰作,是大自然馈赠给人类的一份珍贵的礼物,绿色的室内植物能够调节人的生理和心理功能,有益于人的身心健康。图书馆里摆放绿色植物,使人读起书来会觉得轻松愉快,写起文章来思维更为敏捷,工作人员工作效率也会提高。由上海植物园与上海第一医科大学共同完成的"室内绿化净化功能"的研究表明:室内种植有生命的绿色植物能净化空气,吸收二氧化碳、一氧化碳、甲醛、苯等有害气体,有利于人的身体健康。有些植物是天然的空气净化器,如吊兰,其吸收空气中的有害物质的能力居各种室内植物之首。还有一些室内植物,如天竺葵、海藻及仙人掌,能分泌出植物杀菌素,将有害细菌杀死。

2. 健康功能

由于生活节奏的加快，每个人在工作和生活中，常常会出现紧张、焦虑、浮躁等心理问题。这种心态长期积累成患，而形成心理障碍，影响身心健康。清静的环境使紧张的情绪逐渐得到放松，稍许的绿色点缀会使心情开朗、明快起来。读者在这样环境优美的图书馆里阅读、研究、休闲，可以转移读者不良情绪、培养乐观的人生态度，使读者从心理上感到自由、轻松、愉快，有助于提高心理适应能力，减少心理疾病。

3. 美化功能

室内植物代表着一种现代审美情趣。室内植物的美，是变化神妙的美，是生机盎然的美，是展现生命力和创造力的美。室内植物色彩十分丰富。植物虽然以绿色为主，但也有粉绿、蓝绿、浅绿、翠绿、油绿、墨绿之分，配置在一起，既富有变化，又处于统一基调中。更有一些斑斓迷人的彩叶植物，如花叶芋、红桑、三色凤梨、圣诞花、五彩朱蕉、彩叶草、变叶木等，其叶色艳丽多变，美不胜收。室内植物“仪态万方”，其株形，有的亭亭玉立，有的婆娑柔媚，有的飘逸下垂，有的娇小玲珑。其叶形，有的圆润如珠（翡翠珠），有的大如薄扇（薄葵），有的心心相印（心叶蔓），有的状如莲花（莲花掌），有的纤细如羽（文竹）。其质感，有的薄如纸（合果芋），有的毛茸茸（蟆叶海棠），有的厚如革（橡皮树），有的光如蜡（榕），有的起皱褶（椒草），还有的具孔洞（龟背竹），无不可爱动人，充满情趣。

4. 空间分隔功能

室内绿饰有分隔室内空间的功能，并能掩饰和改善设计中的不足之处。例如，借助于室内的植物将它们植成线，可以隔断不同的区域。箱植或摆置一些体量较小、叶较浓密，耐阴性好的观叶植物，如绿萝、箭叶芋、豆瓣绿、常春藤等，有时也可摆设大型观叶植物盆栽间隔，它们既有效地进行不同功能空间的分隔，又能成为绿色背景，美化氛围，使人感到自然协调，又充满生气。

（二）绿化装饰的选择

馆内环境的绿化装饰应以盆花和观赏植物为主，形式应根据室内空间大小、功能效果和使用价值的不同而决定，其基本形式有盆栽、垂吊及壁柱镶嵌等。

盆栽是图书馆室内最普遍、最常见的装饰形式。其优点是植物可在室内随意调整位置，使室内空间的层次结构变化自然，以取得较好的绿化装饰效果。垂吊栽植又叫悬篮栽植。这是利用各类质地轻巧的篮、盆、盂等容器，装入轻质培养土，栽植藤、萝等匍匐类植物后，用绳索将容器吊于室内空中，达到绿化的效果。在图书馆室内空间中，垂吊栽植不占室内地面，是向空中开拓的新的绿化领域，在光照充足的阅览室内，将柔枝绿叶悬吊其中，使空间充满绿荫与生机，备受读者青睐。壁柱镶嵌，也不占室内地面，充分利用竖向的壁柱进行空间绿化装饰，一般有两种形式：一是将栽植容器制成大小不等的半圆、三角、花瓶等多种样式，器内装入培养土，栽植植物后嵌挂于壁、柱之上。二是在砌筑壁柱时，预留出自然态势的不规则孔洞，洞内填入泥土，栽植植物。

大厅是读者进入图书馆感受的第一印象，可以纵览整个图书馆概况，是图书馆介绍和张贴图书馆规则及图片宣传之地，应注意绿化的吸引力，应以高雅清新为主，并适当丰富颜色，注意有冲击力颜色的花草的使用。阳台与窗台可称为图书馆的“眼睛”，绿化装饰应令读者心旷神怡。楼梯与走廊是行人通道，更应分别放置以宁静、幽雅之感的植物，给读者增添许多情趣。阅览室是读者群的学习、研究之处，应以幽静、宁静格调为主。书库是藏书、工作人员、读者的集合点,书架林立,空气不太流通,常给工作人员和读者以单调、压抑之感,绿化装饰,应以清新为宜。还有偏僻的角落,也应有相应的点缀。

三、艺术品装饰

图书馆的装饰艺术设计与图书馆的教育服务属性密切相关。作为教育服务机构之一,在读者踏进图书馆那刻起,图书馆的装饰艺术旨在让用户获得更多的精神享受。图书馆室内装饰设计的终极目标是要创造一个适于艺术教育功能发挥的环境、氛围,使受教育者能耳濡目染、潜移默化地得到素质的全面发展。装饰艺术设计的教育作用还在于给人以真情、给人以理想、给人以教喻。

(一)室内雕塑

图书馆室内艺术品装饰多以雕塑和壁画为主,其中雕塑是国外发达国家图书馆由来已久的装饰品,并能代表图书馆高雅的文化氛围和丰富的艺术价值,也是现代图书馆装饰的发展趋势和代表。英国图书馆内林立的雕塑,一直是吸引无数读者和游客的重要内容之一,还有新西兰国家图书馆集传统的土著文化和现代文化于一体的雕塑,中国国家图书馆的大型古代图腾雕刻壁画,这些雕塑不仅美化了图书馆的环境,更重要的是为图书馆带来人文氛围。当人们无不为宏伟典雅的图书馆建筑而发出感叹时,他们同样也为新馆内具有独特艺术风格的雕塑而折服。雕塑是能够唤起人们美感的造型艺术,图书馆雕塑伴随着图书馆建筑的诞生不仅具有作为建筑的装饰和艺术作品观赏的美学功能,同时也是一种现代图书馆文化理念的象征。雕塑与图书馆环境相结合时,能体现图书馆的文明程度,提高图书馆的格局。图书馆雕塑的出现,使静态的图书馆面貌有了动态的美感。雕塑艺术是以一种可以触摸的直觉构建出一种宏大而深刻的意蕴。图书馆建筑雕塑作为现代图书馆文化的象征,带有强烈的民族地域特征和时代特征。图书馆雕塑与建筑一样,刻写着不同时代、不同民族、不同地区的文明轨迹。

笔者游历美国国会图书馆托马斯·杰斐逊大楼时就对其中的雕塑和壁画印象深刻。"杰斐逊大楼整体布局科学合理、大方实用。其内部豪华、秀丽、精巧、雅致。她的全身都镶嵌着艺术精品,有50多位美国著名雕塑家、绘画家和马赛克画家在这里贡献了他们的艺术才智,可见大楼的艺术品之丰富、艺术价值之高。"①

图书馆内陈设的雕塑应属于室内雕塑,可以有石雕、木雕、根雕、泥雕、陶雕、金属雕塑、石膏像等不同的艺术形式。这些雕塑应反映出中华民族上下五千年的历史文化和科学技术成就,并恰如其分地融合中西文化,既体现时代精神,又充满浓郁的民族特色。不同性质的图书馆可陈设不同艺术风格的雕塑作品,如师范院校图书馆建筑可以陈设孔子、孟子雕像以及反映师德、教育、文化主题的塑像;科学图书馆则可陈设有杰出贡献的科学家群像、反映现代科技成果的模型以及具有抽象思维审美的各种塑像等。此外,雕塑作品的风格应与图书馆建筑风格相协调。一般来说,现代感较强的图书馆建筑内陈设的雕塑应具有现代风格,传统图书馆建筑里的雕塑应与传统风格相适应。

雕塑以其独特的魅力,为图书馆锦上添花。除了像国家图书馆中那样大型的雕塑群外,

① 柯平.图书馆建筑之经典——美国国会图书馆托马斯·杰斐逊大楼[J].江苏图书馆学报,2001(3):59-62.

一般的图书馆运用适当的雕塑可以改变其单调的风格，增强艺术的感染力和高雅的气氛，如图5－6所示。

图5－6　散布在泰达图书馆各个角落的、各式各样的雕塑

来源：闫慧拍摄。

（二）室内壁画

与雕塑所起的作用相似，装饰浮雕（图5－7）的恰当选择与悬挂，同样是美化图书馆室内环境、体现深厚文化底蕴的重要一环。装饰壁画及其画框的选择应与图书馆建筑以及装饰的整体风格一致。如具有传统民族风格的图书馆可悬挂各种字体的书法作品、淡雅的水墨山水画等；具有西方古典风格的图书馆可悬挂西洋名画、花卉静物、经典素描等；而具有浓厚现代气息的图书馆可选择一些抽象作品，如金属造型、特效、分形艺术等。

图书馆内装饰除了上面的内容，经常用到的还有学者画像、名人格言，以激励读者求知欲的壁画、能使图书馆显得宽敞明亮和温馨，从而能愉悦读者身心，净化读者心灵，启发人们刻苦攻读、严谨治学。同时要考虑内容与形式上的适宜性，及其本身具有内容的适宜性，但也要注意位置适中、字体美观。

如果说图书馆的藏书决定一个图书馆的地位，那么图书馆内部的装饰则决定这个图书馆的品位。图书馆不仅是一个能让人们

图5－7　广西壮族自治区图书馆大厅大型浮雕与装饰

来源：邹金汇拍摄。

吸收知识的地方,同时也是一个陶冶情操,培养读者内在气质的场合。因而,图书馆的内部装饰对于建立图书馆的形象也具有非常重要的意义。

第三节　图书馆员制服

图书馆员制服是指图书馆员工所穿的职业装,不仅要有一般服装的功能和特点,更要适合图书馆工作的具体要求。在图书馆形象识别战略中,图书馆员工制服也应成为图书馆重要的视觉传达媒体,能传达图书馆战略理念、文化服务行业特有属性特点、信息服务行业工作风范、精神面貌等重要作用。以对外传达统一的图书馆形象信息,对内则明确员工工作岗位的性质与特点,区分各自的职责与义务,方便工作的同时更是思想观念、言行举止等行为的约束和规范。在统一的制服限定下,每个员工都将自觉地成为图书馆的一员,与图书馆的服务和发展同呼吸共命运。因此,对图书馆员工制服的视觉形象设计,实际上是对图书馆员工的形象设计。

目前,各行各业出现以职业装展示行业特点、宣传组织文化的趋势,而图书馆在这方面仍然是个空白点。提起图书馆工作人员,一个熟悉的身影就会在许多人心中跃然而出:身着灰色或藏蓝色大褂、带着套袖,整天在书库、目录柜、卡片、书堆中忙碌着,一副灰头土脸的模样。图书馆长期以来总是以“为他人作嫁衣”“默默无闻做贡献”为荣,深居简出,争当无名英雄。然而进入21世纪,图书馆发生了翻天覆地的变化,图书馆员也要从传统的观念中走出来,以崭新的形象示人。

一、图书馆统一着装的意义

(一)塑造图书馆形象

人对社会事物的认知沿袭自一定惯性思维与定式,某一行业的着装形象一旦出现,并被人们接受和认可,今后人们再想到或谈到这一行业或组织时,联想到的就是身穿这一服装的职业形象;或是看到服装联想到行业或组织。例如,银行、铁路、航空、电信、邮政、医院、酒店、学校等,都已经有被大众认可的服装模式,并得到了广大社会民众的承认和认可。这种“天下谁人不识君”的社会认知效应,说明在人们的视觉印象中经过反复重叠后形成的文化元素带来的巨大影响,因此利用这一心理认知,即合理设计、选择职业服装对塑造组织及行业形象大有裨益。这种广告效应正是现代企业所追求的境界。所以在许多行业,统一着装以群体形象展示行业特点已成为一种趋势。从这个角度说,职业服装已成为具体组织文化或行业文化的标志,并逐步淡出传统意义上的工作服范畴。在服务行业,职业装已不仅是一件服装,而是企业整体形象的一部分。图书馆以为读者服务为天职,也属于服务行业,也应该拥有一个只属于自己的颜色,拥有一个能代表图书馆地位、身份、性质和精神的服装,这是塑造图书馆形象的需要。在还没有形成统一的行业制服之前,任何一个图书馆都应从本馆的形象塑造出发,认识到统一着装的重要性。

(二)展示图书馆人的风采

先进的信息技术为图书馆悠久的文化气氛中融入许多现代化的气息,图书馆员不再是昔日的图书保管员、记录员,而是学科馆员、信息技术人员、现代检索工具的实操者、分析筛选信息的知识导航员。图书馆员不仅要求有单纯的耐心服务,更要有丰富的学识、优雅的谈吐好良好的形象。因而图书馆员服饰上不仅需要反映服务行业的耐心细致、干净简洁,也需要反映出儒雅、博学。服装是塑造一个人形象的最直接、最显著的工具。俗话讲"人靠衣服马靠鞍",服装在塑造人物形象时发挥着鲜明的作用。此外,服装用以修饰和美化人们生活的作用也应得以反映,图书馆职业装不仅应美化图书馆员,更要美化图书馆环境。

(三)体现人文关怀

图书馆一直以来都洋溢着浓郁的文化氛围,是读者读书、求知之地,是服务性的文化机构,也是提供文化休闲娱乐的场所,给人以典雅、安静、纯洁的感觉,"谈笑有鸿儒,往来无白丁"。人们到此很容易被这种环境所感染,融入这浓浓的文化氛围之中。目前,图书馆由于没有统一服装,工作人员着装的随意性很大,有的到馆后,随便换件旧衣服,权当工作服,也有的把上街、娱乐、休闲的服装穿到办公室。特别是近几年图书馆队伍的年轻化,流行的服装时尚也随之而来,不恰当的着装会破坏图书馆安静、严肃的文化氛围,为图书馆整体形象布局带来缺憾。工作人员以整洁、大方、统一的服装上岗,可以为图书馆高雅的环境锦上添花,也充分体现尊重读者、礼貌待人的人文思想,并能使读者对图书馆员产生亲切感和信赖感。

二、图书馆员制服设计的原则与要求

(一)设计原则

图书馆员的制服是整个 LVIS 应用的一部分,制服视觉形象是否与图书馆总体的视觉形象设计相统一,是否与图书馆战略规划中的形象目标相一致,对 LVIS 具有重要的意义。图书馆员制服与其他工作制服一样,作为服装的一种特别类型,在体现图书馆基本视觉要素和行业特点的基础上,也要遵循并强化 VI 系统化的视觉特征,因而图书馆制服的设计应符合以下原则:

1. 识别性原则

制服的特色在于个性,具有行业的特点和风格,同时反映特定图书馆的具体个性。图书馆作为文化服务机构,与生产企业不同,也与服务行业的很多非公益组织有较大差别。图书馆作为人类知识宝库和文献信息中心,在传播文化、积累知识、传递信息等方面,具有其他行业无可比拟的独特性,应在图书馆服装中体现出来。

2. 适用性原则

员工制服首先要满足员工工作需要,其次才是传达图书馆信息的需要。员工在各自岗位上工作,其工作环境、劳动作业对制服有专门的功能要求。图书馆的成人阅览室与儿童阅览室的服装应有一定的区别,儿童阅览室的服装可以适当活泼。编目部员工的服装应该穿着舒适、耐脏易洗、方便操作等。

3. 视觉统一化原则

设计职业装首要是基于所服务组织的核心理念,从组织核心理念的内容出发进行设计定位。通过对服饰视觉特征的选择、确定,表现出或现代,或传统,或创新,或亲切,或自然等形象属性。视觉统一化设计后的图书馆员制服可以成为图书馆内部组织与对外宣传信息的统一媒体,自然应与图书馆的整体视觉识别系统保持一致。图书馆服装要通过色彩、款式、面料等元素把图书馆精神、文化中所包含的精华传达给社会,让公众认识、了解图书馆员。

将图书馆的总体个性、风格,通过服装的造型、质料、色彩、配件等造型要素与图书馆的标志、标准色彩、专用图案等基本视觉要素相结合。根据不同功用的制服的特点,既整体统一又灵活多变地将图书馆视觉要素融合进去。

(二)设计要求

1. 注重服务和人文关怀

与其他行业一样,图书馆传承有自身重要的理念、文化、精神,核心价值观是注重服务和人文关怀,"以人为本""为读者服务"是图书馆坚守的基本精神;传播知识、传递信息、服务社会是图书馆的主要理念。因而,图书馆的形象设计中更具人性化、知识化和学术性追求。设计者需要深刻领会、反复揣摩,通过对面料和造型的选择、色彩与线条的把握将如此丰富而深刻的文化内涵表达出来。职业装首先要体现图书馆特点并展现其代表性,进而加强社会对图书馆的认识和了解的作用。服装款型应重简洁轻流行,重端庄轻浮华,重亲和轻高贵,色调稳重,款型大方,突出团队精神面貌,突出儒雅的书卷气息,创造知识与优美、智慧与和谐的仪表风度。

2. 注重色彩的选用

心理学家经调查研究发现,各种颜色对人的感觉、注意力、思维的个性都会产生不同的影响。不同的色彩是视觉形象识别的基础,通过色彩塑造个性形象是行业、组织有效的形象识别手段之一。例如陆军、武警官兵的绿色军装,与苍茫大地相融合,适于地面推进、战斗;空军、海军的白色军装与天空、大海融为一体;医生护士、实验技术人员的白大褂与医院、实验室宁静的气氛相协调等。

色彩是服装构成的重要因素,色彩使我们的服饰世界五彩缤纷、情感洋溢、生机勃勃。服装色彩与其他物体色彩一样,常常有一种强烈的象征性。尤其是行业职业装,如军服、警服、学生服、僧侣服中的色彩,都具有非常明显的标志性的象征。这种标志性的象征,不仅制约着穿着者的言行,同时也增加穿着者自身的各种感觉(如优越感、自豪感、幼稚感等)。图书馆服装色彩的选择首先要考虑的是图书馆行业本身与色彩的联系;其次要考虑与图书馆标准色系的统一和变化,考虑应如何适当地运用图书馆的标准色,达到与图书馆整体视觉识别系统的统一,同时反映图书馆自己的特色;最后还要考虑服装的色彩与图书馆环境色彩的协调和搭配。

3. 赋予贴切的象征意义

生活中人们的穿衣打扮,除体现穿着者的个人喜好之外,也能反映出个人的文化程度、气质修养、艺术审美等内容。正如"观其服、知其人"所概括出的服饰与人之间的密切关系,服装表达出个体的审美取向,对于职业装来说,更是表现职业价值与追求的工具、载体。通过穿着职业装可以向社会展现具体行业或企业的文化理念和追求。例如民航乘务员的职业装,造型典雅大方、色彩柔和,配以空姐细致入微的服务,给人以既温馨舒适又赏心悦目的美好感受,表达了民航追求高质量、高水平的服务宗旨。与其他服务行业相比,图书馆作为信息服务机构,其工作与环境更具文化与学术性,图书馆员在保障文献信息资源的收藏、交流与传播的同时,更要积极与读者交流,创造文化的共鸣与沟通。图书馆对外的形象是一本书,是广博的知识海洋,而图书馆员的服务形象则是一份遨游于知识海洋的航海图,因而图书馆在设计、选择职业装的时候更将上述深刻的文化象征意义融入其中,达到通过职业装展示图书馆、图书馆员的情怀与个性,表达图书馆使命,释放图书馆员的热情,活跃图书馆员的思维,提高图书馆员挑战未来的信心和勇气。

4. 注重和谐完整的美感

随着互联网技术的发展、数字图书馆的建设,悠久的图书馆文化被注入新鲜的血液。图书馆职业装在这种趋势之下,也与国家职业装潮流相接轨,将传统与时尚、现代与古典风格相统一,端庄大方、设计优雅而不失新颖的职业套装,配合周到细致的服务,并通过服务语言、服务仪态、服务态度等方面反映“天人合一”的文化风格。打造一种健康向上、和谐共融的工作环境范围,读者也会在这种氛围中感受到图书馆崇高的服务理念。

三、视觉基本要素的应用与图书馆员制服设计

制服本身造型特色应是图书馆风格的体现,因此图书馆员制服的设计应有以下几个方面的构思方向:

(1)基于图书馆理念的构思。从理念的内容出发进行设计定位,通过制服视觉特征,表现图书馆的国际性、民族性、社会意思,或表现现代的、创新的、开拓的、亲切的、温和的、自然的、典雅的等概念的形象属性。

(2)基于行业特色的构思。图书馆职业尊重理性、知识、真理,尊重对知识和真理的追求,同时倡导合作和技术创新,倡导宽容、公正、平等。图书馆员工制服也应突出行业的特点,在行业特色的基础上表现某个图书馆的个性,附加上本图书馆的视觉特征。

(3)基于图书馆视觉结构的构思。为了准确地反映图书馆内部结构和整体特点,即考虑统一的视觉形象,又能使图书馆的各个部门有所区别,使某些视觉要素成为制服造型的主要因素,如外形、色彩、标志、图案、特选面料等。通过整体的统一和细微的差别展现统一的视觉印象。

对于任何一个行业和组织,员工的服装是行业识别的标志,但对于统一行业或服装相近的组织而言,其辅助的识别要素就显得相当重要。往往是这些辅助的识别要素更能在细微之处体现组织的特色,特别是体现组织的视觉识别基本要素。对图书馆来讲,完整的视觉识别系统,不能缺少这些辅助使用要素。就员工识别来讲,除了服装的识别以外,还包括徽章、员工识别证、名片等。

设计原则包括:①统一性原则。所谓统一性原则就是徽章、员工识别证、名片等的设计要符合整体视觉识别系统的统一标准。运用统一的图书馆标志标准图,图书馆的名称要使用设计好的标准字,图书馆标志和图书馆名称要采用设计好的标准色。这样做的目的就是要达到统一的目的,以及传播效果重叠反映的效果。②协调性原则。协调性原则一方面是指徽章、识别证、名片上图案、字体与其本身设计的协调,如底色的选择,材料的选择等;还要注意其与服装的协调,特别是与服装色彩的协调,应能突出徽章和识别证。③符合美的原则。美的原则是指这些辅助要素的设计应符合美的原则,一方面造型要简洁大方、美丽独特;另一方面,上面图案和字体的排版和布局也应反映美的原则。色彩和谐,造型独特,排版独具特色。特别是名片的设计,涉及图案和字体比较多,要达到人名与图书馆名的统一,也应反映变化,以体现个人的特色。④简洁性原则。这些辅助要素的设计还应注意内容的简洁性,内容以简单明了为主,但也要反映全面。

第四节　图书馆门户网站

所谓的图书馆形象是指读者在利用图书馆过程中,对图书馆产生的印象,核心是对图书馆提供服务所留下的印象。对图书馆的评价也就是图书馆在读者心目中的形象。计算机科学和网络、信息技术的发展,改变了传统意义上图书馆服务的方式与质量,也改变了传统图书馆的形象与服务理念。在信息社会里,网络容纳“声响、语言、文字、图形、图像”等符号,并以其时效性、直接性、便利性、交互性、信息广泛性的特点,成为人们获取信息不可缺少的途径。图书馆门户网站也就成为用户了解图书馆和接受图书馆服务的重要窗口,图书馆门户网站的形象在很大程度上决定一部分用户对图书馆形象的判断。

门户网站因其能提供及时、可靠、海量的信息获得受众的青睐,并在激烈的商业竞争中生存下来。这其中,门户网站在视觉识别系统的应用功不可没,例如一提到新浪、雅虎、搜狐,它们各自极其具有个性的标志、标准色彩、主页界面自然就反射性的跃然眼前,再配合其网站布局合理、链接范围广而多、查询方便等特点挺立至今。而提到搜索引擎,Google 和百度的标志也立即跃然纸上。因此,成功的、有吸引力的图书馆门户网站也应注意对视觉识别原理的运用。本节将从图书馆门户网站的界面设计谈起,介绍如何体现和运用视觉识别,提高网站的吸引力,设计有独特风格的网站。

一、网站引入视觉识别的作用

网站的视觉识别实际上是网站的界面设计,包括网站的标志(logo)、网站的整体颜色、网站的标准字体、网站的界面规划等。网站的经营战略、管理理念和服务理念通过网页中各个元素传递给受众,网页设计的成功与否将直接影响访问人数,甚至是网站的生存。可见视觉识别系统是网站与受众沟通的桥梁,是网站吸引受众的因素之一,它突出地展示了网站的风格与特点。其主要作用表现在:

1. 有助于读者了解图书馆

一些人认为图书馆网站只要信息量大、更新快、有效链接多即可,实际上这只是网站为读者有效服务的一个方面。在当前网络技术如此发达的社会,很多读者对图书馆的了解和接受图书馆服务的方式是通过图书馆门户网站进行的,特别是那些不能亲自来图书馆的读者,图书馆网站是图书馆开辟的另一种访问和使用途径,它应起到与实体图书馆相同的作用。对于读者来讲,通过浏览图书馆网页,不仅能获取文献信息,同时还能体会图书馆的发展目标、文化内涵、规范化的管理和服务理念等,通过图书馆网站建立对图书馆的印象,进而决定是否接受图书馆的服务。

2. 有助于宣传图书馆,实现其社会效应

图书馆的服务对象广泛,不仅服务于个体用户,也服务于集体用户,包括社会的各个层面,为众多社会读者提供服务。虽然高校图书馆和其他的一些专业图书馆的用户群体有一定的限定,但是图书馆联盟及图书馆互访互借的发展,使得这些图书馆的用户也面临多元化。通过那些由专业设计人员进行组织化、系统化、统一化设计的与众不同的视觉符号,图书馆网站在社会中可产生较大影响,并吸引更多的访问者。同时图书馆可依靠自身的丰富文献资源和人力资源,提供高质量的服务,以获得社会效益和经济效益。

3. 有助于内部管理更上一个台阶

网络是图书馆的一个新的工作环境,而网站建设需要图书馆各部门提供不同信息和服务。如果各自为战,根据个人的兴趣爱好随意布置版面,则网站犹如一盘散沙,毫无品味之言。因此,在实际运作中必须加强图书馆内部管理,强调使用统一识别系统,统一版面,以突出网站的整体性和归属感。目前,图书馆的很多服务也依赖网站进行,这些服务的提供和处理同样需要各个部门的合作,好的图书馆网站不仅是图书馆用户访问的平台,也是图书馆员工作的平台,对图书馆员工作的方便和对图书馆员积极性的提高有不可估量的作用。

二、图书馆网站设计风格

从网站设计风格来看,本书将其分为以下几种:

(一)唯美型

这类图书馆网站的设计者有意突出艺术品位,从整体色调、版面风格、文字插图都十分考究,具备较高的美工基础和设计技巧,给读者留下美好的视觉享受。以美丽的图片和精巧的设计(图 5－8、图 5－9)吸引读者的兴趣,同时网站内也有丰富的内容,满足读者的需求。

图 5－8　江苏泰州图书馆截图

来源:泰州图书馆. 主页[EB/OL]. [2016－03－31]. https://www.tzlib.com.

图 5－9　上海图书馆网站截图

来源:上海图书馆网站. 主页[EB/OL]. [2016－03－31]. https://www.library.sh.cn/.

(二)功能型

这类网站的主要特点就是功能比较齐全,不仅有书目检索、新书推介、读者活动等传统栏目,还增加了时政新闻、便民服务、教育医疗等栏目,甚至提供在线音乐、视频点播等内容。这类网站在内容上有一些突破,类似综合性门户网站,能给读者提供更多实用的信息和知识,体现图书馆社会化服务的思路。

在搜索引擎中检索陕西省图书馆,映入眼帘的是"陕西省图书馆—真诚服务读者!-www. sxlib. org. cn -",点击进入(图 5-10)如同门户网站一般,功能丰富。

图 5-10 陕西省图书馆网站界面

来源:陕西省图书馆. 主页[EB/OL]. [2016-03-31]. https://www. sxlib. org. cn.

(三)资源型

这类图书馆网站界面整洁、不事奢华,但蕴含着丰富的资源,例如全文数据库、情报资料库等,读者能够方便快捷地检索到需要的信息,检索快速,命中准确,系统稳定。高校、科研院所的图书情报机构,更多采用这一风格类型,以满足目标用户对资源的高度需求特点,如清华大学图书馆、北京大学图书馆网站等。而随着用户需求的提升,也促使这类图书馆主页从固有的资源简单罗列向一体化检索发展,如图 5 - 11 中的水木搜索等。

图 5 - 11　清华大学图书馆网站

来源:清华图书馆网站. 主页[EB/OL]. [2016 - 03 - 31]. https://lib.tsinghua.edu.cn/.

(四)综合型

这类图书馆网站,兼具上面三种特色,网页设计相当唯美,图书馆网上资源丰富,提供的功能也比较全面。例如,国家图书馆不但资源丰富,而且技术实力雄厚,服务的人群众多,网站设计精美,系统完善。在这里且称为综合型网站。

网站以简单的色系构图,界面简单明了,以功能链接模块为主,不同模块以中国古典的画面为背景,既体现中国文化的深厚,也表现出网站的美观、大方。图 5 - 12 是一个典型的综合美观、功能和资源的网站设计。网站巧妙地运用图书馆的标志、图书馆的建筑、中国文化的映射等,完美地建立这一图书馆作为中国国家图书馆的形象。

图 5 - 12　中国国家图书馆网站

来源:中国国家图书馆. 主页[EB/OL].[2016 - 03 - 31]. http://www.nlc.cn/.

(五)特色型

这类网站突出浓郁的地方特色和专业特色,对本地区的资源、民俗、特产等介绍得很全面,堪称一个地方的博物馆。这类网站大多是地方公共图书馆的网站,不仅是这个图书馆的门户,同时也是了解这个地方的门户,所以网站的建设比较注重地方特色。另外,也有一些特色图书馆,突出某一方面内容的图书馆门户网站,往往也表现出专业的特色。作为中国图书馆学会专业图书馆分会秘书处所在地,中科院文献情报中心网站的设计也突出彰显其专业图书馆特色,如图 5 - 13。

图5－13　中科院文献情报中心网站界面

来源:中科院文献情报中心. 主页[EB/OL].[2016－03－31]. https:// www. las. ac. cn.

(六)窗口型

这种图书馆网站偏重于本馆介绍与图书导读,有检索、书评、学术研究等内容,形式上更新慢、栏目少,内容上比较单一,可利用的数据库资源也不多,便民利民的功能也很少。比照上述类型网站,这类网站更多是作为图书馆的书目检索平台而存在,大多建设还不成熟。

三、图书馆网站设计原则与形象定位

构成网站整体形象的要素很多,包括网站的 CI(标题、标志、色彩、字体、标语)、版面布局、页面构成、链接方式、浏览方式、交互性、文字、语气、内容价值、存在意义、网站荣誉等诸多因素。为了使这些分散的要素体现一个整体的风格,需要一定的原则来约束,才能更好地展现网站的风格。

(一)图书馆网站设计原则

1. 统一原则

统一性是构建网站风格的首要原则。为达到这个目的,就需要使每个网页都具有统一的设计,否则网站风格无从谈起。其次,网站风格指的是整个网站的风格,并非某页风格。只能通过每个页面共同反映、传递同样的东西,才能建构出整体风格。统一原则在网站风格设计中占重要地位。要保证网站风格设计的成功,就需要保证网站结构的众多元素的一致,如网站的版面布局的一致、标志性元素的一致、导航的一致、色彩运用的一致,等等。

(1)统一版面布局

一般是把所有网页划分为上、下、左、右四个区域:上区为标题区域,下区为一级栏目(完全目录)和版权信息区域,左区为常用工具区域,右区为内容区域。所有网页均采用相同的版面布局。

(2)统一标志区域

标志区域实际上又分为上下两个部分。第一部分包括网站主标题(网站名称,网站 logo 等)、一级栏目(主要目录,鼠标到位后出现下拉式菜单显示二级、三级目录)和标志线、标志图片组成。第一部分以横通栏的形式把主标题以及一级栏目在页面中突显出来,也把第二部分引导出来。第二部分由网页标题、网页的同级栏目(如果有的话)、页标志图案组成。所有页面均采用相同的标志区域设计。

(3)统一工具栏

左区内,只出现两样东西:常用工具栏和三级及以下的栏目。

(4)统一第一栏目:

标题区里,提供了固定的基本栏目,如联系图书馆、资源分类、图书馆通知信息、馆藏目录、图书馆介绍等栏目,每个页面均在同一区域位置出现第一栏目。如图 5 - 13 中科院文献情报中心网站的查找资料、服务项目、使用指南、最新消息等作为网站的统一第一栏目,会在所有页面统一显示。

(5)统一版权信息

每页都在下区同一位置提供同样的版权信息。

(6)统一文字

每个页面上,相同的项目均采用同一字体、字号和颜色。

2. 标志原则

标志性是显示网站风格的重心。一个网站有什么风格,需要通过这个网站标志性的东西来实现。国外著名的网站,会十分注重对标志性的设计。例如,网站或业主的名称、logo、图案等,甚至是版面中的某个区域的特定设计。标志区域风格的展现,主要可以通过以下几点实现:

(1)标志主标题,应出现在每个页面的页头。

(2)网站 logo,即网站特定标志。网站标志和网站主标题一样应该出现在每个页面上,应该是网站的特有标志,不仅代表图书馆网站的风格,而且代表图书馆的风格。

(3)标志颜色,以颜色划分网站的不同部分。以栏目作为划分标准,把属于该栏目的所有页面通过标志系列色与其他栏目的区分开来。

(4)标志图案,一个小方块阵列组成的图案,位于标志区域横通栏中间靠右的下面。标志图案显示某页在网站中的位置,属下哪一部分、哪一级别。

(5)标志图片,根据不同入口,配套相应的图片。

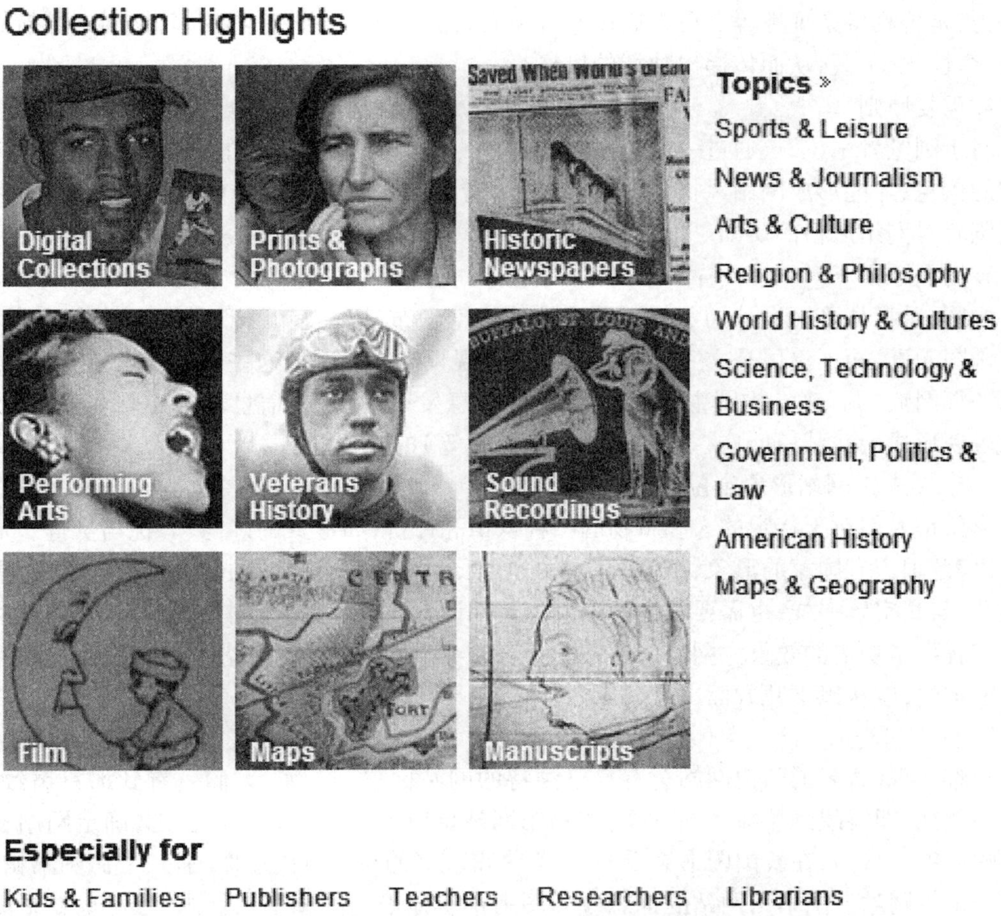

图 5－14　美国国会图书馆网站标志区

来源:Library of Congress. Home[EB/OL].[2016－03－31]. https:// www. loc. gov.

图 5－14 是美国国会图书馆网站展现其重要馆藏的标志区域,也是网站首页核心区域的主要标题区,可直接链接至该馆最重要的特色收藏,图片是按馆藏类型分类,为了满足不同读者的需求,周边用文字链接出针对主题、针对服务人群的显著标志。图 5－15 则是该馆网站检索入口,对应图 5－14 的服务人群、使用需求,分为发现、服务、教育等主题。进入图 5－15 中的不同主题后,该检索入口也始终显示在网站最上方,保持风格一致。

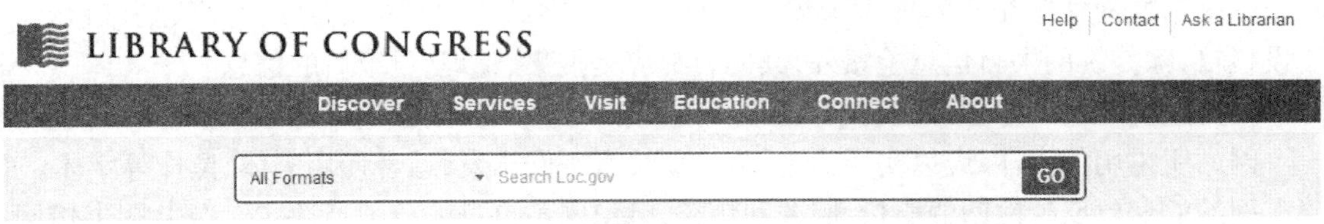

图 5－15　美国国会图书馆检索入口

来源:Library of Congress. Home[EB/OL].[2016－03－31]. https:// www. loc. gov.

3. 关联引导原则

谈到网站关联引导,许多人可能都认为主要是网站的结构,特别是如栏目的设置、导航条、“Site Map”之类的事情。但实际上它也是一个风格问题,涉及这个网站是否人性化,具有亲和力,是否具备条理性等。可以通过非常规的方法,如颜色系列、图片等,把网站导航做得亲切、个性化、美观,从而传递出独特的风格。

4. 重复原则

对于浏览者来说,仅通过一两个页面的浏览,不能留下网站风格的印象。只有反复接收同样的信息,才能形成网站风格的概念。所以,需要保证网站风格的信息重复出现,不断加深浏览者对网站风格的认知。

5. 构图原则

构图,是指从平面设计的角度来看网站的信息发布,把文字、图形图像、音频视频等,都作为构图元素,而不仅仅是文字、图形图像、音频视频等。通过把这些构图元素整合,从而描绘出一幅网页"画"来。构图主要有几个手段:信息发布的疏密、信息块的建立和整合、各种信息表现形式(点、线、面和文字、图形、动画、图片等)的搭配等。

(二)图书馆网站形象定位

形象是人们对于特定的人和事物的一种认识和评价,如形象的好与坏、优与劣等。形象先于语言,国家有国家的形象,企业有企业的形象,而网站则有网站的形象。同样,一个杰出的网站,与其实体一样,也需要整体的形象包装和设计。准确的、有创意的设计,对网站的宣传推广有事半功倍的效果。网站的形象要符合并突出网站的主题和名称。一个图书馆网站的形象定位,应从以下几方面来考虑:

1. 标志(Logo)

不难发现,著名的门户网站全有自己独特的网站标志。正如,人们一看到那只精致、漂亮的小狐狸,即能想到搜狐网站一样,图书馆网站也应推出自己的网站标志,确定网站在公众中的形象。目前,在我国图书馆界,这方面做得较好的主要有国家图书馆、上海图书馆、首都图书馆等网站。图书馆网站的标志应与图书馆实体设计的图书馆标志一致,也就是图书馆馆标与馆徽的网络实现,可以根据网络的需要进行设计,显示在平面和静物上无法显示的效果。

2. 色彩

一个网站的标准色彩一般来讲不超过3种,使用色彩太多会让人眼花缭乱。标准色彩要用于网站的标志、标题、主菜单、主色块,给人以整体统一的感觉。公共图书馆网站的整体色彩应庄重、大方,体现厚重的文化积淀,适合的颜色主要有蓝色、橙色、灰色等。

3. 栏目

图书馆的网站应充分体现对知识、信息的组织,网站所提供的信息应有序、且可检索。所设栏目,除传统的书目信息检索外,其内容都应是搜集、整理、重组后的信息。

4. 字体

网站所采用的字体,应以实用为主,从方便读者查阅出发,适合使用宋体、黑体等字体。

网站的形象反映网站的质量、服务和信誉,且由网站自身的价值所决定。公共图书馆网站形象的定位就是要塑造网站的个性,吸引不同层次、不同类型的用户来使用。可以说标志、色彩、栏目、字体,正是一个网站树立形象的关键。

第五节　图书馆其他视觉识别应用要素

图书馆应统一识别表现,并使之标准化,在确立图书馆的思想及基本形象要素以后,就必须考虑如何将图书馆的信息传达出去。除了图书馆的外在媒体,还有很多图书馆固有的内在媒体可以运用,包括前文提及的图书馆识别应用要素,以及其他的图书馆日常用品,例如,图书馆办公用品、图书馆日常用具、图书馆的交通工具、图书馆的印刷品出版物等。

图书馆信息的传达是一项系统工程,要准确、全面、统一,且必须对应用项目进行控制。混乱甚至相互矛盾的传达不利于图书馆建立统一的形象,缺少严格的、科学的、控制的传达,更不利于建立图书馆良好的形象。因此,图书馆视觉识别应用要素设计应遵循以下原则:

1. 标准化原则

标准化是对图书馆基本视觉要素的统一要求,即对图书馆呈现在各媒体上的视觉要素及其应用进行统一的设计控制,确定明确适用的设计规范与规定,如明确要求其基本要素的组合状态、具体适用范围、详细的使用说明和注意事项等。

2. 统一化原则

对图书馆的媒体和非图书馆的媒体的应用设计进行统一,使之产生一致的形象感,必须有相关的实施程序。策划小组除对图书馆的固定媒体进行统一设计外,对未来可能使用的媒体进行预想性设计,力求前后统一。如果在使用的过程中发现事先设计的规范不够全面或不适应,也要按预定的程序进行修正和补充,防止与原设计宗旨不符,使各应用项目相辅相成,形象一致。

3. 适用性原则

应用设计要在调查分析的基础上,充分利用图书馆的现有媒体进行传达,发挥现有媒体的作用。这些应用项目应符合图书馆的业务往来或管理作业的需要。

一、图书馆办公用品的设计

(一)办公用品的特性和意义

在诸多的视觉传达媒体中,办公用品扩散大,扩散面广,传播率高,渗透力强,作用时间持久,不管对于任何组织都是应具备的传达工具。办公用品主要有业务往来的信札、日常交往的名片、洽谈签约的合同、庆典筵宴的请柬等。还包括一般办公使用的用具,比如饮水用具、装饰用具等。办公用品具有双重功能,既有公务上的实用功能,又有视觉识别功能。图书馆的各种活动,无论是否推行LIS,这些都是图书馆必不可少的用品。把它作为LIS中重要的实用项目,只是在设计上根据整体传达的要求,将图书馆的理念通过统一的基本视觉要素在这些用品上表现出来,即无损其本来的实用价值,也无须增加经费开支,可谓一物两用,既服务于图书馆业务往来,也树立了图书馆形象。

办公用品看似只是图书馆组织文化中的细微之处,却是图书馆形象宣传的重要实体,不仅关乎图书馆风格形象塑造,也直接影响员工心理。办公用品设计的规范化与管理的科学化,给人以条理、整齐、正规的印象,有利于形成图书馆的优良风格。在心理上可以造就员工的自尊心和自信心,责任感和荣誉感,为员工的精神状态、服务态度、工作效率所带来的潜在影响,不可低估。

(二)办公用品的设计与构成要素

纸类办公用品视具体品类不同,设计要求亦有所差异。但其主要的视觉构成要素基本相同,大体包括:图书馆标志、图书馆名称标准字、联系地址以及电话、传真、邮编、网址等。办公用品的设计就是将这些要素通过图形、色彩、文字、印刷表现、纸质肌理、空间布局、天地边角等设计要素表现出来;运用繁简疏密、粗细大小、虚实浓淡等形态技术,达到对比调和、统一变化或对称均衡等视觉效果,通过设计表现并传达图书馆的风格特色。

1. 空间布局

办公用品是日常公务活动的媒介,有其本身的实用功能,因而都需留出大块空间。设计要素的安排和布局,不能喧宾夺主,他们所处的位置,与其功能相比,只是较之次要的部分,但在总体构图上又起着重要的作用。这就需要在设计时,处理好整体与局部的关系,大局着眼,小处入手。

图书馆基本视觉要素,在版面上一般处于边沿一带,但在注意力价值差异上,却有一个最佳视域优选问题。一般来讲,版面的上方和左边比它的下方和右边,其视觉注意力要强。构成的主要要素——图书馆的标志和名称,一般皆分布在上方和左边。信封和信纸、便笺三者的设计应同一格局、同一系列,但也可略有变化,根据创意需要,可做其他方面的修饰,以美观、大方、文雅为大体风格。

2. 文字应用与编排

文字的应用与编排在办公用品设计中,占有极其重要的地位,文字处理的好坏,是设计成败的关键要素。主体文字的处理,是设计工作的第一步。图书馆标志和标准字,作为 VIS 基本视觉要素部分,其主要的组合单位和形态已在先前的设计中完成,在办公用品设计中只是应用的问题。作为主体要素,它的空间定位应选取一个最佳视域,并作为整个布局的出发点。文字的大小比例,也应从整体着眼决定。其他附属文字,如企业地址、电话、传真等常常编作一组,作为一个散点独立安排,也可以与主体文字结合一起。宜选用秀丽大方的字体,或图书馆专用印刷字体,通过组合构成一个完整的总体。文字的编排,在于阅读顺利,视线流畅,并构成一种美德韵律与秩序,要考虑字距,起伏线等。

3. 色彩配置

办公用品的设计,应以图书馆标准色为依据进行,办公用纸品的用色多为一色,少数为两色。其用色不同于一般的民间信笺,使图书馆员工日常公务活动专用品。因此,除必须采用图书馆的标准色外,其他色彩宜沉着庄重,典雅大方,不可过于花哨;宜明快,不宜灰暗;宜调和,不宜强烈;宜淡雅,不宜浓艳。办公用纸品的色彩配置利用纸张色彩面积大的优势,对主体要素的用色起对比衬托、渲染的作用,以营造气氛。

4. 纸质与肌理

办公纸品,从普通书写纸到打字纸、请柬等应根据不同的用处,选用不同质量的纸,一般专用纸品应选用高档纸。图书馆领导应注意到这些简单的日常用品给图书馆带来的形象问题。

二、图书馆交通工具的识别应用设计

交通工具是现代各种机构都拥有的传达媒体,其活动性大,宣传面广,经济而灵活,持续时间长,随着车辆的驱使而深入各处,因此,它也是VI设计的重要项目之一。

在交通工具上使用VI的基本视觉要素进行传达图书馆的形象,是图书馆全方位、多角度传播的需要。图书馆的主要交通工具有活动图书馆(深入社区和边远地区的汽车图书馆)、单位班车、客货两用车、吉普车、小货车、小汽车等类型,在识别应用设计时应注意以下几方面的问题:

1. 统一性

各类交通工具在进行视觉设计时,应力求总体风格的统一性。统一的风格设计包括基本要素的选择、安排位置、构图、字体、标志、象征图案、搭配、色彩的面积、形状等诸多因素。既要具有视觉上的冲击力,又要与图书馆的风格相一致,还要注意各个交通工具在视觉风格上的统一性。

2. 多样性

由于交通工具的形体、大小、造型不同,并且有多种使用的场合和对象,因此,在设计上在注重统一性的前提下,也要考虑交通本身的情况。例如,小汽车的设计要简洁、高雅;大型公共汽车的设计应考虑中远距离的效果,要有视觉的冲击力,又要精致耐看,还要适合交通工具的外形尺寸和结构。活动图书馆的视觉设计涉及要素可能比较复杂,要注意整体的配置。

3. 识别性

为了正确地传达图书馆的信息,首先要选择图书馆主要的基本要素为造型的基础,立体地、多角度地考虑视觉要素的应用、组合与设计,抓住主视面的主体因素,如图书馆的标志、标准字的缩写组合等;同时又要根据交通工具的活动时间、地点和服务方式来进行识别性设计。

将基本视觉要素应用在交通工具设计中,应根据不同类型的交通工具,即不同的外形采用不同的手法。充分发挥基本视觉要素的延展性特色,充分利用每个可以用来设计的体面,既要考虑各个体面的不同特点,又要考虑几个体面之间的联系,使每个体面的图形信息相对完整。

图书馆标准色在交通工具外观应用设计中是很重要的视觉要素,远距离的视觉传达效果是其他视觉要素不可比拟的,因而要特别注意标准色的使用。

需要注意的是,图书馆视觉要素应用到交通工具上,不仅仅是为追求强烈的感官刺激,而是要准确地、完整地、多种形式地传达图书馆的经营理念、思想和风格,创造个性。此外,在设计时应注意,图书馆标志的相对统帅地位,应安置于重要的位置,采用其他衬托的手法使其引人注目。

阿尔岱什省是法国罗纳大区的八个省之一,其外借中心图书馆主要提供流动服务。该馆没有阅览室和书库楼,只有采编室和车库。这些车根据其服务的对象或功能不同,都取有美丽的名字——“蓝色文化图书流动车”“透明图书流动车”(图5-16)“音乐图书流动车”“新一代图书流动车”。这些图书馆流动车个个造型别致,质量一流,它们走遍阿尔岱什省的一村一镇,和阿尔岱什的自然风光一起构成一条条美丽的风景线。

我国公共图书馆服务也逐渐推出流动图书馆服务,汽车图书馆是最重要展示图书馆形象的交通工具,如图5-17所示。

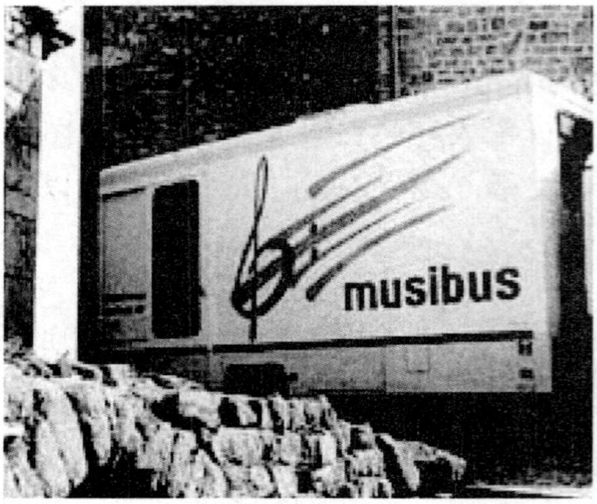

图 5 - 16　法国阿尔岱什省的汽车图书馆

来源:Ardèche. culture[EB/OL].[2006 - 03 - 23]. http://www.panoeu.com/culture/culc/200501/2152.html.

图 5 - 17　香港公共图书馆系统提供的流动图书馆

来源:厦门少儿图书馆. 香港公共图书馆介绍[EB/OL].[2006 - 03 - 23]. http://www.xmst.org/news.asp? id = 3485.

三、印刷出版物的设计

图书馆的经营理念、管理政策、服务方针等,都是通过印刷媒体或电子媒体传达给相关对象的。电子媒体主要是通过门户网站,已在上一章详细介绍,而印刷媒体长期以来都是各种机构信息传达的主要渠道,图书馆也不例外,如报纸、刊物、各种说明书、手册、宣传海报、宣传栏、公告栏等。如何在长期出现、多种媒体、不同形式的传达上,取得统一的形象,只有通过统一风格、统一特征而又适应多种内容的编排设计,才能使分散的视觉印象得到集中。即通过固定的传达形式,建立统一的识别系统,才能塑造独特的图书馆形象。

(一)印刷出版物特征

版面编排的统一设计,主要针对图书馆印刷媒体而编排。在识别系统的视觉要素中,是主要视觉要素(标志、标准字、标准色)组织形态的应用,因此具有与基本要素相似的特征。

1. 识别性

即编排形式上的个性特征,只有使某个图书馆的印刷品的编排形式区别于其他图书馆的编排形式才具有识别的意义,识别性是其最主要的特征,不具个性的编排统一便失去意义。

2. 统一性

即多种印刷媒体上,不同内容、不同形态的编排上,采用统一的手法,并通过大小、方向、比例、尺度、位置等造型要素表达出来。

3. 灵活性

由于基本视觉要素的组合有大有小,有时是标志与标准字的组合,有时是标准字、口号、其他造型图案等一起使用,因此,必须考虑多种编排形式,既统一,又灵活多变。

(二)编排方式

传播的印刷媒体越来越多,形式越来越丰富,统一的传达已成为自觉要求,一贯的、统一的编排模式能让人产生深刻的印象。常见的版面编排方式有:

1. 控制天地

版面大量面积留给传达的主要内容,在版面的上方(天)和下方(地)应各留出适当的版面空间,用以安排有关图书馆的信息要素。控制天地的做法,使画面看起来比较稳定、规范,但要注意避免雷同而显得呆板。一般的做法是区别天地的视觉比重,分别主次关系,通过组合要素的大小、多少、字体、排列、装饰等方法进行区别。

2. 控制对角

根据版面的视觉流程顺序,在版面对角安排有关视觉要素组合,通过控制对角线稳定画面。

3. 方格系统

以方格系统作为版面编排的骨骼,用以规划版面的结构和形态,处理版面图形,文字和构图的关系,形成统一的视觉形象。方格系统是一种富有创意、灵活多变,又统一规范的版面编排样式,在设计时,可根据需要采用一种或几种方格系统,按照印刷品开本的大小和形状选择,但要力求统一和规范。

版面的统一编排模式必须根据媒体的限制进行设计,以适应实际的需要,一般而言,最基本的是将图书馆名称、标准字与图书馆标志组成一个单元,以配合各种媒体的空间位置和版面大小。

除了上文提到的办公用品、日常用品以及图书馆的交通工具、印刷品之外,有些图书馆可能还会设计有图书馆的纪念品、吉祥物等,这些物品的设计也应遵循图书馆视觉识别系统统一的规则,利用视觉识别的基本要素,达到传达统一信息、树立统一形象的目的。

第六章 图书馆形象导入的实施

图书馆形象识别系统(LIS)是由图书馆理念、图书馆行为和视觉标志三者组成的有机统一体。图书馆形象(LI)从立案导入到实施管理,是一项复杂而又具体的系统工程,也是一项简洁明了的工作,即如何把本图书馆以最符合自身特色的方式传递给读者。如同创作一部图书馆微电影,以视听组合的影视语言展示出图书馆的形象与服务内容。图书馆的理念是对微电影背后的思想意涵,图书馆行为是微电影中描绘的动人故事,视觉标志则是展示给读者的画面与声音等。这三个子系统之间相互联系、层层递进,形成一个完整的形象识别系统。因而在形象导入时应综合考虑这三者的关系,根据图书馆的实际情况,具体问题具体分析,根据需要安排流程。其完整的实施程序应包括:提案阶段,调研阶段,设计阶段,设施管理阶段。对于图书馆形象识别系统的导入最主要的原因是因为图书馆形象建立的需要,本章从图书馆需要树立形象的原因谈起。

第一节 图书馆形象导入理由

一、形象经济

(一)时代背景

在如今网络和各种媒体都非常发达的信息时代、知识经济时代,信息与知识能非常迅速且较充分地满足人们生产与生活的需要。于是,它使企业之间产品的功能、价格、质量相差无几。那么企业间竞争靠什么,众所周知,企业的形象与代表形象的品牌就是当今企业实力的根本标志。各种企业在利用“品牌效应”和“明星效应”赚取巨额的利润。我们都有这样的感受:耐克的运动鞋、麦当劳的汉堡包、可口可乐的饮料对全球的消费者之所以具有巨大的吸引力,并不是因为它的产品,也不是全是因为它的技术与方法,而是靠它多年在用户心目中潜移默化形成的潜力的积累。

于是,各种企业争相建立自己的品牌,各种组织和机构也开始注意自己形象的塑造,甚至各个城市都在建立自己的标志性建筑,导入自己的形象系统。图书馆除了保障自身的服务硬实力,也应考虑通过更好的展示自身形象来带动软实力。

(二)形象经济

1. 概念

当听到“奔驰”“宝马”“华为”“可口可乐”时,人们脑中不由自主地条件反射出相应的“人”字形、白蓝相间的圆形、红色的葵花以及红白色的飘逸丝带的形象。反之,只要一看到这些图标或颜色,脑中会联想到相关的品牌。这种关联,是以企业多年的优质产品和大力宣传赢得的,如同我国传统的百年老店“同仁堂”“内联升”等一样,一个企业、一个组织的良好形象可为企业、组织带来巨大的经济和社会效益。更有甚者,在当今经济全球化氛围的驱动下,企业在参与全球竞争的过程中,十分注重企业形象设计方案开发、品牌设计,美国的苹果公司之所以能在智能手机市场所向无敌,很大一部分原因是其简洁明快、富于想象力的形象设计,从理念到产品,从产品到服务,甚至成了其决胜市场、传播形象、获取社会公众认同的主要方式。产品中映射出来的企业形象往往比生产技术本身更能引导人们的购买欲望,彻夜排队购买新款苹果产品的新闻屡见不鲜,事实说明,社会公众心目中的"企业形象""品牌形象"是一股强大的市场购买力,像一只无形的大手在推动着企业创造更好的形象。

所谓"形象经济",概而括之可基本定义为:"通过形象及其效应获取价值和利润的经济。"[①]从这个意义说,形象经济现象应该是由来已久的,只是它从来没有像今天这样具有广泛性,更没有像今天这样表现出强劲的主导性。形象经济的提出一方面是由于20世纪以来,大众传媒种类的不断增加,特别是电视和网络的出现,人们接触信息的机会越来越多;而信息的快速增加,使人们已经无法在信息的海洋中辨认优劣。另一方面是因为经济和科学技术的发展,使得商品的种类也逐渐繁多,同类商品也会有无数商家提供,要想在无数商家中被用户注意到,就必须通过一定的聚焦手段,而这种手段被很多人称为"注意力经济",注意力经济的实质就是塑造形象,通过形象效应取得利润和价值。因而,形象的价值随着大众传媒的繁荣越来越受到重视。

著名美国未来学家阿尔温·托夫勒对此早就做过另一个角度的相应描述:"我们目睹一种深刻的变化,即逐步加快了提供转化为形象的信息的平均速度。形象信息的波涛变为汹涌的巨澜,越来越猛烈地袭来,好像在寻找注入我们神经系统的通道。"他同时指出:"有证据说明形象的刺激越来越多地作用于个人。"[②]这种观点在美国苹果手机公司、中国的小米手机公司、韩国三星公司等企业中,体现得淋漓尽致:上述公司每一场新品发布会,都会布置隆重的会场,企业的创始人或CEO作为发布会的主持人,甚至是其衣着、语言风格等都会成为产品形象的一部分,例如,苹果公司的发布会,其创始人乔布斯以T恤、牛仔裤的随性打扮闻名于世,而小米公司的创始人雷军在2016年印度产品发布会上的"中国式"口音的英文,成为各路媒体和广大用户的新宠,这些形象的刺激为企业带来的经济效应无疑是巨大的,其效用暂且不谈,至少给广大用户留下深刻的印象。而国际上另外一些社会学家和文化研究者则直接认为:人类正在进入一个"形象时代"。在今天,"形象"的意义比以往任何时代都显著。"形象"已成为当今社会的核心概念之一,人们对形象的依赖已经成为一种生存状态。形象正在决定人们的生活,决定人们购物的选择、娱乐的喜好,甚至教育的去向。如果说以前形象是出于艺术形式的考虑,那么现在,形象正在改变我们的经济形态,把形象作为经济概念,正在改变这个世界。

"形象经济"既然是一种经济形态,当然也必须有其特定的经济要素和运行机制。"形象经济"与"传统经济"最大的不同点,是把"传统经济"中的"非生产力因素"转化为"生产力因素",有的甚至转化为时代所要求的主要的"生产力因素"。形象经济的作用主要通过其增长引擎发挥越来越重要的作用的,这些引擎也是形象经济的主要要素,主要有:品牌、明星、声誉、品牌产品、媒体与渠道。

2. 形象经济增长引擎

俗话说得好,光说不练假把式,光练不说傻把式,又说又练真把式。事实证明,当今世

---

① 居易. 形象经济与形象经济学[J]. 苏州城市建设环境保护学院学报,2001(4):30.

② 阿尔温·托夫勒. 未来的冲击[M]. 北京:中国对外翻译出版公司,1987.

界,必须练得好、说得更好,才是“好把式”。如《射雕英雄传》中的郭靖一样,从小是“傻把式”,但当他遇到黄蓉之后,黄蓉全方位地帮助郭靖把“傻把式”变成“好把式”,其原因就在于以真材实料为基础,加上良好的形象设计,而且正是这种形象的设计,最后起到较大作用。因此,一个产品中映射出来的企业形象和品牌形象往往比生产技术本身更能激起人们的购买欲望,能迅速和有效性地扩大产品的市场占有率。因此,形象经济不容小觑。形象给企业、组织带来较大的经济动力,成为经济增长的引擎,具体来说,这些引擎包括:

增长引擎之一:品牌作为形象经济的关键资产正在成倍增长。品牌的历史由来已久,虽然品牌的概念是近代从西方国家建立起来的,但中国古代就很重视老字号的建立,老字号的建立与其产品的质量分不开,这些字号的沿用为店铺带来长久的利润。因而品牌的真正价值在于其带来的持久价值,也就是不同品牌之间的共同点,它们都在追求因品牌带来的顾客忠诚所创造的持久价值。这一持久价值为成功者带来的经济回报可能高得令人惊讶。因而,人们越来越认识到,一个公司的真正价值不只是在于其工厂的仪器设备和其他有形资产,还包括品牌和信誉等无形资产。

增长引擎之二:明星在形象经济中越来越普遍,并深入人们的生活。品牌的发展与明星事业的发展是并行的。品牌通过明星树立更醒目的形象,而明星也通过品牌更加出名。有明星作为形象代言是当代很多企业共同的做法,一些受欢迎的人物具有持久的声誉,可以为企业带来持久的利润。形象代言的不断更新也表明企业能跟上时代的风尚,能时刻抓住顾客的喜好,并能培养未来的顾客。

增长引擎之三:声誉在形象经济中被最大限度地当作一种资产来利用。很好的形象以及优良的产品和周到的服务都会带来良好的声誉,对形象的塑造以及形象代言的明星都会给企业带来声誉。声誉的好坏也是用户选择产品考虑的要素之一,也会为企业带来顾客的忠诚和持久价值。

增长引擎之四:品牌产品是形象经济的内涵。品牌一般都是由某一产品的盛行逐渐建立起来的,因而这些产品可以称为品牌产品。同时,品牌产品建立的品牌还可以带动同一企业的其他产品的形象的建立,以及对其他产品的关注。品牌是在很多方面发挥作用的,人们不只是因为喜欢才选择品牌,自觉不自觉间,也是出于享受或欣赏的需要。品牌形象创造内涵,因为它们是相关社会的标志。受形象驱动的品牌产品一直是社会的重要的标志。虽然这些标志物将会变换,但它们仍将作为当代人价值和内涵的表征。

增长引擎之五:媒体和营销渠道是驱动形象经济发展的工具。形象创造者需要能够借以影响人们的渠道来宣传形象,才能达到形象经济的效果,而媒体则是企业宣传形象的载体,营销则是宣传形象的形式。随着社会的发展,企业可以选择的媒体越来越多,同时消费者的需求也越来越多样化。媒体是企业形象宣传的主要渠道,也是形象发挥其作用的主要渠道。

二、图书馆形象经济

(一)图书馆形象现状及其原因

图书馆长久以来被看作传统的文化机构,只是提供书的地方,且在很多人的眼里,图书馆员就是整理书籍,负责图书上架、借阅扫描的人员。特别在我国,在社会面向公众,在图书馆内面向图书馆员,图书馆都没有建立起良好的形象。很多公众很难把图书馆与信息、网络

等内容联系起来,图书馆员对图书馆职业的认同感也较低。这主要表现在图6-1:

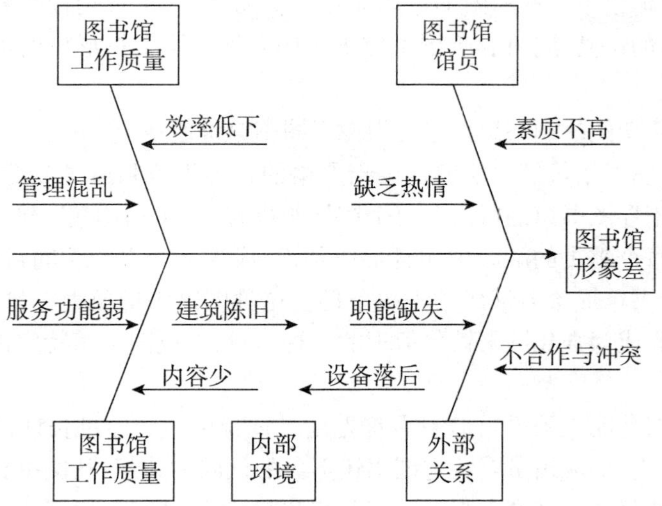

图6-1　我国图书馆现有形象结构图

来源:张耀辉,张闯. 论图书馆形象管理[J]. 宿州教育学院学报,2005(3):142.

图6-1是根据图书馆形象的相关要素对我国图书馆现状的描述,对这样现状的形成不仅有社会的因素,与图书馆职业本身也有重要的关系。首先是社会的图书馆意识淡漠,公众的图书馆观念不强。图书馆是公益性文化教育机构,需要政府总体规划和大力投入,我国图书馆事业发展缺少总体规划,图书馆数量少,分布也不平衡。社会公众对图书馆的整体认识反映了社会对图书馆的重视程度,也是衡量公众对图书馆利用能力的尺度。

其次,图书馆工作缺乏社会保障,图书馆事业无应有地位。图书馆长期以来的辅助性功能,不能直接带来经济利益的性质,使很多人看不到图书馆为社会带来的效益,便不重视图书馆的建设,因而图书馆的馆舍、设备无法得到改善。尽管有很多地方已开始注重图书馆的建设,但作为形象工程的甚多,长期投资和关注不够。

第三,图书馆形象意识淡薄,图书馆自我宣传滞后。图书馆形象意识,包括图书馆主动服务意识和图书馆自我保护意识,以及主动宣传意识。在我国改革开放和社会转型时期,图书馆作为一切事业的二传手,付出许多辛劳,创造许多业绩,却鲜见于宣传报道。社会公众对图书馆的性质、地位和作用缺少了解。正是由于图书馆自我宣传滞后,以致图书馆观念意识未能深入人心,未能在社会上形成一种重视图书馆、利用图书馆、支持图书馆的良好的社会风尚。

最后,图书馆员敬业精神淡化,图书馆员队伍素质良莠不齐。在一些图书馆,图书馆员(特别是中青年图书馆员)的敬业精神逐渐淡化。图书馆员社会地位卑微,经济待遇菲薄,是众所周知的事实。世纪之交,由于经商下海浪潮和社会分配不公的冲击,使图书馆队伍面临历史上最不稳定的时期。一方面,图书馆专业人才流失严重;另一方面则是不具备条件的人员随意调入图书馆。正是由于以上这些原因才造成图书馆形象的不如人意,这也就需要图书馆从建立图书馆美好形象的理念开始着手,塑造图书馆应有的形象,形成图书馆的品牌以及良好的声誉。

(二)图书馆形象塑造的理由

图书馆不良的形象不仅影响图书馆职业在社会的地位,也影响社会公众对图书馆的使用及对图书馆工作的认同,同时影响图书馆未来的发展。图书馆形象的塑造正在这些方面为图书馆带来回报。

第一,价值定位功能。图书馆形象力根源于图书馆价值观,它主要由图书馆各级工作人员的价值观组成。图书馆价值观能够衍生出严格的行为规范和道德标准,提炼出图书馆精神和服务理念,并指导图书馆的行为和每个馆员的行为。在图书馆里,建立一种共同的价值观,并将其深植于每个馆员的脑海中而且形成共识,成为每个人的共同目标和信念,这是图书馆形象地位及图书馆形象力形成的先决条件。这种图书馆形象力一旦形成,就会反过来发挥价值导向作用,成为强化图书馆价值观的一种力量,形成图书馆特定的价值取向和精神优势。

第二,凝聚感召功能。图书馆形象力首先是一种凝聚力。通过长期的教育和沟通渗透到每个馆员心灵中去,形成馆员对特定图书馆形象的认同和共识;从图书馆的物质表征和社会表征两个方面,使每个馆员产生强烈的荣誉感和归属感,从而形成强大的凝聚力。图书馆形象力又是一种感召力,良好的图书馆形象可以促使馆员珍惜和爱护自己的工作岗位,产生荣辱与共的意识,并激发图书馆上下一致,为维护图书馆的形象努力奋斗,从而形成一种感召力,促使馆员在为读者服务的过程中能高标准、高质量、高效率地完成各自的工作任务。

第三,扩张发展功能。图书馆形象源自于优秀、独特的图书馆服务理念,这种服务理念不断地通过图书馆的读者服务工作展现给读者,有利于读者对图书馆工作的认可,并得到政府的支持,更能得到社会部门或社会团体的合作,更能增进社会对图书馆的了解,受到读者的赞誉和拥护,从而为图书馆的扩张发展创造良好的外部环境。

(三)知识经济时代塑造图书馆形象的可行性

如果说以前对图书馆形象的塑造不重视有这样那样的理由,那么,近年来,随着我国综合国力的大幅提升,党和国家高度重视公共文化服务,国家频繁地出台与公共文化服务相关的政策、文件等。可以说,图书馆迎来发展的春天,图书馆的形象正逐步得到社会的认可,图书馆将成为公共文化服务体系中的中流砥柱。图书馆逐渐繁荣,图书馆形象的塑造具有以下有利条件:

(1)政府、社会对信息和知识的重视。随着社会的发展,大数据时代的到来,知识和信息的价值得到彰显,国家、民众越来越重视对知识的吸取,因此,图书馆的价值也在逐步彰显。图书馆对提高社会公众的知识水平和文化素质的作用越来越被社会认可和重视,这是图书馆社会地位提高的基础,也是塑造图书馆形象的理念。

(2)图书馆建设又一黄金时代的到来。图书馆建设的黄金时期最早是工业革命之后,大量城市和工人的出现,使得公共图书馆有了建设的需求,加上一些慈善家的捐助,推动西方公共图书馆的大力发展。随着我国近些年经济的发展,新的图书馆正在很多城市出现。

(3)图书馆工作人员素质的提高。随着我国教育水平的提高,图书馆工作人员的学历也越来越高,工作人员的整体素质也在不断提高。这有利于图书馆职业理念的形成和服务质量的提高。

(4)技术的发展,使得图书馆工作更具有高科技性。计算机和网络的发展,使得图书馆的服务已不再局限在藏书借阅的领域,而是更多地向信息导航和信息提供与咨询方面发展,图书馆工作更具有高科技的内涵和高附加值，加之图书馆多年沉淀下来的海量文献数据，越来越成为大数据时代的“香饽饽”，图书馆也在不断地利用新技术将自身的文献、数据等资源优化。

(5)媒体的发展，为图书馆提供塑造形象的舞台。媒体是塑造形象和展现形象的舞台，除了传统的电视、报纸等媒体，网络已成为新兴的宣传媒体受到广大网民的热爱。

(6)社会的需求，使图书馆有更广阔的发展空间。社会的发展，使得社会公众对图书馆提出更多的需求，图书馆不仅是学习知识的场合，也是休闲娱乐、增加艺术涵养和培养个人综合素质的场合。图书馆正为社会提供越来越丰富的服务，来赢得社会的认可。

这些条件和社会的发展，正为图书馆塑造新的形象带来了契机，图书馆应该抓住良机，改变图书馆的形象，改变图书馆职业的形象，带来美好的未来。

(四)图书馆形象与大众媒体

2004年10月14日，暨南大学出版社副总编辑周继武在《南方周末》撰写题为《国家图书馆借书记》的文章，以自己在中国国家图书馆阅览时遭到的不公平待遇发出言辞激烈的抨击，声称“国家图书馆将国家藏书变成奇货可居的垄断资源，将图书借阅演变成‘租书’‘抵押’，限制或剥夺低收入者、低职位者、低职称者、低学历者、无职业者和外地人的阅览权或外借权，是对公共图书馆理念的践踏和对中国图书馆事业的误导”。此文似一石激浪，在知识分子中产生广泛共鸣，引起社会及图书馆业界关于公共图书馆服务范围和图书馆是否应该有偿服务的大讨论。

2005年3月9日，在学术批评网上出现一篇题为《究竟是“图书馆”还是“藏书馆”？——发生在苏州图书馆古籍部的故事》的网文。这篇近万字的文章讲述作者向苏州图书馆借阅一善本古籍遭遇的种种挫折，并提出一系列质疑关于对古籍保护与使用之间关系的质疑，同时提出读者权利保护的问题。这篇文章在网上盛行，并形成大讨论。

这两个事件相继出现在中国发行量最大的传统媒体和最流行的新型媒体上，这些事情并非空穴来风，或者偶然，而是公共图书馆长期以来的做法引起强烈的关注。长久以来，图书馆是媒体遗忘的角落，媒体上既没有图书馆的正面报道也看不到负面报道，且不说这些事件的发生对图书馆工作的影响，从很大程度上可以认为，媒体开始关注图书馆的状况，开始注意图书馆服务对社会的影响。图书馆原本是社会公益事业，应该得到社会的关注和支持，但长期以来沉默的图书馆放弃在媒体上抛头露面的机会，使它一直成为默默无闻的奉献者。然而，在这个媒体影响越来越大，社会民主意识越来越强的年代，图书馆已经不能藏身事后，而是应该积极利用媒体树立自己的形象、宣传自己的服务。

上海图书馆在这方面是值得各图书馆仿效的例子，上海图书馆的形象及服务经常出现在各大报纸，例如，2001年2月15日的《光明日报》一文《播撒文明的“第二起居室”——上海图书馆新馆巡礼》，2001年2月22日的《大众科技报》上《撒播阳光的地方——上海图书馆新馆巡礼》，2003年6月19日的《南方周末》上《物质都市的心灵绿地——上海图书馆》一文，2004年2月27日的《联合日报》上关于《将上海图书馆服务体系向街道延伸》的报道，还有更多的报道见之于《人民日报》《文汇报》等著名的报纸。

时间的车轮滚动到2014年，一篇名为《杭州图书馆十年坚持允许流浪者和拾荒者入馆读书》的报道迅速走红，《羊城晚报》进行了深度报道。

网友“贺兰泰”的一则微博中提到，“杭州图书馆对所有读者免费开放，因此也有了乞丐和拾荒者进门阅览(图6-2)。图书馆对他们的唯一要求就是把手洗干净再阅读。有读者无法接受,说此举是对其他读者不尊重。褚树青回答:我无权拒绝他们入内读书,但您有权利选择离开。"很多人因此称杭州图书馆为"史上最温暖图书馆"①。杭州图书馆2003年开馆,从那时起,馆长褚树青就坚持对所有人开放。如今这个观念在杭州图书馆已深入人心。他认为,对于弱势群体而言,图书馆可能是唯一可以消弭与富裕阶层之间在知识获取上鸿沟的一个重要机构。

图6-2 杭州图书馆内的拾荒者

来源:中国新闻网.杭州图书馆十年坚持允许流浪者和拾荒者入馆读书[EB/OL].[2014-05-03].http://www.chinanews.com/sh/2014/04-28/6114332.shtml.

和企业一样,各种媒体是图书馆宣传自己的主要渠道,同时也是塑造形象、走近读者的主要渠道。图书馆没有必要像企业那样花费大量的资金做广告,但对图书馆服务、活动,甚至图书馆风貌的报道也是对图书馆形象的宣传。图书馆不仅代表自身的形象,也代表所在城市、所属单位的形象,甚至代表一个国家文化机构服务的形象,因而对图书馆形象的宣传,图书馆应具有积极主动的态度,充分利用各种媒体,建立与媒体的良好关系,推动图书馆形象的建立和传播。

第二节 提案阶段

一、图书馆导入LIS的动机和目的分析

当我们听到或看到"康美"这两个字的时候,或许没有特别的感觉,但如果当看到由著名演员任泉和李冰冰主演的广告"康美之恋"(图6-3)时,相信多数人都印象深刻,立刻会被

① 中国新闻网.杭州图书馆十年坚持允许流浪者和拾荒者入馆读书[EB/OL].[2016-12-19].http://www.chinanews.com/sh/2014/04-28/6114332.shtml.

男女主人公精湛的表演、优美的音乐和南方的青山秀水勾起美好的回忆,产生惬意、优美、健康的效果。事实上,这是广东一家药企的广告片,该片一改过去广告的千篇一律,一经播出,得到非常好的反响,还凭借此片获得 CCTV 的大奖。

图 6 - 3　"康美之恋"广告截图

来源:康美."康美之恋"资料[EB/OL].[2009 - 05 - 03]. http://www.kuwo.cn/album/68859/.

无独有偶,农夫山泉近年来以一句"我们是大自然的搬运工"迅速在网络蹿红。该企业的广告片(图 6 - 4)也以讲述故事的形式为主,讲述该企业水源地的员工守护水源的感人故事,令人动容,令该企业在消费者心中的形象得到提升。

图 6 - 4　农夫山泉广告截图

来源:农夫山泉.最后一公里[EB/OL].[2016 - 05 - 03]. https://v.qq.com/x/page/d01857i591b.html.

上述案例都是典型的成功形象导入后的结果。企业组织开展形象导入的目的是令企业在社会和消费者心目中的形象更加正面,利于企业的发展,同理,图书馆在社会和用户心目中的形象和地位,也可以形象导入的方式进行提升。

图书馆为什么要向企业那样导入 LIS、什么样的图书馆需要导入 LIS、导入 LIS 的目的何在,是在 LIS 作业之前首先应明确的项目。任何明智的活动都应有动机作为发起理由,有目的作为努力方向。与其他类型的组织一样,发起 LIS 的理由一般都来至两个方面:组织内部自觉的需求和组织外部环境的压力。

(一)内部自觉需求

社会的发展、经济的增长以及各种新技术的出现,使得社会处在变化迅速的环境下,而我国图书馆的发展特别是公共图书馆的发展却比较缓慢,图书馆的地位及图书馆员的地位受到质疑,为了因应时代走向,具有前瞻性的图书馆,对于其运营策略均发出自觉地改善需求。国家图书馆与时俱进,积极与媒体合作,由其与北京卫视合作推出的《最美北京》系列宣传片中,以 30 秒、15 秒、10 秒的不同时长,浓缩了中国国家图书馆恢宏、端庄之美,集中体现中国国家图书馆的人文底蕴,令人印象深刻(图 6-5)。

图 6-5　国家图书馆形象宣传片《最美北京——国家图书馆》截图

来源:北京电视台. 最美北京——国家图书馆[EB/OL]. [2011-05-03]. http://v. youku. com/v_show/id_XMzIyOTY4NjQw. html? debug = flv.

可见,图书馆导入 LIS 对于自身的发展是十分重要的,本书归纳了 LIS 对于图书馆内部的重要性:

(1)吸引人才,确保实力。要吸引优秀人才及留住人才,确保图书馆作业的持续,避免人事异动频繁,均有赖于图书馆的优良形象。LIS 的建立,可得到社会的认同和信赖。

(2)激励员工士气,改造组织氛围。LIS 的视觉识别计划,具备包装的功能,能创造耳目一新、蓬勃向上的感觉,激励员工士气,提高作业效率。

(3)增强上级管理部门和资金提供者的好感和信心。图书馆导入 LIS 是组织完善、制度健全的表征。当此识别系统开发完全,不仅可以增强用户的好感,同时也可增强管理部门和资金提供部门的好感。

(4)提升图书馆的知名度。透过组织性、系统性、统一性的 LIS,图书馆形象的建立和知名度的提高是其中的基本效益。大众对于有计划的识别系统易产生组织健全、制度完善的信赖感和认同感,并对图书馆的统一视觉标识产生深刻的印象。

(5)提高广告效果。以广告传播效果公式而言,广告效果 = 量(广告数) * 质(广告表现品质),亦即图书馆信息传达的讯息,若出现的频率与强度充分,则广告的效果必然提升。LIS 的统一性与系统性的视觉要素计划,可加强传达讯息的频率和强度,产生倍增的扩散效果。

(6)统一的设计完成,节省制作成本。LIS 建立以后,图书馆各部门可遵循统一的设计形式,应用在所需的设计项目上,一方面可以得到视觉识别的统一效益,同时可以节省制作成本,减少设计时间的无谓浪费。尤其是编订标准手册之后,可使设计规格化,作业程序化,并可维持一定的设计水准。

(7)方便内部管理,活用外部人员。LIS 设计使一切走上规格化、系统化,简化管理系统的作业流程,通过 LIS 可以缩短新人训练教育和适应作业的时间。

(二)外部环境的压力

21 世纪是知识经济时代,人们对于知识和学习的关注超过其他时代,因而,对于学习机构和信息机构的关注也超过其他时代。同时,网络的出现及各种信息机构的大量涌现,给人们带来除图书馆和学校以外的其他更多的学习选择,这样就给图书馆的服务带来从未有过的压力。图书馆统一形象的需求除了内部自觉外,更多的是来自外部环境的压力,主要表现在:

(1)竞争的挑战。作为公共部门的图书馆,以前从未感觉到竞争的存在,图书馆的发展处于原地踏步状态。然而网络的出现及人们对于知识和信息的价值重新认识之后,对于知识和信息的需求空前高涨,但是很多落后的图书馆机制无法与先进的网络和服务无微不至的信息公司相比,从而流失大批的用户。图书馆必须改变自己的服务理念及管理机制,改变死气沉沉的形象,迎合社会的发展和需求。

(2)传播的挑战。科学昌明、信息发达的今日社会,各种传播媒体引导着大众的消费趋向。创造秩序性、统一性、独特性的传播信息,方能塑造良好的图书馆形象和图书馆理念。虽然图书馆在过去在媒体上做广告的可能性很小,但是最近图书馆的形象在媒体上频繁出现,因而,对于图书馆宣传形象来说,媒体是不可忽视的部分。

(3)顾客的挑战。教育水平的提升和生活状态的改变,导致顾客接受知识和信息的行为日趋复杂,并对知识和信息的品质、服务态度及服务水准等日益苛求,图书馆服务已逐渐由提供图书转向信息产品、服务态度、人为要素等的管理和教育方面,以适应顾客越来越挑剔的挑战。

图书馆形象导入的时机:动机离不开时机,时机到了才能具体化。一般图书馆导入形象识别系统的时机主要有:①新设立的图书馆,万事开始,有好的开端,跟上时代发展。②新馆开放,最近几年,各大城市及各高校,都为了适应用户的增加及社会的需求,在扩建馆舍或建立新馆,这也是导入形象系统的良机。③图书馆建立纪念日。④更换图书馆领导或改变经营方针时。如果明显认识到当前图书馆的形象无法适应新的社会需求,有必要在图书馆形象上做相应的调整、改善。⑤既无统一标志,又无鲜明个性,从没有系统建立推广自身形象的图书馆。

为便于直观了解图书馆 LIS 导入的流程,本书绘制了图书馆 LIS 导入流程图(图 6-6),便于读者对照理解,也便于实际工作中"按图索骥",提升工作效率。

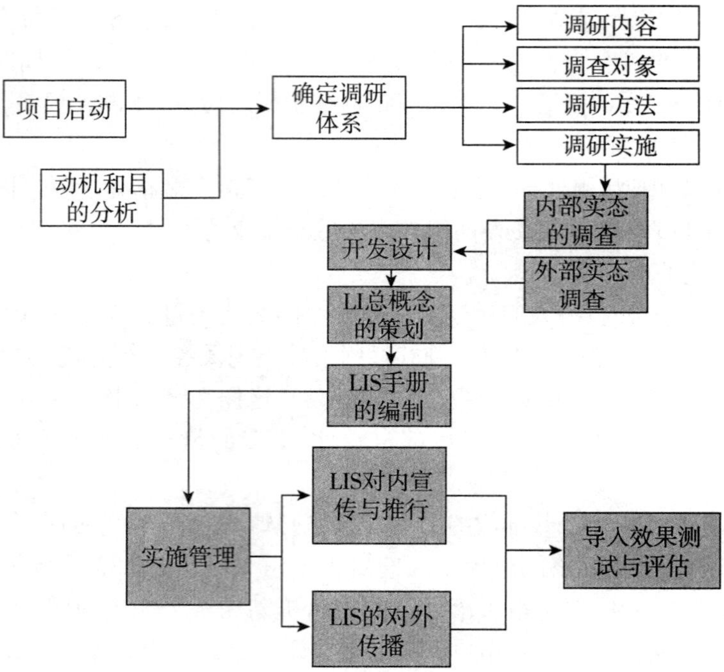

图 6-6　图书馆 LIS 导入流程图

来源:本书绘制。

二、图书馆形象识别系统导入提案过程

(一)成立 LI 策划委员会

确定图书馆需要改变形象的动机和目的以后,就应该着手建立图书馆形象识别系统,而首先应该做的是成立 LI 策划委员会,由专门的人员来负责,才能达到最好的效果。

1. 策划委员会的构成及各自的职能

LI 策划委员会一般由三部分组成:图书馆内部策划办公室成员、图书馆外部专业策划部门以及图书馆外的 LI 问题专家。

(1)图书馆为主体。通常有这样一种误解,以为 LI 工程就是委托设计,物色一家专业公司,设计一本 LI 手册就万事大吉,实际上导入 LI 的过程中最重要的事莫过于图书馆本身,LI 工程应是一项自上而下发动,自下而上响应,全体馆员实行的运动,不仅需要理智的安排,还需要热情的推动。其主要职能为:为外部专业策划提供图书馆的有关资料;与外部专业策划部门共同分析和策划;对馆员进行培训;组织和控制 LI 战略的实施等。因而,策划委员会的主体应该是图书馆员,因为图书馆员更能理解本图书馆的运作、需要以及图书馆理念和服务,这对图书馆精神的提炼有重要的决定作用。

(2)专业公司的协作。专业策划公司可通过招标的方式选择。选择专业公司的原因在于专业公司经验丰富,具备专门知识、技术,能够熟练、迅速、有效地完成调研、策划和设计工作。同时,专业公司信息灵通,并可提供客观中肯的见解和意见。其主要职能是:根据图书馆高层领导的意思完成对图书馆原有形象的调查,帮助图书馆确认或确立独特的理念精神;在图书馆理念精神的指导下,确定图书馆的社会地位及服务定位,并制定相应的战略和制度;设计能代表图书馆形象,突出图书馆风格的标识;帮助图书馆制订培训和导入计划;对图书馆内部人员进行 LIS 的培训教育,使全体员工达成共识,共同为塑造图书馆良好形象而努力。专业公司的职责是对图书馆形象识别系统创立的具体操作,以其专业技术和专业知识做到识别系统的专业化、标准化、系统化。

(3)LI 问题专家。他们具有广博的学识和丰富的经验,不仅能在 LI 导入阶段提供专业指导,设计方案,审核方案,而且在推行、管理过程中提供咨询和督导,以致检查评估。这些专家主要是指在图书馆业界著名的人员,或对图书馆及其相关行业形象识别问题有所建树的专家,这些专家的意见更能从专业和行业的角度提出有力的意见,有利于图书馆形象建立的科学性。

2. 委员会成立的基本原则

(1)权威性,指 LI 委员会必须在公众中具有较高的威望,有影响力和号召力。因为 LI 策划事关图书馆发展的现状和长远,所以其倡导者乃至发起者,必须是图书馆的主要领导者,以确保发号施令,全面推广。同时,由于 LI 策划事关图书馆的现行方针、宗旨、精神和价值观以及视觉识别的设计,涉及学科广泛,其策划者和设计者必须具有一定的理论造诣和学术影响才能担当此任,以确保 LI 策划创意新颖、水平超前、领先同行。

(2)代表性,指 LI 委员会成员来源广泛,能够代表图书馆各个方面,全面反映各个部门的状况和公众意见。

(3)协调性,指 LI 委员会内部的协调精神及与外部的调和,能使内部成员团结一致,相互配合,既能充分发表个人意见,又要虚心考虑别人意见,博采众长。与外部,应善于调和各种矛盾,争取各方面的支持与合作。

(4)创见性,指 LI 委员会成员应具有独到见解,具有较强的创新思想和出色的创造能力。

(二)LI 作业项目与日程安排

LI 导入、推行是一个长期的、复杂的工程,至少需要 1—2 年的时间,因此在作业展开之前,可用项目管理的方式,制作项目管理表,可根据自身的情况,制作项目管理表如表 6 – 1 所示(注:“阶段”为一级目录、“编号”为二级目录)。

表 6 – 1　LIS 项目过程安排

阶段	编号	作业项目	主要内容	开始时间	预计结束时间	目前进度	负责人
提案阶段	1	明确导入 LI 的动机和目的	确定图书馆内外部的需求背景,针对具体的运行与设立状况,选择时机,同时明确导入的目的和目标,及时立案				
	2	组建负责 LI 的机构	由发起人召集最初的 LI 人员,委托专业公司,有图书馆,专家,专业公司组成委员会				
	3	LI 作业日程安排	按照 LI 作业的四大阶段,根据图书馆的具体情况拟定作业项目与进度安排,提交讨论并最后确定				

续表

阶段	编号	作业项目	主要内容	开始时间	预计结束时间	目前进度	负责人
提案阶段	4	预算导入费用	仔细进行各项作业的预算,写出预算书,提交主管审核				
	5	完成LI提案书	按着规范完成LI提案书,充分说明导入LI的原因、背景、目的、负责机构的设想、作业安排、项目预算,使推行方针与期待成果明确化				
调研阶段	1	确定调研总体计划	制订调研计划,其中包括调研内容、调研对象、调研方法、调研项目、调研程序安排				
	2	分析与评估图书馆现行状况	分析图书馆各种相关的报表与调查资料,走访相关人士				
	3	图书馆总体形象和视觉形象调查	采取定性和定量两种形式,就图书馆的基本形象、特殊形象、元形象对图书馆内外单位对象进行采访和问卷调查,收集视觉形象信息,分析比较,得出审查意见				
	4	调查资料分析	对现状和形象调查的所有资料进行整理、统计,对图书馆运营实态与形象建设现状做综合的研判与评估				
	5	完成调研报告	将调研结果记述在系统的报告书中,提交讨论、审议				
设计阶段	1	总概念书的设计	根据调研结果,构筑导入LI的基本战略方针,对图书馆理念、识别系统的开发设计提出基本设想,对图书馆领导解释总概念书				
	2	创立图书馆理念	提出有识别意义的图书馆理念,其中包括图书馆使命、图书馆服务理念、行动准则等,并提供理念教义及规范的行为特征				
	3	开发视觉识别系统	将LI概念体现在基本设计要素中,再以基本设计为准,开发应用要素,编印LI设计手册				

续表

阶段	编号	作业项目	主要内容	开始时间	预计结束时间	目前进度	负责人
实施管理	1	内部传播与员工教育	完成LI委员会的改组与工作交接。制订内部传播的计划,定期发行LI通讯,并举办普及LI知识,动员大家参与				
	2	推行理念和设计系统	在图书馆整体和各个部门,根据设计的要求,推行形象系统要素				
	3	组织LI对外发布	借助合适的机会,通过媒体或其他形式,将图书馆新的形象识别系统公布于众				
	4	落实各部门的LI管理					
	5	LI导入效果测试与评估					

修改自:周宁. CIS企业形象识别设计全书[M]. 北京:北京广播学院出版社,1995.

提案阶段是整个图书馆形象识别系统建立的前提,它不仅要明确图书馆导入形象识别的目的和动机,成立专门的管理委员会,还要对项目的过程做出规划和预算,还要对各项活动的可行性做出研究,对最后可能形成的结果做出预测,并制定相关规则,规定图书馆各相关部门的积极合作,以方便专业公司的调查和作业。

值得注意的是,实施形象导入应该是由图书馆"一把手"推动且通过领导班子集体讨论后形成的决议,一旦启动,馆领导班子特别是"一把手"应持续推动,否则在接下来的阶段,由于该项目复杂、系统且涉及部门多,若无"一把手"支持和推动,将难以落实到位。

第三节　调研阶段

调研阶段是根据提案阶段的设想,对图书馆现行阶段的运营状况以及现有形象,以及图书馆工作人员、社会公众对图书馆的期望,对未来形象期望的调查,同时还包括国内外同行形象系统的建立状况的调研。调研的结果是提炼图书馆理念识别系统、行为识别系统和视觉识别系统的基础。这项工作一般由专业公司操作,图书馆各部门配合进行。

一、调研流程图

调研流程图也就是调研工作的计划,包括调研内容及调研对象等。其中图书馆运营现状的分析和评估,不仅包括图书馆的建设状况、图书馆的现有地位等,还应包括图书馆的服务状况。图书馆形象识别系统的调查,一般是根据形象识别系统的分工分别进行,对现有的图书馆理念、行为和视觉要素分别进行调查,并包括对同行其他图书馆的理念、行为和视觉要素进行调查分析,以备本馆比较借鉴。

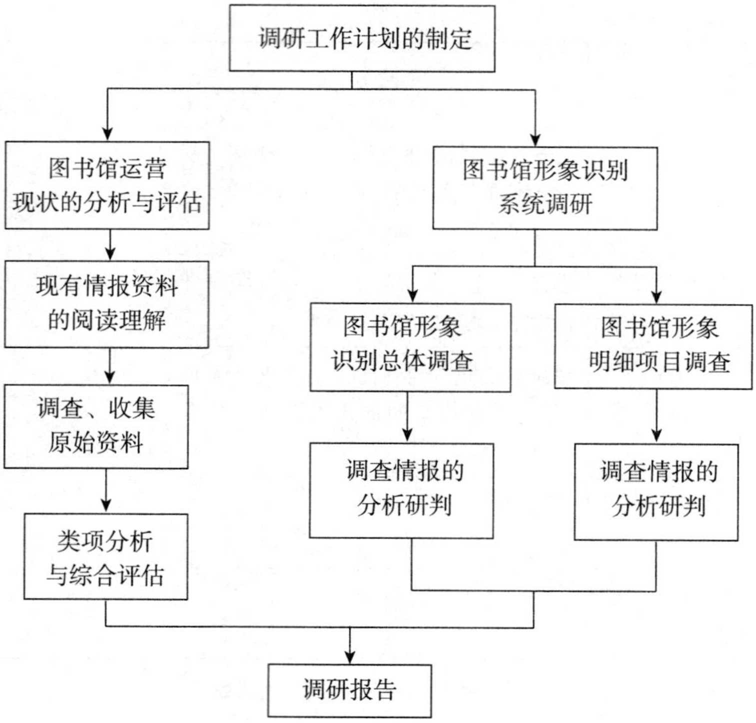

图6-7　形象识别系统调研流程图

来源:本书绘制。

二、调研体系

调研是一项有计划的、系统的工作,如果对调研的内容、对象、方法、项目、程序与时间安排没有明确的设计,即使对图书馆的有关现状和形象方面的信息有一点了解,也难免有偏颇、疏漏。因而,LI的专案人员在调研工作开始时,应首先设立调研体系。调研体系应包括以下因素:调查内容、调查对象、调查方法、调研程序与期限、调研成果形式等。

(一)调研内容

调研内容从整体上对调研项目进行类型化整理,从性质上分类可以分为:

(1)图书馆现行运营状况,也就是对图书馆内部进行全面调研,包括管理水平、服务现状、馆藏现状、技术水平等。相关内容图书馆一般都具有现有的资料,LI专案人员可根据需要进行补充调查,并进行分析、利用。

(2)图书馆形象识别状况,对图书馆内部和外部的形象资产的构造、效力进行全面调研。这部分调研工作时LI调研的重点,包括图书馆现有形象各要素及其取得的效果,同时也包括社会及图书馆内部对未来图书馆形象设想的调查。

(3)同行其他图书馆状况的调查,可以通过公开的情报与内部信息,了解有关同行的发展计划、形象识别系统的特征及效力。

(二)调查对象

(1)图书馆高中层管理者。通过个别访问、会议座谈、问卷调查等形式,了解图书馆领导的意见。

(2)各类型的图书馆员工。向员工了解图书馆的历史及传统文化、员工对现状的评价、对环境的看法及对策划的意见。

(3)图书馆公关对象。包括上级主管部门、资金提供部门、图书馆用户,以及各种媒体。

(4)其他社会公众。了解一般公众对图书馆知名度和美誉度的了解和看法。

(三)调研方法

调研分为调查和研究两个步骤,首先通过客观科学的方法进行抽样或综合性调查,然后再翔实的调查资料基础上进行统计分析,得出可靠有效的结论。调研分定性和定量两种,其方法主要有:采访形式(包括专访、小组座谈等),问卷调查形式,实地考察形式,对信息资料的统计分析。

三、调研实施

调研程序一般分为三个阶段:准备阶段,也就是对调查问卷,调查对象,调查方法的确定阶段;调查阶段,也即是问卷的发放与回收,采访的进行及实地的考察阶段;最后是对调查资料的分析研判,结果以报告书的形式呈现。同时调查情况分两部分进行,一是对图书馆内部实态的调查,二是对图书馆外部状况及环境的调查。

(一)图书馆内部实态的调查

1. 与管理者的沟通

与管理者的沟通,目的是了解图书馆的宗旨、发展战略、价值取向和服务理念等高层管理者的决策思路。同时,LIS 计划的导入和实施,说到底也是图书馆管理者自身的课题。因为,把图书馆办成什么样的模式,塑造成什么样的形象,图书馆管理者最有发言权,所以,图书馆的 LIS 计划应该充分反映图书馆最高管理者的思想和意见。因此,与图书馆管理者的沟通,不仅可以详尽地了解图书馆的过去,把握现在,更可以预测图书馆今后发展的趋势,掌握服务理念、行为规范和视觉识别的要点,准确地把握图书馆导入 LIS 的整体思想和目标指向。

2. 与图书馆员工的交流

图书馆员工是图书馆的主人,是图书馆物质文明和精神文明的直接创造者,也是图书馆导入和实施 LIS 计划的基础。员工对图书馆导入 LIS 的关心程度,直接影响 LIS 的效果。因此,绝不能忽视员工在导入 LIS 中的重要作用。与员工的交流,可以采取直接访问方式和间接问卷调查方式。从与员工的交流中,能够比较准确地了解图书馆的凝聚力、员工的积极性发挥程度、投诉和民主管理化水平、图书馆人本氛围的体现程度等,从而帮助专业设计、策划公司在分析报告中对症下药,取得 LIS 的最佳效果。

图书馆内部实态调查的两个方面在具体操作过程中应结合起来进行。图书馆的管理者站得高、看得远,一般员工站得近,看得清。在图书馆发展的重大问题上,管理者考虑得比较多,而一般员工对图书馆内存在的一些具体问题则更有发言权。

(二)图书馆外部实态调查

1. 图书馆发展环境调查

图书馆发展环境的调查主要是指主导图书馆发展的社会环境,一般有图书馆技术的发展状况、社会对知识的重视程度、社会对文化事业的反应程度、国家有关政策等。

2. 用户调查

由于图书馆的类型、所属单位的不同,所面对的用户也不相同。在同一个图书馆的用户,也会因其自身的年龄、性别、身份修养、知识结构、经济收入、生活观念等因素的不同,对图书馆内容及服务方式的需求有所不同,同时对图书馆形象的理解也会不同。同时,图书馆的用户根据其使用状况可以分为显在用户和潜在用户,两者对图书馆的状况和期待也是不一样的。如果图书馆外部实态调查过程中能了解和掌握用户的准确信息,图书馆 CIS 的策划和导入将有很好的依据。

3. 图书馆同行的调查

图书馆的发展,很大程度上会跟随和参考同行的发展。对国内外图书馆的调查,有利于图书馆看清未来发展的现状和趋势,分辨出不足和优点,同时可以得到可以借鉴的经验和做法。

4. 对社会公众的调查

本书把政府部门、新闻机构、社区公众的调查归入到社会公众的调查中。政府部门是很多图书馆的直接上级管理者和资金提供者,他们的意见有时直接决定图书馆的形象设定,决定图书馆的地位和发展。而新闻机构原来一直是图书馆忽略的舆论力量,它对图书馆形象的宣传有不可估量的作用,他们对图书馆的理解影响社会公众对图书馆的理解,并决定社会公众对图书馆的了解程度。社会公众是图书馆用户的来源,图书馆作为社会的一个组成部分,在处理、协调与社区的关系过程中的所作所为,有助于图书馆正确地树立良好的社会形象和良好的社区服务观念。

具体调研内容分三部分分别进行,也就是对图书馆理念的调查、图书馆行为的调查、图书馆视觉识别的调查。以泰达图书馆为例,具体说明调研的实施。泰达图书馆形象识别调研的准备阶段,首先确定项目组成员,该项目决定有三个人进行这次调查,分别负责理念调查、行为调查、视觉识别调查,并有组长对整个项目进行计划和安排,制订调查计划书,每一个人除调查外,还对自己调查的资料进行分析、总结。调查对象选择分为图书馆员和用户,图书馆员分为一般馆员和管理者,用户分为学生和社区用户,兼顾一些企业用户。调查方法主要采取问卷调查,加入一些访谈和实地考察。问卷设计分为两部分,一部分针对用户,一部分针对馆员。访谈的主要对象是图书馆的管理人员及各部门的代表馆员。实地考察主要针对图书馆员的服务及视觉识别的现状。调查的结果最后以报告书的形式呈交图书馆有关管理部门。

第四节　开发设计阶段

在充分调研的基础上,开始识别系统的策划与设计实务阶段,设计的开始应先定位总概念书,然后从总概念到设计概念,就是将一系列创意付诸形象表现,最后编制完整详尽的 LI 手册。

一、LI 总概念的策划

在调研实务告一段落之后,LI 作业进入策划设计阶段,总概念的设定是一项关键任务。

所谓总概念书就是LI的战略规划，总概念是图书馆识别系统的核心，它以充分的调研成果为客观事实依据，再构筑出适合于图书馆的经营理念，也可说是图书馆最高主管的建议书，因此必须具有解决问题、改善图书馆、指出未来方向的分量。总概念应能针对调查结果表达出正确的判断，进而提出有关LI的活动的指针和改良建议，深入浅出地指出未来图书馆应该具有的形象，并明示未来LI作业及管理的办法，总概念书应包括的内容如下：

(一)调研要点的整理

调研报告书已对调研实况进行整理、综述，从实态总结到问题罗列，总概念策划中对调研要点的整理，是以调研报告书为基础，把整体的重点放在问题上，问题是总概念书的出发点。

为了准确有效地把握总概念创意的目标和方向，激发想象、开拓思路，同时避免一般联想的随意性，LI专案人员应根据调研结果稽核问题，开设问题表，并根据问题探求LI新概念、新方针，创造性地解决问题，问题是创意的基础。

问题稽核作为总概策划工程的第一步，关键在于：

(1)根据提案动机、目的与图书馆实态调研情况，经过系统全面而又精细周密的思考，拟出一份能够涵盖图书馆实态、与图书馆形象识别系统直接相关的问题要点稽核表。问题点主要包括：图书馆业绩标准及问题点，沟通传播方面的问题，图书馆基本形象问题，辅助形象问题，内部宣传问题，图书馆服务理念及方针的问题等。

(2)借助发散思维与聚敛思维的交替使用，逐一探讨针对这些问题的可能性对策，从中形成创意。主要包括：图书馆应有的形象，图书馆应该的成长方向，为实现上述形象应有的基本条件，图书馆对外宣传报道的方法，有效形成受欢迎图书馆形象的基本要素设计条件等。

(3)以调查结果的意见及运营上的问题点等现状整理、记述为基准，对图书馆今后的活动及形象构筑方向提出策划方案，提出鲜明的概念构想。

(二)图书馆形象概念的界定

图书馆形象概念是形象系统的核心，它应该明确图书馆的理念、形象特征，以及有关图书馆形象开发的重要概念与方针。首先是图书馆理念的定位。图书馆理念主要包括三方面的内容：图书馆的宗旨，图书馆的管理方针，图书馆的价值观。除了图书馆理念的定位外，图书馆的概念书还应有：图书馆今后信息传递或识别的必备条件，图书馆识别系统开发的基本概念，总概念图表等。

(三)具体可行的策略

总概念书中还应有总概念具体可行的策略，因总概念的贯彻实现必须依靠一整套具体可行的做法，方能实现其真正目的。

不同的图书馆由于其自身的特殊性，导入图书馆形象的策略重点亦不同。形象因素缺乏识别性和一致性的图书馆，应该从理念到设计，加强价值的明确性，识别的鲜明性和统一性。图书馆的标识、服务有不合潮流的，应从更新图书馆的标志、服务理念开始，并配合推广宣传为策略重点。图书馆还可以根据具体情况整体地或部分地导入LI，或把重点放在行为识别的规范化上，或把重点放在理念建设上，或只导入基本设计与应用设计系统。

基本原则是从图书馆运营的问题、读者的需要和图书馆未来走向出发，参考国内外同行的经营策略与形象定位，采取具有行业特征的最佳策略，创造有利的发展环境。一般服务业的特征是:良好的风气,安定性,清洁度,时代潮流,现代化等。根据图书馆的特殊性,还具有平等、开放、温馨、文雅等特征。图书馆应根据行业特征,根据自己的情况,强调某一方面的形象特征,展开形象策略。

(四)开发设计要领

依据图书馆的总概念,设定本图书馆的基础设计方向或设计规范,其内容包括:确定标准色、标准字体的联想范围与象征意义,色彩计划,新标志的风格特征等。总概念书应该明确基本设计概念,如果以图表的形式表现出新形象的概念,那么概念会更容易相互沟通。如果以新形象概念为根本,构思新理念体系的提案的话,则报告就以更具体的形式出现,新形象概念这一项就可以明确地提出来应用到具体提案中。

(五)传播计划

LI 基本方针与设计概念明确后,总概念中对新设计系统的发布应有所考虑。对外发布可以在社会公众和同行之间塑造图书馆的新形象,对内发布则增强图书馆的内聚力,激励员工的创业精神和敬业精神。传播计划的制定应考虑到基本项目发布的对象、范围、媒体选择、活动安排及发布日程等。

(六)总概念书的书写

总概念形成后,LI 专案人员应写出书面报告,呈交给图书馆的高级管理人员和项目有关人员审议。总概念叙述的项目如下:①对于调查结果的意见;②图书馆运营上的问题;③图书馆今后的活动及形象构筑方向;④新形象概念;⑤基础设计的开发原则;⑥图书馆今后的识别系统内容;⑦LI 有关的设计项目;⑧今后具体的推进作业。

在导入 LI 的全套作业中,以往人们总是将注意力集中在具体的设计上,但实际上 LI 总概念的设定则更为关键,值得投入更多的精力。因为它直接关系设计的成败。设计应该以总概念为基准,体现总概念中规定的方针和精神。另外,LI 概念与一般的服务理念、经营方针不同,它是从传播信息的角度出发,创立的经营理念,以塑造形象为目的。

二、LIS 手册的编制

关于 LIS 的具体设计及方法都已在前文内容中有详细介绍,这里就不再赘述,设计完成后,还应该编制详细、完整的 LIS 手册。LIS 的基本目标是,尽可能使图书馆的视觉设计标准化,表现出统一的形象。因此,对 LIS 的开发设计来说,LIS 手册的编制必不可少。设计手册不仅决定图书馆今后对外的识别形象,也是实际作业时水准表现的关键。因此,企业在制作设计手册时,一定要慎重行事。

(一)LIS 的种类

根据图书馆运营理念和视觉识别因素的多少以及图书馆自身的状况,LIS 手册表现为三种类型:①涵盖多种设计要素与应用项目,制定各种规范,编辑成一册;②依照基本要素、应用要素的不同,分成两册;③根据各个设计要素与应用项目的标准及规范,分成数册详细记载制作程序与使用方法。

(二)LIS 手册的内容

LIS 手册一般有五部分内容:

(1)序言。①图书馆负责人(馆长或书记)的致辞;②图书馆运营理念、图书馆文化及未来发展的情况;③导入 LIS 的动机和目的;④LIS 手册使用方法的解说。

(2)基本要素。①标志、标准字、标准色;②标志、标准字、标准色的变体设计;③标志、标准字的制图法和标准色的使用法;④标志、标准字的误用范例;⑤附属基本要素(包括字体、企业造型、象征图案、版面编排的方式等)。

(3)基本要素的组合。①基本要素的组合规定;②基本要素组合系统的变体设计;③基本组合误用范例。

(4)应用要素。①办公用品;②标志招牌;③运输工具;④制版;⑤服装;⑥建筑物;⑦室内装横;⑧环境;⑨陈列展示;⑩宣传广告等。

(5)标志/标准字的印刷样本与标准色色标。

手册的编辑方法,原则上是以视觉形象要素为纲目,配合以文字说明。随着计算机技术的发展和普及,现在,绝大多数导入 CIS 的企业和导入 LIS 图书馆一般均把手册的内容制作成信息系统软件,从而使 CIS 或 LIS 的管理和实施快速化、精确化、规范化。

第五节 实施管理阶段

设计系统开发完成之后,即进入全面实施新的 LIS 阶段。LIS 是图书馆经营战略具体化化的产物,LIS 手册的管理准则犹如一部图书馆的“宪法”,必须具有至高无上的权威,以此来综合所有的图书馆情报信息,形成一以贯之的图书馆形象。

图书馆形象的实施管理也就是将 LI 开发设计的一系列成果付诸传播和推行。首先在员工内部的动员与推行行为规范的管理,同时有计划、有策略地对外发布,新的图书馆理念应该在图书馆员内部得到广泛传播,深入到每一位员工的心理,贯彻在每一位员工的日常行为中。然后按照 LIS 手册的内容,在管理、服务、公关等领域中全面贯彻 LI 设计方案,新的视觉设计系统导入,应该通过广告、新闻报道、环境改造等对外广泛宣传。并定期进行阶段性导入效果评估,及时做出改进方案并付诸实施。同时将这一系列活动管理制度化,并落实到具体的机构或人员负责。在自媒体时代,各种类型的图书馆使用各种媒体进行内宣与外推,如北京大学图书馆在北大建校 110 周年之际,推出颇具质感的宣传片《天堂图书馆》,该片以北大深厚的人文底蕴为铺垫,以北京大学图书馆馆长朱强先生为“主角”,带领一位小朋友“参观”北京大学图书馆,给观众留下极为深刻的印象,令人赏心悦目,欣赏之后不由得肃然起敬,对图书馆产生深厚的情感。

而清华大学图书馆则推出“爱上图书馆”系列微电影,该系列微电影是由清华大学图书馆指导,清华大学学生自编、自导、自演的图书馆系列短剧。

该系列短片中的第二集——《午夜图书馆》(图 6-8),讲述清华学生在图书馆自习的奇葩遭遇,讽刺依赖高科技、有屏幕依赖症的群体,呼吁绿色自习,提倡与书籍的深度交流。该系列微电影以简洁、明快、幽默而不失内涵的呈现方式,将清华大学图书馆的特色展现得淋漓尽致。

图 6-8　清华大学图书馆宣传片《午夜图书馆》截图

来源:清华大学图书馆. 午夜图书馆[EB/OL]. [2014-06-03]. https://www.baidu.com/link? url=guTfXxrgebolZvVO41ONV_J45EJu2tO_eSZB28SDU9shHRfkdAGvqaiM_erabYLh&wd=&eqid=b222709c000028cd0000000659e4b88b.

一、LIS 对内宣传与推行

北京大学图书馆和清华大学图书馆对 LIS 的宣传与推行是标杆级的,值得其他各类型、各级图书馆借鉴。对于各类、各级图书馆来说,员工是图书馆形象的主人与真正的形象创造者,员工不仅主使图书馆形象的传播,其行为本身又构成图书馆形象传播的媒体,因而,对图书馆员工的 LI 教育是 LI 实施管理的前提条件。

内部传播就是广义上的员工教育,内部传播是 LI 委员会在实施管理阶段的一项重要任务,应有计划、有步骤地进行。在制订对内传播计划时,必须考虑的问题有四个方面:内部传播的方针,内部传播的内容,内部传播的媒介,以及内部传播的制度化日程安排。

(一)内部传播的方针

在内部传播的方针拟定中,LI 专案人员应从整体上把握内部传播工作的性质、意义、对象、方法以及预期效果与目标。就性质与意义而言,LI 专案人员自身应该明确,内部传播是 LI 导入推行成败的关键,只有使广大员工认识到 LI 的重要性与必要性,了解 LI 的内容实质与图书馆导入 LI 的基本计划,才能调动员工的积极性,上下一心,全员协力投入 LI 计划的实施管理活动中来。

就对象与方法而言,LI 专案人员的考虑亦需周全,图书馆的职别不同,对 LI 的认识与关心程度也不同;员工所处的部门不同、职责不同,对 LI 的理解角度和程度亦有不同。一般来说,图书馆馆长、部门主任等高级管理人员具有较高的管理意识,对 LI 的意义与导入计划了解详细,并深刻、全面理解。LI 专案人员应根据不同的对象,采用不同的方法,有不同侧重地进行教育与宣传。对图书馆管理层,应注重具体计划的传达,对于服务层的员工应侧重行为举止等员工形象的教育。

就预期效果与目标而言,LI 专案人员应注意明确性和切实可行性,要有长期、中期、短期的计划和目标,同时要有效果测试。

内部传播的方针主要是：

(1)总体上：要求图书馆全体员工深刻理解图书馆LIS的整体识别系统。这一总体要求的提出不容置疑地确定了图书馆LIS导入的基本方向：要求图书馆全体员工系统接纳、全方位认同图书馆的LIS，以保证图书馆沿着图书馆LIS的指导方向前进。

(2)理念上：理念系统要落实于心，真正接纳，从行为表现上去遵从。理解、接纳是第一步，遵从、履行是第二步。这里一个很重要的问题在于图书馆全体员工的行为表现。

(3)行为上：识别系统要积极参与图书馆对内、对外的各项活动，主要是参与图书馆行为识别系统的落实工作，并要求在其中表现出统一性、一致性的独特风格。

(4)视觉上：视觉识别系统要求图书馆的全体员工能对其内涵正确理解，并通过自己的言行，通过人际传播的方式向社会公众进行解释。

(二)LIS对内传播的基本内容

LIS对内发布的目的在于让图书馆全体员工全面、彻底地了解图书馆的LIS战略规划和行动计划，使LIS计划在全体员工中得到彻底落实。具体的内容是：

(1)LIS工程本身的现状。这里主要是指LIS工程本身的性质、意义、基本理论、历史沿革以及目前国内外，尤其是同行图书馆导入LIS的情况与业绩，以实例说明LIS导入推行的重要性。

(2)本图书馆的LIS计划。向员工介绍本图书馆导入LIS的动机、目的、基本程序、设计开发状况、实施管理计划。以让全体员工了解、接受并直接参与LIS计划的落实工作。

(3)落实图书馆新理念系统。这里主要是指详细介绍图书馆的新理念体系和建立图书馆新理念体系的必要性。同时将图书馆新理念系统的基本内涵，诸如图书馆精神、管理哲学(宗旨)、价值观、事业领域、企业使命等详细传达给图书馆员工，求得员工对图书馆新理念系统内涵的了解和理解。

(4)理解图书馆行为系统。图书馆行为系统的约束依据是图书馆的各项规章制度，以及在此基础上建立的员工手册、岗位手册和服务手册等。要是全体员工能够理解和接纳这些行为依据，并在行动中真正落实，必须要对基本内涵做出详细的解释，并讲清其中条文的具体执行原则。

(5)说明图书馆标志。图书馆标志的设计一定要赋予其新的内涵。图书馆在对内发布LIS时，一定要详细说明图书馆新的标志的象征意义，了解标准色、标准字体的象征意义，使广大员工对其产生情感上的认同感，从而增强投诉回归的凝聚力，同时也便于图书馆的内外传播。

(6)明确图书馆形象系统。主要是明确图书馆外观形象，包括图书馆的建筑、环境建设、内部布置、图书馆员的表现等。落实识别形象，指图书馆视觉识别系统的全部基础要求和应用要求。掌握图书馆的形象系统，可以使员工在工作中随时随地对图书馆形象系统给予自我理解性的形象说明，有利于图书馆LIS计划的推行和传播。

(7)统一对外的图书馆形象。为员工制定一套介绍图书馆导入推行图书馆形象情况的说明方式，若有人询问有关情况，图书馆内部员工的说法应该一致。

(三)内部传播的媒介选择

(1)LIS的导入说明书。图书馆在导入LIS之前，一般要做导入前的动员工作，其内容包括：LIS导入背景、LIS导入计划、LIS的导入程序、LIS导入目标与预期效果等。图书馆LIS

管理委员会应将这些内容印制成册,形成 LIS 导入说明书传达给图书馆全体员工,让大家充分了解图书馆 LIS 导入的情况。

(2)理念手册。图书馆理念手册是详尽阐释图书馆新理念系统哲学内涵及现实意义的指导性文件,它表明图书馆理念系统的定位和深刻含义。图书馆全体员工应充分理解图书馆理念手册的基本要求和现实意义,遵从理念手册的要求,并以此作为自身的行为指南。

(3)行为手册。如前所述,图书馆的行为手册主要包括图书馆的员工手册、岗位手册和服务手册等。这些手册涵盖对图书馆全体员工的行为约束与行为要求。这种行为约束与行为要求是图书馆全体员工落实 LIS 行为系统的行动纲领和行为准则。其中的约束条件均按照图书馆 LIS 系统总体要求提出,因此,它传达的是图书馆 LIS 的基本内涵。

(4)视觉手册。视觉手册主要是指视觉系统设计手册,它承载着图书馆标志、标准字、标准色及其他识别应用要素的设计原理和象征含义说明,是员工了解和深刻理解视觉识别系统的资料。

(5)内部刊物。部分图书馆有内部刊物,或内部通讯等媒介。图书馆可以通过这些内部刊物向图书馆内部人员宣传图书馆 LIS 的情况。让员工能够经常性地从各个方面、各个角度感受图书馆 LIS 的氛围,形成一种潜移默化的影响,这样会使图书馆 LIS 传达效果更好,并有利于保证 LIS 内部传播与实施目标的实现。

(6)视听教具。利用幻灯片、闭路电视、电脑传输系统等现代化教育传播工具,对员工进行理念识别系统和视觉识别系统的教育。这是一种非常形象化、直观化的传播方式,它以视觉的冲击效果将信息传入人们的大脑之中,从而使员工的接受信息系统更加集中而形象。

(7)其他形式。图书馆还可以利用海报、专栏、宣传板、标语等种种形式宣传图书馆理念、图书馆标志等,也可以通过员工服装的设计制作,体现图书馆的 LIS 信息。

(四)LIS 对内传播的形式选择

(1)员工的教育与培训。这是一种集中对员工传达 LIS 识别系统的形式。其具体的操作方式为:集中培训,既图书馆可以分期分批对图书馆员工进行轮流培训;分散培训,即图书馆根据工作性质、工作环境不同将员工分别组成不同的班组,对其进行培训。集中培训可以聘请专门的专家和 LIS 的主管领导授课、讲解,培训的内容可以更深刻、更深入。分散培训可以利用图书馆的业余时间,由各部门负责人对 LIS 中需要培训的内容进行解释。

(2)LIS 报告会。图书馆导入 LIS 以后,以动员实施的方式进行 LIS 报告。图书馆 LIS 的报告会一般应由图书馆最高管理层主持并进行动员,由馆长做动员报告,其他 LIS 内容的讲解应由专门进行 LIS 理论研究的人员或 LIS 策划委员会的人员负责,以及 LIS 导入过程中参与创意、设计的专家进行讲解。

(3)内部媒体宣传。这是指图书馆通过内部 LIS 说明书、内部报刊及海报、专栏、标语等形式进行传播。一般内部媒体的宣传都是与上两种形式结合使用。

二、LIS 的对外传播

如前所述,由于图书馆 LIS 导入过程是在一种相对封闭的状态下进行的,而图书馆 LIS 导入又是一项重大的管理工程,导入以后要更好地实施才能发挥出其基本效能,因此,LIS 导入后对外信息发布就成为图书馆 LIS 实施中的重要任务。

广义的对外发布应该涉及图书馆形象传播的全部内容,而狭义的理解 LIS 对外发布问题，是指图书馆通过一些公关新闻形式，宣传导入 LI 的新设计系统，让社会知晓图书馆的 LIS 运动与图书馆形象的全新面貌。

（一）LIS 对外发布的基本方针

较之图书馆对内发布 LIS 结果，图书馆对外发布 LIS 成果的工作程序比较复杂，其运作工作要艰难得多。因为图书馆内部公众无论表现为何种状态，他们均处于图书馆可控的状态下。这样，无论采取任何形式，选择任何媒体进行 LIS 成果发布都可完全按照领导者、管理者的意愿实施。而图书馆外部公众，无论表现为何种状态，他们均是一种不可控制的状态。这样，无论采取任何形式、任何媒体进行 LIS 成果发布，都不可能十全十美。图书馆以外的社会各界公众都有自己的主见，他们对图书馆的态度、观点和行为，都有其自主性，并不完全受图书馆的思维方式左右。面对这样的外部环境，图书馆只能尽一切努力使工作做得更好，由此吸引社会公众，赢得他们的好感，使其理解、认同、接受图书馆 LIS 系统及其相关的各项工作。这样一个重要的问题就是对外传播方针的制定。

关于 LIS 对外发布的基本方针，可以从以下几个方面把握其精神实质，以引导图书馆在发展，保证图书馆 LIS 战略目标的实现：

（1）使社会公众了解图书馆 LIS 整体识别系统，并能够给予适当的理解。这里首先提出的是了解，如果社会公众不了解，即使 LIS 导入的对外成果发布工作做得再好也无济于事。所以，指导方针是先将信息传播出去，让社会公众知道，而后才能使社会公众给予适当的理解。

（2）具体理解的内容包含图书馆理念识别系统的内容及在对图书馆员工指导下的行为表现。因为，图书馆理念识别的内涵是针对社会公众和用户的。

（3）清楚图书馆 LIS 行为识别系统的统一性和一致性的形态，让公众通过图书馆的各项活动对图书馆的统一行为进行认识、了解、认同并理解和接纳，使社会公众在对图书馆行为系统的真正识别中，自觉成为图书馆对外 LIS 信息的二度传播使者。

（4）通过对图书馆视觉识别系统的辨明和认同，使社会公众和广大读者对图书馆有全新的了解和理解，从而喜欢图书馆的服务，并在业界创立图书馆品牌。

（二）LIS 对外发布的基本内容

图书馆 LIS 对外的发布工作，是一项专门性的公共关系活动，它关系到 LIS 对外发布的效果和目标的实现。因此，图书馆承担对外发布 LIS 信息的主体，一定要清楚对外发布的信息是什么，怎样发布更好。以下是图书馆 LIS 对外发布的一些基本内容：

（1）图书馆导入 LIS 对图书馆发展的意义、对行业发展的意义及对读者的意义等，图书馆 LIS 导入的活动过程及导入的基本状况，图书馆 LIS 导入的目的和方向等。

（2）图书馆新理念识别系统的内涵及其意义。图书馆应将其理念系统中有利于社会的部分传达出去，如图书馆的价值观表现为对社会的价值、对读者的价值，如终身学习习惯的养成等；图书馆的使命，表现为图书馆承担的社会责任；图书馆的管理哲学、经营宗旨用以说明图书馆的目标，如为读者找书、为书找读者等。所有这些能在社会上得到反响的内容均属于图书馆对外发布的 LIS 信息中的主要内容。

（3）图书馆标志及其象征意义，新视觉识别系统的展示等。尤其是在一些媒体上的传播，表现图书馆的新的标志及新的图书馆员形象，以一种尽可能大的视觉冲击力赢得社会公众对图书馆信息的注意、了解和理解。

（4）图书馆员工的新风貌，主要是图书馆员工在新理念系统的指导下的行为表现。在图书馆各项工作与各项活动中，图书馆员工表现出统一性、风格性和一致性的外在行为。其中最多的是统一的服饰、统一的语言、统一的行为、统一的纪律和统一的态度。

（5）图书馆社会公益活动及其他活动的报道。图书馆形象系统内容对外的传播首先可以通过新闻发布会的形式，对新形象的体系做一个完整的发布，而后通过各种活动贯彻落实各项指标，通过各种媒体宣传新形象。媒体的选择不仅需要主动与传统媒体搞好关系，同时也可以充分利用网络媒体，展现图书馆的新形象。

三、导入效果测试与评估

LI 推行进入制度化管理。LI 专案人员全方位开展对内对外传播，督导 LI 的实施，另外一项重大任务就是对 LI 导入的效果进行系统测试和评估，了解 LI 导入取得的成效，发现不足，并对下一步的推行工作进行某些策略性调整，以期取得更好的成绩。

测试的对象可以分为图书馆内部与外部，测试方法有定性与定量两种。可以采用采访、问卷调查方式，也可以进行统计分析。

LI 导入效果测试与导入的调研工作有着紧密的联系。这不仅是作业性质的类似，更重要的是，导入前关于图书馆实态调查的种种资料与数据，成为导入后效果测试参照的前提。效果的正值体现在历史的进步上，图书馆读者的到馆人数、持证人员的到馆率和到馆频率、整体效益较明显提高、内部员工士气高昂，而在外的认知度、好感度亦优于从前，体现在图书馆经费的增加、图书馆服务的改善，以及工作环境和技术的发展等方面。效果的测试在很大程度上是相对的。

LI 导入效果测试主要有四个方面的作业内容：①图书馆内部测试；②图书馆外部环境测试；③图书馆营运数据统计分析；④目标与效果检讨。

（一）图书馆内部测试

图书馆内部测试可以是作业过程中随时随地随意的询问调查，亦可以是定期系统的测试。调查的对象一般为图书馆的工作人员和管理人员。调查的方法可以是访问，也可以是问卷形式。提问的问题主要有：

（1）导入推行以来，图书馆各方面是否有明显的改观？

（2）这改观体现在哪些方面？是否跟形象导入有直接的因果联系？

（3）导入 LI 对图书馆是否真的很重要？是否值得花这样的精力和财力？

（4）员工或主管，他们真的很热心吗？还是应付差事？

（5）新设立的图书馆理念，能顺利贯彻、深入人心吗？会不会显得空洞，大而无当？或者有其他什么不足？你觉得是否体现了图书馆的精神？

（6）员工内部的关系最近有没有改善，为什么？

（7）大家是不是比以前更加敬业？

（8）××次宣传活动你觉着有意义吗？有没有过于铺张、排场？你觉着花这笔钱冤枉吗？是不是用在其他地方更值？

（9）BI 守则种种规定的实施，依你看是不是大大改观图书馆的形象？这些刚刚培养起来的好习惯能保持、发扬下去吗？如果不能，可以采取什么办法？

（10）新的 LI 制度是否只有形式的作用，而没有实质性的内容，还要哪些需要补充？

(11)图书馆新标志怎么样,你喜欢吗?感到亲切吗?用新标志做一枚徽章,你愿意时时佩戴吗?

询问采访的结果一定要及时整理,及时对实施的计划做出必要的调整。调查可以让项目人员直接深入员工工作第一线,同时也可以选择代表,进行团体座谈。调查的时间可以有规律的安排,比如每隔一个月或两个月,也或者每隔半年或一年,做一次比较完整的、大型的调查和评估。

除了访问以外,也可以利用观察法和问卷调查法。问卷调查法可以涉及人员比较全面,而且问题可以设计得比较详细。问卷可以采用无记名的形式,这是问卷的特点,可以获得比较真实的感受和意见。

问卷调查表的设计形式和内容应与调查评估涉及的内容一致,并具有科学性和易做性,充分体现人文精神。调查对象最好能包括调研阶段参与的对象,他们对前后的对比会有更鲜明的感觉,可以提出更有建设性的问题。

(二)外部环境测试

外部环境测试应该选择与图书馆有直接关系者进行,主要包括读者、社会公众、上级主管部门、媒体、同行其他图书馆、相关专家等。对效果的调研也应该寻找调研阶段参与的人员,他们对图书馆前后形象的变化有很深刻的理解,有助于提出问题和意见。

就调查测试的项目与问题而言,应该较为注重视觉设计项目的传播效果与图书馆总体形象的评价度认知度的测试。

视觉设计项目传播效果的测试可以就一个基本设计项目进行专题测试,也可以对几个设计要素的组合应用效果进行测试。测试的问题应该尽量全面、系统,主要针对的内容有三方面:认知度与识别功能、视觉印象、设计品位。

导入 LI 效果的测试、评估,可以针对不同对象进行,但基本程序是相同的:确定调查方式(采访或问卷);筹备调查(如设计问卷或设计提问的问题);调查实务(进行采访或派发回收问卷);整理统计(对调查结果进行整理、统计,对比调研阶段的有关数据资料,揭示图书馆导入 LI 后形象力的发展情况)。

(三)根据调查结果和图书馆运营数据进行评估

提高图书馆资源的利用率、提高人们的文化水平和素质是图书馆的最终目标。导入 LI,提高图书馆的知名度,建立图书馆高度识别性、统一性的形象系统,其最终目的也不在形象传播自身,而在图书馆直接作用的提升。所以说,导入 LI 的实际效果,应直接体现在图书馆进馆读者的增加、持证读者的到馆率和使用频率的增加、图书馆效益的好转,以及人们对图书馆关注度的提高等。导入 LI 效果测试中的一个重要方面即是对图书馆营运业绩的测试,而图书馆与企业不同,有利润增加的直接值可以对比,对图书馆业绩最好的测试就是对读者数量的测试,这里的读者不仅包括到馆借阅的个人用户,还应包括利用图书馆信息咨询服务的个人和企业用户,更重要还包括对图书馆网站的访问人数以及对图书馆数字资源利用的状况。图书馆用户的增加和图书馆资源利用率的提高才能说明图书馆业绩的提高。

(四)目标检讨和修改

效果是针对目标而言的。从提案到总概念的测划,图书馆导入 LI 的战略目标逐步明确。LI 的导入与实施管理过程中的所有作业项目,都是根据这一战略目标策立的,而作业效果的评判,也应根据 LI 战略目标而定。

根据企业导入CI的战略目标,可以确定测试内容的重点与评判标准。图书馆导入LI的目标在导入实施过程中应逐步具体化,有长期战略目标,亦有中期、短期目标,以及预期达到这些目标的期限。在不同期限到来之前,测试应及时进行。LI专案人员首先制定一些测试标准,用这些标准衡量调查所获的资料,得到关于导入LI的阶段性效果和存在的问题。

任何一家图书馆的完整的LI推进计划中,都应包括导入效果测试与评估的作业安排。LI作业切忌导而不入、推而不行。完成设计后要督导实施,督导实施过程中要定期进行效果测试,以便改进推行方案,修正作业计划,完善LI制度化管理。

第七章 图书馆物质文化建设

图书馆物质文化是独立于图书馆主体之外,由图书馆主体创造的物质财富,是图书馆职业将图书馆相关的"非遗传信息"传递给同时代的人或下一代的物质手段和物质载体,如馆舍、馆藏和设备。图书馆相关的"非遗传信息"是那些无法通过生物体进行遗传或传递的图书馆相关信息,也可以理解成图书馆这种社会组织的"基因"。本章的目的是介绍一些当今图书馆职业中主流的图书馆物质文化现象及其构建方法。

第一节 图书馆馆舍文化

一、馆舍中的人本文化及其构建

马克思主义强调人的主体性。2003 年,党的十六届三中全会第一次明确提出"坚持以人为本,促进经济、社会和人的全面发展";2010 年,党的十七届五中全会又进一步明确提出"树立以人为本,全面、协调、可持续发展的发展观"。不仅政治上提倡以人为本,企业管理也认同人本文化。任何组织都是以人组成,组织的一切活动都和人的劳动和工作紧密相连,因此,管理的人本原理就是一切以人为核心,以人为本[①]。西方管理理论中的人性假设思想、西方近代人文主义管理思想及西方现代管理中企业管理思想都对国内的人本管理理论有一定的借鉴作用[②]。人本文化建设以人本管理为基础,企业在实践中,定义人本文化为以人为本的管理理念、制度、行为的综合,就是在企业管理中坚持以人为中心,按照人性的特点、需求和规律实施柔性管理,调动员工的积极性和创造性,提高员工队伍凝聚力和企业竞争力[③]。四川省烟草公司面对烟草行业改革持续推进的重要时刻,实施特色"人本文化"的企业文化发展之路而实现基业长青[④];大庆农业银行承载"雁"的因子,建设人本文化来提升企业竞争力[⑤]。人本文化除了在现代社会的管理理论中得到高度的认同和广泛的应用,在图书馆也同样适用。图书馆的存在是为公众服务,而图书馆的存在和发展也离不开图书馆人的奋斗,因此,"人"是图书馆存在和发展的动力和支点,同时,社会的进步需要图书馆弘扬人文精神,图书馆的也发展离不开人文管理[⑥]。2016 年 12 月 25 日,第十二届全国人民代表大会常务委员会第二十五次会议通过的《中华人民共和国公共文化服务保障法》强调公共文化服务应当坚持以人民为中心,并指出公共文化设施主要包括图书馆等。

---

① 黄国庆. 管理学概论[M]. 北京:清华大学出版社,2015:58 - 66.

② 梅璘昉. 中国现代企业人本管理文化建设研究[D]. 武汉:武汉大学,2012:40 - 53.

③ 李锦望. 现代企业文化管理新探[M]. 北京:中国金融出版社,2015:123 - 126.

④ 麻世强. 四川省烟草公司企业文化研究[D]. 成都:西南财经大学,2008:57 - 58.

⑤ 付晓伟. 大庆农业银行"鹰—雁"企业文化建设研究[D]. 大庆:东北石油大学,2011:38 - 46.

⑥ 李莉. 人文精神、人本管理与现代图书馆发展[J]. 图书馆,2011(3):99 - 100.

图书馆的人本文化强调实行以人为中心的人文服务,“人”分别是指读者、馆员和一切有利于推动图书馆事业的组织和机构①,人本文化是一种图书馆保持与民众的物理和心理零距离的物质、制度和精神文化现象。而图书馆要构建这样的文化,首先要在图书馆物质文化要素的第一要素——图书馆馆舍在建设中考虑如何满足读者的需求、提高读者满意度的同时,还要考虑图书馆员工的工作环境和条件,做到每个房间、每一堵墙、每个角落等每一个建筑细节都让人感到亲切、温馨、随和、自然;都浸润平等、宽容、理解和激励,能够吸引读者积极参与到图书馆中来。

(一)馆舍人本文化的表现及其范例

图书馆馆舍是图书馆职业对建筑的称呼,属于图书馆职业的话语体系。馆舍的具体组成部分包括:馆址、馆舍周边环境、馆舍造型、馆内布局等。人本文化在图书馆馆舍的表现是因馆而宜、因地而宜。各自的表现及其相关范例如下:

1. 图书馆馆址中的人本文化

图书馆馆址是图书馆在空间上所坐落的具体位置。正如本书前文论述的那样,图书馆馆舍在馆址方面体现出“以人为本”的形象。但是由于图书馆尤其公共图书馆的特殊性质,所选的地址尽量靠近社会民众、学生、教师、科研人员等主要读者的住所;馆舍地址要尽量在交通方便的区位,任何主要读者聚居区的读者都能在较短时间内且方便快捷地到达图书馆;而且馆址最好是位于读者感觉比较亲切的位置,如文化娱乐休闲区域。

中国国家图书馆总馆位于北京市海淀区中关村南大街33号,有地铁、公交等公共交通方式可供选择,毗邻紫竹院公园和北京动物园、中央民族大学、北京交通大学、北京外国语大学、北京理工大学等高校,辐射周边高校读者的同时,提供低位服务设施、无障碍通道、电梯等服务有无障碍服务需要人士,体现人本色彩。

位于天津市经济技术开发区的泰达图书馆尽管在具体的馆址上具有较强烈的“亲商”意味,但是该馆在政府等机构的大力支持下,在馆舍的东出口处设置了泰达图书馆车站,馆舍的北面即泰达档案馆出口处也设置有公交站,有多路公交车经停,方便天津市区读者使用。

上海市徐汇区图书馆是以人文科学为主的全国一级公共图书馆,其特色是少儿实验图书馆、盲人图书馆、青浦监狱联合图书馆、军营流动图书馆、近代文献、宗教文献等。新馆是落成于1990年12月的面积为5300平方米的一座庭院式建筑②,周围是大量的居民区,如天际花园、同汇苑、五月天、天钥花园、徐家汇花园、徐汇华庭、永新花苑、爱和爱乐、恒昌花园等住宅区距离该馆均在1000米以内③,极大地方便这些读者对该图书馆的利用。

2. 图书馆造型的人本文化

图书馆造型的人本文化是图书馆馆舍采用读者比较熟悉、感觉比较亲切的、读者容易接受的、体现平等理念的造型。图书馆馆舍的造型要做到真正的“以人为本”,图书馆应该避免采用体现阶级观念的建筑造型,尽量采用那些能够避免读者产生敬畏感的造型。

---

① 谢树芳,陈文,刘恋等.一曲图书馆人文精神的交响——21世纪新图书馆运动论坛述评(上)[J].图书馆,2007(1):45-46.

② 上海市徐汇区图书馆.图书馆简介[EB/OL].[2007-12-02].http://www.xhlib.net/jianjie.htm.

③ 北京图为先科技有限公司.徐汇区图书馆地理信息图[EB/OL].[2005-08-15].http://search.mapbar.com/.

一般认为,中国古代建筑经常采用的庑殿顶(即四坡顶)、歇山顶等,象征着社会的不同等级,北宋学者李诫在《营造法式》中对建筑学的14种屋檐进行分析,其中庑殿顶是屋顶有一正脊和四垂脊,也叫"五脊顶",其中重檐庑殿顶是皇帝最高权威的象征,例如紫禁城太和殿就是采用这种屋顶造型;另外,歇山顶有一正脊、四垂脊、四戗脊,故称"九脊顶",在古代建筑的尊卑等级中仅次于庑殿顶①;历代都沿用该造型,符合"不改祖制"的传统思想②。在现、当代图书馆建筑中,杨廷宝设计的金陵大学图书馆(现南京大学图书馆旧馆,建于1936年,如图7-1所示)采用的便是中国风格新建筑的一种构图原型,即歇山顶的主楼与庑殿顶的两座配楼并置的三段式立面构图③。这种造型的图书馆容易使人产生敬畏感,并联想到等级观念,并不是人本文化的代言。但是这并不等于说造型是失败的,只不过反映的是这两座图书馆造型的设计者在新中国成立前对这种传统建筑思想的现代化演绎和对图书馆的认识,同样值得钦佩。

图7-1　南京大学老图书馆外观图

来源:南京大学图书馆. 图书馆历史[EB/OL]. [2010-06-03]. https://www.nju.edu.cn/.../multimedia/album/album_2.htm.

体现人本文化的图书馆馆舍造型是包含着通俗易懂含义的造型,如采用具有地方、民族特色的建筑风格,而且是百姓喜闻乐见的风格。如本书前文提到的采用"伎乐铜房"形态的绍兴图书馆、吸收内蒙古百姓熟悉的蒙古包的内蒙古图书馆等都是图书馆馆舍造型中人本文化的典型代表;另外,以"图书"形态作为图书馆馆舍的造型也是读者容易理解和接受的一种文化现象。

广西师范大学图书馆新馆于2002年建成,作为学校的"心脏"进行设计和建设。广西建

① 贾福林. 太庙三大殿为什么都是庑殿顶[J]. 旅游行业导刊,2003(7):63-65.

② 郑力鹏. 坡屋顶研究三题[J]. 建筑学报,2003(8):65-66.

③ 赖德霖. 从宏观的叙述到个案的追问:近15年中国近代建筑史研究评述——献给我的导师汪坦先生[J]. 建筑学报,2002(6):59-61.

筑综合设计研究院的设计人员将该馆设计成“门”字造型，即形体组合采用前低后高，前后两个主楼体量呈现“一”字形，“由图书馆中轴线上的中庭、门厅和门廊连接”，意味着“进入图书馆即打开了知识的大门”，“顶层向两翼展开的飘逸屋架，既是中轴线空间序列的高潮和结束，亦寓意知识的腾飞和典雅向上的精神”，“白色和灰色组成的建筑细部”令该馆馆舍亲切近人，充分综合桂林山水的文化特色，整体显得“典雅纯净”①，可以理解成高校图书馆馆舍人本文化的代表。

2001年正式对外开放的苏州图书馆位于苏州古城中心、人民路原市政府所在地，其馆舍造型充分融合苏州传统民居和苏州古典园林的经典文化内涵，被誉为“全国第一家园林式图书馆”②。其建筑楼群与原有苏州市级文物保护园林建筑“天香小筑”融为一体，主馆采用“分解、切割、变形、组合”等设计手法，继承苏州传统建筑的白墙、封山墙和苏州传统民居的坡顶具形，色彩只有灰色和白色；少儿馆、报告厅、培训楼等楼群同样应用苏州古典园林“境由心造”的意趣，与主馆分散布局，但是风格一致③。除了洋溢着园林韵味的总馆，苏州图书馆致力于构建覆盖城区的公共图书馆服务体系，体系内部实行统一资源建设、统一服务标准、统一开展读者活动，目前已拥有1个总馆、76个分馆（含2个24小时自助图书馆、2个轨道交通图书馆）、90个网上借阅社区投递点、2辆流动图书车（28个服务点）和1套文化方舱。2016年，全年接待读者1004.4万人次，外借图书431.9万册，举办各类阅读推广活动2371场，参与人数29.9万④。

3. 馆内布局的人本现象

图书馆馆内布局的人本文化主要体现在：从空间布局到功能分区，从内部绿化到公共家具、公共艺术的展示都能够使读者感到亲切、温馨、随和、自然；馆舍内部的每个角落都浸润平等、宽容、理解和激励。这种文化的体现也是因读者、地区、时间而宜。

图书馆馆舍内部的空间布局正在经历从传统的分割式布局模式到模数式、模块式布局模式的转变；这种转变体现着图书馆办馆理念从传统的以图书为中心向亲近民众转变。模数式、模块式的馆内空间布局模式可以应读者的需求随时进行空间的相对位置调整，能够动态地反映民众对图书馆空间需求的变化。近年来，刚刚建立的新图书馆基本都采纳这样的空间布局模式，如高校图书馆中的北京大学图书馆新馆、清华大学图书馆新馆、武汉大学东湖校区图书馆、吉林大学总图书馆、四川大学图书馆、山东大学威海分校图书馆、烟台大学图书馆、华北电力大学图书馆新馆、北京工商大学图书馆、北京工业大学图书馆新馆、天津商学院图书馆新馆、中国民用航空学院图书馆、第三军医大学图书馆新馆、内蒙古大学图书馆、内蒙古财经学院图书馆、沈阳化工大学图书馆新馆、湖北大学图书馆新馆、大连职业技术学院图书馆、鲁东大学图书馆、广西大学图书馆、浙江商业职业技术学院图书馆、新乡医学院图书馆、广州行政学院图书馆、黄山学院图书馆、深圳大学图书馆等；公共图书馆中的上海图书

① 罗建周. 大学图书馆建筑设计的认识与思考——广西师范大学图书馆设计随笔[J]. 广西城镇建设，2004(9)：31－33.

② 蒋蕾静. 论苏州图书馆的四大特色建设[J]. 图书馆建设，2002(5)：96－97.

③ 宋希民. 与“天香小筑”对话——苏州图书馆设计创作随笔[J]. 新建筑，2002(6)：11－14.

④ 苏州图书馆. 苏图简介[EB/OL]. [2017－10－02]. http://www.szlib.com/AboutSzlib/AboutSzlibSingle?catId＝27.

馆、浙江图书馆新馆、山东图书馆新馆、东莞市图书馆新馆、绍兴图书馆新馆、温州市图书馆新馆、汕头林百欣图书馆、成都市图书馆新馆、深圳图书馆新馆、大连图书馆、天津泰达图书馆。在国外图书馆建筑中，采用大开间空间布局的图书馆更是常见，如巴尔的摩图书馆(1933 年)①、挪威大学图书馆②等。

但是，图书馆馆舍采纳模数式、模块式空间布局模式并不必然等于人本文化，关键还在于这种馆舍在投入使用之后和维护过程中是否能够为读者营造亲切、温馨、自然和安静的阅读环境。大开间的空间设计也存在缺陷，即更加容易产生噪声，而噪声的控制则比较难。人本文化要求图书馆应该对大开间的噪声进行控制。控制方式包括：减少墙壁的光滑度，图书馆公共家具尽量采用木质设备，地面采用地毯、木质或新型橡胶地板，将图书馆区分为喧闹区、次静区和安静区，选择静音设备和噪音屏蔽设备，设立相关标志(如不允许馆内接打手机等)，设立“噪音警察”等③。

馆舍内部的功能分区也能够体现人本文化。图书馆逐渐从原来单一的图书收藏、借阅等功能扩展到休闲、娱乐等功能，馆舍分区也为这些新增功能提供着越来越丰富的空间；而且新建的图书馆越来越关注弱势群体的需求。以读者身份进入图书馆享受服务的民众越来越体会到图书馆馆舍中蕴涵的平等和宽容。东莞图书馆新馆(如图 7－2 所示)东莞图书馆新馆建筑面积 44654m^2，设有大陆首家漫画图书馆、全国首家粤剧图书馆、全国首家自助图书馆等多个馆中馆，拥有 52 个分馆、102 个图书流动车服务站，全市 32 个镇街 24 小时自助借阅服务全覆盖④。

图 7－2　东莞图书馆新馆内部一瞥

来源：邹金汇拍摄。

馆舍内部的绿化、公共家具和公共艺术的展示要尽可能为读者的健康、舒适以及精神追求考虑，争取能够使读者以最轻松、最舒适的方式享受阅读、享受图书馆各类服务，而且能够激励读者积极向上，同时尽可能营造家庭氛围。例

① 孙凤华. 近代——现当代图书馆建筑的发展及功能变革(下)[J]. 图书馆工作与研究，2002(1)：49－51.

② 彭冬莲. 现代图书馆建筑设计的新理念[J]. 图书馆工作与研究，2005(2)：88－89.

③ 蒋新，刘尧琪. 图书馆的噪音分析与控制[J]. 图书馆建设，2004(3)：85－86.

④ 东莞图书馆. 图书馆介绍[EB/OL]. [2017－10－02]. http://www.dglib.cn/dglib/bgjs/201511/46856908a338425fa2f07bb55871511e.shtml.

如,在购买阅览桌椅的时候,要考虑人体工学原理,以读者的舒适为原则;在布置桌椅时,可以避免传统的“排排坐”形象,多样化地布置阅读空间;书架尽量采用层数较低如4—5层的木质架构;导向标识系统不仅要与本馆的形象识别系统(LIS)相一致,而且要为读者提供最大方便[1];馆内的色彩运用可以考虑改变传统的冷色调选择,尽可能营造一种大多数读者可以接受的,甚至是喜欢的色彩气氛。例如,香港浸会大学(Hong Kong Baptist University)图书馆不仅在布局和设施方面坚持“一切方便读者”的原则,图书馆每一层都设有卫生间和供残障人使用的卫生间,每层都设有电脑和复印机,每年为学生提供免费打印300页的服务;而且在馆员工作区还设有一个专供馆员用餐的小房间,还备有炊具、微波炉和桌椅等,让馆员感到家的温暖;同时,该馆在公共艺术展示方面做得也不错:图书馆楼梯被艺术画廊装饰一新(图7-3),全部是中国著名艺术家的画像,按照艺术家出生年月排序,从楼下7层一直到楼下3层[2]。

图7-3 香港浸会大学公共艺术展示

来源:柯平拍摄。

在图书馆内部的公共艺术展示方面,1897年建成的美国国会图书馆托马斯·杰斐逊大楼做得非常突出[3],其内部展示50多位著名雕塑家、绘画家和马赛克画家的作品。犹如一本画卷,使读者获得知识、美的享受。

(二)馆舍人本文化的构建

图书馆在构建人本文化的时候,不应该遗漏掉馆舍这一环节,包括从新馆建设初期的选址、馆舍造型、内部布局等方面。其中应该坚持的原则包括:①读者的健康、舒适为首要原则;②读者要感受到亲切、温馨、随和、自然;③馆舍的每个环节都浸润着平等、宽容、理解和激励。

---

① 喻萍.透视图书馆人性化设计[J].图书馆建设,2004(3):82-84.

② 柯平.塑造图书馆——访香港浸会大学图书馆[J].图书馆建设,2005(4):114-116.

③ 柯平.图书馆建筑之经典——美国国会图书馆托马斯·杰斐逊大楼[J].江苏图书馆学报,2001(5):59-62.

引入先进图书馆建筑设计理念的同时，要兼顾馆员的健康和精神需求。构建的环节包括：馆舍选址、馆舍的场地设计、馆舍造型、内部空间布局、功能分区、公共家具、公共艺术展示、导向标识系统等方面。

另外，图书馆馆舍中渗透的文化内涵是否"以人为本"，关键在于构建这些文化现象时是否充分地、广泛地调查读者和其他民众的意见。近年来，国内许多新建的公共图书馆或高校图书馆都会在开工之前广泛征求普通群众的意见。例如，广州图书馆新馆在奠基之前，分别将13个建筑设计方案公之于众，分别是"片断的白云山""绿色屋顶、梯田造型""三脚架下的无柱空间"、"印章"图书馆、"立体积木的并砌""植物造型和象形文字的结晶""内外有别的人性化空间""2本开启的书""美丽书籍"、"书山、学海"相辉映、水墨书简、珠江迷人的树枝状上水脉络、"城市书柜"等①。这些方案于1月24—30日在广交会流花展馆9号馆向社会展示，并且在规划在线网站（www. upo. gov. cn）也接受市民投票。经过综合民众和专家的意见，最后"美丽书籍"方案胜出。

二、馆舍中的生态文化及其构建

20世纪是人类生态环境最为恶化的世纪，工业污染加剧，生态资源减少，酸雨污染严重，比如埃及的阿斯旺水坝导致尼罗河和红海的生态环境遭到破坏、1930年比利时的马斯河谷事件、1952年伦敦的烟雾事件及1986年苏联的核电站爆炸事件等②，以及我国1998年的长江特大洪水、松花江特大洪水等；进入21世纪，人类面临的生态危机呈现加剧的态势。2003年中国爆发的"非典"疫情、2004年年初始于东南亚并持续到现在的禽流感疫情、2005年年初的东南亚海啸、2005年夏末秋初频频登陆太平洋、大西洋沿岸国家尤其是中国、美国的台风、飓风等，以及为能源而战的美伊战争，无一不在暗示着自然对人类不尊重地球、不爱护生态环境的报复（正如恩格斯在其《自然辩证法》中所说的那样："我们不要过分陶醉于我们对自然界的胜利。对于每一次这样的胜利，自然界都报复了我们。"）。生态文化就是在这种背景下产生并且发展的。我国已经将科学发展观，尤其是建设节约型社会和生态保护型社会作为新时期的发展战略。

生态文化的核心是"一种'新天理'的生态世界观"，即"人以自然而存在，自然以人而存在""人不是中心，自然也不是中心，而是一体感应、共鸣的关系"③；生态文化的核心也是"人类的环境意识"，即"人类社会经济和环境资源的可持续发展"，是"尊重自然的文化，实现人与自然的共同繁荣，实现'科学、哲学、道德、艺术和宗教发展'生态化"，生态文化的建设则是"通过社会关系和社会体制变革，调整人的社会关系，改变和完善社会制度与规范，使生态保护制度化，社会获得自觉保护生态的机制；按照公正和平等的原则，建立稳定与和谐的社会关系和秩序"④。本书认为，生态文化是人类创造的旨在增强人和自然和谐性的各类文化现象，包括有利于生态保护的物质手段、科技手段、制度规范、生态伦理、生态秩序、生态哲学

---

① 严丽君，穗规宣. 新广州图书馆，你中意什么模样？［EB/OL］.［2005－08－16］. http://www. southcn. com/news/dishi/guangzhou/tpxw/200501240250. htm.

② 王玉德. 试论世界生态文化思潮［J］. 湖北行政学院学报，2005（1）：70－75.

③ 张连国. 生态文化理念传播规律与战略探析［J］. 山东理工大学学报（社会科学版），2005（1）：14－18.

④ 黄百成，张保伟. 略论生态文化与可持续发展［J］. 湖北社会科学，2005（5）：119－121.

思想等。

图书馆馆舍的生态文化现象显然属于生态物质文化之生态建筑文化。生态建筑（或称绿色建筑、可持续建筑）是应社会可持续发展的要求提出的，“用生态学的原理和方法，以人、建筑、自然和社会协调发展为目标，有节制的利用和改造自然，寻求最适合人类生存和发展的生态建筑环境，将建筑环境作为一个有机的具有结构和功能的整体系统来看待”①，目的是获得一种“高效、低耗、无废弃无污染、生态平衡的建筑环境”②。生态建筑所要符合的一些基本原则和标准包括：节约化原则、重复化原则（即重复利用建筑物和建筑材料）、循环化原则（尽量利用废旧材料，减少对废物排放）、无害化原则。20 世纪 60、70 年代，西方建筑界就出现关于节能建筑和生态建筑的研究与实践。1974 年，美国建筑师西姆·凡·得·瑞恩（SimVanderRyn）建造一幢生态住宅，被誉为美国的第一幢“生态建筑”③。在我国浙江金华，据《金华日报》报道，该地区第一幢生态建筑是在 1989 年由永康市唐先镇金畈村村民吕新岩建成的④。

图书馆馆舍中的生态文化（即生态馆舍）表现在以下几个方面：节约资源和能源、减少环境污染（馆舍的废物排放污染、建筑材料的毒性污染、噪声污染等）、绿化馆舍内外环境、回收与利用废物、充分利用可再生资源（如水能、太阳能、风能等）⑤。

（一）生态馆舍的典型案例

1. 山东交通学院图书馆

2003 年 3 月，由清华大学建筑学院设计的山东交通学院图书馆被誉为“国内第一座生态图书馆”（如图 7－4 所示）⑥，“有效利用各种先进技术和材料，巧妙利用或创造优越的周边地理环境建设起来的图书馆，追求人、建筑与自然的和谐统一”⑦。该馆馆舍的生态文化主要表现在以下几个方面⑧：

（1）节约资源和能源方面。该馆依湖而建，充分利用湖面的良好吸热作用，将中央空调的散热系统设置在湖底，有效降低能耗成本；该馆还设计了通风道，充分利用地下冷风对热空气所起的制冷作用，使热空气先经冷风降温后，再进入空调制冷，节约电能；该馆在其西侧主体墙外设立一道“生态墙”，高 18 米，长 85 米，遮挡西晒，与西主体墙之间的通道夹层起到降温的作用；为实现保温效果，该馆在所有外墙上增加了保温层，外窗采用中空玻璃；该馆在顶棚安装百叶窗，夏天打开散热降温，冬天关闭保温。其制冷系统的功耗为 1 万千瓦，但是经过以上一些处理，能耗减少到 5000 千瓦—6000 千瓦，节约能源近 50%。

---

① 周浩明，张晓东. 生态建筑——面向未来的建筑[M]. 南京：东南大学出版社，2002：5.

② 石同生. 生态图书馆理论与实践[J]. 图书馆工作与研究，2003(4)：8－10.

③ 陈易. 生态文化与未来建筑[J]. 现代城市研究，2001(1)：52－55.

④ 《信息参考报》社. 生态公厕让金华闻名[N]. 信息参考报，2001－04－12.

⑤ 石同生. 生态图书馆理论与实践[J]. 图书馆工作与研究，2003(4)：8－10
易晓阳. 生态图书馆建筑探赜[J]. 图书与情报，2005(3)：58－60
吴稌年. 简论生态图书馆[J]. 晋图学刊，2003(1)：18－20.

⑥ 山东交通学院图书馆. 本馆概况[EB/OL]. [2005－08－16]. http://lib.sdjtu.edu.cn/dzzn/ddd.htm.

⑦ 舜网. 节能、环保——首家生态图书馆济南诞生[EB/OL]. [2005－08－16]. http://gov.sdecp.com.cn/20021030/1232363.shtml.

⑧ 苏雪. 芦玉刚：生态图书馆向我们走来[J]. 高校图书馆工作，2004(5)：12－13.

a.馆内窗口附近的排气通风装置

b.馆舍顶部的环保设施和草坪

图 7 – 4　山东交通学院生态图书馆一瞥

来源：e 线图情. 山东交通学院生态图书馆[EB/OL]. [2010 – 06 – 03]. http://www.chinalibs.net/bbs/dispbbs.asp?boardID = 19&RootID = 18264&ID = 18264.

（2）减少环境污染方面。制冷设备通常会排放大量的氟利昂，该馆在制冷中采用水制冷方式，杜绝氟利昂的污染；充分利用周围环境因素帮助散热、降温，避免水制冷导致的温室效应；该馆在选择家具方面全部采用通过绿色环保认证企业的产品。

（3）绿化馆舍内外环境方面。该馆在其南面栽种大量的树冠较大的树木，充分调节地下室的温度；该馆在室内种养了各种存活度较大、虫害较少的花草；另外，该馆在楼顶铺设草坪（图 7 – 4），冬天保暖，夏天吸热。

（4）充分利用可再生资源方面。采光方面，该馆的跨距最大为 15 米，白天的自然光完全满足馆内采光需求；上述的制冷处理环节充分利用地下冷风是对风能的利用；上述的中央空调散热系统是对水能的充分利用。

2. 广东省立中山图书馆

广东省政府投资 5 亿元实施广东省立中山图书馆改扩建工程，作为广东省政府的重点规划项目之一，所坚持的理念是“环保、生态、人文”，建设一座“生态图书馆”是工程重点。整个工程以崇尚生态、优先节能、力行俭约、富集人文为亮点，2011 年和 2012 年被国家住房和城乡建设部分别评为“国家低能耗建筑示范工程”和“国家可再生能源与建筑集成应用示范工程”①。主要的生态化改造内容有资源利用、节能、馆内绿化等方面，如安置雨水采集系统，经过过滤后供洗手间、灌溉用水之用；阅览室的设计会充分利用自然光、自然风，减少空调使用；改造馆前广场，进行立体绿化，种植绿树、灌木，避免噪音污染。

3. 国内外其他范例介绍

（1）节约能源方面，新英格兰威廉斯大学索耶图书馆的设计采用自然通风、自然采光，不采用空调通风。苏州大学新校区炳麟图书馆采用“莲花”造型（如图 7 – 5 所示），其通风采光基本上采用自然光线，尽量降低能耗；经考察，该馆用钢架混凝土替代了部分钢结构，这样既很好地解决了图书馆的防火难题，又减少了 2000 万元的投资。

---

① 广东省立中山图书馆. 广东省立中山图书馆简介[EB/OL]. [2016 – 11 – 16]. http://www.zslib.com.cn/userhelp/01/bggk.aspx.

图 7 - 5　苏州大学新校区炳麟图书馆

来源:太平洋摄影博客. 苏州大学图书馆[EB/OL]. [2009 - 07 - 03]. http://dp.pconline.com.cn/dphoto/2003183.html.

(2)可再生能源的利用方面,美国南牙买加公共图书馆比较典型,该馆三个方向不能开窗取得自然光,因此在馆舍屋顶上安置朝南的天窗,其上装有可自动控制的遮阳卷帘和1/4弧形白色反向罩和电光源;其阅览室的采光情况可以通过手动和自动进行调节,天气晴朗的情况下2/3的光线来自自然光。在利用可再生资源方面做得比较突出的图书馆还有美国凤凰城中央图书馆、德国多特蒙德市立图书馆、荷兰代尔夫特工业大学图书馆、日本国立国会图书馆等。

(3)馆舍环境绿化方面,法国国家图书馆四座塔楼中央为内部花园,占地面积为10782平方米,种植大树250棵;美国加州图书馆由墨西哥建筑师卡多·莱戈雷塔设计,将阅览室与开敞的庭院结合,天空、水、沙漠植物、岩石、风雨有机结合。我国的深圳大学图书馆、西安交通大学图书馆、浙江师范大学图书馆、苏州图书馆、天津泰达图书馆等在绿化方面做得比较好。

(二)馆舍生态文化的构建

从上述典型案例、范例的介绍可以得出这样的结论,图书馆馆舍的生态文化构建需要遵循以下几个原则:

(1)节约能源方面,尽量采用自然通风、采光,避免过多地使用空调,减少能耗;由于大开间的采用,有可能要在白天也要进行人工照明,通过对玻璃和天窗的处理,有效利用自然光。

(2)减少环境污染方面,减少空调氟利昂的排放,采用水制冷;巧妙利用周围地理环境,减少空调的热量排放;图书馆的建筑材料、公共家具等采用环保产品,较少空气污染;根据馆舍的区位进行有针对性的防噪声污染设计,如设立噪声墙、避开人流和车流量较大的道路等。

(3)利用可再生资源方面,通过采用高科技设备如水净化设备、中空玻璃、太阳能发电设备等,充分利用水能、风能、太阳能等。

第二节　图书馆馆藏文化

图书馆的馆藏资源是构建图书馆物质文化的核心要素,各类馆藏体系反映着不同图书馆所处地域、时代或母体机构的特色。同时也是各个图书馆核心竞争力的重要组成部分。

图书馆之间存在一种竞争关系。具体地讲,各个图书馆为了争夺读者、为了争取政府支持以及各类资助、为了招聘高层次的专业人才,都在努力地进行构造属于本馆的核心竞争力。不仅如此,图书馆与其他机构之间的竞争关系更是明显,如图书馆与网吧对用户的竞争、图书馆与信息咨询公司在业务方面的竞争、图书馆与博物馆、档案馆对馆藏文献的竞争等。图书馆的核心竞争力是指"长期发展过程中培养和发展起来的能使图书馆保持持续竞争优势的知识体系,其对内表现为各种能力的综合,对外表现为核心竞争力"①。图书馆的核心竞争力包括独特的图书馆馆藏资源、高素质高能力的图书馆馆员队伍、独特的图书馆文化等。

馆藏文化是由图书馆员创造的、将本馆的独特文化传递给同代人或者后代人的馆藏体系财富。特色馆藏文化是图书馆通过构建独特的馆藏文献体系而形成的一种图书馆物质文化现象,包括特色学术馆藏文化、特色民族馆藏文化、特色地域馆藏文化、特色历史馆藏文化、特色人物馆藏文化等方面。

一、我国高校图书馆的特色馆藏文化

按照"211 工程"大学名单,依次访问各大学图书馆的网站,并且对其馆藏内容及网络链接地址进行分类统计②。统计分析结果显示,我国高校图书馆在构建特色馆藏文化时表现出了以下几种现状和趋势:

第一,高校图书馆以建设特色的学术馆藏为主要潮流,而且各个学校图书馆建设特色学术馆藏时的依据是所在学校的重点学科、优势学科或者是与中国高等教育文献保障系统(简称 CALIS)的重点学科导航库建设项目、专题特色数据库建设项目等相结合。这样既可以支持本校重点学科或优势学科的发展,同时有利于扩大本校这些学科在国内外的影响力,还可以达到优势互补、共同促进学科发展的效果。

第二,我国许多高校图书馆已经建立学位论文数据库,或者为本校学生提供学位论文提交服务系统。经网络调查,这些学校包括:清华大学、北京大学、北京邮电大学、北京师范大学、北京交通大学、北京林业大学、中国人民大学、北京工业大学、北京理工大学、中国农业大学、北京外国语大学、中央音乐学院、上海交通大学、复旦大学、华东师范大学、东华大学、同济大学、上海财经大学、华东理工大学、南开大学、天津大学、天津医科大学、重庆大学、太原理工大学、内蒙古大学、大连理工大学、东北大学、东北师范大学、东北农业大学、哈尔滨工程大学、南京大学、南京师范大学、中国矿业大学、南京航空航天大学、南京农业大学、南京理工大学、浙江大学、中国科学技术大学、北京科技大学、对外经济贸易大学、河海大学、江南大

① 杨志敏. 关于图书馆核心竞争力的思考[J]. 图书馆理论与实践,2003(6):9－11.

② 因统计时无法打开链接,未包含辽宁大学和第二军医大学 2 所学校的图书馆数据。

学、中国地质大学、安徽大学、福州大学、厦门大学、山东大学、郑州大学、武汉大学、华中科技大学、武汉理工大学、中南大学、湖南大学、暨南大学、中山大学、华南理工大学、华南师范大学、广西大学、四川大学、电子科技大学、西南财经大学、四川农业大学、云南大学、西安交通大学、西安电子科技大学、西安工业大学、兰州大学、新疆大学等68所高校。这也是馆藏文化发展中比较主流的一个趋势。由于各个高校之间的学科发展、学术研究等存在或多或少的差异,于是可以得出这样的结论:真正不容易被模仿的特色馆藏资源就是本校的学位论文。

第三,目前国内已经有清华大学等16所高校图书馆建立本校的"文库",包括教师文库、校友文库等,收集内容包括本校在职教师、校友的学术专著、论文等学术资源。一些图书馆建立全文数据库,另一些则建立书目数据库。这与国际图书馆界刚刚兴起的数字资源库(Digital Depository)建设潮流相吻合。

第四,高校图书馆是收藏特色古籍的重要阵地。30所高校图书馆在其网站中设有介绍其古籍文献资源的重要板块。其中,部分高校对其所藏古籍建设有数字化书目,也有高校图书馆对古籍资源进行数字化处理,如北京交通大学、中国人民大学、中国农业大学、天津大学、浙江大学、湖南大学、华南师范大学、西北大学、兰州大学等。

第五,高校图书馆开始建设地域或民族特色馆藏文化,有些图书馆做得比较好,在国内有较大影响力。例如,厦门大学的东南亚研究资料系列数据库、两岸关系数据库、华人华侨系列数据库等,内蒙古大学的蒙古学系列特色馆藏,吉林大学的东北亚研究馆藏,东北师范大学的东北文献,长江沿岸高校如重庆大学的三峡馆藏、武汉大学的长江系列馆藏,四川大学的巴蜀文化馆藏、中山大学的珠江三角洲相关馆藏等。但是与学术特色馆藏相比,地域和民族特色馆藏文化的构建力度显然还比较小,尤其是民族特色馆藏文化方面。

国内高校图书馆的各类特色馆藏文化建设具体情况如下所示,以供读者参考、备查。

我国"211工程"大学图书馆的特色学术馆藏:

清华大学	建筑数字图书馆	http://166.111.120.55:8001/
	清华法学	http://www.lawintsinghua.com/
北京大学	北京大学学位论文库	http://thesis.lib.pku.edu.cn/Usp/apabi_usp/?pid=own.search&orgid=apabi_usp&dbtype=1&dt=TASIMETA400&cult=CN&lib=2&ct=CAT_ZTF&il=0
	燕大论文	http://162.105.138.175/dlib/List.asp?lang=gb&DocGroupID=11
北京师范大学	优秀参考书题录库	http://digi.lib.bnu.edu.cn:8080/digilib/search?channelid=24897
北京邮电大学	邮电通信文献数据库	http://59.64.144.9/
	高等教育教学成果相关文献数据库	http://59.64.144.10/
北京交通大学	交通运输论文目次库	http://202.112.150.128:8080/F/?func=file&file_name=find-b&local_base=B1RT1
	教研资料库	http://202.112.150.128:8080/F/?func=file&file_name=find-b&local_base=B1TRM
北京林业大学	生物科学信息资源	http://www.lib.bjfu.edu.cn/sztsg/display.php?eid=42&type=4
北京中医药大学	中药材图像数据库	http://library.hkbu.edu.hk/electronic/libdbs/mmd/index.html

	药用植物图像数据库	http://library.hkbu.edu.hk/electronic/libdbs/mpd/index.html
中国人民大学	教学参考书数据库	http://www.lib.ruc.edu.cn/zycx/zy-jxcks.htm
	剪报数据库	http://202.112.118.18/tpi/sysasp/share/login_2.asp?sysid=43
	经济学知识门户	http://www.lib.ruc.edu.cn/rdsztsg/rdstjj.htm
北京工业大学	教材教参	http://202.112.71.20/jiaocan.htm
中国农业大学	肉牛养殖专题数据库	http://www.lib.cau.edu.cn/dz4.htm
	农业工程中文期刊全文数据库	http://www.lib.cau.edu.cn/dz4.htm
	国际会议论文数据库	http://www.lib.cau.edu.cn/dz4.htm
	影声像数据库	http://www.lib.cau.edu.cn/dz4.htm
	农业工程知识仓库	http://202.205.86.12/sysasp/include/index.asp
	农业工程学位论文数据库	http://www.lib.cau.edu.cn/dz4.htm
	"农业108"玉米专题库	http://www.lib.cau.edu.cn/dz4.htm
	农业工程文摘数据库	http://www.lib.cau.edu.cn/dz4.htm
	棉花文献文摘数据库	http://www.lib.cau.edu.cn/dz4.htm
	牧草文献库	http://www.lib.cau.edu.cn/dz4.htm
	CALIS 农学中心重点学科导航库	http://www.lib.cau.edu.cn/xwgc.htm
北京科技大学	摇蓝书苑讲坛	http://202.204.50.13/Clipjxfl.asp? dep_id=1
	本校教参信息系统	http://202.204.50.98/JCN/
	北京科技大学学位论文全文数据库	http://202.204.50.72/tpi
	北京科技大学学位论文文摘数据库	http://202.204.50.72/tpi
对外经济贸易大学	本校博硕士论文库	http://192.168.164.66/Usp/apabi_usp
河海大学	校内学位论文数据库	http://lib.hhu.edu.cn/news/show-260.html
	随书光盘数据库	http://www.bj.cxstar.cn/BOOKCD/format/release/aspx/182f8d810000800bd3.aspx? pinst=18c4c1a6004ae50bd3
江南大学	食品科学与工程专题数据库	http://libtsk.jiangnan.edu.cn/teseku1/
	汉民族民间服饰特色数据库	http://libnewtsk.jiangnan.edu.cn/Default.aspx
	学位论文数据库	http://libnewtsk.jiangnan.edu.cn/JNU/DEGREEPAPER/IndexDegree.aspx
中国地质大学	学位论文数据库	http://www.lib.cug.edu.cn/newslist? cid=197
中央音乐学院	馆藏音乐社科书籍	http://www.ccom.edu.cn/dlib/dlib.htm
	馆藏钢琴乐谱	http://www.ccom.edu.cn/dlib/dlib.htm
	馆订外文音乐期刊	http://www.ccom.edu.cn/dlib/dlib.htm
	馆藏新中国成立前音乐期刊全文库	http://www.ccom.edu.cn/dlib/dlib.htm
	馆藏音乐期刊全文	http://www.ccom.edu.cn/dlib/dlib.htm
	馆藏音视频资料网上点播	http://www.ccom.edu.cn/dlib/dlib.htm
上海交通大学	教师指定参考书	http://reference.lib.sjtu.edu.cn/main.htm
	上海交通大学出版物全文数据库	http://sjtupubs.lib.sjtu.edu.cn/

	交响音乐数字图书馆	http://202.120.13.26/music.htm
	机器人信息数据库	http://202.120.13.26/robot/robotdb.htm
	科技创新 VOD 视频点播	http://iris.lib.sjtu.edu.cn/
复旦大学	哈佛和 MIT 教材	http://202.120.227.53/havard/
	医学文献资源保障系统	http://202.120.76.225/
	华东地区馆藏生物医学西文期刊联目数据库	http://202.120.76.225/sub1.3.htm
东华大学	纺织特色数据库	http://202.120.146.10/asptextile/main.htm
	艺术服饰	http://202.120.146.10/guide/gcfb.htm
同济大学	建筑科技与市场	http://www.lib.tongji.edu.cn/jzb/default.htm
	VOD 点播	http://10.110.96.83/vod/
上海财经大学	世界银行资料研究中心	http://www.lib.shufe.edu.cn/guide_guancang.htm
	上海—瑞士再保险精算资料中心	http://www.lib.shufe.edu.cn/guide_guancang.htm
	理论经济学资料中心	http://www.lib.shufe.edu.cn/guide_guancang.htm
	会计资料中心	http://www.lib.shufe.edu.cn/guide_guancang.htm
	外国 MBA 教材中心	http://www.lib.shufe.edu.cn/guide_guancang.htm
上海理工大学	上海高校外国教材中心	http://www.lib.ecust.edu.cn/map.htm
南开大学	跨国公司专题期刊全文数据库	http://202.113.20.169/tpi/sysasp/include/index.asp
	面向 21 世纪课程教材数据库	http://202.113.20.169/tpi/sysasp/include/index.asp
	南开大学外国教材中心	http://www.lib.nankai.edu.cn/wjzx.htm
	世界投资报告数据库	http://202.113.20.169/tpi/sysasp/include/index.asp
天津医科大学	中英双语解剖图谱	http://202.113.49.19/jp_web/home.htm
	二维动画	http://202.113.49.19/home.files/animation2/index.htm
	三维动画	http://202.113.49.19/home.files/animation3/index.html
	病理图库	http://202.113.48.24/left/yaolibingli/class/bingli/pic.htm
天津大学	高等教育信息专题数据库	http://digital.lib.tju.edu.cn/tpi/sysasp/share/login.asp?sysid=41
	名优摩托车车型展示库	http://digital.lib.tju.edu.cn/tpi/sysasp/share/login.asp?sysid=17
	中国建筑参考图库	http://www.lib.tju.edu.cn/resource/characteristic/200402200002.htm
	纳米技术信息库	http://www.lib.tju.edu.cn/resource/characteristic/200305050001.htm
	教学参考书	http://www.lib.tju.edu.cn/resource/characteristic/200304010043.htm
	摩托车与内燃机技术剪报信息数据库	http://www.lib.tju.edu.cn/resource/characteristic/200304010042.htm
重庆大学	全国建筑院校情报网	http://lib.cqu.edu.cn/jzyxqbw/index.htm
	重大数图图片资料库	http://202.202.12.62:81/
	光盘资源库	http://202.202.12.15:81/index.php?gid=81
	素质教育基地	http://202.202.12.15:81/index.php?gid=68
	计算机书库	http://202.202.12.3:9000/

	著名高校发展研究数据库	http://202.202.12.15:81/index.php? gid = 107
内蒙古大学	生命科学资源特色库	http://202.207.7.23/life/smkxtsk.htm
大连海事大学	海事专题题录数据库	http://lib.dlmu.edu.cn/information/tl-zxfw.htm
东北师范大学	媒体资料库	http://202.198.141.4:9090/was40/search? channelid = 51679
哈尔滨工业大学	美国 NTIS 报告(美国政府科技报告):PB、AD、NASA、DOE 四大报告	http://www.lib.hit.edu.cn/CSA.htm\
东北农业大学	宠物数据库	http://lbr.neau.edu.cn/cw/mobcw.asp
	大豆数据库	http://lbr.neau.edu.cn/gnjs.htm
	奶牛数据库	http://lbr.neau.edu.cn/gnjs.htm
东南大学	教育部外国教材中心	http://www.lib.seu.edu.cn/reader/default.asp
苏州大学	苏州大学必读书库	http://library.suda.edu.cn/bds_web/ss.htm
	中国近现代史博士点	http://www.mchistory.cn/
南京师范大学	光盘博览(包括《中国大百科全书》《孔子》等)	http://202.119.108.211/cdrom/
	在线英—汉互译系统(454018 条目)	http://202.119.108.32/ec/index.htm
中国矿业大学	矿业工程数字图书馆	http://211.70.215.211/bookhtm/index.asp
	矿业工程数据库	http://211.70.215.214/tpi/sysasp/include/index.asp
	教学参考书全文数据库	http://211.70.215.37/dipsbin/select.dll
	教学参考信息系统	http://lib.cumt.edu.cn/sjk/jiaoc.htm
	Transaction of the American Institute Mining and Metall-urgical Engineers (1871 –); Engineering and Mining Journal (1878 –)	http://lib.cumt.edu.cn/baojie/dzfw/gaik.htm
中国药科大学	药典、药学专业期刊、检索工具	http://202.119.185.11/
	中图书苑	http://202.119.185.11/ecatalog/
南京农业大学	畜牧兽医分馆	http://libwww.njau.edu.cn/index.asp? id = 2&App = 23
	农学文献中心	http://libwww.njau.edu.cn/wxzx/
南京理工大学	《SPIE》《IEEE》《EI》《CA》《GRA&I》等外文会议文献及检索工具书刊	http://lib.njust.edu.cn/bggk/bggk_bgjj.htm
浙江大学	敦煌学文献资料中心	http://libweb.zju.edu.cn/aduser/library/location/xixi.jsp
	机械工程及仪表、电力、电子科学与工程、化学化工、医学、农业、生物科学、地方文献、心理学等特色收藏	http://libweb.zju.edu.cn/aduser/aduser-index.jsp
	浙江大学论文成果	http://libweb.zju.edu.cn/aduser/e-resource/statis.jsp
福州大学	化学化工资源数据库	http://www.lib.fzu.edu.cn/tssjk/tssjk1.asp
	建筑图文库	http://www.lib.fzu.edu.cn/tssjk/tssjk3.asp
中国海洋大学	电子报纸	http://library.ouc.edu.cn/html/fbslw.htm

武汉大学	武汉大学博硕士学位论文库	http://www. lib. whu. edu. cn/web/dzzy/detail. asp? q = IDN = WHU04895&s = detail&full = Y
	中国水利工程数据库	http://www. lib. whu. edu. cn/web/dzzy/detail. asp? q = IDN = WHU04897&s = detail&full = Y
	武汉大学名师库	http://www. lib. whu. edu. cn/web/dzzy/detail. asp? q = IDN = WHU05788&s = detail&full = Y
	CADAL 西文典籍库	http://www. lib. whu. edu. cn/web/dzzy/detail. asp? q = IDN = WHU04962&full = Y
	测绘科技文摘资料库	http://www. lib. whu. edu. cn/web/dzzy/detail. asp? q = IDN = WHU03919&s = detail&full = Y
	电影音乐	http://www. lib. whu. edu. cn/tsfw/index. asp
华中科技大学	机械制造及自动化特色数据库	http://202. 114. 9. 17:8080/was40/calis/calis. htm
	重点学科导航库	http://202. 114. 9. 17:8080/was40/calis/calis. htm
	传感器专题文献	http://202. 114. 9. 3/dzzy. nsf
	传感器专题专利	http://202. 114. 9. 3/dzzy. nsf
	数学主要教学参考书目	http://202. 114. 9. 3/dzzy. nsf
	化学主要教学参考书目	http://202. 114. 9. 3/dzzy. nsf
	自动化制造系统	http://202. 114. 9. 3/dzzy. nsf
	三大索引服务	http://202. 114. 9. 3/lib/search. nsf/tsfw1? openpage
中国地质大学	“二叠—三叠系”数据库	http://www. lib. cug. edu. cn/page. php? cid = 140&aid =
	唯美转贴	http://www. lib. cug. edu. cn/page. php? cid = 131&aid =
	地学文献特色馆藏	http://www. lib. cug. edu. cn/page. php? cid = 8&aid =
武汉理工大学	材料复合新技术信息门户	http://atmsp. whut. edu. cn/
	交通运输工程信息门户	http://tte. whut. edu. cn/
	材料学、船舶与海洋结构物设计制造、轮机工程特色藏书体系	http://www. lib. whut. edu. cn/lib/index. php
中南大学	有色金属特色文献数据库	http://202. 197. 69. 1:8080/was40/ysjswz/
	楹联数据库	http://202. 197. 69. 1:8080/was40/search? channelid = 21699
湖南大学	金融文献数据库	http://lib. hnu. net. cn/szhzy/tssjk/default. htm
	重点学科导航数据库	http://lib. hnu. net. cn/szhzy/tssjk/200212230016. htm
中山大学	医学文献	http://library. zsu. edu. cn/
华南理工大学	建筑学科类文献	http://www. lib. scut. edu. cn/gcfb. jsp
	建筑艺术与技术资料库	http://www. lib. scut. edu. cn/gaikuang. jsp
	重点学科网络资源导航库	http://www. lib. scut. edu. cn/gaikuang. jsp
华南师范大学	发展与教育心理学数据库	http://lib. scnu. edu. cn/e_source/gateway. asp
	教育信息数据库	http://lib. scnu. edu. cn/e_source/gateway. asp
	教学参考书数据库	http://lib. scnu. edu. cn/e_source/gateway. asp
	对外贸易经济合作和 WTO 法典	http://lib. scnu. edu. cn/teste/db/wto. htm
	教育资源光盘数据库	http://lib. scnu. edu. cn/teste/db/edu_r. htm
	多媒体系列资源库	http://lib. scnu. edu. cn/zhinan/bggk. asp
四川大学	中国语言文学网络资源导航库	http://202. 115. 40. 7/zgyywx/index. asp

	水利水电数据库	http://202.115.61.21:212/
	生物导航	http://202.115.40.13:7777/
	皮革特色数据库	http://202.115.61.21:210/
	口腔临床医学导航库	http://lib.wcums.edu.cn/oral/
	汉语史和中国古典文献学导航库	http://202.115.40.13:7777/
	CIC 信息化学中心	http://202.115.40.7/sculist.asp
	宗教学	http://202.115.40.7/gqjs.htm
	高分子材料科学	http://202.115.40.7/gqjs.htm
电子科技大学	电磁场与微波技术数据库	http://202.115.24.8/bggk/index.asp
	国际通信专业文摘数据库	http://202.115.24.8/bggk/index.asp
	国际光学、光电子学、电光学、光学材料及应用文摘数据库	http://202.115.24.8/bggk/index.asp
	国际电子元器件及材料文摘数据库	http://202.115.24.8/bggk/index.asp
	国际计算机专业文摘数据库	http://202.115.24.8/bggk/index.asp
西南财经大学	文化素质教育	http://202.115.113.100/lanmu/wenhuasuzhi/index.html
	"A 管理模式"培训教程和实战百例	http://202.115.113.100/lanmu/jiansuozhinan.html
	经营通鉴·企业卷	http://202.115.113.100/lanmu/jiansuozhinan.html
四川农业大学	猪的营养中外文专题数据库	http://www.lib.sicau.edu.cn/
	植物无融合生殖专题数据库	http://www.lib.sicau.edu.cn/
	水稻遗传育种专题数据库	http://www.lib.sicau.edu.cn/
	小麦遗传育种专题数据库	http://www.lib.sicau.edu.cn/
	玉米遗传育种专题数据库	http://www.lib.sicau.edu.cn/
	大熊猫专题库	http://www.lib.sicau.edu.cn/
	四川农大重点学科导航库	http://www.lib.sicau.edu.cn/
云南大学	高原山地导航库	http://www.lib.ynu.edu.cn/tsgc/gysddhk.htm
	民族学导航库	http://www.lib.ynu.edu.cn/tsgc/mzxdhk.htm
	精品期刊	http://www.lib.ynu.edu.cn/tsgc/jpqk.htm
西安交通大学	中外艺术图像数据库	http://202.117.24.24/html/xjtu/zjk/zjk.htm
	教学参考信息数据库	http://202.117.24.24/html/xjtu/reference/refer.htm
	重点学科导航数据库	http://202.117.24.24/html/xjtu/zjk/zjk.htm
	西文生物医学期刊联合目录	http://202.117.162.14/
	视听资料导航库	http://202.117.24.24/html/xjtu/zjk/video.htm
	电子、电力类国外大学教材信息库	http://202.117.24.24/html/xjtu/zjk/zjk.htm
西安电子科技大学	通信电子系统与信息科学数据库	http://202.117.121.3/newindex/zijian1.htm
	《西电学报》	http://202.117.121.3/newindex/own/transaction.htm
	《电子科技》	http://202.117.121.3/newindex/own/dianzi.htm
	重点学科导航库	http://202.117.121.3/newindex/own/daohang.htm
西安工业大学	CAD/CAM 文献数字化	http://www.lib.nwpu.edu.cn/structure/xinxjs/shujk/zjsjk

	国防科技报告全文数据库	http://www.lib.nwpu.edu.cn/structure/xinxjs/shujk/zjsjk
	AD 报告、NASA 报告、AIAA 会议书目数据库	http://www.lib.nwpu.edu.cn/structure/xinxjs/shujk/zjsjk
西北大学	化学系期刊数据库	http://202.117.102.164/IlaswebInfo_DB5.html
兰州大学	敦煌学数字图书馆	http://202.201.7.7/
	兰大文库	http://lib.lzu.edu.cn/ldwk/index.shtml
	兰州大学机构知识库	http://lib.lzu.edu.cn/ldir/info-9523.shtml
新疆大学	《新疆大学学报》索引	http://www.lib.xju.edu.cn/tskzy.asp
	新疆大学地方特色数据库	http://www.lib.xju.edu.cn/tskzy.asp
第四军医大学	American Journal of Medical Science(1873—); Journal of Physiology (1878—)	http://lib.fmmu.edu.cn/introduce.htm
	生物医学网络导航	http://lib.fmmu.edu.cn/biomedicine.htm
	医网专搜	http://lib.fmmu.edu.cn/med_search.htm

我国"211 工程"大学图书馆的特色民族馆藏：

内蒙古大学	蒙古学信息网	http://www.surag.net/
	中国蒙古文期刊网	http://journal.surag.net/
延边大学	朝文图书阅览室	http://www.lib.ybu.edu.cn/zyfb.htm

我国"211 工程"大学图书馆的特色地域馆藏：

北京大学	北京历史地理	http://bjhg.lib.pku.edu.cn/
北京师范大学	古籍方志	http://202.112.82.55:8080/digilib/search? channelid=26966
北京外国语大学	美国学研究中心	http://202.204.132.205/train_profession_details.asp? id=155
	英国资料中心	http://202.204.132.205/train_profession_details.asp? id=156
	澳大利亚学资料中心	http://202.204.132.205/train_profession_details.asp? id=157
重庆大学	中国西部轻合金材料信息网	http://202.202.12.62:89/
	三峡数字图书馆	http://202.202.12.15:81/index.php? gid=57
	专题数据库	http://202.202.12.15:81/
吉林大学	东北亚文献数据库	http://www.calis.edu.cn/chinese/dongbeiya.htm
东北师范大学	东北文献库	http://202.198.141.4:9090/was40/search? channelid=7367
	指定参考书库	http://202.198.141.4:9090/was40/search? channelid=14514
苏州大学	古代江南特色的刻书和地方文献资料	http://library.suda.edu.cn/dzzn/bgjj.htm
	年谱方志、艺术画册及港台文史类丛书等	http://library.suda.edu.cn/dzzn/bgjj.htm
安徽大学	安徽传统文化以及安徽地方文献	http://www.lib.ahu.edu.cn/modules.php? name=bggk&pa=showpage&pid=1
厦门大学	东南亚研究特色数据库	http://210.34.4.20/dny/
	东南亚研究论文数据库	http://210.34.4.20/dny/

	台港澳论文题录索引	http://210.34.4.20/dny/
	台湾报纸数据库	http://210.34.17.189:800/default.asp
	东南亚与华侨华人研究论文索引	http://ny.xmu.edu.cn/ShowArticle.asp?ArticleID=842
	信息参考(包括南洋资讯、华侨华人、台海时讯等)	http://210.34.4.20/dny/list.asp?screenwidth=1024
郑州大学	河南文献数据库	http://www2.zzu.edu.cn/habook/
武汉大学	长江资源库	http://202.114.65.34/~calis/yrrd/index.html
	长江三峡资料数据库	http://202.114.65.36/12/sx/sx.htm
湖南大学	湖南人物数据库	http://lib.hnu.net.cn/szhzy/tssjk/default.htm
中山大学	珠江三角洲和港澳数据库	http://library.zsu.edu.cn/tsk/index.asp
	朝鲜刊本古籍、日本刊本古籍	http://library.zsu.edu.cn/
	广东地方文献	http://library.zsu.edu.cn/
四川大学	巴蜀文化导航库	http://202.115.40.13:7777/
	巴蜀文化研究特色数据库	http://202.115.40.7/bswh/index.asp
	四川地方文献	http://202.115.40.7/gqjs.htm
兰州大学	中亚研究数据库	http://lib.lzu.edu.cn/ca/zyzy.htm

我国“211工程”大学图书馆的特色历史馆藏：

北京大学	秘籍琳琅	http://rbdl.calis.edu.cn/index.htm
	古文献资源库	http://rbdl.calis.edu.cn/aopac/indexold.jsp
	晚清民国旧报刊	http://162.105.138.110:8011/mgqk/index.jsp
北京师范大学	民国图书	http://digi.lib.bnu.edu.cn:8080/digilib/search?channelid=52596
	清代诗文集书目	http://digi.lib.bnu.edu.cn:8080/digilib/search?channelid=37162
	新中国成立前中小学教材	http://202.112.82.55:8080/digilib/search?channelid=36777
	中文珍稀期刊	http://202.112.82.55:8080/digilib/search?channelid=28625
	宋元旧椠	http://www.lib.bnu.edu.cn/resTS/treatured/_private/songyuan.htm
	明清佳刻	http://www.lib.bnu.edu.cn/resTS/treatured/_private/mingqing.htm
	稿抄校本	http://www.lib.bnu.edu.cn/resTS/treatured/_private/gaochao.htm
	馆藏珍品	http://www.lib.bnu.edu.cn/resTS/picture/FrameSet.htm
北京交通大学	铁路交通史料库	http://202.112.150.128:8080/F/?func=file&file_name=find-b&local_base=B1RT2
中国人民大学	民国时期资源数据库	http://www.lib.ruc.edu.cn/zycx/zy-sjkts.htm
中国农业大学	农书古籍图片数据库	http://www.lib.cau.edu.cn/dz4.htm
北京外国语大学	古籍善本阅览室	http://202.204.132.205/train_profession_details.asp?id=158

上海财经大学	《二十四史》《四库全书》《四部丛刊》《四部备要》《四库珍本丛书》	http://www. lib. shufe. edu. cn/guide_guancang. htm
华东师范大学	新中国成立前中文报刊	http://www. lib. ecnu. edu. cn/lib-guancang. htm
	地方志	http://www. lib. ecnu. edu. cn/lib-guancang. htm
	清代诗文集	http://www. lib. ecnu. edu. cn/lib-guancang. htm
天津大学	特色藏品	http://www. lib. tju. edu. cn/resource/characteristic/200403090001. htm
	中国历代建筑画作品数据库	http://www. lib. tju. edu. cn/resource/characteristic/200308280001. htm
	中国宗教建筑图片库	http://www. lib. tju. edu. cn/resource/characteristic/200305060008. htm
	中国古建筑图片数据库	http://www. lib. tju. edu. cn/resource/characteristic/200304010044. htm
大连理工大学	馆藏满铁资料	http://www2. lib. dlut. edu. cn:8000/files/sjk/mantie. htm
东北师范大学	特藏库	http://202. 198. 141. 4:9090/was40/search? channelid = 19670
东北农业大学	文渊阁版《四库全书》一套、《续修四库全书》一套	http://lbr. neau. edu. cn/gnjs. htm
南京师范大学	民国文献阅览室	http://202. 119. 108. 114/gxqtsgjk. asp
	词文赏析	http://202. 119. 104. 80/ci_ku/ci_wk_fm. htm
	孤本明末刊孚中道人的《且居批评息宰河传奇》、明天顺间刻本《宋学士文集》《四库全书》《方志丛书》	http://202. 119. 108. 114/bgjj. asp
苏州大学	《瀛寰琐记》《小日报》《少年中国》、新中国成立前报刊	http://library. suda. edu. cn/dzzn/bgjj. htm
	古韵今风	http://library. suda. edu. cn/
南京农业大学	农业遗产分馆	http://libwww. njau. edu. cn/index. asp? id = 2&App = 23
浙江大学	《四库全书》《四部丛刊》《四部备要》《古今图书集成》《传世藏书》《民国丛书》等	http://libweb. zju. edu. cn/aduser/library/location/yq. jsp
	中华人文网站	http://libweb. zju. edu. cn:8080/renwen/
	古籍特藏数据库	http://libweb. zju. edu. cn/aduser/e-resource/guji/tcscsbw. jsp
安徽大学	《四库全书》《四库全书续编》《四库存目丛书》《丛书集成》《册府元龟》《太平御览》《中华大藏经》《新修大正大藏经》等大型古籍丛书、类书	http://www. lib. ahu. edu. cn/modules. php? name = bggk&pa = showpage&pid = 1
山东大学	金石拓片、易学文献	http://www. lib. sdu. edu. cn/intro/gqjs. html
武汉大学	中国名胜诗词大词典	http://trsweb. lib. whu. edu. cn:8000/was40/search? channelid = 32473

	新中国成立前期刊馆藏	http://trsweb.lib.whu.edu.cn:8000/was40/search? channelid=45286
	古籍馆	http://www.lib.whu.edu.cn/gjg/index.asp
	CADAL 民国珍藏库	http://www.lib.whu.edu.cn/web/dzzy/detail.asp? q=IDN=WHU05725&s=detail&full=Y
湖南大学	书院文化数据库	http://lib.hnu.net.cn/szhzy/tssjk/200404230001.htm
湖南师范大学	四库系列、地方志、现代古籍	http://202.197.127.250/show_article.asp? art_id=437
暨南大学	章太炎先生赠书	http://lib.jnu.edu.cn/info/index.jsp
	新中国成立前期刊	http://lib.jnu.edu.cn/info/index.jsp
中山大学	校史文献室	http://library.zsu.edu.cn/
	岭大珍藏馆	http://library.zsu.edu.cn/
	聚珍厅、珍藏馆	http://library.zsu.edu.cn/
	清末与民国时期华南地区出版的中外文报刊	http://library.zsu.edu.cn/
华南师范大学	新版古籍丛书书目数据库	http://lib.scnu.edu.cn/e_source/gateway.asp
四川大学	中国古代史、中国古代文学、中国古文字学、汉语史	http://202.115.40.7/gqjs.htm
云南大学	古籍文献	http://www.lib.ynu.edu.cn/tsgc/gjwx.htm
西北大学	馆藏古籍书目数据库	http://202.117.102.164/IlaswebInfo_DB2.html
河海大学	水利古籍数字文献	http://lib.hhu.edu.cn/news/show-131.html
兰州大学	古籍图书书目数据库	http://lib.lzu.edu.cn/pages/guji.htm
	古籍阅览室(《百衲本廿四史》《大清历朝实录》《大藏经》等)	http://lib.lzu.edu.cn/page/tese.htm
	特藏阅览室(《战国策钞》《水经注》《皇明经世文编》)	http://lib.lzu.edu.cn/page/tese.htm

我国"211 工程"大学图书馆的特色人物馆藏：

清华大学	清华文库	http://www.lib.tsinghua.edu.cn/qhwk/
北京大学	北大名师	http://162.105.138.23/bdms/index.asp
北京化工大学	化大文库	http://www.lib.buct.edu.cn/guancangfenbu/buct.htm
北京师范大学	京师文库	http://www.lib.bnu.edu.cn/resTS/resTS_jswk.htm
	名人手札	http://www.lib.bnu.edu.cn/resTS/treatured/_private/mingren.htm
北京邮电大学	博士生导师数据库	http://59.64.144.11/
北京交通大学	校友文库	http://202.112.150.128:8080/F/? func=file&file_name=find-b&local_base=B1SCL
中国人民大学	人大文库	http://202.112.118.61:8080/wk/index.html
北京航空航天大学	特藏数据库	http://202.112.143.201/trsweb/MainFrame.htm
中国农业大学	本校教师论著全文数据库	http://www.lib.cau.edu.cn/dz4.htm
	教师论文数据库(英文版)	http://www.lib.cau.edu.cn/dz4.htm
浙江大学	浙大文库	http://210.32.181.104/zdwk/default.htm
	袁绍文网上图书馆	http://libweb.zju.edu.cn/yuansw/index.htm

	倪铁城人文图书馆	http://libweb.zju.edu.cn/aduser/library/index.jsp
厦门大学	华人华侨论文索引	http://ny.xmu.edu.cn/script/hqhr/hqhr_search.asp
	中国华侨侨务信息资源库	http://210.34.4.20/dny/
武汉大学	武大著述文库	http://www.lib.whu.edu.cn/gjg/zswk.asp
湖南大学	友好文库	http://lib.hnu.net.cn/bggk/tsgjs/default.htm
	海内外湘籍名人作品收藏中心	http://lib.hnu.net.cn/bggk/tsgjs/default.htm
暨南大学	华侨华人人物数据库	http://202.116.13.3:7777/mainhrrw.html
	华侨华人人物图片数据库	http://202.116.13.3:7777/mainhqtp.html
	华侨华人政策咨询问答	http://202.116.13.3:7777/mainhqtp.html
	华侨华人政策法规数据库	http://202.116.13.3:7777/mainhqtp.html
	华侨华人研究综合数据库	http://202.116.13.3:7777/mainhqtp.html
	暨南大学学术成果数据库	http://202.116.13.3:7777/qtCgkMain.html
中山大学	藏书纪念室(商衍鎏、商承祚、陈寅恪等)	http://library.zsu.edu.cn/
	邹鲁校长纪念厅	http://library.zsu.edu.cn/
	孙中山数字图书馆	http://library.zsu.edu.cn/
西安交通大学	钱学森特色数据库	http://202.117.24.24/html/xjtu/qxs/qxsdata.htm

二、我国公共图书馆的特色馆藏文化

本书通过网络对全国省级及以上公共图书馆进行特色馆藏的调查①,并且按照地域、历史、专业、特种馆藏、人物等标准进行分类统计。统计分析发现,我国省级及其以上公共图书馆在建设特色馆藏的过程中有以下几点经验和趋势:第一,地方特色非常浓厚。可链接到的图书馆网站显示,25个图书馆在建设地域馆藏文化方面都取得一些成绩,尤其是直辖市的图书馆、湖南省图书馆、福建省图书馆、广东省立中山图书馆、广西壮族自治区图书馆等。地域馆藏文化的建设内容主要包括:地方志,本地的各类出版物(包括图书、期刊、报纸等),有关该地域的文献、地方年鉴、地方文化研究成果集(如图书、论文等),与该地域紧密相关的地域资料汇集、研究资料等,当地少数民族相关资料,该地域灰色文献如政府法律法规文件等,关于发生在该地域的重大国内国际事件如国家政策倾向、国际会议等的相关资料集合等。第二,特色的历史馆藏占据主流。这些公共图书馆在收藏古籍图书如线装书方面普遍比高校图书馆要丰富得多,尤其是中国国家图书馆、上海图书馆、南京图书馆等,馆藏量都在百万册以上。另外,各馆收藏的历史图书内容基本上与本地的历史发展紧密相关,如天津图书馆的天津日本居留民团史料、广西壮族自治区图书馆的桂系军阀史料、广东省立中山图书馆的民国资料、辽宁和吉林省图书馆的东北抗日战争史料、澳门中央图书馆的中葡450年关系的相关资料等。这种特色馆藏所建构的内容包括:地方历史的相关历史出版物、家谱(族谱、谱牒等)、各地抗日战争专题资料等。第三,公共图书馆特种馆藏的类型丰富。所调查的图书馆中有20所在其网站上对其特种馆藏有明确的反映和报道。这类型馆藏包括:缩微资料、产品样品、声音、图像、影像等多媒体资料、盲文资料、地图、专利资料、技术标准资料、科技报

① 因统计时无法打开链接,故未包含青海省图书馆的数据。

告、讲座资料等。这些特种馆藏设计的领域包括：地方简况、地方旅游、地方民俗、地方戏剧、地方文物、盲文图书馆、音乐、电影等。另外，值得关注的是，越来越多的公共图书馆举办各类阅读、文化等公益性讲座；9 所公共图书馆的网站上报道他们举办各类讲座的情况，包括天津图书馆、上海图书馆、湖北省图书馆、浙江省图书馆、河南省图书馆、广东省立中山图书馆、山西省图书馆、吉林省图书馆、香港中央图书馆等，并且有些图书馆还提供讲座的视频资料，供网络读者观看和阅读。这也是特色馆藏文化构建中值得注意的一个发展趋势。第四，我国省级及以上公共图书馆的专业馆藏也有适当的发展。与高校相比，公共图书馆由于受到其性质和特殊使命的限制，在专业性馆藏方面的建设或者是在研究性馆藏建设方面并不是很突出。与上述的地域馆藏、历史馆藏和特种馆藏相比更是微不足道。但是，也有一些方面值得我们关注。如重庆图书馆、浙江省图书馆是联合国的托存（寄存）图书馆，香港中央图书馆是欧盟、联合国等 9 个国际组织的托存图书馆；另外，山东省图书馆对《化学文摘》《美国专利文摘》《美国工程索引》等出版物的收藏带有浓厚的专业色彩；湖南省、湖北省、浙江省、福建省、广东省、广西壮族自治区、山西省、吉林省等地的省级公共图书馆都建有关于经济发展的特色馆藏，如湖北省图书馆的“就业三千六百行”、浙江省图书馆的房地产信息、福建省的国企改革、WTO 专题资料、广西的经济园地、经济参考等出版物特色馆藏等。第五，公共图书馆在人物相关资料的馆藏文化建设中表现得特色鲜明。一方面，各省公共图书馆以本地区出现的“箭头”性历史人物为馆藏特色的切入点，建设这些个别人物的专题文献库，如湖南省图书馆的“毛泽东著作珍贵版本”、广东省立中山图书馆的“孙中山全文库”、辽宁省图书馆的“张学良专题数据库”、吉林省图书馆的“杨靖宇专题”“末代皇帝溥仪数据库”、澳门中央图书馆的“馆藏文德泉神父著作”等。另一方面，各地图书馆建设本地出现的所有名人（及其著作）集成数据库，如天津图书馆的“津门群星库”、重庆图书馆的“重庆名人名作数据库”、广东省立中山图书馆的“广东名人数据库”、澳门中央图书馆的“澳门出版者数据库”等。这也是其他图书馆可以借鉴的地方。本书详细展示我国国家图书馆和省级公共图书馆的特色馆藏文化的构建情况，以供读者参考、查阅。

我国国家图书馆与省级及以上公共图书馆的特色地域馆藏：

中国国家图书馆	数字方志	http://mylib.nlc.cn/web/guest/shuzifangzhi
天津图书馆	天津民俗方志	http://www.tjwh.gov.cn/shwh/dfzqw/mly.htm
	居留民团数据库	http://www.tjwh.gov.cn/shwh/rbwk/index.htm
	天津地方志	http://www.tjwh.gov.cn/shwh/dfz/dfz1.htm
上海图书馆	上海世博会信息中心	http://www.worldexpoinfo.cn/
	上海地方文献	http://www.library.sh.cn/fwzn/stdh/img.asp?imgname=6-7&dt=200508
重庆图书馆	古籍地方志（重庆部分）	http://www.cqlib.cn/cqdatabase/hbook/index.asp
	西部大开发报刊题录	http://www.cqlib.cn/cqdatabase/west/index.asp
	地方文献资料目录数据库	http://www.cqlib.cn/cqdatabase/difangwx/index.asp
山东省图书馆	山东历史人物资源库	http://124.133.52.143:4237/home/sd/
	山东文化记忆	http://wenhua.sdlib.com/List_A.html?guid=4bef93d8-4c15-45af-925c-51f78964551b
安徽省图书馆	徽州文献	http://www.ahlib.com/ah/news_list.php?id=1
	安徽地方文献	http://www.ahlib.com/channels/1556.html

湖南图书馆	湖南地方志提要总目(1949年以前)	http://www. library. hn. cn/difangwx/jiuzhi/zhuye. htm
	湖南地方文献	http://220. 168. 54. 219/IlaswebInfo_DB2. html
	湖南地方报纸重要信息索引	http://www. library. hn. cn/difangwx/baozhi/main. htm
	湖南省志新志	http://www. library. hn. cn/difangwx/xingzhibianmu/shengzhi/zhuye. htm
	湖南年鉴	http://www. library. hn. cn/difangwx/hnnj/main. htm
	馆藏地方期刊	http://www. library. hn. cn/difangwx/2000qikanml/qikanml. htm
	地方文献研究论文	http://220. 168. 54. 195:8080/was40/search? channelid=28425
	网上湖南专题信息	http://220. 168. 54. 195:8080/was40/search? channelid=7499
	湖南名人资料中心	http://www. library. hn. cn/difangwx/renwu/zhuye/rwyj/rwyj. htm
湖北省图书馆	楚文化研究	http://www. library. hb. cn:8080/was40/search? channelid=4588
	三峡文化	http://www. library. hb. cn:8080/was40/search? channelid=53026
	《湖北出土文物精华》	http://www. library. hb. cn/bggk/20030521/1121. asp
	《中国三峡工程》	http://www. library. hb. cn/bggk/20030521/1120. asp
	地方文献数据库	http://ilasweb. library. hb. cn/IlaswebInfo_DB4. html
江西省图书馆	江西地方戏剧资源库	http://jxzyk. jxlib. gov. cn:4237/home/fwz/xiju/index. html
	江西景德镇陶瓷文化	http://www. jxdcn. gov. cn:7082/index. html
	江西地方文献全文数据库	http://jxlibss. dayainfo. com/frontSpecialSubject/specialSubjectIndex? resWareId=f067a337-89ae-4333-99aa-9cc789a90739&request=org. apache. catalina. core. ApplicationHttpRequest@3af4277e&session=org. apache. catalina. session. StandardSessionFacade@3af425c2 < br >
福建省图书馆	闽版图书	http://www. fjlib. net/~mtzn/~bggk/mt1. htm
	闽台资料	http://www. fjlib. net/~mtzn/~bggk/mt1. htm
	地方文献专题数据库	http://trs. fjlib. net/was40/index_fjdfz. htm
	馆藏台湾文献	http://61. 154. 14. 234:8080/was5/web/search? channelid=286713
	台湾专题数据库	http://www. fjlib. net/~mtzn/~bggk/gcjs. htm
	港澳专题书目	http://www. fjlib. net/~mtzn/~bggk/gcjs. htm
	香港澳门专题资料索引数据库	http://www. fjlib. net/~mtzn/~bggk/gcjs. htm
	福建地方土特产品资料数据库	http://www. fjlib. net/~mtzn/~bggk/gcjs. htm
浙江省图书馆	方志索引	http://www. zjlib. net. cn/show. asp? id=3224
	新编地方志	http://www. zjlib. net. cn/szzy1. asp
	浙江期刊选目	http://www. zjlib. net. cn/zjqkxm. htm
	浙江藏书史	http://diglweb. zjlib. cn:8081/zt/zjcss. htm
河南省图书馆	中原文化数据库	http://www. henanlib. gov. cn/

	地方文献	http://www.henanlib.gov.cn/readerzhinan/guancangfengbu.htm
广东省立中山图书馆	广东地方志(2600种)	http://dlib.zslib.com.cn:7777/advancesearch.wct? channelid=8571
	南海诸岛和海南岛、东南亚史料	http://www.zslib.com.cn/zslibwd/wx/index.asp
	广东地方文献图书	http://www.zslib.com.cn/zslibwd/wx/index.asp
	广东地方文献报刊	http://www.zslib.com.cn/zslibwd/wx/index.asp
	客家文献	http://dlib.zslib.com.cn:7777/advancesearch.wct? channelid=9921
	潮汕文献	http://dlib.zslib.com.cn:7777/advancesearch.wct? channelid=4933
	广州文献	http://data2.zslib.com.cn:81/searchpages/singledbform.pro? db=广州文献提要
	广东新方志	http://data2.zslib.com.cn:81/searchpages/singledbform.pro? db=广东新方志
广西壮族自治区图书馆	广西地方志	http://202.103.233.139/trsweb/gxdfz.htm
	广西历史	http://202.103.233.139/trsweb/gxls.htm
	东盟资料中心	http://202.103.233.139/trsweb/dmyjlwzl.htm
	东南亚风情多媒体资料库	http://202.103.233.139/trsweb/dmfqdmtzy.htm
	广西民族民俗研究论文资料库	http://202.103.233.139/trsweb/gxmzmsyjlw.htm
	中国—东盟博览会专题资料	http://202.103.233.139/trsweb/dmyjlwzl.htm
	广西概况	http://202.103.233.139/trsweb/gxgk.htm
	广西地方文献	http://202.103.233.142/cgi-bin/EnterIlasweb? v_src=IlaswebInfo_DB2.html
四川省图书馆	台湾农业数据库	http://www.sclib.org/service/index.htm
贵州省图书馆	贵州省古籍联合目录	http://192.168.1.242/tpi/sysasp/include/index.asp
	贵州府县志辑数据库	http://192.168.1.242/tpi/sysasp/include/index.asp
山西省图书馆	《山西日报》(地方稿)索引	http://lib.sx.cn/html/1/syzy/377.html
	省外看山西	http://lib.sx.cn/html/1/syzy/377.html
	大寨文献题录	http://lib.sx.cn/html/1/syzy/377.html
	馆藏地方文献	http://lib.sx.cn/html/1/syzy/377.html
	山西文献书目提要	http://lib.sx.cn/html/1/syzy/377.html
陕西省图书馆	省情文献库	http://www.sxlib.org.cn/gczy/tssjk/201501/t20150127_201062.htm
	陕西帝王陵	http://61.185.242.126:8080/sxlib/sxdwlcds/index.htm
	陕西文史资料	http://61.185.242.126:8080/sxlib/wenshiziliao/index.htm
	陕甘宁边区·事件库	http://61.185.242.126:8080/wenhua/hssjcdsn/index.jsp
	陕甘宁边区·延安精神库	http://61.185.242.126:8080/wenhua/yanancds/index.jsp
甘肃省图书馆	甘肃省情	http://dbase3.gslib.com.cn/tpi/WebSearch/Search_DataInit.aspx? dbid=3

	西北地方文献报纸库	http://dbase3. gslib. com. cn/tpi/WebSearch/Search_Data Init. aspx? dbid = 7
	地方文献联合书目数据库	http://dbase3. gslib. com. cn/tpi/WebSearch/Search_Data Init. aspx? dbid = 1
	西部大开发论文精选数据库	http://dbase3. gslib. com. cn/tpi/WebSearch/Search_Data Init. aspx? dbid = 11
	西北地方文献期刊库	http://dbase3. gslib. com. cn/tpi/WebSearch/Search_Data Init. aspx? dbid = 8
	中国西部文化产业资料汇编数据库	http://dbase3. gslib. com. cn/tpi/WebSearch/Search_Data Init. aspx? dbid = 14
	丝绸之路文献叙录	http://dbase3. gslib. com. cn/tpi/WebSearch/Search_Data Init. aspx? dbid = 5
	西北地方文献报刊篇名索引数据库	http://dbase3. gslib. com. cn/tpi/WebSearch/Search_Data Init. aspx? dbid = 17
	西北民族宗教史料文摘数据库	http://dbase3. gslib. com. cn/tpi/WebSearch/Search_Data Init. aspx? dbid = 10
辽宁省图书馆	东北地方文献	http://www. lnlib. com/ltgk/
	满族文献资料	http://www. lnlib. com/ltgk/
	馆藏新中国成立前东北期刊数据库	http://www. lnlib. com:8080/was40/
	辽宁社会科学成果目录	http://www. lnlib. com:8080/was40/
	法律法规数据库	http://www. lnlib. com:8080/was40/
	振兴东北老工业基地专题	http://www. lnlib. com:8080/was40/
	辽宁大事记	http://www. lnlib. com:8080/was40/
	辽宁地方文献书目文摘全文库	http://www. lnlib. com:8080/was40/
吉林省图书馆	吉林编年纪事	http://www. jlplib. com. cn/jlsbnjs. htm
	吉林省地方文献提要数据库	http://www. jlplib. com. cn/dige. htm
	吉林省文化法规数据库	http://www. jlplib. com. cn/dige. htm
	吉林省五十年要闻数据库	http://www. jlplib. com. cn/dige. htm
新疆维吾尔族自治区图书馆	东部看新疆	http://www. xjlib. org/dbkxj/dbkxj. htm
	新疆地方文献	http://www. xjlib. org/gailan/gcqk. htm
香港中央图书馆	香港资料特藏	http://sc. lcsd. gov. hk/gb/www. hkpl. gov. hk/chi/07depository/7_hkcol. htm
澳门中央图书馆	澳门出版物数据库	http://www. library. gov. mo/Topic_04/Topic_04_04_01. asp
台北汉学研究中心	文献资讯网	http://www2. ncl. edu. tw/gov_docu/gov_docu. htm
	台湾概览	http://twinfo. ncl. edu. tw/tiqry/hypage. cgi? HYPAGE = home/index. htm

我国国家图书馆与省级及以上公共图书馆的特色历史馆藏:

中国国家图书馆	敦煌文献库	http://192. 168. 30. 70/guji. html
	敦煌遗珍数字化资源库	http://idp. nlc. cn/
	馆藏西夏文献数字化资源库	http://mylib. nlc. cn/web/guest/xixiawenxian
	民国图书数字化资源库	http://mylib. nlc. cn/web/guest/minguotushu

	民国中文期刊数字资源库	http://mylib.nlc.cn/web/guest/minguoqikan
	馆藏石刻拓片数字化资源库(碑贴菁华)	http://mylib.nlc.cn/web/guest/beitiejinghua
天津图书馆	微缩文献影像数据库	http://swyx.tjl.tj.cn/
	天津日本居留民团史料	http://www.tjwh.gov.cn/shwh/rbwk/index.htm
	天津抗战纪事	http://www.tjwh.gov.cn/shwh/tjkzjs/qmkz/-tjkzj.htm
	馆藏古籍善本图录	http://www.tjl.tj.cn/ArticleChannel.aspx? ChannelID=344
	馆藏革命文献	http://www.tjl.tj.cn/ArticleChannel.aspx? ChannelID=303
上海图书馆	革命回忆录专题文库	http://www.library.sh.cn/gmhyl/#
	中国家谱(1.7万种)	http://search.library.sh.cn/jiapu/
	馆藏精选	http://www.library.sh.cn/tsgc/gcjx/
	中文古籍线装书(170万)	http://www.library.sh.cn/fwzn/ylzn/
	近现代报纸、杂志	http://www.library.sh.cn/fwzn/ylzn/
	1949年前外文图书(20万册)	http://www.library.sh.cn/fwzn/ylzn/
重庆图书馆	馆藏革命文献目录数据库	http://www.cqlib.cn/cqdatabase/geming/index.asp
	馆藏清末民初报刊篇名索引(1889—1915)	http://www.cqlib.cn/cqdatabase/index/index.asp
	民国时期出版物(7万种)	http://www.cqlib.cn/lib_jianjie.asp
	古籍线装书(53万册)	http://www.cqlib.cn/lib_jianjie.asp
山东省图书馆	海源阁专藏(2280种)	http://www.sdlib.cn/library/web/02info.jsp
	易经文献(1317种)	http://www.sdlib.cn/library/web/02info.jsp
安徽省图书馆	古籍线装书(40万册)	http://www.ahlib.com/ah/news_list.php? id=1
南京图书馆	民国文献(70余万种)	http://www.jslib.org.cn/pub/njlib/njlib_gczy/njlib_mbwx/t20050803_3019.htm
	古籍(160多万册,宋元刻本近200部,明刻本近7000部)	http://www.jslib.org.cn/pub/njlib/njlib_gczy/njlib_gjwx/t20050802_2998.htm
湖南省图书馆	馆藏古旧书刊(80余万册)	http://www.library.hn.cn/gqgm/zdgc.htm
	湖南家谱	http://www.library.hn.cn/jpcx/index.htm
湖北省图书馆	古籍善本(45万册)	http://www.library.hb.cn/jieshao.htm
	民国图书(10万册)	http://ilasweb.library.hb.cn/IlaswebInfo_DB5.html
	《文史资料存稿选编》	http://www.library.hb.cn/bggk/20030521/1118.asp
江西省图书馆	线装书(60万册)	http://www.jxlib.gov.cn/jxlibweb/gqjs.asp
福建省图书馆	福建省公共图书馆族谱联合目录	http://www.fjlib.net/~mtzn/~bggk/mt1.htm
	抗日战争专题	http://www.ndcnc.gov.cn/libpage/kangzhan/index.swf
浙江省图书馆	《浙江家谱总目提要》数据库	http://www.zjlib.net.cn/szzy_jsz.asp
广东省立中山图书馆	族谱(900余件)	http://data2.zslib.com.cn:81/searchpages/singledbform.pro? db=家谱
	清史专藏	http://data2.zslib.com.cn:81/searchpages/singledbform.pro? db=清代史料
	民国图书	http://data2.zslib.com.cn:81/searchpages/singledbform.pro? db=民国书目

广西壮族自治区图书馆	桂系军阀史料	http://www.gxlib.org.cn/Article_Show2.asp?ArticleID=387
	太国天平革命史料	http://202.103.233.139/trsweb/tptg.htm
	馆藏古籍文献	http://202.103.233.141:3000/dtcgibin/cgi32.exe?dir+/古籍库
四川省图书馆	中文古籍线装书(65万册)	http://www.sclib.org/service/index.htm
	中国家谱(520种,5000册)	http://www.sclib.org/service/index.htm
	地图(320种)	http://www.sclib.org/service/index.htm
云南省图书馆	抗战60周年专题书目	http://www.ynlib.cn/Article/ShowClass.asp?ClassID=130
	古籍全文数据库	http://www.ynlib.cn/xingxi/ShowArticle.asp?ArticleID=2
	外文珍本全文数据库	http://www.ynlib.cn/xingxi/ShowArticle.asp?ArticleID=2
贵州省图书馆	古籍、地方文献(100余种)	http://www.gz-travel.net/Htmls/fengqing/wenhua/20041222164942.htm
	民国图书(500余种)	http://www.gz-travel.net/Htmls/fengqing/wenhua/20041222164942.htm
河北省图书馆	馆藏精品	http://www.helib.net/guancangzhp/g1.htm
	新中国成立前报刊(《晋察冀日报》等十几种)	http://www.helib.net/feishuziliao.htm
	河北抗战胜利60周年专题	http://www.dhbc.net/libpage/kangri/index.html
山西省图书馆	古籍线装书	http://lib.sx.cn/secdir/fwzn/bggk.htm
	山西历史地名	http://lib.sx.cn/secdir/szzy/zjsjk.htm
	谱牒资料库	http://lib.sx.cn/secdir/szzy/zjsjk.htm
辽宁省图书馆	古籍藏书(56万册、宋元版本百部)	http://www.lnlib.com/gj/index.htm
	清代、伪满资料	http://www.lnlib.com/ltgk/
	九·一八专题资料库	http://www.lnlib.com:8080/was40/
	东北抗战文献数据库	http://www.lnlib.com:8080/was40/
吉林省图书馆	东北抗日联军斗争史	http://www.jlplib.com.cn/myweb5/klsy.htm
	抗日战争胜利60周年	http://www.jlplib.com.cn/2/jinianzhongguoriminkangrizhanshenglilushizhounian.htm
	民国时期文献书目数据库	http://www.jlplib.com.cn/dige.htm
	吉林省图书馆馆藏伪满时期文献图片数据库	http://www.jlplib.com.cn/dige.htm
陕西省图书馆	西安事变	http://61.185.242.126:8080/sxlib/xianshibian/index.htm
	话说陕商	http://61.185.242.126:8080/wenhua/hssscds/index.jsp
内蒙古图书馆	内蒙古红色革命	http://www.nmgcnt.com/hsjy/
	内蒙古历史文化遗迹子库	http://www.nmgcnt.com/nmglswh/index.html
黑龙江省图书馆	北大荒专题数据库	http://www.nmgcnt.com/nmglswh/index.html
	二战要塞数据库	http://221.212.156.202:9000/was5/web/search?channelid=138323
甘肃省图书馆	甘肃工业发展研究专题数据库	http://dbase3.gslib.com.cn/tpi/WebSearch/Search_DataInit.aspx?dbid=2
新疆维吾尔族自治区图书馆	古籍(6万余册)	http://www.xjlib.org/gailan/gcqk.htm
澳门中央图书馆	中葡关系四百五十年	http://www.library.gov.mo/MacReturn/index.htm

台北汉学研究中心	台湾记忆	http://memory. ncl. edu. tw/tm_cgi/hypage. cgi? HYPAGE = index. hpg
	古籍文献资讯网	http://rarebook. ncl. edu. tw/rbookod/
	明人文集资料库	http://rarebook. ncl. edu. tw/rbook. cgi/frameset1. htm
	台湾地区家谱联合目录资料库	http://rarebook. ncl. edu. tw/rbook. cgi/frameset5. htm
	古籍影像	http://readopac. ncl. edu. tw/cgi/hygb? type = 1&url = http://rarebook. ncl. edu. tw/cgi/m_rbook
	台湾地区善本古籍	http://nclcc. ncl. edu. tw/ttscgi/ttsweb? @0:0:1:/opc/catalog/rarecat@@0. 09414726047048022

我国省级及以上公共图书馆的特色专业馆藏:

天津图书馆	服装装饰外刊精选	http://www. tjl. tj. cn/gcjp/magazine/01. htm
上海图书馆	日文书目数据库	http://catalog. library. sh. cn:8080/
	德语资料	http://www. library. sh. cn/fwzn/ylzn/dewen. htm
重庆图书馆	馆藏旅游文献目录数据库	http://www. cqlib. cn/cqdatabase/luyou/index. asp
	联合国资料	http://www. cqlib. cn/lib_jianjie. asp
山东省图书馆	山东文化记忆	http://wenhua. sdlib. com/
	尼山书院	http://nishanshuyuan. sdlib. com/nssy/webpage/home. jsp
南京图书馆	轻纺艺术杂志	http://www. jslib. org. cn/pub/njlib/njlib_gczy/njlib_tszy/njlib_qfyszz/
湖南省图书馆	公共图书馆通讯	http://220. 168. 54. 195:8080/was40/search? channelid = 35568,41034&searchword = DOC_PUT_TIME = 2005. 04
	馆情通讯	http://220. 168. 54. 195:8080/was40/search? channelid = 18369,3046&searchword = DOC_PUT_TIME = 2005. 04
	图书馆	http://220. 168. 54. 195:8080/was40/search? channelid = 40902,47118&searchword = DOC_PUT_TIME = 2004. 06
	农村科技文摘	http://220. 168. 54. 195:8080/was40/search? channelid = 15009,10030&searchword = DOC_PUT_TIME = 2005. 02
湖北省图书馆	就业三千六百行	http://www. library. hb. cn:8080/was40/search? channelid = 34038
	湖北省博士后论文文摘	http://www. library. hb. cn:8080/was40/search? channelid = 34323
	出国指南	http://www. library. hb. cn:8080/was40/search? channelid = 16451
浙江省图书馆	联合国托存文库	http://www. zjlib. net. cn/show. asp? id = 3310
	房地产信息	http://www. zjlib. net. cn/xxzx/fdc/
福建省图书馆	国企改革专题	http://www. fjlib. net/ ~ mtzn/ ~ bggk/mt1. htm
	WTO 专题	http://www. fjlib. net/ ~ mtzn/ ~ bggk/mt1. htm
广东省立中山图书馆	网络报纸资源	http://www. zslib. com. cn/wszy/paper. htm
	海洋经济文献	http://trs. zslib. com. cn:7777/zslib/hyjjwx. html
广西壮族自治区图书馆	经济园地	http://202. 103. 233. 139/trsweb/jjyd. htm
	经济参考	http://202. 103. 233. 139/trsweb/jjck. htm

	农村科苑	http://202.103.233.139/trsweb/ncky.htm
	剪报信息	http://202.103.233.139/trsweb/jbxx.htm
	全国科技小报	http://202.103.233.142/cgi-bin/EnterIlasweb? v_src = IlaswebInfo_DB1.html
云南图书馆	建设节约型社会专题	http://www.ynlib.cn/Article/ShowClass.asp? ClassID = 72
	剪报全文数据库	http://www.ynlib.cn/xingxi/ShowArticle.asp? ArticleID = 2
河北省图书馆	网上报纸	http://www.helib.net/baozhimulu.htm
山西省图书馆	山西经济信息	http://lib.sx.cn/secdir/szzy/zjsjk.htm
	山西经济事件	http://lib.sx.cn/secdir/szzy/zjsjk.htm
	图书馆学文摘(1983—2003)	http://lib.sx.cn/secdir/szzy/zjsjk.htm
吉林省图书馆	中国长春国际农业·食品博览会	http://218.62.1.214.:8080/ndcnc/search? portal_type = zhgchchnyblh000001
	中国长春国际农业·食品博览会——新闻报道	http://218.62.1.214.:8080/ndcnc/search? portal_type = chchnyblh000002
	吉林药业数据库	http://www.jlplib.com.cn/dige.htm
	吉林省生态信息数据库	http://www.jlplib.com.cn/dige.htm
甘肃省图书馆	中外牦牛数据库	http://dbase3.gslib.com.cn/tpi/WebSearch/Search_DataInit.aspx? dbid = 15
	沙尘暴研究专题数据库	http://dbase3.gslib.com.cn/tpi/WebSearch/Search_DataInit.aspx? dbid = 4
内蒙古图书馆	蒙医药资源库	http://www.nmgcnt.com/mengyiyaozyk/
香港中央图书馆	亚洲开发银行、欧洲联盟、国际海事组织、联合国、联合国教科文组织、世界银行、世界贸易组织及世界粮食计划署等的托存文库	http://sc.lcsd.gov.hk/gb/www.hkpl.gov.hk/hkcl/tchin/events.htm
台北汉学研究中心	汉学研究资讯网	http://ccs.ncl.edu.tw/chinese.html
	传统文化研究论文目录	http://192.192.58.101/cult/
	报纸资讯系统	http://192.192.58.101/cgi/ncl9/m_ncl9_news
	期刊指南系统	http://readopac.ncl.edu.tw/cgi/ncl9/m_ncl9
	中文期刊篇名索引影像系统	http://readopac.ncl.edu.tw/cgi/ncl37_now/hypage
	典藏国际汉学博士论文摘要库	http://ccs.ncl.edu.tw/topic_01.html
	敦煌学研究论著目录资料库	http://ccs.ncl.edu.tw/topic_3.html
	经学研究论著目录资料库	http://ccs.ncl.edu.tw/topic_03.html
	外文期刊汉学论著目次数据库	http://ccs.ncl.edu.tw/topic_04.html
	两汉诸子研究论著目录资料库	http://ccs.ncl.edu.tw/topic_2.html

我国省级及以上公共图书馆的特种馆藏:

天津图书馆	缩微文献数据库	http://ilasweb.tjl.tj.cn/cgi-bin/EnterIlasweb? v_src = IlaswebInfo.html

	津门旧影	http://www. tjl. tj. cn/index. htm
	天津旅游	http://dlibrary. tjl. tj. cn/tjly/tjly. htm
	环渤海经济区	http://dlibrary. tjl. tj. cn/hbh/hbh. htm
	津门曲艺	http://dlibrary. tjl. tj. cn/qyk/jmqyk. htm
	天津老字号	http://dlibrary. tjl. tj. cn/laozihao. htm
	天津地方民俗	http://dlibrary. tjl. tj. cn/dfzqw/mly. htm
	文化讲座	http://dlibrary. tjl. tj. cn/whjz/whjz. htm
上海图书馆	地图(1.4 万幅)	http://www. library. sh. cn/fwzn/ylzn/
	盲文资料	http://www. library. sh. cn/fwzn/ylzn/
	专利文献(2901 万件,2000 年)	http://www. library. sh. cn/fwzn/ylzn/
	技术标准资料(31 万件,2000 年)	http://www. library. sh. cn/fwzn/ylzn/
	科技报告(PB、AD、NASA、DE)	http://www. library. sh. cn/fwzn/ylzn/
	产品样品资料(1 万多盒,2000 年)	http://www. library. sh. cn/fwzn/ylzn/
	音像资料(19 万盒,2000 年)	http://www. library. sh. cn/fwzn/ylzn/
	碑帖(15 万件)	http://www. library. sh. cn/fwzn/ylzn/
	上图讲座	http://www. library. sh. cn/jiang/jzjj/index. asp
南京图书馆	盲人有声读物图书馆	http://www. jslib. org. cn/pub/njlib/njlib_gczy/njlib_tszy/njlib_mrysdw/
湖南省图书馆	文物博览	http://www. culture. hn. cn/wwbl/index. htm
	潇湘画廊	http://www. culture. hn. cn/xxhl/index. htm
	民俗民风	http://www. culture. hn. cn/msmf/index. html
	湖南姓氏源流	http://www. library. hn. cn/difangwx/xingshiyl/yangban. htm
	湖南风情	http://www. library. hn. cn/difangwx/fengqing/index. html
	三湘览胜	http://www. culture. hn. cn/sxls/index. htm
	地方戏剧	http://www. library. hn. cn/dfxq/index. htm
	颐而康盲人图书馆	http://www. library. hn. cn/mrtsg/mrtsg. htm
湖北省图书馆	湖北风景名胜	http://www. library. hb. cn:8080/was40/search? channelid = 51986
	民间美术	http://www. library. hb. cn/mjms. htm
	省图讲座	http://hbgxgc. library. hb. cn/mjjt/index. htm
	湖北旅游	http://hbgxgc. library. hb. cn/ly/ly. htm
	湖北旧影	http://www. library. hb. cn/hbjy. htm
	湖北谚语	http://hbgxgc. library. hb. cn/hbyy/hbyy. htm
	湖北地方戏	http://www. library. hb. cn/hbdfx. htm
	长江流域文物	http://www. library. hb. cn/cjlyww. htm
	湖北文物	http://www. library. hb. cn:8080/was40/search? channelid = 41923
	湖北戏剧志	http://hbgxgc. library. hb. cn/hbxjz/hbzjz. htm
	湖北民间传说	http://www. library. hb. cn/index1. asp

	鄂垣访古	http://hbgxgc. library. hb. cn/eyfg/eyfg. htm
	缩微制品数据库	http://ilasweb. library. hb. cn/IlaswebInfo_DB3. html
福建省图书馆	馆藏闽剧荟萃	http://trs. fjlib. net/was40/search? channelid = 23492
浙江省图书馆	浙江图书馆越剧资料库	http://www. zjlib. net. cn/yuju. htm
	风景浙江资料库	http://www. zjlib. net. cn/fjzj. htm
	文澜讲坛	http://www. zjlib. net. cn/jiang. asp? leix = a&sec = 文澜讲坛
河南省图书馆	生活百科	http://www. henanlib. gov. cn/vcd/shouye. htm
	世纪论坛	http://www. henanlib. gov. cn/readerzhinan/guancangfengbu. htm
广东省立中山图书馆	金石	http://www. zslib. com. cn/cn/jianj. asp
	舆图	http://data2. zslib. com. cn:81/searchpages/singledbform. pro? db = 解放前广东舆图
	多媒体资料	http://dlib. zslib. com. cn:7777/search/dmtjs. htm
	广东民俗大观	http://dlib. zslib. com. cn:7777/advancesearch. wct? channelid = 3029
	广东历史图片	http://data2. zslib. com. cn:81/searchpages/singledbform. pro? db = 广东百年图录
	广州历史图片	http://data2. zslib. com. cn:81/searchpages/singledbform. pro? db = 羊城寻旧
	广东辛亥革命图片	http://data2. zslib. com. cn:81/searchpages/singledbform. pro? db = 辛亥革命图片
	"读书与人生"系列演讲	http://www. zslib. com. cn/cn/level3. asp? id = 462
	国家档案文献库	http://www. ssreader. com. cn/zhuanti/dawx/index. html
广西壮族自治区图书馆	广西旅游	http://202. 103. 233. 139/trsweb/gxly. htm
	文化博览	http://202. 103. 233. 139/trsweb/whbl. htm
	资源·奇珍	http://202. 103. 233. 139/trsweb/zyqz. htm
	广西戏剧资源库	http://202. 103. 233. 139:82/cgi-bin/link. exe? 4 $D7F7C6B72AD7F7C6B75FB9E3CEF7CFB7BEE72A23323030303532303137313732392360C0E0D0CD605E#
	广西电影资源库	http://202. 103. 233. 139:82/cgi-bin/link. exe? 4 $B5E7D3B02AB9E3CEF7B5E7D3B02A2332303031323134313735383433 2360D4ADC3FB605E#
	广西音乐资源库	http://202. 103. 233. 139:82/cgi-bin/link. exe? 4 $D7F7C6B72AB9E3CEF7D2F4C0D62A23323030333632383137323535372360CCE2C3FB605E#
	八桂荟萃	http://www. gxlib. org. cn/gxdfzy. asp
	视听资料库	http://202. 103. 233. 141:3000/dtcgibin/cgi32. exe? dir +/视听资料库
四川省图书馆	世界文化与自然遗产	http://www. sclib. org/index. asp
	四川省文化旅游资源数据库	http://www. sclib. org/index. asp
	缩微资料(4000 种)	http://www. sclib. org/service/index. htm
	电子音像资料(6300 多种)	http://www. sclib. org/service/index. htm
云南省图书馆	云南野生动物	http://www. ynlib. cn/Article/ShowClass. asp? ClassID = 74

	印象老昆明	http://www.ynlib.cn/Article/ShowClass.asp? ClassID=73
	少数民族	http://www.ynlib.cn/Article/ShowClass.asp? ClassID=76
	云南蝴蝶	http://www.ynlib.cn/Article/ShowClass.asp? ClassID=26
	云南旅游	http://www.ynlib.cn/Article/ShowClass.asp? ClassID=75
	缩微制品(844 件)	http://www.ynlib.cn/xingxi/ShowArticle.asp? ArticleID=2
	视听文献(41 件)	http://www.ynlib.cn/xingxi/ShowArticle.asp? ArticleID=2
贵州省图书馆	报纸缩微品	http://www.gz-travel.net/Htmls/fengqing/wenhua/20041222164942.htm
河北省图书馆	声像资料(4000 种)	http://www.helib.net/wangyie/duzhe.htm
	红色旅游专题	http://www.dhbc.net/libpage/hongselvyou/index.html
山西省图书馆	唱片、录音录像磁带、CD、VCD、DVD、电影胶片、缩微资料等	http://lib.sx.cn/secdir/fwzn/bggk.htm
	晋图星期日讲座	http://lib.sx.cn/secdir/szzy/zjsjk.htm
	旅游资源库	http://lib.sx.cn/secdir/szzy/zjsjk.htm
	视频资料库	http://lib.sx.cn/secdir/szzy/zjsjk.htm
	音频资料库	http://lib.sx.cn/secdir/szzy/zjsjk.htm
	电影库	http://lib.sx.cn/secdir/szzy/zjsjk.htm
	魅力山西图片集锦	http://lib.sx.cn/secdir/zjsx/mlsx/mlsx.htm
	锦绣太原	http://lib.sx.cn/ty2500/index.htm
辽宁省图书馆	党史图库	http://10.34.56.136:8080/was40/search? channelid=30282
	东北图录	http://www.lnlib.com:8080/was40/
吉林省图书馆	休闲时光话读书	http://www.jlplib.com.cn/zpzp.htm
	吉林省旅游资源数据库	http://218.62.1.214.:8080/ndcnc/search? portal_type=jlshlyzyshj000001
	2005 年中国北方旅游交易会图片展	http://www.jlplib.com.cn/Myweb4/new_page_1.htm
	吉林二人转数据库	http://www.jlplib.com.cn/dige.htm
	古籍缩微制品目录	http://www.jlplib.com.cn/3in1.htm
陕西省图书馆	秦声秦韵——陕西地方戏曲数据库	http://61.185.242.126:8080/wenhua/qqqycdsn/index.jsp
	陕西非物质文化遗产	http://www.shawh.org.cn/feiwuzhi/default.htm
	陕西景观	http://www.shawh.org.cn/bajing/index.htm
	陕西民间美术	http://61.185.242.126:8080/wenhua/minjianmeishu/index.htm
	陕西佛教文化	http://61.185.242.126:8080/wenhua/minjianmeishu/index.htm
	影视资料库	http://mov.shawh.org.cn/
黑龙江省图书馆	小兴安岭野生植物	http://221.212.156.202:9000/was5/web/search? channelid=129409
	寒地黑土农业技术开发利用数据库	http://www.hljlib.org.cn/zypt/vpn/tzym.htm
	神奇鄂伦春	http://221.212.156.202:9000/was5/web/elcindex.jsp

	黑龙江非物质文化遗产(赫哲族卷)	http://www.hljlib.org.cn/zypt/vpn/gourl2.asp? id=50
	龙江艺术精粹数据库	http://www.hljlib.org.cn/zypt/vpn/gourl2.asp? id=52
内蒙古图书馆	内蒙古农牧业实用技术资源库	http://www.nmgcnt.com/nmgnmyztsjk/index.html
	蒙古族文化艺术资源库	http://www.nmgcnt.com/nmgwhyszyk/index.html
	内蒙古文物博览资源库	http://www.nmgcnt.com/nmgwhxxw/whgcgctszy/nmgwwblztsjk/wwblsy/index.html
	内蒙古草原风情旅游资源库	http://www.nmgcnt.com/nmgcylvztsjk/index.html
	内蒙古名人作品	http://www.nmgcnt.com/nmgwhxxw/whgcgctszy/cywhmrzpztsjk/mszpjsy/index.html
	达斡尔族多媒体资源库	http://www.nmgcnt.com/ssmz/ssmzdwez/
新疆维吾尔族自治区图书馆	新疆旅游书目	http://61.128.100.8/
	视频欣赏	http://www.xjlib.org/music/ZAIXIANYY.htm
香港中央图书馆	"都会香港"专题讲座	http://sc.lcsd.gov.hk/gb/www.hkpl.gov.hk/hkcl/tchin/events.htm
	哲学讲座	http://sc.lcsd.gov.hk/gb/www.hkpl.gov.hk/hkcl/tchin/events.htm
	How Happy People Think, What Successful People Do(英语讲座)	http://sc.lcsd.gov.hk/gb/www.hkpl.gov.hk/hkcl/tchin/events.htm
	高中生读书技巧讲座	http://sc.lcsd.gov.hk/gb/www.hkpl.gov.hk/hkcl/tchin/events.htm
	文学月会	http://sc.lcsd.gov.hk/gb/www.hkpl.gov.hk/hkcl/tchin/events.htm
	"香江琴韵"讲座	http://sc.lcsd.gov.hk/gb/www.hkpl.gov.hk/hkcl/tchin/events.htm
	摄影讲座	http://sc.lcsd.gov.hk/gb/www.hkpl.gov.hk/hkcl/tchin/events.htm
台北汉学研究中心	视讯随选	http://vod.ncl.edu.tw/

我国省级及以上公共图书馆的特色人物馆藏:

天津图书馆	天津名人故居	http://dlibrary.tjl.tj.cn/mrgj/mrgj.htm
	津门群星库	http://dlibrary.tjl.tj.cn/jmqx/jmqx.htm
重庆图书馆	重庆名人名作数据库	http://www.cqlib.cn/cqdatabase/famou/index.asp
湖南省图书馆	毛泽东著作珍贵版本	http://www.library.hn.cn/gqgm/zdgc.htm
	湖湘人物	http://www.library.hn.cn/difangwx/hxrw/index.htm
湖北省图书馆	湖北人物	http://www.library.hb.cn:8080/was40/search? channelid=18814
	湖北历史人物传记	http://www.library.hb.cn:8080/was40/search? channelid=51538
	冯今松画集	http://www.library.hb.cn/bggk/20030521/1119.asp
浙江图书馆	中国历代名人图像数据库	http://www.zjlib.net.cn/pics/
	外国名人图像数据库	http://www.zjlib.net.cn/pic1/http://www.zjlib.net.cn/pic2/

广东省立中山图书馆	孙中山全文库	http://trs. zslib. com. cn:7777/zslib/szsqwk. html
	华侨资料	http://data2. zslib. com. cn:81/searchpages/singledbform. pro? db = 东南亚及华侨资料
	资深院士个人文库	http://www. ssreader. com. cn/ys/zsys/html/
	广东名人数据库	http://dlib. zslib. com. cn:7777/advancesearch. wct? chan nelid = 2192
	广东名人大词典	http://dlib. zslib. com. cn:7777/advancesearch. wct? chan nelid = 4893
广西壮族自治区图书馆	中央领导人在广西	http://202. 103. 233. 139/trsweb/lssj. htm
	广西名人	http://202. 103. 233. 139:82/cgi-bin/link. exe? 4 $C3FB C8CB2AC3FBC8CB2A23323030303532303137303432332360D6D0CEC4C3FBB3C6605E#
山西省图书馆	三晋英才在四方	http://lib. sx. cn/secdir/szzy/zjsjk. htm
	山西人物名录	http://lib. sx. cn/secdir/szzy/zjsjk. htm
	感受山西	http://lib. sx. cn/zjsx/gssx/gssx. htm
辽宁省图书馆	张学良将军专题数据库	http://www. lnlib. com:8080/was40/
	关东名人	http://www. lnlib. com:8080/was40/
	辽宁三十年代作家作品数据库	http://www. lnlib. com:8080/was40/
吉林省图书馆	东北抗日英烈数据库	http://www. jlplib. com. cn/sjk/dbkr. htm
	杨靖宇将军专题	http://www. jlplib. com. cn/yjy/a_page_1. htm
	吉林省两院院士及省管优秀专家数据库	http://www. jlplib. com. cn/sjk/zj/SGZJ. HTM
	东北方志人物传记资料索引	http://218. 62. 1. 214. :8080/ndcnc/search? portal_type = dbfzhrw000001
	末代皇帝溥仪数据库	http://www. jlplib. com. cn/dige. htm
陕西省图书馆	陕甘宁边区·人物库	http://61. 185. 242. 126:8080/wenhua/hongsejiyi/index1. jsp
	纪念陈忠实专题	http://www. sxlib. org. cn/czs/index. htm
澳门中央图书馆	馆藏文德泉神父著作目录	http://www. library. gov. mo/ManuelTC/mindex. htm
	澳门出版者数据库	http://www. library. gov. mo/Topic _ 04/Topic _ 04 _ 04 _ 02. asp
台湾中央图书馆	当代文学史料系统	http://lit. ncl. edu. tw/hypage. cgi? HYPAGE = home/index. htm
	当代艺术家系统	http://art. ncl. edu. tw/

第三节 图书馆设备文化

图书馆设备是图书馆开展工作所需的各种器械用品，包括家具设备、建筑设备、电子技术设备、传递设备、藏书保护设备等①；是图书馆为了开展文献编目、文献借阅、文献查询、信

① 李晓菲. 图书馆设备的界说和标准化问题[J]. 图书馆学研究，1998(6):5 -7.

息咨询、知识导航等主要业务,以及辅助图书馆管理所需要的设备,如计算机、网络通讯设备、打印复印设备、书架、报刊架、桌椅板凳等,同时这些图书馆设备也是图书馆技术的载体,对于图书馆的进步来说至关重要,是传输图书馆文化的"非遗传信息"的主要物质手段之一。图书馆设备中所体现的文化内涵是图书馆物质文化必不可少的组成部分,图书馆任何一件设备都是图书馆员及其他设计者、生产者的智慧结晶,反映着图书馆职业实践者在馆内工作、生活所选择的主流生存方式、物质文化模式。目前,比较主流的图书馆设备文化包括:人本设备文化、智能设备文化和绿色设备文化等。

一、图书馆人本设备文化的构建

人本文化在图书馆设备中体现为:图书馆设备的设计和维护,一切以人的舒适、健康为出发点,依据不同的读者群设计不同的设备;按照图书馆不同部门、不同空间、各类工作人员的不同需要设计所需设备。这里着重介绍几种能够充分体现人本文化的图书馆设备,包括书架、阅览桌椅、自助复印机、自助借书机、自助还书箱等。书架(包括图书架和期刊架等)是传统图书馆和现代图书馆不可或缺的首要设备,一方面辅助图书馆核心——馆藏的保存和利用;另一方面,占据图书馆大部分空间,是读者与图书之间的中介。其美观与方便关系到读者的阅读舒适度和满意度,以及馆员工作的容易程度,是图书馆坚持"以人为本"的最直接体现。传统图书馆采用闭架阅览的管理方式,由于图书馆馆舍层高和书库空间的限制,其书架的特征往往是层数较多(八九层)、层间距较小、总高度偏高,给读者取阅书籍、馆员管理书籍带来诸多方便。这也是传统图书馆"以书为本"文化理念的集中体现,图书馆员和读者围绕图书进行工作和阅读。伴随着开架阅览管理方式的引入、模数式和模块式图书馆馆舍、大开间、"三统一"的广泛应用,以及图书馆核心文化理念向"以人为本"的转变,书架也发生着质的变化,如书架的材质越来越符合人的健康和舒适的要求;书架的层高也因人而异,成人阅览室的书架采用五六层的层数设计,儿童阅览室的书架是根据儿童读者的身高量身定做,三四层;书架的形状也趋于引入美学理念,如由武汉理工大学图书馆胡昌志副教授设计、武汉前浪图书设备有限公司生产的双面浪型书架(如图7-6所示)充分融合"物以曲为美"的理念,这种书架将传统平行托书板改为斜式载书板(浪形),一方面,避免使用传统的书夹和书立,能降低图书乱架率和折损率,增强载书板承重量,节省横向空间,方便读者,也减轻馆员的负担;另一方面,取义于"书山有路勤为径,学海无涯苦作舟",以大海,海燕、云帆和航标为寓意,可演绎反射照明、动态风光、文学艺术、科普园地、出版广告等多种功能,新颖、美观、简洁、实用,蕴含鲜明的时代气息和人文精神,给人以美的享受。同时,这种书架也是中国第三届科学家论坛交流推广项目,国家中长期科学与技术发展规划项目,已申请专利①。

国内一批新建的图书馆大多采用层数较少、高度较低、因人而异、有利健康的材质的书架,如天津泰达图书馆、东莞图书馆等。国内曾经有人发出感叹:"美国非常重视对少年儿童阅读兴趣的培养。提倡母婴教育,孩子刚学步就可在父母带领下在图书馆感受文化氛围。公共图书馆的少儿厅内设有矮书架,书架上尽是不同年龄的少儿图书,书桌和椅子的高度也专为儿童设计,有的书架下铺有彩色儿童塑胶地毯,儿童随手取下书后,可就地坐下翻阅图

① 武汉前浪图书设备有限公司. 专利简介[EB/OL]. [2006-02-16]. http://www.qltssb.com/Untitled-3.htm.

书……”①国内图书馆也走在人本化书架的建设道路上，例如东莞图书馆少儿阅览室的书架和阅览桌椅就是代表（如图7－7所示）。

图7－6　浪型双面图书架图示

来源：武汉前浪图书设备有限公司．浪型双面图书架[EB/OL]．[2008－11－03]．http://www.oranpage.com/product/show.asp？id=2191.

图7－7　东莞图书馆儿童阅览室内景

来源：邹金汇拍摄。

“自助”理念的引入是图书馆设备中人本文化的一个闪光点，充分体现对读者的尊重和

① 程宏．美国公共图书馆一瞥[J]．读书文摘青年版，2005(9)．

呵护;自助式设备包括自助复印机、自助打印机、自助扫描器、自助借书机、自助还书箱等。与此相联系的是图书馆自助服务,除与这些设备相关的自助服务如自助复印、自助借还书等之外,还包括自助网上馆际互借、网上预约借书、网上续借、网上支付罚金、网上推荐订购图书目等。这样不仅使读者可以突破图书馆相关服务部门服务时间的限制,而且还可以增强读者的主人翁意识,给读者一种安全感和舒适感①。有些图书馆引入自助复印机,如北京大学医学院、暨南大学图书馆、同济大学图书馆等;有些图书馆设置有自助借书机和自助还书箱等人性化设施,如香港中央图书馆、台湾大学、逢甲大学图书馆、台北大学图书馆、深圳大学图书馆等;有些图书馆还采用现金卡或银行卡支付图书馆内的相关费用。有些图书馆为读者准备了舒服的休闲环境,在休闲家具上尽量做到人本化,如采用沙发作为休息座位,如天津泰达图书馆、中山大学珠海校区图书馆等。图书馆人本设备文化的构建应该从点滴做起,从细节做起,包括图书馆的书架、阅览桌椅、借书还书设备、复印打印设备等其他设备。

二、图书馆智能设备文化的构建

图书馆智能设备文化的特殊含义是图书馆设备科技含量高,而且是把图书馆建筑内的电力、照明、空调、运输、消防、保安、广播等设备集成为一个综合系统,即楼宇自动化系统②(BAS);图书馆楼内的通设备信要完成馆内语音、图像和数据的传输,并且要与外部通信网如公用计算机网、计算机互联网、数据通信网和卫星通信网等相连通,即通信自动化系统(CAS);图书馆办公设备要借助计算机技术、网络技术、通信技术等进行图书馆的管理和服务,实现自动化,即办公自动化系统(OAS)等,是图书馆智能化文化的关键所在③。其中贯穿这三种系统中的最基本的设备是综合布线系统(PDS),即在图书馆建筑中铺设光纤和双绞线等传输各种信号的集成化通用传输系统④。图书馆智能设备包括多功能电话、传真数据终端、无线或有线多媒体通信系统、集成网络系统程控交换机、多媒体导读系统、图书馆信息资源管理系统、读者管理系统、空调和排水等的监控设备、照明、热力和供配电的监控设备、消防监控设备、安全防范设备、图书传输机等。

图书馆实现图书馆业务、办公自动化和信息服务数字化、网络化。图书馆智能设备文化的构建要求综合考虑图书馆建筑和图书馆服务、管理,根据本馆实际情况和经济状况,实施与本馆相适应的智能化,综合利用计算机技术、通信技术和网络技术等信息技术和智能技术全方位地"武装"图书馆。要真正做到智能化,任重而道远。

三、图书馆绿色设备文化的构建

图书馆设备中的"生态"文化主要表现在图书馆设备的材料和能源消耗方面既不污染环境、也不过度消耗能源。如图书馆采用节能的照明设施、书架等设备采用环保材料,尽量不采用人工通风、人工照明等。广东省立中山图书馆馆舍改造工程中广泛采用室外低负荷太阳能供电系统,如路灯、庭院灯、广告灯、路牌导向灯等,而且考虑在合理的性能/价格比之

---

① 金泽龙,梁淑玲.论图书馆自助服务利与弊[J].图书馆工作与研究,2005(1):38-41.

② 王惠君,荀昌荣.图书馆文化论[M].长沙:湖南大学出版社,2004:226.

③ 喻萍.图书馆建筑的智能化和生态化[J].图书馆工作与研究,2004(2):60-62.

④ 屠立,屠航.智能化图书馆综合布线系统的设计[J].情报杂志,2004(4):31-32.

下，引进国外先进太阳能设备，建立与建筑物配套的太阳能高负荷光电转换供电系统，为读者活动空间、书库、行政业务用房提供照明。纽约市皇后区的南牙买加公共图书馆分馆是该市第一座绿色建筑，被评为2000年“世界地球日”十佳建筑之一，充分融合“绿色”思想，大力利用太阳能，冬季采用辐射热采暖；夏季通过建筑西面的主立面的双层玻璃可以减少负荷，只透光不透热，减少了太阳的辐射热；该馆的采暖空调系统的能耗是同等规模建筑的1/3①。绿色设备文化的构建要求图书馆建筑设计师和图书馆员在图书馆采购设备的时候充分考虑设备的“绿色”程度，即设备对能源和资源的消耗情况、对空气质量、对读者和图书馆工作人员健康的影响；需要考虑的维度包括设备的能源和资源消耗情况、设备所用材料的环保情况等方面。

① 李昭醇. 图书馆建筑的绿色文化思考[J]. 图书馆论坛，2003(6)：203－206.

第八章　图书馆制度文化建设

图书馆制度文化是一种位于制度层的图书馆文化现象,即图书馆员及其他相关人员,将图书馆的"非遗传信息"传递和扩散到其他图书馆人的手段,可以说是图书馆宝贵的"无形资产",是图书馆长期积累的制度成果和财富。制度组织文化在图书馆日常工作中发挥着至关重要的作用,能在图书馆日常业务、人力资源建设、读者关系维护、读者管理等工作中起到标尺的作用。从宏观与微观的角度,可将图书馆制度文化分为单个图书馆的制度文化现象、图书馆行业内的制度文化现象。前者是微观的,包括具体的管理制度、体制以及组织架构等;后者是宏观的,包括职业资格准入制度以及职业道德操守规范等。

第一节　管理体制与制度

一、传统制度文化模式

传统的图书馆哲学是建立在"书本位"的基础上,而图书馆的工作重心也是在这种思想的指导下形成,进而形成传统的图书馆管理体制与制度。在新时期由"书本位"转变为"人本位"的过程中,从政治智力文化、书本位制度文化、强制性制度文化方面,均体现出传统的"书本位"思想对管理体制与制度的深刻影响。

(一)图书馆管理体制之传统政治治理文化

"治理"是从工商企业界兴起的,作为一种商业文化的表征,迅速影响到图书馆界。主要指政府或主管机构对图书馆开展治理,图书馆对主管机构负责。进而产生国内外图书馆普遍沿用的一种治理文化,逐渐成为主流的图书馆制度文化形态,相应的图书馆主管机构也越来越清晰。如我国的文化部下设的"社会文化及图书馆司",英国的文化、体育及传媒部下设的"博物馆、图书馆、档案馆委员会";我国高校的"图书馆工作委员会"简称"高校图工委"、英美高校的"图书馆委员会"等。

传统的政治治理文化中,政府的控制力较强,深刻影响图书馆的各项工作,因而图书馆的管理体制与制度具有明显的政治烙印,无形中也传递给读者图书馆所代表的政治意识。这种情况的出现,体现了最基本的政治经济学原理,即"经济基础决定上层建筑"。因此,在图书馆深受政治环境影响的不同时期,以及新时期,都能体现出这一点:"文革"时期,强调意识形态的政治环境决定了图书馆的日常业务工作的导向,图书馆大量购置与当时政治意识形态相关的文献资源,而看似不相关的"古籍"、国外文献等,都是被禁止或被"封存"的。改革开放后,逐渐出现市场经济影响下的管理体制改革,以图书馆的人力资源建设为例,从传统的人事管理,逐渐过渡到现代化的类似企业的人力资源管理,在人员的招聘和激励的相关管理制度中也出现了类似于企业的情况,如在人员的招聘上,开始采用合同制聘用、激励机制上,出现类似绩效考核的制度等。政府对图书馆的经费预算,也逐渐从图书馆的社会效益进行评估考量。一方面,图书馆不可能脱离政治环境而独立存在,这是由图书馆的产生、功能、地位和运行规律等决定。另一方面,“文化事业单位”是具有独特性质的组织,图书馆对政治的依赖并不影响其制度的公正性、大众性等。

(二)图书馆“书本位”制度文化

传统的以文献信息资源为中心的“书本位”制度文化,使得图书馆在制定管理制度时,一切制度的核心都是为了保护馆藏文献。从具体的业务操作层面来看,闭架就是“书本位”的集中体现。传统的图书馆管理观念中,闭架制度可避免图书的丢失和破损,因而产生了索书条、卡片目录等业务工具,耗时耗力,还需馆员频繁出入书库。其次,“书本位”制度文化是以“书”为导向的文化,而不是以人为本,因此,连续两年出现的“国图事件”(2004 年)“苏图事件”(2005 年)则是在其文化影响下产生的法律上的问题。国家图书馆与苏州图书馆当时被读者、媒体批评的问题主要集中在“书”与人的关系上,此处的“书”,本书认为是“书本位”的“书”,即图书馆传统制度文化中对于“书”的关注高于读者,以书为中心的图书馆传统文化沉淀,导致借阅出现门槛,但我们也关注到,经过系列事件的反思和改进,图书馆逐渐认识到现存图书馆在制度领域需要改进的方面,正积在不断学习、优化相关制度。

(三)图书馆“强制型”制度文化

这些类似于霸王条款的“格式条款”基本上是图书馆传统的以书为本思想的体现,是特定历史时期的产物,可以认为是阻碍图书馆现代化进程的绊脚石。

除“书本位”制度文化外,图书馆还存在“强制”型文化。所谓“强制”型文化,指图书馆管理制度以比较严格、严肃、强迫性的面貌进行管理的文化现象,图书馆中部分具有强制性的“格式条款”“霸王条款”等是其主要表现。格式条款的核心是单方预先制定相关条款,且不与对方协商,不能由独立的第三方所接受,霸王条款则是经营者单方面为了逃避应尽的法律义务与责任,单方面制定的不平等格式的条款。对照图书借阅规则,其所具有的重复性、普遍性、强制性、预先制定且未与读者等相关对象协商,甚至出现某些霸王条款的特征,这是高校图书借阅合同中的格式条款。现行的大部分图书馆相关规章制度,多是由图书馆单方制定,且可能没有与读者协商,出现以图书馆单方面的意志为主,相关规章制度中类似于霸王条款的主要表现是罚款条例、免责条例、赔偿标准、处分条例、预约制度的不合理、缺乏读者权益的救济途径等。例如,某图书馆对逾期损坏及损失图书的有关规定:“1980 年后出版的:按原价的 5 倍 +20 元(图书加工费);1979 年前出版的按原价的 15 倍 +20 元(图书加工费)”①;又如,“请爱护设备和公共财物,严禁在阅览桌上刻、画和书写,一旦发现每刻、画、书写一处,罚款 100 元”;对于免责条款,“读者借阅文献时,请仔细检查是否有损毁情况,如有,应及时向工作人员反映,否则,责任由读者自负并按上述情况处理”“借书证只限本人使用,借书证如有丢失,必须立刻到图书馆进行挂失,否则发生冒借后果,均由读者自己负责”;处分条款:“偷窃书刊者,一经发现即处每本 50 元上罚款或报上级主管部门处理。停止借书权一个月至一学期”“凡违反借阅规则的读者,一律需参加流通部‘读者借阅规则学习班’。否则,其所持借阅证、普通阅览证或临时阅览证将被停止使用”;预约制度:某学院图书馆规定预约请求保留时间为 7 天,而图书借阅期限最短时间为 15 天。上述条款具有明显的“霸王条款”式的特征,不与对方协商、预先制定、不被第三方接受等,其“格式条款”的形成,根源在于“书本位”的制度文化,阻碍了图书馆现代化进程的脚步。

---

① 赵建国,张萍. 高校图书馆借阅格式条款的法律规制[J]. 大学图书馆学报,2005(3):19-22.

二、图书馆管理体制中的商业文化

（一）图书馆业务的委托管理和外包运作体制

委托管理是"原来政府管理的部分委托给民间机构或者企业进行管理"，公共图书馆的委托管理表现为由公共图书馆的上级行政机构与具体的企业发生直接的权责关系，与企业签订协议，将图书馆的各项业务运作"承包"给企业，委托企业对图书馆实施管理。20世纪80年代初期，日本京都市立图书馆便开始委托财团管理，在我国，成都邛崃市文化局也对地震灾区公共图书馆进行了委托管理，以此促进图书馆的重建工作①。业务外包是指"企业或团队把内部业务的一部分承包给外部专门机构，企业或团队得以重新配置资源和优化资源使用，使价值链中的每一个环节都能够获得最大限度的服务和管理效益"。图书馆的业务外包兴起于20世纪90年代，目前逐渐成为一种行业趋势，业务外包兴起的一个重要原因是社会对图书文献资源的需求增长与图书馆的自身服务能力之间存在的差距，因此需要借助社会化力量，通过有偿合作方式，将那些本应由图书馆自身承担完成的业务活动和服务委托给外部机构，以此来缓解图书馆面临的巨大压力。通常，实行外包的业务包括采访、分编、采购、报刊装订、图书加工、事务性工作、数据库建设、馆外设备利用、项目设计和建设、人力资源建设等。在我国，自20世纪90年代以来，浙江大学、首都师范大学、北京师范大学、南京师范大学等高校，分别在钢木订购、建立回溯库、数字图书馆建设、网上阅览室等业务上，同相应的商业公司进行接洽和合作，有的甚至进行深度合作，取得较好的效果。这些都是该制度的具体体现。图书馆业务的委托和外包工作有利有弊，有利之处在于可以降低图书馆业务运行的成本、弥补人员资金的匮乏、提高工作效率和服务水平、使图书馆投入产出实现最大化等，但不利之处在于减弱图书馆本身对委托和外包业务工作的掌控能力，无法确保相关业务工作质量。因此，图书馆界对此也一直存在争议。例如，20世纪80年代，日本政府提出图书馆"凡是有条件的，都可以逐步实行委托管理"，继而，日本图书馆兴起"委托管理"的热潮，面对这样的现状，日本图书馆界对"委托管理"进行抗议和斗争，最终使得政府部门的这项制度折中为，将图书馆的非核心业务如设备维护、清扫、计算机管理和流动书车等执行该制度。从20世纪80年代到90年代，美国、英国、瑞典等国都出现抗议的声音：1982年美国人口调查局的承包图书馆行为、1987年英国保守党议员戈曼关于图书馆承包的提议、1990年瑞典奥勒地方当局做出的图书馆承包管理决策引起的争议、1997年加利福尼亚里佛赛德县图书馆整体外包给私营公司的制度决策等，反映出完全商业化的管理体制不具备普及的基础。

（二）图书馆业务的收费工作

在图书馆建设过程当中，由于财政拨款不足、市场经济环境、供应商上调价格、因管理不善造成成本过高等因素影响，再加上早期图书馆精神和理念并未深入人心，图书馆便一直存在着收费服务工作，并且从图书馆诞生一直绵延至今，但早期的图书馆收费项目又与现今的有所不同。以我国为例，早年的图书馆收费项目"门槛"十分低，20世纪初的湖北、陕西、山东、湖南等几家省级馆和当时的京师图书馆，分别向读者出售"阅览券"，省级馆为1—3铜

---

① 程孝良，黄扶敏，黄英等. 地震灾区托管型公共图书馆建设模式与发展机制研究[J]. 图书馆杂志，2010(1)：42－45.

元/每张，京师图书馆为4铜圆/张，而且还有明文规定：1915年教育部发布的《图书馆规程》中规定“图书馆得酝收阅览费”①。近年来，随着公民权利意识的苏醒、对新公共管理理论和建设服务型政府的关注，同时在图书馆实践工作中深化对图书馆精神和理念的研究，我国图书馆学界逐渐意识到平等服务和免费服务的重要性，开始倡导公共图书馆精神，推动图书馆向社会公众提供免费服务。但是，图书馆免费服务并非一帆风顺，在实际工作中面临着诸如管理效率、服务效率等现实问题，而有偿项目或者说收费项目的开展为图书馆服务提供另一种途径，尽管同样是收费，此时公共图书馆已经在力图避免收费服务影响其倡导的公平、公正准则。图书馆的收费项目主要涵盖以下方面：①办理和补办证件的相关费用，阅览证或读者证的办理中的手续费、年费、保证金，如香港公共图书馆补证，儿童每张13港币，成人每张25港币；②增值服务或高端服务的费用，指除图书馆基础服务以外，图书馆提供的个性化、定制化、针对性服务的费用；③高消耗信息服务的费用，比如音像与网络资源的服务被认为涉及许多消耗性成本，因此对这类型资源进行额外的收费，如英国 Shropshire 图书馆规定，上网免费，但借音像资料却需要付费。④罚款的费用，如外借逾期未还、图书馆公物破损的罚款等②。

在有限资金的现状下，在读者对空间、资源、服务的需求日益增长的情况下，加之图书馆事业习惯了“等、靠”的被动型管理，不擅长向主管部门争取经费，同时，由于长期缺乏同社会机构合作的经验，加之目前还在积极探索和塑造现代图书馆职业理念和现代职业精神，“商业化”和“市场化”成了图书馆的选择。这种图书馆管理体制中的商业文化具备双刃剑的功能，一方面，有利于提高资源的利用率；另一方面，如果使用不当，会侵蚀现代图书馆的服务理念，因此，要辩证分析。

三、公共图书馆和高校图书馆管理体制的文化模式比较

图书馆治理主要对与图书馆相关的一切实施主体进行了明文规定，即方针、政策、标准、财政拨款、发展规划、监督约束、业务指导、实施服务等实施主体的规定。单个图书馆与其上级管理机构之间的权利与义务的规定称之为图书馆管理体制。公共图书馆文化模式在管理体制层面上，可作为公共图书馆的通用管理体制，即：政府的文化部门以专门机构或委员会的形式，对公共图书馆进行系列的专项管理。这是目前国内外多数公共图书馆管理体制中的普遍存在的文化现象。这种文化现象是公共图书馆独有的，与高校图书馆、专业图书馆等的管理体制不同。就高校图书馆而言，其管理体制层面的文化模式为：所在高校由一名副校长分管图书馆，并成立相应的图书馆委员会对图书馆进行管理，这是国内多数高校常见的管理体制。在机构设置方面，国内外公共图书馆管理体制下，基本按如下方法进行：地方政府对本地区的公共图书馆直接进行行政管辖，其管辖机构是政府相应的教育、文化机构或专门的图书馆管理部门、委员会等。公共图书馆的馆长由政府下的机构或委员会任命或聘任，组成以馆长为核心的领导集体，对公共图书馆进行管理和运作，领导集体是政府意志的代表；中、美、英三国所不同的是：

第一，地方政府委托的管理机构不同。公共图书馆是国家提供的公共服务的重要组成部分。世界各国对公共图书馆的管理也各有不同，多数以地方政府委托相关机构对公共图

① 黄少明.收费服务是公共图书馆在市场经济体制下的特征吗？[J].情报资料工作，1995(5)：40－42.
② 范并思.论公共图书馆的收费服务[J].图书馆，2011(3)：6－8.

书馆进行管理的形式出现。美国的地方政府通过设立图书馆理事会对公共图书馆进行管理。英国由其国家文化传媒和体育部根据《公共图书馆和博物馆法案》依法委托成立地方图书馆委员会对公共图书馆进行管理，同时也存在公共图书馆理事会制度。我国主要由地方的文化部门（政府机构）如文化厅、局等对公共图书馆进行管理。如上海图书馆的主管部门是上海市宣传部，泰达图书馆的主管部门是天津市经济技术开发区（泰达）文教卫生局。不过，近年来，我国也在不断探索公共图书馆法人治理制度。2013 年，在党的十八届三中全会中通过了《中共中央关于全面深化改革若干重大问题的决定》，明确提出了要“推动公共图书馆、博物馆、文化馆、科技馆等组建理事会，吸纳有关方面代表、专业人士、各界群众参与管理”。2014 年年初，省文化厅确定浙江图书馆等 6 家单位为省级法人治理结构试点单位，公共图书馆实行理事会制度成为文化体制改革的一个重要工作。据不完全统计，2016 年我国广东省、湖南省、江苏省、内蒙古自治区、山西省、上海市、浙江省、重庆市、湖北省九个省级图书馆已建立理事会①。2016 年 12 月 25 日正式通过的《中华人民共和国公共文化服务保障法》第二十四条规定，国家推动公共图书馆、博物馆、文化馆等公共文化设施管理单位根据其功能定位建立健全法人治理结构，吸收有关方面代表、专业人士和公众参与管理。理事会是决策与监督机构，负责图书馆的人事、财务及发展规划、工作计划等。但目前我国公共图书馆理事会建设还处于初步阶段，尚存在许多问题，如理事会和政府部门的权责模糊等。

第二，公共图书馆事业的国家领导机构不同。美国的公共图书馆事业领导机构包括博物馆及图书馆研究所（IMLS）和图书馆情报科学委员会（NCLIS）；英国公共图书馆事业是由其国家文化传媒和体育部进行统管；中国公共图书馆事业的统管部门是由中央人民政府的文化部下设社会文化图书馆司进行直接管理。高等学校的图书馆管理与公共图书馆有所不同，大部分国家采取如下方式：高等学校由一名副校长分管图书馆，在副校长主持下，成立图书馆（工作）委员会，图书馆馆长由该委员会提名或者聘任，经高校管理层同意后任命，馆长直接对图书馆进行全面的管理工作。在中国，中央人民政府教育部是总管和指导高校图书馆工作的国家行政机构。该部下设高校图书情报工作指导委员会。图 8 - 1 为公共图书馆与高校图书馆的管理体制对照图。

公共图书馆和高等学校图书馆在权责分配方面的具体对比情况请参见图 8 - 2。关于公共图书馆与高校图书馆在上述管理机制下的权责分配问题，本书仅以我国作为案例进行分析。目前，在我国存在地方政府负责和图书馆理事会负责两种管理方式，但由于图书馆理事会体制仍在探索阶段，因此各级地方政府仍是公共图书馆事业发展的主要决策者，公共图书馆的人力资源建设、财务直接受控于地方政府，政府会直接影响公共图书馆的决策与管理；图书馆馆长日常工作的主要内容是调动地方政府以及其他机构团体给予的资源，执行地方政府制定的相关方针政策和发展规划，总体协调、规划、组织、实施本馆各项活动；中国中央政府相关部门如文化部主要是给予宏观协调和指导；我国的“图书馆专业组织”即中国图书馆学会，在 2015 年发布的《中国图书馆学会章程》中，对其主要职责和自身的定位描述是：“本会是由图书馆及相关行业或机构科技工作者自愿结合、依法登记成立的全国性、学术性、非营利性的社会组织，是党和政府联系图书馆工作者的桥梁和纽带，是引导图书馆行业全面落实科学发展观，科学管理，推动科技进步，建设创新型国家，发展我国图书馆事业的重要社

① 霍瑞娟. 公共图书馆法人治理结构现状调研及思考[J]. 中国图书馆学报，2016，42(4)：117 - 127.

会力量。”①该会的业务范围包括为公共图书馆事业法规政策提供咨询指导、参与公共图书馆员职业认证制度的研究和实施、参与图书馆业务活动中的相关标准、规范和准则等的制定，及其执行情况的评价与鉴定等。根据2015年12月31日由教育部颁布的《普通高等学校图书馆规程》，高校图书馆职责的主要职责分配情况是：“由一名校级领导分管图书馆工作。图书馆在学校授权范围内实行馆长负责制。学校在重大建设和发展事项的决策过程中，对于涉及文献信息保障方面的工作，应吸收图书馆馆长参与或听取其意见，根据需要设立图书馆工作委员会，由学校相关职能部门负责人、教师和学生代表组成。学校主管图书馆工作的校领导担任主任委员，图书馆馆长担任副主任委员。馆长主持全馆工作，组织制订和贯彻实施图书馆发展规划、规章制度、工作计划、队伍建设方案及经费预算。副馆长协助馆长负责或分管相应工作”；教育部高校图书情报工作指导委员会的主要职责是：“对全国高等学校图书情报事业进行咨询、研究、协调和业务指导。图工委和中国高等教育文献保障系统（CALIS）的关系是：图工委是理论组，CALIS是实践组；图工委是专家组，CALIS是项目组；图工委是参谋部，CALIS是作战部。两者二维一体，相辅相成，成为保障我国高校图书馆事业发展的有力支撑。”

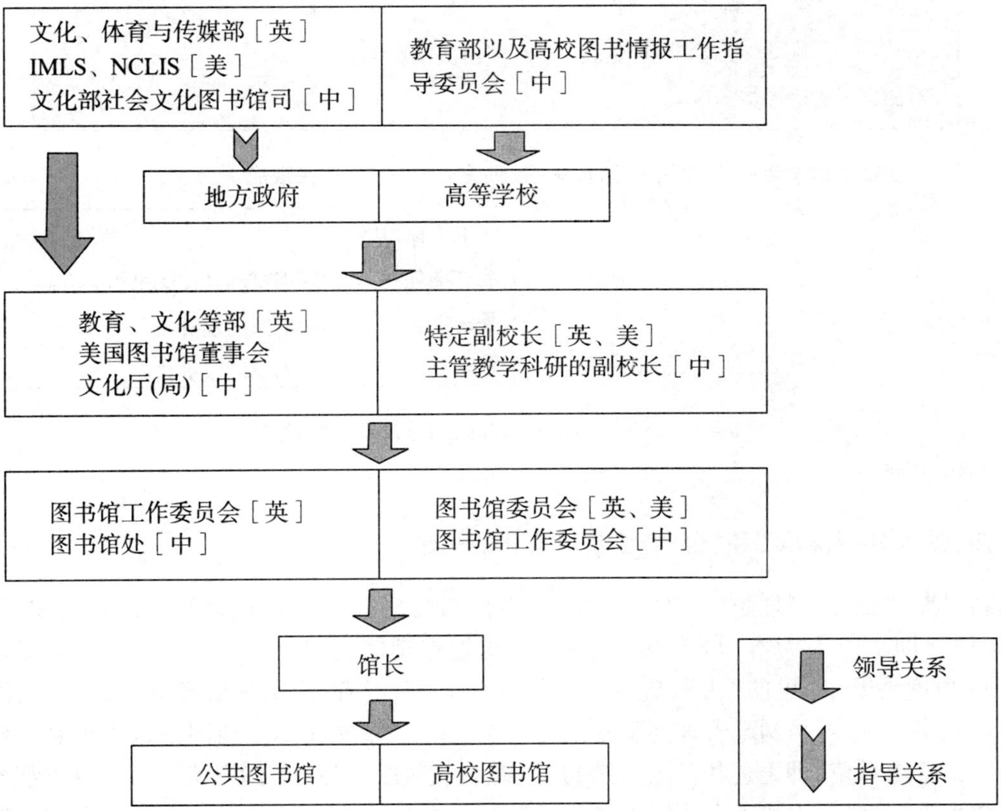

图8－1　公共图书馆和高校图书馆管理体制对照图

来源：于良芝，李晓新，王德恒．拓展社会的公共信息空间——21世纪中国公共图书馆可持续发展模式［M］．北京：科学出版社，2004：171－174．据该书图7－1改进而来。

① 中国图书馆学会．中国图书馆学会章程［EB/OL］．［2017－02－05］．http://www.lsc.org.cn/c/cn/news/2009-12/25/news_4115.html.

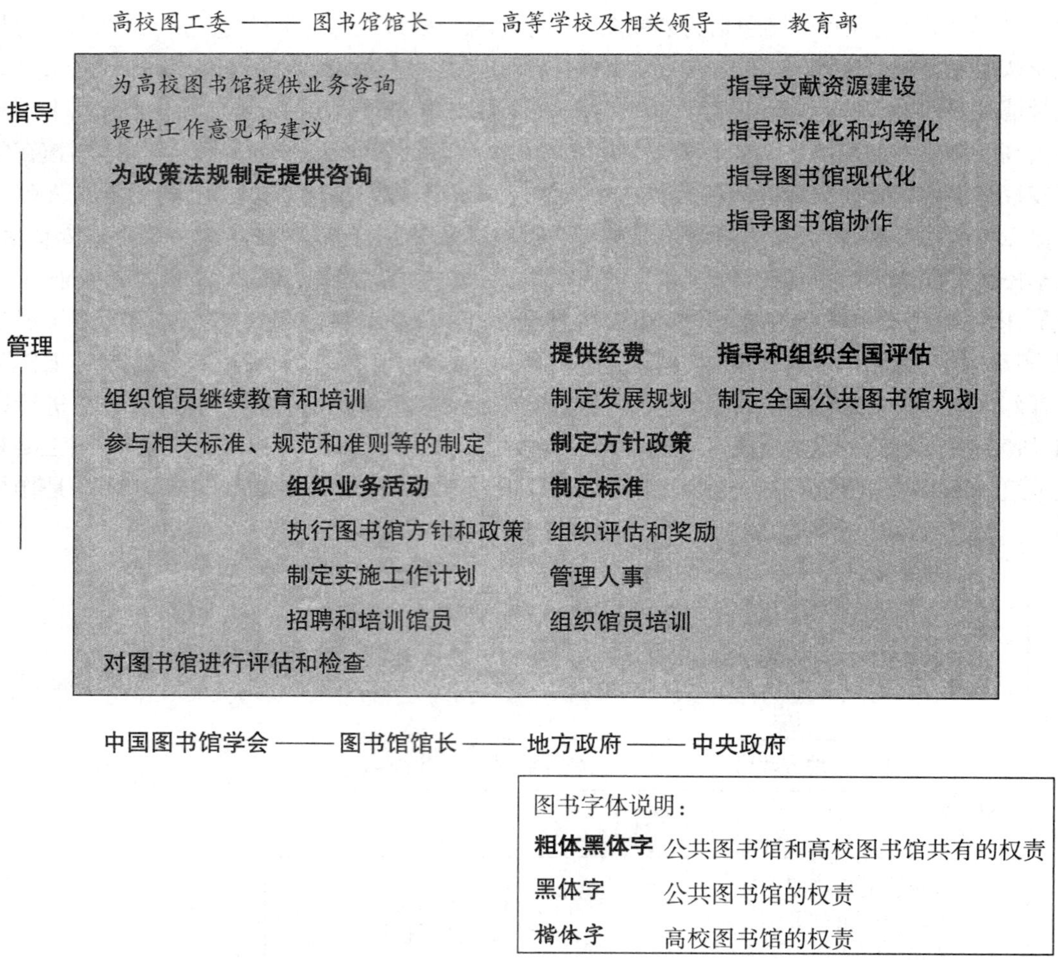

图8-2 公共图书馆和高校图书馆权责分配对照图

来源:同图8-1。

四、图书馆"人本位"和"公约"型制度文化的构建

新时期,图书馆管理制度中的"人本位"文化和"公约"型文化逐渐被管理者认知,所谓"人本位",即是以人为本,是图书馆在制定、实施管理制度时,一切出发点和目的都是从"人"的角度展开,这里的"人",包括图书馆工作人员、读者、图书馆管理者等,这些人的健康、自由、幸福、尊严是制定管理制度的依据。而"公约"型文化则是指图书馆管理制度侧重对图书馆管理对象(即上述相关人员等)进行感召、感化,并以"公约""倡议"等双方都参与的形式出现。例如,天津市泰达图书馆的《少儿读者文明公约》和《南开大学图书馆文明公约》(包含了《图书馆工作人员文明公约》与《读者文明公约》)等。这两种文化形态相互影响。"以人为本"是图书馆与读者、图书馆工作人员互动的基石,以人为本的核心是读者以及图书馆员和其他工作人员成为图书馆一切管理活动的基本出发点。实践和理论都表明,图书馆管理制度中出现了一股"人本位"和"公约"型文化现象。

图书馆管理制度中的"人本位"体现在两个方面:第一,对于读者,较之以往的单方面的某些霸王条款,更加柔性,更加体现以人为本的精神。例如,从以保护图书为根本原则逐渐过渡到最大限度满足读者的需求、提升读者阅读品质,从而以提高其自身综合素质为出发点;"强制性"逐渐弱化,取而代之的是公约式、倡议式的条文;管理人员在执行这些"条文"时的方式、手段和态度,更加柔和,体现人文关怀,特别是当遇到读者违规时,管理人员抱着解决问题的目的,友好、和善地处理问题。第二,对于相关管理人员,在制定和实施相关的行政管理制度、业务管理制度、经营活动管理制度时,考虑制度实施对象的实际情况,实现人性化、柔性化,这种管理模式和机制对于馆员及辅助人员的进步十分有益。同时,通过这种制度的实施,图书馆内更加团结、高效。

前些年,国内图书馆界关于"读者第一"和"馆员第一"的争论,体现着图书馆界对包括读者和馆员在内的"人"的关注。两个论调只是角度不同,"读者第一"是从读者管理的角度,尤其是在涉及读者利益的决策和一线馆员接触读者时的行为中所应坚持的原则;"馆员第一"则是从职工管理角度,侧重强化职工的主观能动性和职工的意识,是"能本管理"理念在图书馆实施的首要条件。服务上的"读者第一"和管理上的"馆员第一"这二者可以有效结合起来;尤其在图书馆管理制度的制定和实施中可以这样尝试。构建"人本位"的图书馆制度文化需要从以下几方面入手:首先,通过规则制度的制定和实施,培养读者和馆员的制度意识和规则意识;其次,把人本位制度文化的建设和馆员考核评价体系结合起来,对馆员工作中的失误不能死抠条文;再次,把制度文化建设与激励管理结合起来,重奖做出突出贡献的个人和集体,以良好的图书馆精神激励馆员,增强馆员的主人翁意识,关心馆员生活,解决馆员的后顾之忧。图书馆管理制度中"公约型"文化是以读者、馆员的自愿承诺为根本,以图书馆管理者的引导和读者、馆员的自觉遵守为主而建立起来的一种制度文化。目前国内一些图书馆便采纳了这种制度文化。比如国家图书馆的文明读者公约全文如下①:

要衣着整洁;不穿背心、拖鞋入馆。

要讲究卫生;不随地吐痰、乱扔废弃物。

要举止文明;不在馆内争吵、打闹。

要保持安静;不在阅览室内喧哗、使用有声通讯工具。

要珍惜时间;不在阅览室内占座位、闲聊、睡觉。

要爱护公物;不污损建筑设施、毁坏书刊资料。

要遵纪守法;不做违反馆章馆规之事。

要自尊自爱;不做有碍人格和观瞻之举。

国内采用读者公约形式规范读者行为的图书馆主要有杭州图书馆、苏州图书馆、云南省图书馆等。公约与制度的作用方式不同,效果也不同,二者相互弥补,不可分割。

第二节 组织结构

图书馆制度文化不仅包括明确的、成条文的规章制度,还包括保障制度实施的、人们之

① 中国国家图书馆.文明读者公约[EB/OL].[2017-02-05].http://www.nlc.gov.cn/newdzzn/rgxz/dzgy/.

间的隐性约定,其中最主要的就是组织结构。图书馆的组织结构是指为实现图书馆的目标的图书馆组织模式,包括图书馆的部门设置、部门之间的关系、工作岗位、权利分布等。

一、图书馆直线职能制文化现象

直线职能制文化是体现在图书馆直线型组织结构中的文化现象。这种文化最明显的特征是:组织结构按照图书馆职能(包括业务和行政、辅助等),以及图书馆业务流程(如采访—编目—流通—阅览—参考咨询等)来划分部门。该文化模式的优点是:图书馆业务分工明确,各个职能经过该组织机构的设计和运行可以进行最大限度的深化和专业化,如编目、参考咨询等专业技能得到最大限度发挥;能够适应稳定的发展环境等。其缺点包括:高层决策效率不高;管理层次多而烦琐,管理团队庞大;图书馆业务流程过于分散,其整体性遭到割裂;缺乏不同部门之间的横向协调;对外部急剧变化的政治、经济、文化、社会、信息环境反应较慢;容易形成部门分割组织目标和行动的统一性受限。

目前,国内部分图书馆采用这种模式,即使不同,也仅仅是在部门层级上的具体设置、具体名称不同。例如,中国科学技术大学图书馆组织结构(图 8 -3)和美国加州大学洛杉矶分校图书馆(图 8 -4)就是如此。但是伴随着社会发展、信息技术的发展,新的基层业务部门不断出现,如信息检索服务部门、信息素养教育部门、科技查新站、科技信息中心、学科馆员组、图书情报学研究所、多媒体中心、展览中心、儿童阅览部、特殊人群阅读部门等。现代图书馆功能不断增多,直线职能制的组织结构显得越来越臃肿。

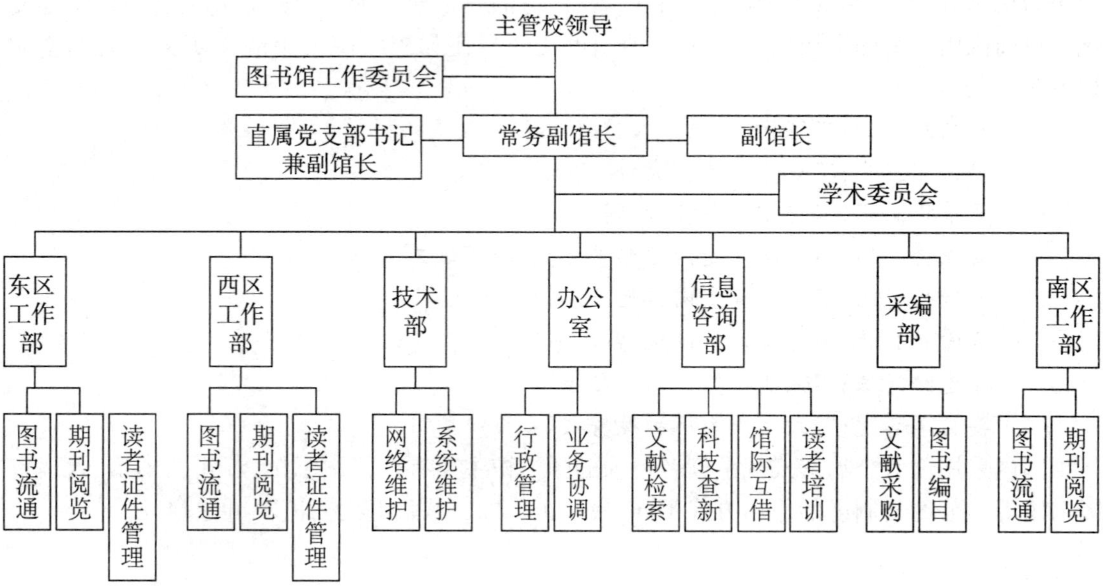

图 8 -3　中国科学技术大学图书馆组织结构图

来源:中国科学技术大学. 图书馆组织结构[EB/OL]. [2017 -02 -05]. http://lib. ustc. edu. cn/本馆概况/组织结构/.

如图 8 -5 所示,美国加州大学洛杉矶分校图书馆的组织结构符合直线职能制,馆长下设 6 位副馆长,分管馆藏管理和学术传播部、研究和发展部、用户参与部、特色馆藏和国际研究部等,三级部门达 20 余个,而且这些工作组之间没有直接的联系,相互独立。

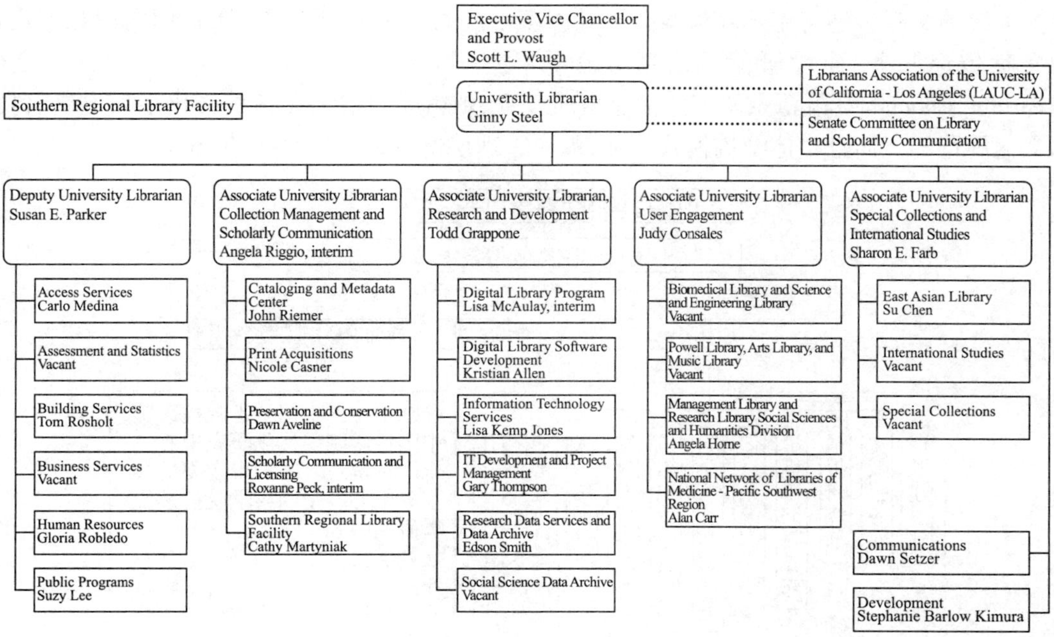

图 8－4　美国加州大学洛杉矶分校图书馆组织结构图

来源：UCLA Library. Administration and Organization[EB/OL]. [2017－02－05]. https://www.library.ucla.edu/sites/default/files/UCLA-Library-org-chart_19Jan2017.pdf.

二、图书馆扁平化文化及其构建

管理大师彼得·德鲁克曾经预言：未来的企业组织将不再是一种金字塔式的等级制结构，而会逐渐向扁平化结构演进。扁平化组织结构形式更多地强调更加灵活的组织形式和对员工的充分授权，这种灵活的组织机制可以允许员工跨职能部门工作，并确保他们获取相关信息以及决策权，所以是分权式管理模式；同时，这种组织结构形式要求员工是知识型的，要求组织实现学习型组织的革命性转变。其优点是：有利于组织内部横向沟通；员工的业绩成为晋升的主要标准；组织信息能够更快更准地上传下达；管理权限下移，有利于一线员根据具体情况处理问题；有利于锻炼基层人才；有利于高层管理者把精力集中在战略方面。

扁平化文化即图书馆组织结构呈现扁平化模式的文化现象，其最大的特点就是管理层次少，部门得到一定程度的压缩，管理团队的规模大幅度削减，而且高层对基层的职能部门进行充分授权。在扁平化结构中，图书馆还可以设立临时工作小组或者团队，由于这种组织结构有利于馆员之间的横向沟通，工作小组或者团队的凝聚力和战斗力就比传统的模式要大，而且效率高，受到行政干涉的影响较小，自主决策和管理的权力较大。

在我国，一些图书馆开始尝试扁平化组织结构，比较有代表性的是中国科学院文献情报中心，其组织结构如图 8－5 所示。该中心不仅是中国科学院图书、情报和档案一体化管理之后的成果，而且改变了传统的馆—中心—部—组的模式，成立了与图书馆业务相关的若干部门：资源建设部、文献服务部、情报研究部、学科咨询服务部、信息系统部、科学文化传播中心、编辑出版中心综合办公室、人力资源处、业务处、财务处。文献服务部整合了传统的各种相对孤立的文献服务模式，如“承担各类型馆藏文献资源的收藏和服务、负责组织全院文献情报系统的文献传递与馆际互借服务以及国家科技图书文献中心(NSTL)、国内第三方机构的文献传递服务、建设研究生信息交流学习室(Information Commons)和学习共享空间(Learning Commons)"、探索研究生信息素质教育、到馆读者培训和各种文化系列讲座、科普和文化展览等。而且整体结构模式简洁,纵向管理层次少,扁平化特征明显。

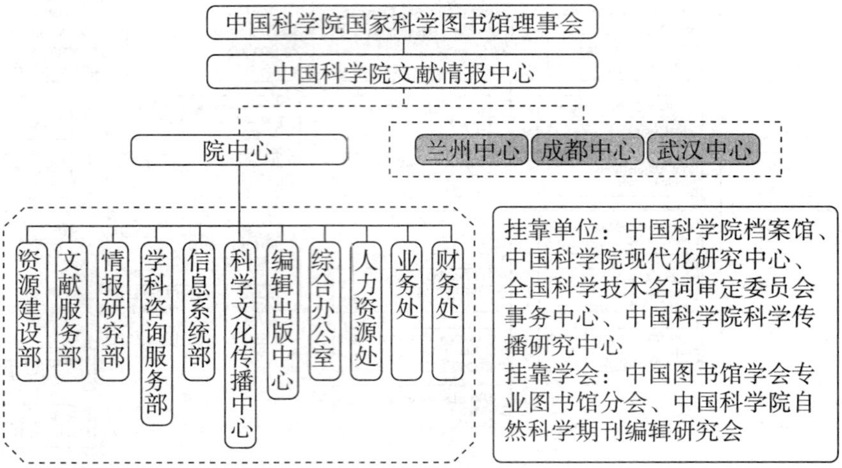

图 8-5　中国科学院文献情报中心组织结构图

来源:中国科学院文献情报中心. 组织机构[EB/OL]. [2017-02-05]. http://www.las.cas.cn/gkjj/zzjg/.

图书馆如何构建组织结构的扁平化文化?这是一个需要耐心探索的实践问题。我们认为:首先,对职能部门进行合并或者进行重组,或者建立部门与部门之间相对固定但是不死板的沟通渠道;其次,通过将传统组织结构的最底层组织进行合并,或者将某些环节作为二级组织的联络点;再次,根据具体或临时任务组建项目团队和工作小组,跨部门地选择小组或团队成员,任命或者由这些小组或团队的成员选择其负责人,并授予他们充分的权利,培养团队精神;最后,将"建立学习型图书馆"贯穿组织改革始终,通过定期培训等多样化的学习活动增强馆员的自主学习意识,提高其适应性学习能力和创造性学习能力,把组织结构改造和学习制度的建立有机结合起来;使图书馆能够不断创新其工作管理方法和服务。同时,组织结构的扁平化过程,尤其是学习型图书馆的建设也是图书馆建设基本结构资本的过程,是实现图书馆各类知识资本(包括读者资本、藏书资本、人才资本、知识产权资本和图书馆文化资本等)管理最优化、效益最优化的起点和组织保障,图书馆进行战略知识管理、实现知识服务转变的良好契机。

三、高校图书馆和公共图书馆组织结构文化现象的比较

高校图书馆模式是高等学校图书馆的组织结构所呈现的文化现象,即充分考虑高等院校的研究特殊性,设立与科学研究相关的部门,如学科馆员、研究室等;而且有些国外的高校图书馆还把图书馆与计算机中心或其他机构合并,英国伯明翰大学早在1995年就将图书馆、计算机中心、校电视台、印刷服务中心、教室管理中心合并成一个学习资源中心。在我国,第二军医大学图书馆将医学信息服务中心、校园网络中心、医学信息教研室等进行合并。

高校图书馆的组织结构一般采用业务活动的划分方法,包括馆长、公共服务部、技术服务部等部门及其细部,具体模型请参见图8-6。此外,还有采用扁平结构的图书馆。

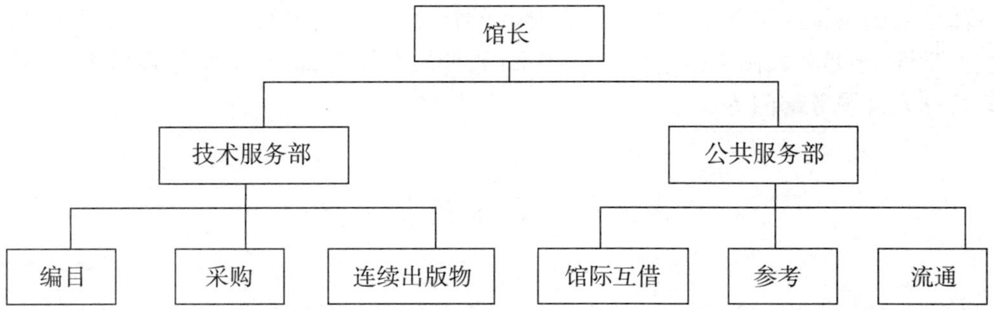

图 8－6　高校图书馆组织结构一般模型

来源:于良芝. 图书馆学导论[M]. 北京:科学出版社,2003:112.

公共图书馆的组织结构一般模式也是按照业务活动或不同的功能进行划分,然后与高校图书馆类似,组成公共服务部和技术服务部,如图 8－7 所示。有些公共图书馆也开始采纳扁平化组织,压缩管理层级,合并相关部门,在不同职能部门之间建立联系渠道,部门主任直接向馆长负责。

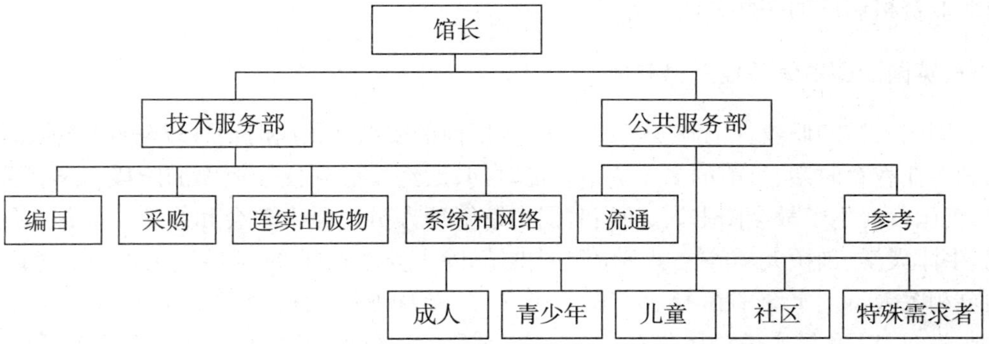

图 8－7　公共图书馆组织结构一般模型

来源:于良芝. 图书馆学导论[M]. 北京:科学出版社,2003:100.

公共图书馆组织结构的模式与高校图书馆相比,明显的特点是:设立儿童服务部、增强社区服务功能、促进全民阅读、提高全民信息素养等。但是,两种文化现象也在不断地互相借鉴,如公共图书馆也在建立研究室、培养学科馆员等。图书情报档案一体化模式也是图书馆组织结构中比较常见的形式之一,是图书馆在设置组织结构时,把档案馆、情报所都作为图书馆的职能部门,已有公共图书馆如此设置,如上海图书馆、天津泰达图书馆等。

纵观高校图书馆和公共图书馆二者在组织结构方面的异同,可以总结出以下一些结论:第一,高校图书馆和公共图书馆界占据主流的组织结构形式是按照业务活动或职能形成的直线职能制和正在兴起的扁平化结构,二者无一例外。第二,总体上看,两类图书馆在战略层面还是划分为技术服务部和公共服务两部分,这里的技术不仅仅是指计算机技术,而且包括图书馆职业长期以来形成的职业技能,包括采购方法、编目、流通等方面。第三,高校图书馆和公共图书馆在服务对象上存在较大差异,因而在组织结构的文化表现形式上出现一些较大差异,主要表现在:高校图书馆为教学科研服务,可能围绕其学科学术资源进行部分的划分,进行扁平化组织的构造,如英国拉夫堡大学图书馆;高校图书馆为适应学科发展趋势和国家科技发展,积极推出一些新的图书馆组织结构要素,如增设学科馆员、建立科技查新站等;而公共图书馆的服务对象包括各个层次的社会群众,普及性、娱乐性和文化性超过学术性、科学性,于是公共图书馆增加了一些部门,如展览服务部门、多媒体娱乐中心、儿童阅览部、特殊人群服务部门等。

第三节 职业资格制度

职业资格制度,也叫职业资格准入(认证/证书)制度,是"按照国家或行业指定的职业技能标准或任职资格条件,通过政府认定的考核鉴定机构,对劳动者的技能水平或职业资格进行客观、公正、科学规范的评价和鉴定,对合格者授予相应的资格证书,成为劳动者进入该领域的必备条件的一种制度"。通俗的理解就是:人们关于哪些人具备在某些特定行业从事职业活动的约定。职业资格制度成功地使"职业资格证"有别于"学历文凭"而成为颇有分量的从业、执业的"第二证书"。本节重点介绍目前相关文献中介绍和反映的关于各个国家尤其是英国、美国、日本、韩国等的图书馆职业资格制度,并且参考相关研究提出我国构建图书馆职业资格制度的一些方法步骤。

一、英国的图书馆职业资格制度

英国图书馆的职业资格制度经过1877年以前的委派和招聘时期、1877—1985年的考试准入和专业教育时期、目前的多元资格认证时期,已经发展到比较成熟的阶段。早在公元6世纪,英国就诞生了教会图书馆,而当时图书馆管理人员主要由教会和修道院委派,及至14世纪,牛津大学、剑桥大学等校建立学院图书馆,除了委派管理外,这些图书馆还通过聘请方式招募相关人员从事图书馆专业工作。1877年,英国图书馆协会(The Library Association,LA)成立,于1880年通过对从业人员进行专业能力考试的决定,并于1885年举行第一场图书馆员专业资格考试,这标志着英国图书馆职业资格制度之考试制度的开端。在所谓"百年考制"期间,1898年,英国政府为LA颁发皇家特许状,授权LA审核考察图书馆从业人员的资格和颁发资格证书。1909年,LA建立全国图书馆合格专业人员注册制度,该制度规定只有通过LA专业资格考试,才可以注册成为专业馆员,这个制度为当时英国公共图书馆界所普遍接受。1928年,成立于1895年的英国图书馆助理员协会(Library Assistants Association,LAA,1922年改名为助理图书馆员协会,Association of Assistant Librarians AAL)并入LA,标志着LA成为专业馆员资格认定的唯一机构。1977年,LA设立执行委员会。1978年,该委员会出台一系列改革计划。1982年,LA取消各级专业资格授予制度。1985年11月,LA完全废除考试制度。1985年至今,英国构建多元化的图书馆职业资格制度——即由大学专业教育认可(Accreditation)、注册专业人员(the Chartered Professionals)和国家职业资格体系(National Vocational Qualifications,NVQs)构成的机制。

(一)大学专业教育认可制度

英国的图书馆学专业教育始于1919年伦敦大学图书馆学院的成立,英国图书馆专业教育的认可制度可追溯至1964年LA制订的《图书馆学校最低标准》(*Minimum Standards for Schools of Librarianship*),该标准的主要作用是评估学校,评判是否能授权其举办内部考试,各院校开设的图书馆学课程只要经过英国图书馆协会审核通过,其毕业生即可免试而直接申请专业资格。后来,随着资格考试的逐步取消,协会加强对图书馆院系课程的审核,并积极营造一种正式的认证机制。2002 年,英国图书馆协会的教育委员会与信息科学家协会的专业发展与标准委员会合并,成立图书馆和信息专业人员特许协会(Chartered Institute of Library and Information Professionals,CILIP),负责专业教育的项目认证。CILIP 课程认证是基于专业核心知识和能力,认证目的是对专业会员资格准入实施质量控制,与之同时产生的另一个作用即描述和界定该学科的概念地图。

2013 年,CILIP 理事会批准名为"专业知识和技能基础"(Professional know ledge and Skills Base,PKSB)的认证模型,用以支持当前英国的 LIS 专业教育认可工作。该模型详细列出了图书馆、信息和知识职业的从业人员需要具备的各项技能,并将其划分为:①职业伦理和价值观,位于该认证模型的中心地带,支撑着该领域所有从业者的工作。②专业技能和通用技能,这是 LIS 独有的核心竞争力。专业技能包括八个方面:知识和信息组织,知识和信息管理,知识和信息利用与开发,研究技能,信息治理和监管,记录管理和档案,馆藏管理和建设,素养和学习。通用技能包括四个方面:领导和倡导能力,战略规划和管理技能,聚焦用户、服务设计和营销技能,信息技术和交流。③专业技能和通用技能的培训要与更广泛的图书馆、信息和知识领域以及组织和社会环境相结合,以促进从业者对 LIS 职业和当前所处环境的进一步理解,了解他们自身工作所在的外部世界,如图 8-8 所示。

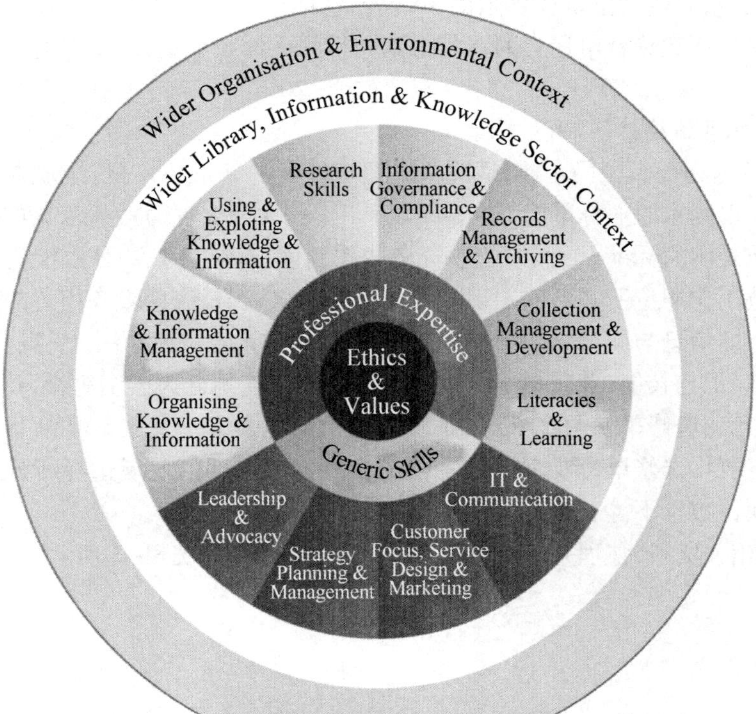

图 8-8 CILIP 专业知识和技能基础框架

来源:CILIP. What is the Professional Knowledge and Skills Base? [EB/OL]. [2017-02-05]. http://www.cilip.org.uk/careers/professional-knowledge-skills-base/what-professional-knowledge-skills-base.

(二)注册专业人员制度

20 世纪 80 年代中期,英国图书馆员的考试制度取消,可以说是图书馆协会对图书馆专业准入考试时代的结束,但图书馆协会保留和改进了专业资格认可制度。2002 年,图书馆和信息专业人员特许协会(Chartered Institute of Library and Information Professionals,CILIP)成立,负责英国图书馆和信息职业资格认证,这种认证并非强制性的,而是一种出于自愿的资历或身份认可、学习效果和应用能力的证明,表明达到一定水平的专业实践阶段,并且能帮助从业人员获得最新的知识和技能、持续发展、改善职业前景。

目前,CILIP 的图书馆职业资格认证共有三种等级,分别是证明(Certification)、注册(Chartership)、研究员(Fellowship)①。一旦申请者获得认证,就可以使用相应的后缀名表明其职业资格。证明(Certification)这一级别的职业认证工作是为帮助那些准备开始职业生涯的从业人员,或者已经在图书馆、信息或知识领域开展工作的从业人员获得其知识或技能的认证,所有拥有信息工作经验的 CILIP 的成员都可以参与认证申请,后缀名对应认证会员(ACLIP)资格。注册(Chartership)这一级别的职业认证工作面向那些想要得到技能或知识认可的信息职业从业人员,它可以表明申请者致力于自身的职业发展和信息服务工作,这一申请适用于所有 CILIP 成员,后缀名对应注册会员(MCLIP)资格。研究员(Fellowship)这一级别的职业认证工作是 CILIP 提供的最高级职业资格认证,适用于那些在组织中担任高级职位或已经对信息职业做出重要贡献的申请者,它能够评估申请者对所在组织和职业的影响力,获得这一认证意味着申请者的贡献得到同行的认可和重视,后缀名对应注册资深会员(FCLIP)资格。

(三)国家职业资格体系制度

1986 年,英国为提高国民素质,适应世界经济发展的新形势,对传统职业教育进行一次重大改革,建立以国家职业标准为导向,以实际工作能力和表现为考评依据的国家职业资格制度,该体系便是国家标准②。国家职业资格体系制度(NVQs)是一种以能力为基础的资格认证,明确规范工作职位所必备的知识与技能。在 NVQs 中,信息服务相关的职业资格认证分为四个领域,即信息与图书馆服务、档案、记录服务和记录管理、旅游信息。当前,依照工作难度及所需知识与技能,英国的 LIS 国家资格认证标准划分为五个等级,每一个认证等级都包含必修单元和选修单元两个部分,每个单位中又包含多个元素。必修单元要求申请者必须完成所有项目,选修单位要求申请者可依自身兴趣或部门发展选择所列内容中的任意一项,各等级项目数量不等。

本书根据相关资料,整理并归纳三种机制的具体情况,如表 8 - 1 所示。

① CILIP. What is the Professional Knowledge and Skills Base? [EB/OL]. [2017 - 02 - 05]. http://www.cilip.org.uk/careers/professional-knowledge-skills-base/what-professional-knowledge-skills-base.

② 王青云. 英国图书馆员职业资格认可制度[J]. 国家图书馆学刊,2005(3):36 - 40,81.

表 8－1　英国现行图书馆职业资格认证制度对照表

机制	大学专业教育认可	注册专业人员	国家职业资格体系
直接执行者	大学学术委员会及国家学位颁授委员会	英国图书馆与信息专业注册协会(CILIP)	国家劳动就业部 英国教育与技能部(Department for Education and skills)
其他执行者	CILIP 教育与个人会员服务委员会 CILIP 认可委员会	审批委员会 资格委员会 注册会员委员会	
起始时间	1964 年	1986 年	1986 年
申请者	图书馆与信息学院系的毕业生	注册会员的申请资格:历时图书馆或信息服务全职工作一年以上的毕业生 认证会员申请资格:正在图书馆或信息机构工作,并已工作两年或以上,同时为 CILIP 的正式会员的人员 注册资深会员的申请资格:为正式的注册会员,同时应满足如下条件之一:成为注册会员至少 6 年时间或连续完成两个成功的"重新生效"认证	16 岁以上的英国公民
认证等级	专业图书馆员	认证会员(ACLIP) 注册会员(MCLIP) 注册资深会员(FCLIP)	2 级:助理馆员 3 级:高级助理馆员或信息官员或行政人员 4 级:图书馆客户服务和信息管理者 5 级:高级主管
认证方式	图书馆与信息学院系毕业生申请	申请人提交的认证材料 专家评审 现场考核	现场考核 考察申请者的工作成果 对申请者进行持续培训
能力重点	知识、理论与科研技能	行规和个人发展	能力与实务技能

来源:本书整理。

二、美国的图书馆职业资格制度

美国图书馆员的职业资格制度比较复杂,一方面,全国没有统一的规范和通用的认证计划,各州与各类型图书馆的具体认证规定、标准不同。另一方面,大体上可以分为两大类职业资格认证体系,一类是图书馆学高等教育认可制度,类似于英国的专业教育制度下形成的“大学专业教育认可”;另一类就是根据不同的图书馆类型确立的不同职业资格认证,如医学图书馆职业资格认证、大学图书馆员职业资格认证、公共图书馆职业资格认证、学校图书馆员职业资格认证等。

1. 高等教育认可制度

早在1923年以前,美国图书馆学院协会(The Association of American Library Schools,AALS)便开始负责图书馆学院的认可工作,图书馆学院只要加入AALS就相当于得到认可,之后,美国图书馆协会(ALA)成为美国唯一一个图书馆学与信息科学学院的认可机构。1924年,ALA设立图书馆教育委员会(Board of Education for Librarianship,BEL),并于1925年和1933年分别颁布《图书馆学院最低标准》(*Minimum Standard for Library Schools*)和《图书馆学院最低要求》(*Minimum Requirement for Library Schools*),美国图书馆协会根据学生、教师、教育和科研情况对美国高校图书馆信息学研究生院进行认证,合格者成为该协会认可的学校。1951年又重新进行修订,规定图书馆学教育限于研究生水平,同时规定图书馆的专业工作必须有专业馆员才能担任。1956年,ALA成立认可委员会(Committee on Accreditation,COA),取代之前的BEL,承担图书馆学院的认可工作。1992年,COA发布《图书馆与信息科学硕士培养计划认可标准》(*Standards for Accreditation of Master's Program in Library and Information Studies*)。该标准出台的目的是为了提高图书馆学教育机构的教育效益与质量,2008年重新进行修订,强调毕业生要掌握扎实的图书馆学理论基础知识,并且由具有学术研究氛围的学校和能力较强的老师开展教育。经过六年对从业人员和LIS教师的公共审查活动,该标准于2015年又再次进行更新,取代2008年版本,成为当前指导和规定LIS高等教育认可制度的最新标准①。当前,ALA只认可具有LIS科学硕士授予权的院系,不仅包括图书馆学硕士、情报学硕士,还包括信息硕士、文学硕士和理学硕士等。

2. 按照图书馆类型进行划分的多元认证体系

美国的图书馆职业资格制度的最大特点就是各类型图书馆根据图书馆员的不同种类进行不同的认证,这些不同类型的图书馆包括:大学图书馆、公共图书馆、医学图书馆、中小学图书馆等;相应地,职业资格制度中常见的图书馆员类型包括:大学图书馆员、公共图书馆员、医学图书馆员、中小学图书馆员、图书馆管理者、图书馆辅助人员等。美国50个州和1个直辖特区都自行制定图书馆职业资格认证标准,但由于美国采用分散式多元化的管理体制,各州的图书馆认证制度并不统一,因此只能对各类型的图书馆认证制度进行大致介绍,但无法放诸各州一概而论。

根据相关资料,本书对这些不同图书馆员的认证制度进行比较,如表8-2所示。

---

① Standards for Accreditation of Master's Programs in Library and Information Studies[EB/OL].[2017-02-05]. http://www.ala.org/accreditedprograms/sites/ala.org.accreditedprograms/files/content/standards/Standards_2015_adopted_02-02-15.pdf.

表 8-2　美国多元图书馆职业资格认证制度对照表

图书馆员类型	执行机构	认证等级	认证依据
大学图书馆员	大学与研究图书馆协会(ARL) 州图书馆与媒介学术组织 各大学图书馆委员会	讲师 助理教授 副教授 教授	《关于大学图书馆员职业资格与证书制度声明》(ARL,1989) 各大学具体标准
公共图书馆员	各州认证委员会	一级馆员 二级馆员 三级馆员 四级馆员 五级馆员 六级馆员 七级馆员	州立认证标准与程序: 如《威斯康星州公共图书馆员职业认证法》
医学图书馆员	医学图书馆协会等		《医学图书馆员培训与认证标准》
中小学图书馆员	美国学校图书馆员协会(AASL) 教育通信和技术协会(AECT) 各州教育行政管理部门或下属认证机构	同中小学教师的等级	NBPTS 图书馆媒体专家标准 中小学教师的职业资格认证标准
图书馆管理者	美国 ALA 联合专业协会(ALA-APA)	认证公共图书馆管理者资格(5 年)	2002 年公共图书馆管理者认证标准 公共图书馆员管理者认证计划(CPLA)标准

来源:本书整理。

三、日本的图书馆职业资格制度

日本图书馆从业人员资格制度即为日本的司书制度。"司书"一词在日本由来已久,原是日本旧时给予图书馆从业人员的一种地位的"优遇",并非一开始便指图书馆员的专业资格。然而,从 1897 年《帝国图书馆馆长、司书长、司书任用条件》开始对从业人员任职资格进行规范,到 1933 年修订的《公立图书馆职员令》,司书已成为公立图书馆应该设置的法定职位,并由此建立"司书资格考试制度"。1950 年颁布的《图书馆法》将司书细化为"司书"和"司书补",1953 年颁布《学校图书馆法》中将学校图书馆的专业职务定名为"司书教谕"。至此,形成司书、司书补、司书教谕三类日本图书馆的专业职务。并且,日本图书馆界非常重视职业资格制度的法律建设,到目前为止,已经有近 200 部相关法律法规,如《图书馆法》《学校图书馆法》《图书馆法实施规则》等。另外,日本图书馆职业资格制度在公共图书馆和中小学图书馆中应用最广,而高校图书馆由于受学校自主办学的影响,制度不统一,但是基本遵循公共图书馆相关制度。

（一）司书资格考试制度

1921—1946 年期间，日本公共图书馆界曾经实行考试制度来认定其图书馆员（即司书）制度。1933 年，日本颁布《公共图书馆职员令》的修订稿，出台“司书资格考试制度”来确定司书的任用资格，类似于英国 1885 年开始的图书馆员专业资格考试；然而到 1946 年，日本再次修订《公共图书馆职员令》，删除关于考试制度的规定，标志着这种考试制度被废除。在后面将要介绍的专业教育制度中，任何图书馆员要获得资格都要通过正式培训和教育，而且必须通过考试拿到相应的学分，这在某种意义上其实也是一种考试制度，只不过是考试的主考方、考题、科目等都是经过法律规定的，而且是由正式的经过认可的院校进行培训。2001 年修订的《图书馆法》加大了司书资格考试的难度，对图书馆从业人员的素质也提出更高的要求。司书资格考试由公务员考试和专业测试两部分组成，实行淘汰制，只有通过综合考试才有资格进入专业考试。另外，国立国会图书馆和国立大学图书馆司书资格考试，要求必须参加二级国家公务员考试作为综合考试成绩，并且国立大学图书馆要求考生必须有本科以上学历。

（二）专业教育制度

日本图书馆界非常重视图书馆员的教育背景和培训课程，把正式教育和培训作为图书馆员获得职业资格的首要条件，尤其是公共图书馆和中小学图书馆。日本的图书馆员大致分为司书、司书补、司书教谕等类型。本文根据相关资料将相关法律和规定下的这三类图书馆专业职务获得职业资格的教育条件进行比较、归纳和总结，如表 8－3 所示。

表 8－3　日本不同类型图书馆员获得职业资格的教育条件对照表

图书馆员类型	司书	司书补	司书教谕
职务描述	从事图书馆中的专门业务工作	协助司书工作	日本中小学图书馆中的专业职务
法律规定条件（《图书馆法》以及《学校图书馆法》）	大学或高等专科学校毕业，并参加司书课程培训的结业者 大学毕业，并在大学期间履修过有关图书馆学的专业课程者 具有三年以上司书补的工作经验，并履修相关司书培训的结业者	具有司书资格者 高中毕业或高等专科学校第三年结业，并参加司书课程培训且合格者	首先必须取得教谕资格 完成司书教谕讲习课程培训，并成绩合格
教育机构	由文部大臣委托的大学主讲	由文部大臣委托的大学主讲	由文部大臣委托的大学或其他教育机构主讲
受教育资格	必须有 2 年以上司书补的工作经验 如果是在校学生，必须是大学二年级以上，且修满 62 学分以上，或者是具有高等专门学校毕业的学历	必须修完了高等专门学校第 3 学年等	必须具有《教育职员免许法》规定的中小学校教谕资格 在校学生则必须是大学二年级以上，且修满了 62 学分以上

来源：李国新．日本图书馆员专业职务制度[J]．国家图书馆学刊，2005(3)：22－28．

陈娟，盛小平．日本图书馆职业资格认证标准与实施制度分析[J]．图书情报工作，2013，57(24)：31－38．

四、韩国的图书馆职业资格制度

韩国图书馆员的职业资格制度于朝鲜战争之后逐渐兴起。1965 年之前，图书馆员，尤其是图书馆的高级管理人员参加了图书馆讲习会举办的短期培训，为韩国图书馆界培养了 62 名高级馆员。历经六次培训之后，该培训班在 1965 年正式成为馆员资格认证培训班。1967 年 9 月，首届图书馆员资格认证学习班正式在国立图书馆开班。

在图书馆法律和国家行政命令的主导下，韩国图书馆职业资格制度逐渐建立。1963 年，韩国颁布《图书馆法》，1965 年，颁布《图书馆法实施令》，随着这两部法律的出台，韩国图书馆员的培养和资格制度得以确立，后历经多次修订更新，为韩国图书馆员资格制度与时俱进提供了法律支持。现行图书馆员职业资格制度的法令是 2012 年修订的《图书馆法》和 2012 年修订的《图书馆法实施令》。韩国图书馆员分为三个等级，分别是一级正图书馆员、二级正图书馆员和准图书馆员。自 1949 年的《公务员聘用令》起，韩国就将图书馆员职务纳入公务员编制，图书馆公务员级别分别是(从低到高排列)：9 级图书馆员、8 级图书馆员、7 级图书馆员、6 级图书馆图书编目总校。图书馆管理级别为：5 级图书馆员庶务官、4 级图书馆员庶务官，分别要求不同工作年限和级别的图书馆员。另外，韩国图书馆员的职业资格很重视正规教育下获得的专业学历。韩国图书馆学教育兴起于 1946 年国立图书馆开办的朝鲜图书馆学校，该校因朝鲜战争被迫关闭。1957 年，延庆大学文科大学班创办的图书馆学堂把文献信息学纳入正规大学教育体系，随后，梨花女子大学、中央大学、成均馆大学、淑明女大、庆北大学、江南大学、大邱基督教大学、清州大学、新罗大学等也相继开设图书馆学课程，形成当前专科、本科、硕士、博士多层次、全方位的图书馆学教育和培养体系。

以 2006 年《图书馆法实施令》为例，可知韩国关于各级馆员的具体标准对学历要求非常明确，如表 8-4 所示。

表 8-4　韩国各级图书馆员的资格要求

等级	资格要求标准
一级正图书馆员	1. 具有文献情报学或图书馆学博士学位 2. 具有二级正图书馆馆员资格，获非图书馆学或文献情报学博士学位或具有情报处理技术师资格证 3. 具有二级正图书馆馆员资格，有图书馆工作经历或有在其他文教部令规定的机关研究图书馆学或文献情报学经历(以下简称“图书馆等工作经历”)6 年以上，获硕士学位 4. 具有二级正图书馆馆员资格，拥有图书馆工作经历 9 年以上，并在指定的教育机关接受规定教育课程
二级正图书馆员	1. 大学图书馆学系或文献情报学系毕业生，或依法令认证具有同等学力，并修文献情报学专业者 2. 文献情报学或图书馆学硕士学位获得者 3. 非图书馆学或文献情报学硕士学位获得者，在指定的教育机关接受规定教育课程者，在教育研究生院修图书馆教育或司书教育专业的硕士学位获得者 4. 获得准图书馆馆员资格的硕士

续表

等级	资格要求标准
二级正图书馆员	5. 具有准图书馆馆员资格，拥有图书馆工作经历 4 年以上，在指定教育机构接受规定教育课程者 6. 大学毕业，具有准图书馆馆员资格，拥有图书馆工作经历 1 年以上，在指定教育机构接受规定教育课程者
准图书馆员	1. 专科大学图书馆学毕业生 2. 具有专科大学（含过去职业高等专科学校）或同等以上学历，在指定教育机构接受规定教育课程者 3. 大学本科毕业，在校期间辅修图书馆学或文献情报学专业者

来源：郭东哲，金化，段明莲. 韩国的司书培养体系和资格制度[J]. 图书情报工作，2008，52(6)：22－28.

五、我国的图书馆职业资格制度及其构建

由于长期以来缺乏职业资格认证制度，我国图书馆职业出现了一系列让人担忧的问题：图书馆员上岗无行业统一资格标准；图书馆工作中无专业人员与非专业人员的界限；图书馆服务质量难以保证与提高；图书馆继续教育缺乏激励机制，而且不系统、不规范、缺乏自觉要求；图书馆学教育与图书馆实践相背离；中国图书馆工作的国际化受到影响。职业资格制度可以从源头上净化图书馆从业队伍，使图书馆职业得到尊重和认可，还可以使图书馆学专业教育、继续教育和专业培训具有更大的针对性。

目前，国内相关领域在构建职业资格制度的过程中已经做了大量的工作：

第一，中国图书馆学会。《中国图书馆学会章程》规定，中国图书馆学会要“参与图书馆员职业资格认证制度的研究与实施”。从 2001 年起，中国图书馆学会便开始组织业内专家开展国内外图书馆员职业资格认证的研究工作。2002 年中国图书馆学术年会期间，文化部副部长、中国图书馆学会理事长周和平要求中国图书馆学会承担起图书馆员职业资格认证工作；2002 年 8 月，中国图书馆学会向文化部提交《关于中国图书馆学会申请图书馆员职业资格认证的报告》；同月，中国图书馆学会又向文化部社文图司提交《关于中国图书馆学会承担全国性行业学会职业培训的报告》。2003 年 2 月，中国图书馆学会又分别向文化部人事司和社文图司提交《世界主要国家图书馆的职业资格认证制度》的调研报告。2003 年 2 月 19 日，学会组织召开由在京专家参加的“图书馆员职业资格认证专家座谈会”，就如何实施图书馆员职业资格认证工作进行讨论。2004 年 3 月 15 日，中国图书馆学会向文化部人才交流中心提交《关于申请承担图书资料馆员职业资格认证培训工作的函》。2010 年和 2011 年期间举行的中美图书馆员专业交流项目中石文渊（Win-Yuan Shih）与我国图书馆员交流了美国图书馆员职业资格制度。此外，还不断推进我国图书馆职业资格认证机制的专项资金项目建设。

第二，学术界和实践界。2002 年 4 月，上海市图书馆和上海市科技情报研究所向上海市申报了哲学社会规划项目：“关于上海市公共图书馆行业试行图书馆员职业资格证书制度的研究”；2002 年 6 月，上海市图书馆与华东师范大学信息学系共同完成课题报告《世界各国的图书馆专业资格认证制度》；2004 年 5 月，国家图书馆开始承担哲学社会科学重点课题

“我国图书馆职业资格认证制度的建立与实施”。2012年，广东财经大学图书馆、广东财经大学艺术学院承接广东省图书馆科研课题“我国图书馆职业资格认证制度建设研究”。2013年，中国图书馆学会组织专项资金资助项目“我国图书馆职业资格认证机制的实现方式研究”的研究分析，深圳图书馆、上海社会科学院文学研究所参与项目研究。

第三，法制建设。2015年12月9日，中华人民共和国国务院法制办公室公布《中华人民共和国公共图书馆法（征求意见稿）》（下文简称《意见稿》）公开征求意见的通知，在该《意见稿》中，第十六条对公共图书馆相关工作人员的描述为：“公共图书馆馆长应当具备较高的文化知识、专业水平和组织管理能力。公共图书馆工作人员应当具备相应的专业知识与技能。公共图书馆专业技术人员按照国家有关规定评定专业技术职称。公共图书馆工作人员数量应当根据公共图书馆馆藏规模、馆舍面积、服务范围以及服务人口等因素确定。公共图书馆工作人员结构应当与服务功能相适应。”①虽然《意见稿》并未对图书馆职业资格进行规定，但以法律的形式对从业人员的技能和素质进行描述，是非常大的进步。

关于未来我国如何建立图书馆职业资格制度，已经有不少文献提出具体建议，归纳起来有以下几点：把颁布图书馆法放在第一位，保障资格认证制度实施；争取高层的支持，如劳动部、文化部等；发挥行业组织如中国图书馆学会的作用；根据我国目前图书馆从业者的具体情况，针对不同群体采用不同的过渡措施；充分借鉴国外的考试制、学历制、等级制、立法规定等职业资格制度，综合运用；可以先在某些地区进行试点，然后再推广；图书馆职业包括图书馆实践、图书馆学教育和图书馆学研究等三股力量要尽量合流等。纵观其他国家图书馆职业资格制度的发展历史，可以清晰地看到，该制度的发展成熟非一日之功，更不能一蹴而就；但是也不能因为其任务的艰巨、时间漫长而不去积极主动争取发展机会。

第四节　职业道德规范

图书馆员的职业道德规范，在国外也被称为图书馆员伦理规范，是图书馆职业为完成自己的社会使命，“基于图书馆员的自觉意志，向社会公示的集团性职业伦理、专业素养与行为规范”，简言之，是一个职业的自律规范。制定职业道德规范的意义在于，鼓励图书馆员和其他信息工作者在应对现实问题时不断反思并形成政策，提高图书馆的自我意识，提高用户和整个社会的透明度。图书馆职业道德规范的治理主体和对象都是图书馆员；治理手段是自觉遵守和自律；而且，图书馆职业道德规范要规范的几类关系包括：图书馆员与读者的关系、图书馆员与图书馆的关系、图书馆员与社会、图书馆员之间的关系等。图书馆职业道德规范应该包括的内容是：职业观念（意识）规范、职业行为规范、职业纪律规范、职业素养规范、职业技能规范等。本节通过介绍国际图联、美国、英国等组织及国家、地区的职业道德规范，为我国图书馆员职业道德规范提供参考和借鉴。

---

① 国务院法制办公室．国务院法制办公室关于公布《中华人民共和国公共图书馆法（征求意见稿）》公开征求意见的通知[EB/OL]．[2016－03－25]．http://www.chinalaw.gov.cn/article/cazjgg/201512/20151200479628.shtml.

一、国际图联的图书馆员职业道德规范

2012 年,国际图书馆学会联合会(International Federation of Library Association and Institutions,IFLA)通过一个国际层面的图书馆员道德规范。在 2010 年和 2012 年期间,自由获取信息和言论自由委员会(Free Access to Information and Freedom of Expression,FAIFE)的一个工作组起草了国际道德守则草案,并广泛征询图书馆员和其他信息工作者的意见,最终收到国际图联成员和非成员的数百个意见,IFLA 理事会于 2012 年 8 月最终批准通过《国际图联图书馆员和其他信息工作者道德准则》(IFLA Code of Ethics for Librarians and other Information Workers),该准则在“信息获取”“面向个人和社会的责任”“隐私、安全和透明”“开放获取与知识产权”“中立、个人操守和专业技能”“同事及雇主/员工关系”六个方面为图书馆员制定规范。国际图联的图书馆员职业道德规范的简版全文如下①:

信息获取

图书馆员和其他信息工作者的核心使命是确保所有人可以获取所需信息,无论获取信息的目的是个人发展、教育、文化生活、休闲、经济活动,还是对于民主的知情、参与和建设。

为此目的,图书馆员和其他信息工作者反对一切形式的审查,支持对用户免费服务的规定,促进针对潜在用户的馆藏建设和服务,并力求提供最高标准的物理的的和虚拟的服务。

面向个人和社会的责任

为了实现包容和消除歧视,图书馆员和其他信息工作者应当确保每个人获取信息的权利并为他们提供公正的服务,无论用户的年龄、公民身份、政治信仰、身心障碍、性别认同、教育、收入、移民及难民身份、婚姻状况、出生地、种族、宗教、性取向等。

为增强对一切信息的获取,图书馆员和其他信息工作者应支持人们进行信息的查找,协助他们发展阅读技能和信息素养,并鼓励他们合理使用信息(对年轻人的权益应予特别关注)。

隐私、安全和透明

图书馆员和其他信息工作者应在机构和个人信息共享的过程中尊重个人隐私、保护个人数据。同时,他们应支持最充分的信息公开,这些信息有关影响个人和社会生活的公共团体、私营公司及其他一切机构的活动。

开放获取与知识产权

图书馆员和其他信息工作者的职责是为图书馆用户提供获取任何媒介和格式的信息与观点的最大可能性,同时也认识到他们是受版权保护作品的作者、出版者和其他创作者的合作伙伴。图书馆员和其他信息工作者寻求确保用户和创作者双方的权利都得到尊重。他们应推动开放获取、开放源码和开放授权。他们也为图书馆寻求适当和必要的限制和例外,特别要寻求限制版权保护的期限。

---

① IFLA. IFLA Code of Ethics for Librarians and other Information Workers(short version)[EB/OL].[2017-02-05]. http://www.ifla.org/files/assets/faife/codesofethics/chinesecodeofethicsshort.pdf.

中立、个人操守和专业技能

在馆藏发展、信息获取和服务等方面，图书馆员和其他信息工作者应当严守中立和无偏见的立场。他们应寻求获得平衡的馆藏，应用公平服务的政策，避免由于个人的信仰而妨碍履行其专业职责，拒腐反腐，并追求最高标准的专业表现。

同事及雇主/员工关系

图书馆员和其他信息工作者应公平相处并互相尊重。为此目的，他们应抵制年龄、国籍、政治信仰、身心障碍、性别、婚姻状况、籍贯、种族、宗教、性取向等任何方面的就业歧视。他们应支持男女同工同酬，共享其专业经验，以及为专业协会的工作做出贡献。

二、国外的图书馆员职业道德规范

目前，在全世界60多个国家，其图书馆协会均已经制定并批准适用于本国图书馆员的国家道德规范。

（一）美国的图书馆员职业道德规范

美国图书馆协会的道德规范有着悠久的历史，自成立以来，美国图书馆协会为其会员制制定“道德守则”[①]。在1939年，美国图书馆协会通过第一个正式道德准则《图书馆员道德规范》，内容包括：图书馆员与管理当局的关系；图书馆员与读者的关系；图书馆员之间的关系；图书馆员与其他专业的关系等。该守则于1981年、1995年和2008年分别进行了修订。在最初颁布实施的40多年间，美国图书馆协会于1948年通过《图书馆权利法案》（*the Library Bill of Rights*），并在1953年通过《自由阅读声明》（*the Freedom to Read statement*），这两项政策反映在当下经济、社会和政治环境中，美国图书馆协会的图书馆员职业价值观的显著变化，随之而来的是1981年对该版本的一次修订。1995年的修订版本与之前版本相比，更多阐述的是图书馆员的工作状况，而不是图书馆员“应该”承担的义务或者“必须”接受的命令，表明更加强调图书馆员的实际工作情况，而不仅仅是守则的一纸公文。2008年的修订版本中扩大原版本中的第四条，由原有的“我们承认并尊重知识产权”修改为“我们尊重知识产权，在信息用户和信息权利所有者的利益之间取得平衡”，反映知识产权持有人和信息使用者权利之间平衡的重要性。最新的《图书馆员道德规范》全文如下[②]：

我们通过合理有效的资源组织、平等的服务政策、平等的获取以及对所有请求的准确、公正、礼貌的答复，为所有的用户提供最高级别的服务；

我们坚持知识自由，我们抵制任何形式的对图书馆资源的审查；

我们保护每位图书馆用户在查寻和接受的信息，咨询、借阅、获取或传播的资源方面的隐私权；

我们尊重知识产权，在信息用户和信息权利所有者的利益之间取得平衡；

我们以尊敬、公正的态度和积极信念来对待合作者及其他同事，并且拥护那些

---

① ALA. History of the ALA Code of Ethics[EB/OL]. [2017－02－05]. http://www.ala.org/advocacy/proethics/history.

② ALA. Code of Ethics of the American Library Association[EB/OL]. [2017－02－05]. http://www.ala.org/advocacy/proethics/codeofethics/codeethics.

捍卫所有雇员权利和幸福的招聘条件;

我们不牺牲图书馆用户、同事和所属机构的利益来满足个人私利;

我们严格区分个人信仰和职业责任,不允许个人信念干涉所属机构目标的公正表达以及信息资源获取途径的提供;

我们通过增加个人知识和技能、鼓励同事的职业发展、激发本职业中有潜质成员的创造力,来追求职业完美。

此外,美国还有一些专业图书馆组织也提出具体的职业道德标准,如美国医学图书馆学会(Medical Library Association,MLA)。1984 年,MLA 成立特别委员会,开始拟定适合于医学图书馆员的道德准则。1994 年,MLA 通过《医学图书馆员职业道德准则》(*Code of Ethics for Health Sciences Librarianship*),对医学图书馆员在“社会”“用户”“机构”“职业”和“个人”五个方面的道德行为都做出了规范,而最新发布的准则为 2010 年的修订版,全文如下①:

社会

医学图书馆员促进社会成员获取健康信息,为健康护理决策所需信息的查寻、思考和自由表达创造条件;

用户

医学图书馆员公正无偏见地满足用户的健康信息需求;

医学图书馆员尊重用户的隐私权,保护用户关系的隐秘性;

医学图书馆员确保为用户提供最最好的可用信息;

机构

医学图书馆员在为基于知识的机构信息系统的设计、发展和合理利用中展现领导力和贡献专业知识;

职业

医学图书馆员拥护哲学和职业理想;

医学图书馆员拥护职业知识和标准的发展;

医学图书馆员以礼貌和尊敬的方式处理职业关系;

医学图书馆员保持高度的职业团结;

个人

医学图书馆员承担起发展和保持职业卓越的个人责任;

医学图书馆员应警惕并遵守所在机构的道德准则及其有关利益冲突、揭露和礼品政策。

美国图书馆职业的道德规范如同其资格认证制度一样,多样化特征明显,而且随着社会环境、文化环境、技术环境的变化不断与时俱进,及时更新道德准则。这些具体专业图书馆职业或者特殊图书馆员的职业道德规范基本上以 ALA 的道德规范为蓝本,但是不局限于该蓝本,其制定者根据不同专业图书馆和图书馆员进行适当的修改。

(二)英国图书馆员的职业道德准则

英国图书馆与信息注册专业人员协会制定了图书馆员职业道德准则,包括《道德准则》

---

① MLA. Code of Ethics for Health Sciences Librarianship[EB/OL]. [2017-02-05]. http://www.mlanet.org/p/cm/ld/fid=160.

(*Ethical Principles*)和《职业实践守则》(*Code of Professional Practice*),《道德准则》是有关于图书馆员行为准则和价值观的阐述,而《职业实践守则》则是对图书馆、信息和知识工作人员在面对不同利益群体时的道德准则的规定,包括个人职责、对信息及其用户的责任、对同事和信息群体的责任、对社会的责任、作为职员的责任。可以说,前者是图书馆员道德行为的一般化概述,而后者则对图书馆员在具体工作中的道德行为进行详细阐明,其中,英国图书馆员《道德准则》的内容如下①:

关注所有职业工作中的公共利益,包括尊重社会的多元化、推动平等机会和人权;

关注信息职业的声誉;

致力于捍卫和改善信息、思想和想象力作品的获取;

在可利用资源范围内尽可能提供好的服务;

关注现实和潜在用户的需求与管理层合理要求之间的平衡;

平等对待所有信息用户;

在采访和评估信息以及将其传输给信息用户时保持公正,避免不合适的偏见;

尊重与信息用户相关的隐私和秘密;

关注各种格式信息遗产的保存和保护;

尊重和理解信息藏品的完整性和创作者的智力努力;

致力于提高个人职业知识水平、技能和竞争力;

尊重他人如信息从业者、信息用户、管理者或同事的技能和竞争力。

(三)澳大利亚的图书馆员职业道德规范

澳大利亚图书馆和信息协会编制的《职业行为准则》(*Statement on Professional Conduct*)适用于澳大利亚从事图书馆和信息服务工作的人员,于2007年重新进行修订,全文如下②:

鼓励知识自由、信息和思想的自由流通;

在为图书馆用户提供信息服务的工作中履行其职责;

承认和尊重他人的知识产权;

保护用户的隐私和秘密;

在个人立场和雇佣他们的图书馆或信息服务组织、澳大利亚图书馆和信息协会当中明确其行为;

提高和增强他们的专业知识和技能,鼓励职业发展,培养未来的图书馆员和信息服务人员;

帮助客户了解他们所需信息的最有效获取方式;

避免个人利益可能会与图书馆和信息服务、同事或雇主利益发生冲突的情况;

尊重用户和同事。

① CILIP. Ethical Principles[EB/OL]. [2017-02-05]. http://www.cilip.org.uk/about/ethics/ethical-principles.

② ALIA. Statement on professional conduct[EB/OL]. [2017-02-05]. https://www.alia.org.au/about-alia/policies-standards-and-guidelines/statement-professional-conduct.

(四)西班牙的图书馆员职业道德规范

西班牙的《图书馆员和信息职业人员的道德准则》由西班牙文献信息协会(Spanish Association for Documentation and Information,SEDIC)职业道德工作小组编制而成,并经由西班牙档案人员、图书馆员、文献人员和博物馆员联合会议(Assembly of the Spanish Federation of Societies of Archivists,Librarians,Documentalists and Museology,FESABID)审核通过,于2013年发布,在这份准则当中,体现的道德准则为:自主,即一种道德和尊严的信念;正义,坚持中立和公正以克服目前存在的任何偏见;社会效用,通过决策和目标制定来服务社会;社会责任,通过使用资源、提供培训和维护周围环境以寻求建立一个更好的社会;信任,要营造一种个人、组织、职业人员之间信任的氛围。依据这些原则,提出信息管理职业人员应当葆有的价值观,包括"知识自由""隐私和安全""信息获取""版权和知识产权""专业能力""对组织的忠诚""保存和维护""尊重文化和思想的多样性""社会责任和重视环境""服务质量"①。

(五)乌克兰的图书馆员职业道德规范

乌克兰图书馆协会(Ukranian Library Association,ULA)于1996年5月30日召开大会通过《图书馆员道德规范》(*Code of Ethics of a Librarian*),分别为图书馆与所有组织、机构、社会与公民个体的关系进行道德行为的约束。具体内容包括以下15条②:

> 我们恪守人类的基本道德准则、人文主义、思想的多元化,崇尚个体至上,不论其社会地位、宗教、国籍、性别、年龄、政治观点等;
>
> 我们崇敬人类的尊严,并且以捍卫个体获取信息的权力为己任;
>
> 我们坚持知识与信息自由的原则;
>
> 我们反对任何形式的阅读与图书馆馆藏的审查;
>
> 我们捍卫图书馆用户的隐私权,并且保护其获得图书馆与信息服务的秘密;
>
> 我们的图书馆与信息服务以提供及时、完整和客观的信息为己任;
>
> 我们保存和补充乌克兰的国家精神财富,并促进民族文化的发展;
>
> 我们致力于塑造个人的伦理与审美观,鼓励读者在其对周围环境的领悟中探究道德与伦理;避免生态灾难;改进国家福利;理解社会中个体的人文角色和个人的追求;
>
> 我们承诺进行持续的职业发展,我们认识到职业高尚的使命,要不断提高我们的知识水平、技能、图书馆实践、书目工作和信息过程、文献信息资源公共利用的组织水平;
>
> 我们继续保持图书馆员传统,不断发展图书馆理论与实践;
>
> 我们鼓励创新,引入先进的信息技术;
>
> 我们不能容忍任何试图以牺牲读者、同事和图书馆的利益为代价而谋取私利的行为;
>
> 我们要增强职业的权威性,吸引有才华的年轻人,并且帮助其在职业上不断

---

① FESABID. Spanish Association for Documentation and Information[EB/OL].[2017-02-05]. http://www.ifla.org/files/assets/faife/codesofethics/spain-nationalcodeofethics.pdf.

② ULA. Code of Ethics of a Librarian[EB/OL].[2017-02-05]. http://www.ifla.org/files/assets/faife/codesofethics/ukrainia.pdf.

成熟；

我们要在职业活动中坚持创新、责任和纪律；

我们要促进图书馆社区中关系的和谐，促进社区成员道德自我意识的发展，激活其精神潜力以利于图书馆社会任务的解决。

三、我国的图书馆员职业道德规范

我国台湾地区的图书馆员专业伦理守则中规定[①]：

馆员应积极维护阅读自由，并抗拒不当压力。

馆员应基于平等原则提供服务，不得为差别待遇。

馆员应本中立原则，收集各种图书馆资讯，维护读者权益。

馆员应努力保存各种图书资讯，促进文化交流。

馆员应重视读者终身学习之需要，提升教育功能。

馆员应不断提升读者运用图书资讯能力，提供最高层次服务。

馆员应保持热忱态度，积极主动为读者服务。

馆员应精确、有效处理图书馆业务，提供最佳服务。

馆员应参与学术活动、吸取新知、充实专业技能。

馆员执行职务时，应验收业务机密，维护读者隐私。

我国香港地区的图书馆协会（Hong Kong Library Association，HKLA）也制定了图书馆员的道德规范，全文如下[②]：

图书馆和信息工作者应提供组织良好的馆藏和准确、公正的服务，不论其个人信念；

图书馆和信息工作者应保障每个用户自由、平等、公平地获取信息的权利；

图书馆和信息工作者应尊重客户的隐私和维护图书馆与用户关系的保密性；

图书馆和信息工作者应不断提高和增强知识和技能，努力争取职业卓越；

图书馆和信息人员应拥有高度的职业诚信，而不应有可能损害其职业的行为，也不能为个人利益损害其雇主、同事或用户利益。

2002年11月15日，中国图书馆学会六届四次理事会通过《中国图书馆员职业道德准则（试行）》[③]，具体内容包括：

确立职业观念，履行社会职责。适应时代需求，勇于开拓创新。

真诚服务读者，文明热情便捷。维护读者权益，保守读者秘密。

尊重知识产权，促进信息传播。爱护文献资源，规范职业行为。

努力钻研业务，提高专业素养。发扬团队精神，树立职业形象。

实践馆际合作，推进资源共享。拓展社会协作，共建社会文明。

---

① 台湾图书馆学会. 图书馆员专业伦理守则[EB/OL]. [2017-02-05]. http://www.lac.org.tw/law/12.

② HKLA. Code of Ethics[EB/OL]. [2017-02-05]. http://www.ifla.org/files/assets/faife/codesofethics/hong-kong.pdf.

③ 中国图书馆学会. 中国图书馆员职业道德准则(试行)[EB/OL]. [2017-02-05]. http://www.lsc.org.cn/c/cn/news/2010-12/21/news_5092.html.

中国图书馆学会的这份职业道德规范内容比较全面,涉及图书馆员的职业意识、职业观念、职业行为、职业纪律、法律意识、人文意识、职业素养、职业技能、职业形象、职业合作、职业使命等方面,比较全面,基本覆盖国际上相关规范通常包含的内容:与读者的关系规范、与社会的关系规范、与职业的关系规范、与同事的关系规范、与所属机构的关系规范等;而且对于中国图书馆职业的发展历史来讲具有划时代意义。

但是,在我们纵观国外一些国家的图书馆职业道德规范之后,发现这个职业道德规范仍存在一些需要继续努力的地方(这也正是该规范后加上“试行”的真实含义,即需要在实践和借鉴中不断改进):

第一,与国外相关国家的规范相比,这份规范过于重视形式,为了对仗,为了方便记忆,有可能丧失不少真正内容,比较空泛,如“职业观念”是什么;图书馆职业的“社会责任”包括什么;“开拓创新”怎么进行,在哪些方面创新;适应时代什么需求;维护读者的什么权益;促进什么信息的传播;什么样的“职业行为”是规范的;“专业素养”包括什么;图书馆职业的“专业形象”是什么;社会协作是什么;等等。其实这些问题都是可以进一步明确的,或者说完全可以用其他一些简短的、富有含义的语言来代替。

第二,目前已经出台的职业道德规范仅仅是全国图书馆职业的通用指导性的原则,毕竟不同图书馆类型之间存在较大差异,如高校图书馆与公共图书馆、专业图书馆的馆员的职业使命、职业素养和技能、职业意识、面对的读者群等各方面不尽相同;即使在一种图书馆类型内,由于图书馆员岗位的不同,其道德准则也不尽相同。美国 ALA 出台具有普遍指导性质的道德规范,而且其下属的分会以及其他相关行业组织如医学图书馆学会又针对自己领域的特殊性制定出特有的道德规范。我国图书馆职业尤其是图书馆实践领域的复杂性并不次于美国,职业道德规范也不是“一刀切”能够解决的问题。

第三,尽管我国的图书馆员职业道德规范已经比较全面,但是与国际通行的惯例以及图书馆职业发展趋势还有一定距离。比如,“信息和知识获取自由”并没有在其中得到充分体现;信息资源的审查问题有可能比较敏感,也没有出现在其中;平等对待用户的问题是图书馆工作长期以来遇到的突出问题,如高校图书馆学生与教师、本科生与研究生之间存在借阅图书数量的差距;公共图书馆对各类社会群体的接待存在严重不公平的现状,尤其是弱势群体经常受到图书馆管理人员的歧视,这些问题应该首先在馆员的道德层面进行解决,否则任何呼吁、任何改进措施都是徒劳。另外,对图书馆员如何处理与同事的关系问题没有进一步明确,“团队精神”不足以解决这个问题。职业理念和信念强调得不够,很含糊(也许是目前业界在这一点上存在较大争议),这个几乎是最根本最战略性的问题将是影响职业道德规范生命力的最重要因素。

第九章　图书馆精神文化建设

图书馆是人类文明发展到一定阶段的产物,信息技术的进步、网络时代的来临对图书馆工作既是机遇又是挑战。面对新形势下的生存和发展问题,图书馆迫切需要提高自身的内部凝聚力和外部竞争力,创建强有力的图书馆文化。图书馆文化是指图书馆所创造的物质文化和精神文化的总和,是图书馆事业发展的一个重要组成部分。图书馆精神文化作为图书馆内部员工群体心理定式的主导意识,是图书馆价值准则、管理信念的集中体现。完善、合理、规范的图书馆制度可以催人奋进,挖掘个体潜能,形成强大的凝聚力和向心力,发挥个体思维的创新能力,使图书馆各方面的力量集中到图书馆发展上,实现图书馆的工作目标。

第一节　图书馆哲学

哲学历来是人们认识自然、社会和思维现象本质的思想武器。马克思主义认为,哲学是关于世界观的科学,它是人们对于整个世界——包括自然界、人类社会和人的思维方式的整个看法和根本观点。哲学不同于一般科学,哲学具有概括性的特点,它对一般科学起着理论上的指导作用。当我们用哲学的观点来解释各个具体学科的根本问题时,就产生各个学科自己的哲学,比如科学哲学、商业哲学、历史哲学等,图书馆哲学的产生也是如此。图书馆现象是一种社会现象,对图书馆现象本质的把握自然也离不开哲学思维。

一、图书馆哲学的概念及其内涵

图书馆哲学是关于图书馆最一般问题的学问,比如什么是图书馆(图书馆的性质)、图书馆职业的核心价值观、图书馆的使命、图书馆职业对于知识和真理的态度、图书馆学的研究方法等内容。其中,最根本的问题是对于什么是图书馆这个问题的回答。对于这个问题的回答直接决定图书馆的使命、图书馆的核心价值观等内容。

关于图书馆哲学的概念有多种代表性的观点,周文骏教授认为,“图书馆哲学是关于图书馆本质规律和方法论的学科。它一方面是图书馆实践和图书馆学理论研究的总结、概括和升华;另一方面也是一般哲学原理在图书馆领域的应用。”[①]张广钦认为,“图书馆哲学是在图书馆学基础理论层面上展开评论的理性之学”“图书馆哲学并不是很高深的玄学,而是图书馆学理论研究者对待‘图书馆’的态度、理论表现形式”[②]。黄宗忠认为:“图书馆哲学也就是图书馆学基础理论,图书馆哲学和图书馆学基础理论在本质上是一回事”[③]。蒋永福认

---

① 周文骏.编后——我们研究些什么?[C]//周文骏,倪波.图书馆学研究论文集.北京:书目文献出版社,1996.

② 张广钦.试论图书馆的哲学内涵[J].图书情报工作,2000(5):15-19.

③ 黄宗忠.浅论图书馆学基础理论的研究与发展趋势[J].图书馆杂志,1999(1):6-7.

为,“图书馆哲学就是专门揭示和解释图书馆现象本质的部门哲学”“图书馆哲学是一种高屋建瓴式地把握图书馆现象本质的综合思维方式”“所谓图书馆哲学,就是对图书馆现象的哲学关怀。这种哲学关怀,体现为科学精神与人文精神的高度融合”①。周庆山认为,图书馆哲学就是图书馆学理论基础。他在《关于图书馆哲学的思考》一文中指出,“图书馆学的理论基础是一种比图书馆学大而又能指导图书馆学的理论,事实上这里指的便是图书馆哲学”②。吕斌和李国秋认为,“图书馆哲学”有三层含义:第一层含义是指图书馆事业的宗旨和目标,第二层含义是指图书馆学领域的基本理论问题,第三层含义是指图书馆和图书馆学涉及的哲学问题③。胡先媛指出,“图书馆哲学是把马克思主义哲学的根本原理应用于图书馆学,研究图书馆活动的一般原理和方法。它既要受到哲学的雨露浸润,又要取得图书馆实践的支撑,它处于哲学和思想学的中间层,研究的是图书馆活动及这一社会现象中带有普遍性的问题,探求的是图书馆学的一般原理和方法,并将哲学思想体现在图书馆学研究中”④。此外,还有众多学者对图书馆哲学这一概念做了大量的论述,在此不再一一列出。

由上述可知,目前人们对“图书馆哲学”概念的内涵的认识还很不一致。这说明图书馆哲学研究目前尚处于“前科学”阶段,还很不成熟。不过,从上述诸说法中我们还是能够梳理出一些异中之同的看法:①图书馆哲学是对图书馆现象进行哲学思维的产物;②图书馆哲学研究探讨的是图书馆理论与实践中的本质问题,或者说,图书馆哲学是人们对图书馆现象的深层理解、感悟和诠释;③图书馆哲学是一种理论思维方式,是一种价值观和方法论⑤。可以肯定,图书馆哲学是观察图书馆现象的智慧之学,它能够为人们提供观察图书馆现象的理论视野、价值观和方法论,能够为图书馆实践提供哲学指导。

科学和哲学是人类理论思维的两种基本方式,分别集中地表现着人类理论思维的以“思维和存在的关系问题”为中介所构成的科学的构成思想的维度和哲学的对科学思想的反思维度。哲学被看作是关于世界观的学问,那么图书馆学也应该探讨和拥有关于本学科的小世界观的学问,即图书馆哲学或图书馆学哲学。图书馆学领域内的“人对自己与世界关系的总体理解”构成了图书馆哲学。这样就不仅明确图书馆哲学的一般定义,还可以明确其研究对象就是图书馆学的研究主体与客体的关系。根据哲学的基本问题可以推导出图书馆哲学的基本问题,即图书馆学领域内的思维和存在的关系问题。人们对于图书馆学研究对象的本质的不懈探索,其实就是对于本学科的本体的执着追求。图书馆学研究对象的最抽象、最理想的终极存在指的就是学科本体。哲学本体和学科本体的追求和实质是对绝对真理或抽象真理的追求。马克思主义哲学认为没有抽象的真理或绝对真理,真理总是具体的。因而哲学的和图书馆学的本体论追求只能够被合理地理解为一个永无止境的探求本质的过程。

二、图书馆精神文化建设要以图书馆哲学为指导

图书馆哲学是一种科学精神、职业理想和学术境界,是我们不懈追求的目标。图书馆哲

① 蒋永福. 图书馆哲学是什么[J]. 图书情报工作,2001(10):5-10.

② 周庆山. 关于图书馆哲学的思考[J]. 图书情报工作,1997(11):7-9,64.

③ 吕斌,李国秋. 关于“图书馆哲学”的思考[J]. 图书与情报,1997(1):7-17.

④ 胡先媛. 图书馆学理论基础研究述评[J]. 图书馆学研究,1998(2):4-8.

⑤ 翟秀云. 我国图书馆哲学研究述评[J]. 中国图书馆学报,2003(3):64-68,76.

学研究的意义主要表现在两个方面：一是有助于提高图书馆学的学科地位，增强图书馆学理论的解释力；二是有助于增强图书馆人的理论观念。图书馆哲学是对图书馆现象的哲学关怀，体现了科学精神与人文精神的融合。对图书馆来说，科学精神就是崇尚科学，利用先进的技术手段来提高图书馆工作效率。而人文精神则是在图书馆理论与实践中，体现以人为本的思想，以满足人的需求，实现人的价值，追求人的发展，体现人文关怀，创造美与和谐为图书馆活动的宗旨。毋庸置疑，图书馆活动既需要遵循科学精神，又需要发扬人文精神。科学精神与人文精神的有机融合，构成完整的"图书馆精神"。我们应该铭记，"我们的职业基本上是一种人文职业，我们的目标实质上是人""图书馆事业主要还是人文主义的事业……我们要提醒自己，图书馆学始于人文主义"①。图书馆员忽视理念和思想而偏倚于实务和技术，是与他们对图书馆认识上的机构化、实体化及操作具体化有一定关系的。这正是图书馆哲学对于他们的重要意义所在，即它可以让图书馆员充分意识到其工作的意义、目标、原则、合理性和整体价值取向。

图书馆精神文化建设正是图书馆哲学人文精神的体现，无论是图书馆事业精神还是图书馆管理的精神文化建设，都要以图书馆哲学为指导。图书馆哲学在新时期的理论体系，应填充深刻的人文内涵，关注图书馆实践，关注图书馆人、开拓人文研究的新视角、新领域、新的思维范式，从而确立和建立富含人文色彩的具有人情味的图书馆哲学。可以肯定，图书馆事业需要图书馆哲学，图书馆精神文化建设呼唤图书馆哲学，探讨图书馆哲学将成为今后图书馆理论研究工作的一个重要走向。

文化作为手段在管理中占据着很重要的位置，被称作第二只"看不见的手"。美国著名管理学家德鲁克指出，"管理是以文化为转移的，并且受其社会的价值观、传统与习俗的支配"。如果说制度管理是硬管理，文化管理则是软管理。制度主要是抑制人性恶的一面，文化主要是引导人性善的一面，文化管理是用来解决制度无法解决的问题。图书馆精神文化建设一般是指图书馆工作人员在长期的工作实践中所形成的一种相对稳定的思想行为风尚，是全体员工经过选择、提炼、尝试、教育、推广而自觉或不自觉形成的价值观，它包括馆员的政治态度、精神面貌、思想情操和职业道德等各种群体意识和群体精神②。图书馆文化对个体的影响，不是通过灌输制度、纪律等外部强制力来完成，而是通过它所创造的精神氛围和相应的文化载体，于潜移默化中感染员工的情绪，陶冶员工的情操，塑造员工的心灵，引起个体的共鸣，进而形成一种自觉、内在的驱动力，有意无意地融入图书馆文化建设的基本原则和措施，进而推动整个图书馆事业的发展。

相对于图书馆物质文化来说，图书馆精神文化是一种更深层次的文化现象，在整个图书馆文化体系中，它处于核心地位，是图书馆的上层建筑③。而图书馆哲学是解决图书馆干什么、怎样干以及干得好坏的评价标准问题。因此，培育图书馆哲学在图书馆精神文化建设中的地位和作用不言而喻。一个图书馆的价值目标如果错误，图书馆的发展就要受挫，只有在正确价值观的指导下，图书馆的发展才能得到保障。图书馆既是公益性的服务单位，又要体现由不同兴趣、不同需要、不同能力、不同角色构成的复杂利益群体的需要，只有当这些利益

① 卢泰宏．图书馆的人文传统与情报科学的技术传统[J]．中国图书馆学报，1992(3)：4－10，17，89.

② 朱仁可．图书馆精神文化建设探析[J]．河南图书馆学刊，2008(5)：23－24.

③ 刘璟．论图书馆精神文化之价值观的培育[J]．四川图书馆学报，2008(1)：17－19.

群体中的大多数或所有馆员的独立意志统一于某个共同目标之下,图书馆才能正常运转。而这个共同目标的形成,又是基于图书馆内部大多数或全体馆员对图书馆的作用和意义的客观认识,并在这种共同认识基础上形成图书馆的意志、行为规范,从而形成以图书馆为主体的价值观。

第二节　图书馆员精神

2017 年 9 月 8 日,中共中央、国务院发布《关于营造企业家健康成长环境 弘扬优秀企业家精神更好发挥企业家作用的意见》,首次以专门文件明确了企业家精神的地位和价值。企业有企业家精神,图书馆有图书馆员精神。回顾我国图书馆事业发展的整个历程,图书馆员精神贯穿在整个发展历程的始终。百年来的沉重的历史卷册,卷卷都跌宕起伏,句句都扣人心弦,它最能展现百年来中国图书馆人及其奋斗的一切。

一、历史的见证

历史不仅见证图书馆事业的发展,而且见证图书馆员精神的沿革。“忘记历史就等于背叛”。回顾这百年的历史,几代图书馆人用自己的勤劳与智慧,使图书馆从零起步,逐渐成为集合中华民族知识和智慧、承载数千年历史和文化、传播精神动力的中心。图书馆数量由星星之火到燎原之势;图书馆学理论从引进西方的思想到现在独立的科学体系;图书馆学科教育从 1920 的武昌文华图书科(Boone Library School)到现在的多所高校图书馆学教育专科、本科、硕士、博士的完整人才培养体系;图书馆技术由单一繁杂的手工发展到以计算机网络技术为推动力量的“数字革命”;图书馆的文献资源由单一的纸质文献到电子、网络资源、书刊资源、非书资料的三足鼎立,图书馆由向个别人提供简单的借阅服务到向所有公民提供形式多样和个性化的智力支持。在这百年中,图书馆人在图书馆员精神的鼓舞下,穿过枪林弹雨的近代,走进波澜起伏的现代,将图书馆推上新世纪的舞台。

1. “20 世纪两个半叶”的图书馆发展历程

(1)两个半叶七个阶段

以 1949 年新中国的成立为分水岭,中国图书馆事业的发展恰好经历 20 世纪的两个半叶。

20 世纪的前半叶,从 1904 年到 1949 年是我国现代图书馆的诞生、起步期,这一时期又分为三个阶段[①]:一是“五四运动”前(1904—1918)现代图书馆的开创。在“启迪民智”“救国必先治学”的爱国主义思想的指引和西方思想的影响下,徐树兰公共藏书楼建立,这是由近代藏书楼向公共图书馆过渡的产物。在辛亥革命时期 1904 年湖南、湖北开创公共图书馆的先河后,公共图书馆如雨后春笋般呈现繁荣局面。二是“五四运动”后(1919—1927)图书馆事业形成。各地创办许多新型图书馆;图书馆成为进步思想的传播地,如具有代表性的“抗慕义斋”(communication)活动,以及上海通信图书馆的成立;图书馆学教育兴起;中华图书馆协会成立,确立“研究图书馆学术,发展图书馆事业,并谋图书馆之协助”之宗旨。三是

① 谢灼华. 中国图书和图书馆史[M]. 武汉:武汉大学出版社,1987:226 - 344.

抗战时期(1927—1949)图书馆事业受挫。战争和政治动荡等因素给我国图书馆事业造成很大影响;进步图书馆克服重重阻力,成为革命文化运动的重要组成部分。

从1949年开始的20世纪后半叶是我国现代图书馆的进步发展时期,这一时期又分为个四个阶段①:一是新中国图书馆事业的开创阶段(1949—1957)。在对旧中国的图书馆进行接管和改造之后,加强公共图书馆的工作,大力发展高等学校图书馆和科学技术图书馆,建立起工会图书馆和农村图书馆;强化科技服务工作,并开展馆际协调与协作;对苏联图书馆事业建设经验进行学习和借鉴,从而开创图书馆事业的新局面。二是“大跃进”和“文革”时期图书馆事业的曲折阶段(1958—1977)。由于受“左”的思潮影响,急躁冒进,给图书馆事业带来不少损失,也为建设中国的社会主义图书馆事业积累正反两方面的经验。1961年后,图书馆事业进入调整期。1976年10月,图书馆事业开始恢复。三是图书馆事业的恢复发展阶段(1978—1984)。十一届三中全会后,在改革开放的背景下,我国图书馆事业建设逐渐步入正轨,图书馆的性质职能等进一步明确,整顿内务、清理馆藏等基础工作取得显著成绩,图书馆协作组织恢复工作。1984年图书馆事业开始进行观念上的改革。四是图书馆事业的全面改革探索阶段(1985—1991)。图书馆进一步改变观念,调整结构,改善管理,提高读者服务工作水平,强化情报职能,探索图书馆自动化技术,扩大横向联合,走上现代化图书馆发展道路。五是图书馆事业深化改革和现代化转型阶段(1992—)。在冲击和挑战中,图书馆人通过共同努力,扩大图书馆的规模,增加图书馆的效益,进一步完善图书馆建设。在世纪之交,图书馆事业开始探索网络环境下图书馆的发展方向与道路,图书馆正经历着网络化、数字化革命。

(2)三次高潮二次低潮

中国图书馆事业经历了辉煌与坎坷、平坦与曲折的道路,也积累了成功的经验与失败的教训,归纳起来有三次高潮和二次低潮。

三次高潮:第一次高潮是1917—1927年的新图书馆运动,这是将中国藏书楼向现代图书馆转变的一次深刻革命,公共图书馆迅速发展起来,据统计,1916年全国有省市县级图书馆23所,到1928年增加到622所②。1927年,全国学校图书馆达到171所,其中大专学校图书馆79所、中学图书馆92所、小学图书馆9所。与此同时,图书馆协会纷纷成立,图书馆学专业教育发展起来,从而形成我国图书馆事业发展的第一个高峰期。第二次高潮是1956—1965年,在“向科学进军”的背景下,国务院批准《图书协调方案》,全国建立地区性中心图书馆委员会,图书馆规模和图书馆服务全面发展。全国公共图书馆从1955年的96所发展到1965年的573所,高校图书馆从1957年的229所发展到1965年的434所。到1963年,全国工会图书馆发展到43546所。第三次高潮是1985年之后的十余年,1985年中央宣传部和文化部在北京联合召开全国图书馆工作会议,1987年8月,国务院和中央领导同意将《关于改进和加强图书馆工作的报告》由中央宣传部、文化部、国家教委、中国科学院印发全国执行。1987年,国家教委颁发《普通高等学校图书馆规程》,由国家科委、文化部发起,11个部委局成立部际图书情报工作协调委员会。各类型图书馆事业、图书馆学教育、图书馆学研究全面

① 杜克等.当代中国的图书馆事业[M].北京:当代中国出版社,1995:21-46.
吴慰慈,董焱.图书馆学概论[M].北京:北京图书馆出版社,2002:138-143.

② 王惠敏.20世纪初叶“新图书馆运动”的作用及兴起原因[J].甘肃社会科学,1999(S1):69-70.

发展,图书馆真正走上现代化的发展道路。

二次低潮:一是抗战时期,日本的侵略战争使我国的文化事业和图书馆事业遭到疯狂的破坏和掠夺,图书馆设施毁于日军炮火中,被劫掠者不计其数(1937 年日军用飞机、大炮轰炸南开大学校园,拥有 20 多万册藏书的木斋图书馆化为瓦砾场就是一例),大量珍藏图籍散失,遭受水火之灾,图书馆事业遭受一场浩劫。二是"文革"期间,从 1966 年 5 月开始的为期十年的"文化大革命"使图书馆事业遭到了严重的摧残。图书馆性质和职能受到歪曲,规章制度被废除,图书馆的协调和协作停顿,图书馆学教育停滞,大量图书馆馆闭馆,图书馆事业规模大大缩减。

2. 图书馆发展中的革命化飞跃

(1)图书馆的开放化——从封闭到开放的观念革命

从中国第一个公共图书馆的诞生之日开始,开放的精神便得到倡导,是与封建的藏书楼区别的根本。开放意味着不再为社会上层所垄断,而成为输入文明、开启民智、传播新知、提高国民素质的公益性社会文化教育机构,成为广大民众求知求学的场所①。上海通信图书馆的创立宣言中提到了图书馆是"不受制于路途,不受制于经济,不受制于职务,不受制于时间",受到当时图书馆界和文化界的广泛赞誉②。这种开放的思想伴随着图书馆的成长,从原先的向公众开放到现在的打破条块分割建立系统的图书馆体系,这种开放思想铭刻于图书馆的本质中,是图书馆不懈追求的永恒目标。图书馆为全体民众共同拥有,图书馆文献资源为读者大众所共享,图书馆的大门向一切求真、求知、求学的人们敞开,给予大众以平等的权利享受图书馆的资源和服务改造自己,解放思想,实现追求。这种开放的思想不仅仅是共有共享,也体现图书馆海纳百川的自身开放。"图书馆是一个不断发展的有机体",这种发展就体现了图书馆深深扎根社会进步中,打破各种限制,融入社会的各种思想、技术等变革。这种开放性让图书馆保持了自身的先进性,体现了作为信息和知识中心的根本原因。

(2)图书馆的科学化——从人为管理到科学管理的管理革命

辛亥革命前后出现的各类型新型图书馆的运作与管理实践,开启中国当代图书馆理论与实践之门。但是初期的图书馆管理,基本上还处于摸索、模仿、翻译、介绍、探索阶段。早期的图书馆人翻译大量的外文著作,并在各项图书馆的规章制度中都涉及图书馆管理。随后图书馆管理开始了"中国化"的进程,并日益受到关注,一些学者相继出版著作,如杜定友的《学校图书馆管理》等。新中国成立后,图书馆管理引进大量苏联理论。改革开放后,图书馆管理在技术的带动下,实现管理的自动化,一改过去的经验管理,大胆借鉴管理学思想,逐渐完善成为一个科学的体系③。图书馆的管理从对文献的单纯保管到对知识构建,经历一个从技术崇拜到人性化回归的过程。技术的引进从一定程度上提高图书馆的效率与图书馆的服务,从根本上变革的是图书馆人本管理和能本管理,图书馆管理的重心转移到读者和馆员上。同时,知识管理又将图书馆管理提升到一个新的空间,"专业技能"以及"拥有专业技能的人",成为图书馆"知识革命"的基点。图书馆服务水平的提升,图书馆社会形象的改变,图书馆职业地位的形成,唯有通过专业化、专家型的社会服务才能逐步实现。只有这样,图

① 秦俭. 图书馆精神探微[J]. 四川图书馆学报,2001(1):6-10.

② 王酉梅. 中国图书馆发展史[M]. 吉林:吉林教育出版社,1991:134.

③ 徐建华. 现代图书馆管理[M]. 天津:南开大学出版社,2003:31.

书馆才真正实现知识和人的整合,并转化为图书馆的核心竞争力。这之中,贯穿着图书馆对理性和知识永恒的尊重与追求①。

(3)图书馆的网络化——从手工服务到网络化服务的技术革命

初期的图书馆工作,繁杂辛苦且效率低下,馆员们手工抄写编制书目卡片,读者们利用图书馆费时费力。技术的浪潮使图书馆由手工服务发展为自动化的服务到现在出现的数字化服务,图书馆服务旧貌换新颜。图书馆大胆采用计算机网络等新技术,体现求真务实的科学态度。不仅把馆员从繁重的体力劳动中解放出来,成为信息知识的管理者;而且图书馆的个性化全方位信息服务打破了时空的限制延伸到每个人。在技术的推动下,图书馆形成业务和空间的网络化。图书馆业务网络化有三个层面,首先是图书馆业务社会化即在标准化和资源共享基础上,图书馆的一些共性的业务,如文献采购、标引、编目将由社会化的图书馆网络组织来协调完成,以达到资源的合理配置;其次是图书馆在书目数据共享的基础上实现资源共享;再次是图书馆作为社会信息网络上的一个信息枢纽,面向社会传播文献及其他信息②。同时在空间上,图书馆建立起纵横交错的网络,形成按照劳动地域分工原理的包括点(经济中心)、线(交通线)、网(以交通网联结的经济网络)和面(广大较落后的经济腹地)的排布有序、相互促进,层次化的空间结构③。图书馆的网络化进程,节省了人力、物力、财力,避免重复和浪费,形成大图书馆的整体观念,使图书馆体系趋于合理化、系统化。

二、知识的传播者

图书馆员是知识的传播者。知识只有在传播中才能被利用,从而实现其真正价值。知识传播的途径和渠道很多,但只有图书馆能够收集知识并使知识实现跨时空传播。建立图书馆的初衷就是为了利用它。图书馆对人类的有用性,是通过图书馆所具有的特殊知识传播功能把知识传播给人们,使人们利用人类所积累的丰富知识资源,从而受到教育,使人类社会获得发展进步④。传播知识是图书馆员的神圣使命。世界图书馆发展史已经证明,图书馆自创建之日起就担负着传播知识的职能。图书馆收藏知识的目的是为了传播知识,图书馆就是传播知识的特殊机构。因为如果只收藏知识而不传播知识就不能称其为“图书馆”了。

1. 图书馆员在知识社会化中的作用

国家和民族的振兴与发展,在科技和教育,在知识。而这一切都与图书馆员相关联。沈祖荣曾写过:“中国古代藏书,属于公家者,石渠金匮,视若鸿宝,人民无由窥其美富。在私家,搜罗诸子百家,侈谈宏富,亦只供一二学者,研究高深之学理,而与普通人民无与也。盖

---

① 王宗义.图书馆管理变革的研究导向——“新世纪图书馆管理变革的散思”之一[J].图书馆建设,2003(1):4-7.
王宗义.图书馆“知识管理”的实践探索——“新世纪图书馆管理变革的散思”之二[J].图书馆建设,2003(2):1-4.
王宗义.图书馆“核心能力”建设的思考——“新世纪图书馆管理变革的散思”之三[J].图书馆建设,2003(3):1-4.

② 林海清.新世纪我国图书馆学研究的展望[J].中国图书馆学报,1998(1):18-26.

③ 陈蜀园.对西部开发中图书馆的支持的思考[J].中国图书馆学报,2001(2):38.

④ 马恒通.图书馆知识传播论纲[J].中国图书馆学报,2007(6):26-29.

吾国士人，多吃曹仓？架之谬见，尚未明了图书馆之兴致，不在培养一二学者，而在教育千万国民；不再考求精深学理，而在普及国民教育。”[①]1919 年，担任北京大学教授和图书馆馆长职务的李大钊，在北京高等师范学校图书馆二周年纪念会上发表演说，指出古今图书馆的区别在于前者“不过是藏书的地方，管理员不过是守书的人”。而现代图书馆是教育机关，是研究室。“想教育发展，一定要使全国人民不论何时何地都有研究学问的机会，换一句话说，就是使全国变成一个图书馆或研究室[②]”。1933 年创立的“蚂蚁图书馆”，宗旨是“为偏于一隅和少数人享受的图书馆，开辟一条新的途径，某文化水准的提高，和大众智识的普及”。正是有了图书馆员，有了图书馆藏书从被少数人拥有发展为大众拥有，知识的贵族化才向平民化发展。也正是知识的社会化，唤起民众的觉悟，冲破封建的桎梏，国家和民族逐步从愚昧走向进步，从落后走向发达。今天，信息差距和信息贫困没有完全消除，图书馆员做出各种努力，唤醒公众求知的欲望。

2. 图书馆员在社会知识化中的作用

图书馆是知识的中心，图书馆员在过去现在、将来一直都是知识的传播者。汪长炳先生曾言“使图书馆为学校，毕生为学生，昔人有言：‘理想之社会，可使无学校，而不可无图书馆’”[③]。图书馆是一座没有围墙的大学，是人类取之不尽、用之不竭的知识基地。促进图书馆事业发展，传播知识、推动社会文明与进步的“知识工程”已在全国范围实行，要求完善图书馆布点与建设，使图书馆网点遍及城乡各地，形成全社会爱书、读书、利用图书馆的良好风尚，把知识送往基层，送往农村，送进家庭，提高各级图书馆的服务质量、服务水平，让全社会每个人都走进图书馆，利用图书馆[④]。社区图书馆的建立和发展，将使知识的普及向纵深发展。各类为特殊人群服务的图书馆也陆续产生，体现图书馆员的人性化关怀。在普及知识的同时，图书馆事业将促进阅读确定为自身使命，以促进思想的交流。其真正含义在于，把阅读行为视作具有独立意义的文化活动而加以倡导[⑤]。同时，图书馆员还在为培养读者的阅读习惯、提高信息素养而努力。在倡导阅读的大众化中，图书馆逐渐明确“要以最小的代价向尽可能多的读者提供尽可能多的图书”。知识的普及和阅读大众化使社会逐步知识化，图书馆员在知识社会中发挥着重要的作用。

在知识就是生产力的时代，社会知识化成为社会的进步与发展的动力，促进物质和精神的和谐统一发展。图书馆员从单纯的与读者文献传递来交流到把知识需求渗透到每个人的生活、工作、学习中，为读者“量身定做”自身职业设计与规划，并帮助他们实现自己的追求，贯彻“以人为本”的思想的图书馆逐渐成为强调人的全面发展的终身教育基地；图书馆具有了双重的角色——不仅“输血”而且“造血”，不仅实现社会的输入还实现社会的输出，努力营造学习型的社会。

---

① 丁道凡. 中国图书馆界先驱沈祖荣先生文集（一九一九——九四四年）[M]. 杭州：杭州大学出版社，1991：1.

② 李大钊. 在北京高等师范学校图书馆二周年纪念会上的演说辞[J]. 平民教育，1919(10).

③ 夏彪. 公共图书馆的社会教育职能——读汪长炳关于战时图书馆与社会教育之言论有感. 纪念汪长炳、钱亚新先生文集[EB/OL]. [2004-03-04]. http://www.jscnt.gov.cn/whxw.htm.

④ 王延东. 图书馆与知识传播[J]. 山东图书馆季刊，2001(2)：75-76.

⑤ 于良芝. 图书馆学导论[M]. 北京：科学出版社，2003：193.

三、文化的传承人

由于技术的更新，网络时代的来临，图书馆在未来的发展趋势并不明确。在这样一个急剧变革的时代，图书馆员首要使命是文化传承。即图书馆应注重对人类文化遗产的保存，而不是加入信息产业竞争；应注重对信息本身的研究，而不是对信息技术的执着追求；应注重信息的文化价值，而不是追求商业价值。加强图书馆的文化传承职能，保存人类文化遗产是图书馆的天职[①]。

1. 继承民族优秀文化传统

中华民族有着光辉日月、万古不灭的优秀精神品质，有举世公认、景仰的高尚风范、节操、气魄，中华民族精神已经形成一股推动历史发展的传统力量。它是贯穿于、升华于中国历史发展全过程的中国文化的基本精神。这种精神浇铸的中国古代文化历经2000多年的累积，典籍浩繁，蕴蓄着足以使一个民族傲然矗立于世界的优秀文明成果。作为社会文化现象的图书馆，是中国传统文化的一个折射点，从它身上可以追寻中国传统文化漫长的发展轨迹。中国传统文化中的优良积极因素，也投射于图书馆的整个发展历程，融会于图书馆的机体。从藏书楼开始，这种民族精神和文化，何尝不被历代的史官、秘书监、典籍、士人所汲取，成为图书馆员创建古代图书馆事业，铸就源远流长的中国图书馆历史的动力；又何尝不被现代中国的图书馆工作者所继承，成为召唤、激励他们前进的精神力量，凝聚成他们坚不可摧的创业精神、开拓精神、奉献精神[②]，融会于爱国、爱馆、爱人、爱书高贵品质中[③]，掀开中国图书馆发展的新篇章。

2. 学习国外图书馆先进技术与经验

图书馆事业之改进，是为固有文化向前面发展而改进，是为调和从他方面射入的新文化而改进。新中国成立初期，中国图书馆员掀起学习苏联图书馆事业建设的经验的高潮。图书馆界翻译了大量介绍苏联图书馆事业的文章和书籍，《苏联大众图书馆工作》《列宁论图书馆工作》《图书馆技术》《图书馆学翻译丛书等》。这些苏联图书馆学论著，融入中国图书馆事业的实践中。在制定图书馆方针、政策时，强调图书馆在国家社会主义建设中的作用；在读者服务中强调服务的观点，贯彻区别服务的原则，不断提高服务质量；在图书分类法的编制方面，坚持思想性、科学性、实用性的统一；在文献搜集上，注意围绕科学研究和经济建设的需要，并参照各学科的发展动向，有重点、有计划、多途径地进行搜集和补充；在图书馆专业教育方面，加强基础理论教学，重视理论联系实际[④]。

图书馆自古以来就是信息技术进步（从造纸、印刷到缩微技术和复印技术等）的最早见证者，从20世纪中国图书馆事业建立以来，技术的进步为图书馆事业带来了机遇与挑战。同时，图书馆事业遭受的重重磨难，使得自身的技术领域研究举步维艰。自80年代以来先后引进西方的机读目录格式（MARC）、大型联机数据库、集成化图书馆系统以及数字图书馆

---

① 滕海涛. 论图书馆的文化传承职能[J]. 图书情报工作，2005(S1)：5－6，23.

② 张钦恩. 传统文化与图书馆[J]. 中国图书馆学报，1994(2)：3－10.

③ 程焕文. 图书馆人与图书馆精神[J]. 中国图书馆学报，1992(2)：35－42.

④ 王宗义. 图书馆管理变革的研究导向——“新世纪图书馆管理变革的散思”之一[J]. 图书馆建设，2003(1)：36－37.

的开发,逐渐跟上新技术的革新步伐,与世界图书馆事业接轨。引进新技术实现了信息资源的共享、增加了科研合作、促进了信息的传播与交流。同时,图书馆学的研究领域也被大大扩展,图书馆学由本土化,变成世界的图书馆学。图书馆员学习西方的先进技术,并不是生搬硬套,而是真正的应用于图书馆的实际工作中,切切实实地让用户得到方便,进一步实现文献信息的功用,它是图书馆科学求实精神的体现。

3. 博大的文化精神

文化是历史的积淀,精神是文化的提纯。现代图书馆博大的文化构建的精神体系,是数千年图书馆现象的概括,是无数图书馆员丰富的精神总结。本质上说,图书馆是厚重人文积淀和先进科学技术的相互结合体。其和谐的统一,恐怕世界上很难有一种事物可以与之相媲美①。中国图书馆文化历经百年养育,具有不泥古,不媚外,汇中西之学,注重实践与国情特质。图书馆文化时时刻刻存在着与社会文化、组织文化、外来文化的交互作用,它有一个复杂的文化涵化过程。传统的主体(人)在继承的基础上还有改造、超越、造作新事物的功能,能随社会发展,历史变迁,以自己时代意识心理、精神、情感素质、理解接受,筛选择抉着传统。因而,创新又是继承的发展②。图书馆具有朝气勃勃,有生命力的文化精神,能适应新的社会形势吸收新养料、注入新血液,注重人多层次需要的满足,正确认识和树立与商品经济社会相应的信息观念、时间观念、质量效益观念、主人翁意识、竞争开放意识。作为社会文化现象存在的图书馆,是社会文化的折射点③,从其身上不仅能找寻文明的发展轨迹,也是现实文化的缩影,更可以探究未来文化的迹象。图书馆是一个平台,是信息知识资源所蕴含的文化与现实社会的人群交流的平台,是人与文化的和谐与统一的基点。

四、崇高的使命

程焕文曾说:"当我用全方位的视野来审视'图书馆世界'(Library World)的发展时,我发现:'图书馆世界'是一个很有趣的'三维空间'——一个由'图书馆事业'、'图书馆人'和'图书馆精神'组成的'三维世界'。"④回望历史,能够清楚地看到,正是经过那些具有真正"图书馆精神"的几代"图书馆人"不懈努力,才使图书馆事业经受住百年风雨的洗礼,在中国的大地上发芽生根,枝繁叶茂,嘉惠来学。国立南京图书馆第一任馆长贺昌群先生曾说:"历史的力量在推陈布新……一株严冬枯树,到春天的时候,抽芽茁叶,开花结实,这力量却原储在老干里,而涵养老干的生命的力量,却又从潜伏着满布于地下的根网而来,根网蔓延远近,下吸黄泉,因此到了春天,才有枝条畅茂的繁花绿叶。我们如果只看见一簇招展的花枝嫩叶,而忽视其老干下的根株,及根株所吸引的黄泉,这便是忽视了这株树的历史的力量。"⑤在我们欣喜于百年后图书馆事业这座宏伟大厦时,不禁要缅怀那些为这座大厦奠基铸造、灌注图书馆事业灵魂的图书馆员。

---

① 周文骏.《图书馆使命与文化视野》序[J].中国图书馆学报,2002(2):13-14.

② 徐燕中.论图书馆精神的建构和培育[J].四川图书馆学报,1992(5):5-10.

③ 张钦恩.传统文化与图书馆[J].中国图书馆学报,1994(2):3-10.

④ 程焕文.跨越时空的图书馆精神——"三位一体"与"三维一体"的韦隶华女士、沈祖荣先生和裘开明先生[J].中国图书馆学报,2002(5):61-65.

⑤ 徐忆农.汪长炳先生与公共图书馆精神[EB/OL].[2004-03-04].http://www.jscnt.gov.cn/whxw.htm.

1. 甘为人梯的人文精神

在图书馆实践中，图书馆员尽职尽责地保护人类知识的记录，最大限度地传播人类知识，向最广泛的用户提供准确的信息，全力支持用户学习和创造知识。从“一切为了读者”出发，图书馆员用服务给人带来教化、愉悦、美感，从而帮助个人改善自己的能力和生活质量，帮助社会营建秩序和文明①。从某种角度来说，图书馆的服务向每个人平等地提供精神食粮，帮助他们懂得如何行使和维护平等的权利，营造出社会的民主和自由，体现出图书馆员海纳百川、有容乃大的博爱胸襟和人文关怀。图书馆员的工作或许永远不能荣华富贵、惊天动地，只能永远的甘于清贫、默默无闻；然而不能否认的是图书馆员的工作为社会进步、人类解放发挥着不可忽视的巨大作用。正是这种反差，更加凸显出图书馆人甘为人梯、为人作嫁的崇高精神。有人把图书馆员的这种精神比作“精神炼狱”和“殉道”精神，可知在这百年历史的长河中，这种由精神升发出的人文关爱是何等的厚重。

2. 艰苦创业的献身精神

图书馆从诞生在一个民不聊生的半殖民地半封建社会，到百年后信息知识浪潮的中的中坚力量，之所以能历经坎坷和波折，最终成长和壮大起来，是离不开图书馆员们不折不扣的对图书馆事业的艰苦奋斗、自强不息的精神。这种精神到今日仍深深凝筑于图书馆人的灵魂中，只是当我们回首百年时，这种精神随着时间的推移，被赋予了不同的时代特征。图书馆事业就是淡泊明志、宁静致远；不为构设，终身为之，不懈不屈的牺牲和付出②。回顾在水深火热的战争时期，杜定友先生道：“我们置身此地（兵连祸结、灾黎遍野、教育式微），不敢不发奋图存，替国家保存一份元气为世界留存一些文献。因为图书馆可保存文献，提倡学术、普及教育、提高文化，对于社会国家有很大的意义，我们对于一种工作要作为一种事业看，我们希望这种事业发展，所以要埋头工作一步步实现我们的理想。”③和平年代里，这种精神又表现为克服重重困难对图书馆事业孜孜不倦，终身为服务于图书馆事业的精神。无论历史定格在什么时期，总能发现的敬业、爱业、守业的无私品质在熠熠发光，殷殷可鉴。

3. 竞争合作的开放精神

作为社会发展到一定阶段的产物，图书馆时刻与社会进行着物质、能量、信息的交流。社会大环境是图书馆发展的外部动力，而图书馆的自身也具有内动力，在内外动力的共同促进下，图书馆成为“一个不断生长的有机体”。这种动力的燃料就是开放带来的图书馆的竞争与合作，动力的创造者就是图书馆员。图书馆员始终抱着宽容和公正的思想容纳着代表不同见解、立场、文化背景的文献资料和用户④。从另外一个视角来看，就充分展示图书馆的“大合”精神。与此同时，图书馆的工作就决定了，图书馆员是一个合作的有机团队，上一个流程是下一个流程基础和保证；时空界限的打破，将使图书馆事业成为一个资源共享的合作网络，图书馆员也转变为网络信息导航员、知识资源管理员、数字资源专家、信息素养师⑤。图书馆将在广度和深度上进一步延伸，不再是被动的开放，而是主动地吸取和输送知识和信息，加快理论和技术的新陈代谢。图书馆与教育的相辅相成，宛如车之两轮，鸟之两翼，形成

① 于良芝. 图书馆学导论[M]. 北京：科学出版社，2003：197.

②③ 徐燕中. 论图书馆精神的建构和培育[J]. 四川图书馆学报，1992(5)：5－10.

④ 于良芝. 图书馆学导论[M]. 北京：科学出版社，2003：199.

⑤ 柯平. 21世纪的图书馆员[J]. 图书馆建设，2004(1)：5－9.

教育事业的双璧。与此同时,竞争机制的引入更加聚合图书馆员的能动性,使图书馆员间的联系更加的理性化、人性化。同时,图书馆与其他信息机构合作竞争的关系,不仅增强馆员的凝聚力和向心力,也增强图书馆事业的核心竞争力和环境适应性。正向前辈沈祖文所期望的那样图书馆正朝着“自由空气中的自我发展”的方向发展。

4. 勇于探索的创新精神

实现信息、知识、文献的功用的最大化,不断满足日益增长的大众对信息和知识的需求,是图书馆不惜一切代价追求的现实目标。沈祖荣曾说:“古人云:畏首畏尾,身其余几? 如果因畏难而裹足不进,则中午打破此难关之一日,与此如烟如花,若有若无之图书馆事业,即使留着有何益处?”[①]开拓创新更是时代的要求,是图书馆员取得事业成功的重要条件。在当今图书馆面临着时代变革所带来的严峻挑战的时刻,图书馆要求生存、求发展,就要运用创造性思维,勇于改革不合理的规章制度,积极开拓适应信息用户需求的信息服务方式,勇于探索有利于图书馆事业发展的新理论、新机制、新领域[②]。同时,第三次技术浪潮和日益发展的图书馆学教育也为图书馆的改革提供了条件。最为重要的是图书馆人不是满足现状、裹足不前、陈旧腐朽的惰化的群体,而是具有开拓、进取精神,勤于思考、勇于创新,能够不断调整自身的思维方式、价值观念和行为习惯,开创图书馆工作的新局面的创造型人才。

下面附上黑龙江省图书馆员于2016年新春之际创作的《图书馆员的心愿》[③],感受一线图书馆员对图书馆员精神的理解。

女:暑往寒来,2015,带着我们的眷恋悄然离开,
启航的2016,正以饱满的激情向我们走来,
冬之梦,渐醒,这是岁月更迭的起点;
春之声,唱响,这是生命律动的音符。

男:我们手挽着手向春天走来,
是科学的春天让我们描绘绚丽的色彩。
我们肩并着肩沐浴着早春的阳光,
在春光中抒发希望的情怀。

女:回首曾经拼搏的足迹,
我们有许多许多的感慨。
瞩望图书馆的沧桑巨变,
我们倍感亲切豪迈。

男:屏幕前、灯光下,
我们的眉宇舒展睿智。

---

① 丁道凡. 中国图书馆界先驱沈祖荣先生文集(一九一九——九四四年)[M]. 杭州:杭州大学出版社,1991:179.

② 李秀荣. 图书馆员应如何面对21世纪[M]//玉华等. 新世纪图书馆展望. 长春:吉林大学出版社,1999:159.

③ 由黑龙江省直机关歌诵队编辑录制,通过“龙江机关党建”微信公众号获得更大传播。诗朗诵音频时长6分钟,朗诵者:王雪红、黑龙江省图书馆副研究馆员;关向南、黑龙江省图书馆馆员。具体地址如下:http://mp. weixin. qq. com/s? __biz = MzAwMjU2NTUwNw = = &mid = 401512230&idx = 8&sn = d3f88a69c3f610fa09b0e7a97672743d&mpshare = 1&scene = 23&srcid = 02092aTLgoxDrSippGvjmgkV#rd.

阅览室、走廊里，匆匆的步履，
留下我们对创新的激情和挚爱。
女：虽然我们不再年轻，
但胸中依然荡漾着青春的风。
十余年的图书馆职业生涯，
爱岗敬业已融入我们的生命。
男：默默无闻为文献梳妆打扮，
让每一本书都充满智慧的精灵。
当你翻动书页欢快的文字，
那就是我的心与你一起跳动。
女：靓丽的身影飞扬着青春的火，
彩虹的年华挥洒着激情的歌。
我们的工作不会因平凡普通而惆怅，
我们的青春不会因无人喝彩而寂寞。
男：青春所以绚丽那是我们在播下希望，
青春所以甜美那是我们在努力拼搏。
我们挥洒汗水收获着阳光，
我们付出辛苦享受着快乐。
在知识的海洋里扬帆起航，
为读者服务的旗帜永不褪色。
女：抖落尘封在时光书脊上的记忆，
我们缔造了一段不同凡响的奇迹。

男：文化强国·托起中国梦，党中央为我们指引前进的方向普遍均等，惠及全民，馆领导带领我们积聚发展的力量。

女：这一年，来到省图，你便不会忘记——环境美化好氛围，楼里院外换新颜，打造特色，服务至上，是省图不变的宗旨；

男：这一年，走进省图，你便有了惊喜——24 小时图书馆、阅报机和自助借还，数字图书馆，开辟了省图发展的新纪元；

女：这一年，真人图书借阅，已成为常态服务；

男：这一年，龙江讲坛再出精品，名家纷沓至冰城；

女：这一年，特殊群体培训、各种读者沙龙、少儿活动、书刊展览，可谓是异彩纷呈；

男：这一年，图书漂流、诵读比赛，掀起了全民阅读的新高潮；

女：回眸过去，我们开拓，我们创新，我们充实，成功的日子苦乐并存；

男：我们欣慰，我们踏实，我们感恩，片刻时光都是美好回忆；

合：龙图人每前进一步都是一幅骄傲的篇章。

女：展望未来，我们畅想，我们期待，我们坚守，多少愿望在心头萦绕；

男：我们相信，我们奋斗，我们进取，前进的脚步将不会停息；

合：龙图人将以无限的豪情、勇气和魄力续写龙图的辉煌。

女:我们是新时代光荣的图书馆员,
以前瞻的理念抒写新时代的风采。
男:我们是新时代光荣的图书馆员,
为读者服务是我们永恒的誓言。
女:我愿是海洋的航灯,
为读者照亮前进的航线。
男:我愿是高天的白云,
伴读者放飞理想的鸿雁。
女:会有这么美好的一天,
你们羽翼丰满宏图大展,
鲲鹏扶摇翱翔在祖国的蓝天。
男:会有这么美好的一天,
你们意气风发启程扬帆,
乘风破浪达到理想的彼岸。
女:站在新年这雪白的起跑线上,
向未来献出我们最虔诚的祈祷。
男:祝愿我们所有的读者朋友,
(合)学业有成、事业辉煌、志存高远,
这就是我们图书馆员最大的心愿。

五、未来的创造

早在20世纪80年代美国情报学家兰卡斯特就预言21世纪图书馆将消失。对于顽强的图书馆人,养尊处优比危言耸听更加可怕。中国图书馆风风雨雨的一路走来,无不是一次次在危机中看见转机,在逆境中创造奇迹。"精神就是脊梁",进入21世纪,精神支撑的图书馆事业并没有要消失的迹象,反而在越来越多的关注中更加蓬勃地以燎原之势,广泛而深入地灌溉知识的良田。并形成传统图书馆、自动化图书馆、数字图书馆三驾车并驾齐驱的态势①,创造性地产生复合图书馆这种新型模式。不仅如此,21世纪已经为图书馆开辟更加广阔的前景,危机随处可见,挑战随时存在,机遇与挑战共存中,图书馆精神将被赋予新的内涵,图书馆事业将被注入更多的活力。

1. 图书馆"唯一性"的创造

21世纪,在信息技术的冲击下和众多信息机构竞争中,图书馆要走出一条具有时代特征和自身特色相结合的道路,就要不断在适应变化中明确自己存在的"唯一性"。这种"唯一性"的确立才能不会使图书馆仅仅成为一栋大楼的物理实体,而具有灵活多样的不可替代的服务提供者。作为知识的中心,图书馆只有保持观念、技术、服务、业务、教育创新的领先优势,保持创造力才是核心竞争力的唯一途径。创造力的保持要通过不断的自我改革,这就需要大胆的自我否定和自我批判。这种"唯一性"彰显图书馆在现代社会的独特作用,同时是图书馆在创造未来的过程中发挥作用的力量源泉。

---

① 林海清.新世纪我国图书馆学研究的展望[J].中国图书馆学报,1998(1):18-26.

2. 图书馆承担着将知识转化为资本的重任

图书馆已经实现由文献中心向知识中心的转变，打破信息载体的局限，但是在传统保守思想的影响下，图书馆似乎总是甘愿扮演默默无闻的角色。在信息时代，知识将是推动生产力的关键要素。图书馆不仅仅要保存知识，更要促进知识的运用，实现知识到生产力的快速转化，变知识为资本，实现知识更大的价值。对社会发展的间接支持改变为直接支持，不仅实现图书馆自身的价值，同时造福所有知识用户。将知识转化为资本包含两层意思：一是图书馆自身内部的转化，即图书馆将自身的知识转化为资本，利用先进的技术促进核心竞争力的增强，完成职能的转变；二是探索如何帮助用户把知识转化为资本，实现用户自身和社会的价值最大化。图书馆将实现由后台走向前台；由机械的提供知识转为主动的运用知识，和所有社会成员一同追求进步和发展①。

3. 图书馆实现社会文献平等到知识平等的飞跃

信息时代的到来并没有完全消除贫穷与落后，在某种程度上加重了数字鸿沟的问题。信息技术的普及与发展中，"全球意识"或"地球人意识"形成的同时，信息宗主国和信息殖民地也正在形成②，在这场看似平静的争斗中，图书馆将如何保持住一方净土呢？图书馆为所有的公众提供平等的权利，在信息世纪将被赋予"知识平等"的内涵。21 世纪，"有限知识"仍然使现代人存在着"核心苦恼"和构造性不足③。图书馆事业将更加致力于培养用户的信息素养，实现知识差距的"自救"，以知识为更加直接的力量，推进平等、自由、解放的人文环境，在以包容精神营造和谐文化氛围的同时，促进创造的多样化，反对单一的文化、技术、观念垄断，使社会求真务实的探索科学和真理。实现共性和个性的统一，注入爱国情怀，将人文关怀推向更加深层的意义上。

4. 图书馆达到"自然"和"人本"的和谐统一

图书馆人在对理想图书馆世界的共同期盼中，来到新的世纪。不懈追求着更加科学的管理、实现标准和灵活的统一的图书馆事业，打破思维和行动的层层桎梏，跻身于社会的治理中。在已经到来的政府再造工程中，"以公民为中心，以顾客为导向"是民主政治的基本出发点。图书馆作为社会交流与传播的社会机构，承担着信息与知识的流通职能，在民主行政范式的倡导下，图书馆如何促成中国传统社会形态中缺少的一股力量——"公民社会"(Civil Society)的形成，建立新公民社会。同时，对于政府的决策，图书馆更应发挥知识和指挥中心的作用，减少在制定政策法规时"结构性无知"的限制，降低社会支出的这种"试错"成本。图书馆可以有效地加速信息的流通，使个人和社会的决策在"法治"和"人治"中趋于合理和客观④。对图书馆来说，"自然"就是自由获取的知识世界，而"人本"则是对读者和馆员的人性化管理与服务，其和谐统一对于图书馆的可持续发展将有着新的意义。

在中国图书馆事业百年之时，最具历史与现实意义的就是回味百年铸造的图书馆精神。这种精神激励当代华夏乃至全球图书馆人为共同拥有的伟业——图书馆事业的新格局而勇往直前，为打造知识社会的新方略尽绵薄之力。

---

① 樊亚非. 略论新世纪我国图书馆管理创新[J]. 图书情报知识，2001(12)：12－14.

② 雄澄宇. 信息社会 4.0：中国社会构建新对策[M]. 长沙：湖南人民出版社，2002：78.

③ 雄澄宇. 信息社会 4.0：中国社会构建新对策[M]. 长沙：湖南人民出版社，2002：16.

④ 雄澄宇. 信息社会 4.0：中国社会构建新对策[M]. 长沙：湖南人民出版社，2002：6，10.

第三节 图书馆管理的精神文化

图书馆管理一直是图书馆学理论研究者和图书馆实际工作者颇为关注的研究领域。20世纪80年代,图书馆界引进西方的科学管理理论,对图书馆科学管理问题进行大量研究。近十年来,人们又将关注的目光转向图书馆的人本管理,认为人本管理是21世纪图书馆管理的精髓。实际上,当我们从文化的视角来审视图书馆管理时就会发现,无论是科学管理还是人本管理,在它的管理思想、管理模式、管理方法和手段中,所折射的正是各具特色的图书馆管理文化①。

一、图书馆管理文化

从管理和文化的关系看,一方面,管理是人类基本的有意识有组织的活动,其本质就是让管理者更好地管理他们的组织,有效地协调管理组织内部的种种关系。管理本身就是广义文化的组成部分。同时,管理要受到国家、民族、宗教、价值观和行为规范等的影响,构成狭义文化的部分。在管理的过程中,从最早的X管理到后来的Y管理直至Z管理的发展历程,充分显示管理科学沿着管理文化的发展足印。特别值得一提的现象是,Z管理不是像X、Y管理那样产生在西方;而是产生在东方的日本,且Z管理似乎也在东方特别有效,这不能不说明是文化背景所显示出的差异②。另一方面,文化作用于管理。美国管理学家彼德斯和托马斯在《成功之路》一书中写道:"文化占有主导地位并且贯彻始终,这点已被证实是出色公司的根本性特征,无一例外。"③一种文化对企业管理可能有积极的作用,也可能有消极的作用,这可以作为图书馆的一个参考。

比较管理文化是一种研究方法。中国文化属人文文化,西方文化属于科学文化。人文文化与科学文化的差别,反映在企业管理文化上主要存在决策方式、管理理念、治理结构和判断管理效果的标准等方面的差异④。管理文化有两种形态,一种是源于古希腊文化和犹太基督教文化传统,在资本主义初期经验管理基础上发展起来的西方管理文化,是以平民为主体的商业社会文化和市民社会文化,另一种是源于华夏文化传统,以儒家伦理为基础发展起来的东方管理文化,体现以农民为主体的农业社会文化和宗法制度文化。东西方管理文化的差别在于西方管理文化突出个人主义、权力级差小,东方管理文化则是权利级差大、风险回避,以及缺乏平等、民主,缺乏冒险精神等⑤。将这种比较方法应用于图书馆,可以比较各国在图书馆管理文化上的差异,能求同存异,取长补短,为我所用。

将管理文化应用于图书馆,不是照搬中外企业管理文化的模式,而是借鉴管理文化的原理进行图书馆管理文化的适用性探索。例如,香港浸会大学图书馆将五常(Sanitise 常清洁、

① 肖希明. 图书馆管理文化的核心精神[J]. 图书情报知识,2005(5):20-22,101.
② 张雪江. 21世纪企业管理文化趋势辨[J]. 江南论坛,2003(3):28-29.
③ 王丽丽. 论企业管理文化[J]. 山西科技,1998(5):38-40.
④ 史希平. 中西企业管理文化的比较分析[J]. 企业经济,2003(11):48-49.
⑤ 王国珍,韩乔明. 论东西方不同管理文化背景下的管理本质[J]. 现代管理科学,2004(10):63-64.

Systematise 常整顿、Structurise 常组织、Standardise 常规范、Self-discipline 常自律）管理法运用到图书馆管理中，改善了工作环境，形成了良好的工作习惯，提高了工作效率。这是图书馆管理创新的一些尝试。特别是在多文化和全球化环境中的图书馆，借鉴跨国公司文化，创建多文化图书馆管理模式十分必要。图书馆领导者要避免管理中的种族主义和本位主义，重视文化的差异性，并进行多文化图书馆业务的有效管理。同时，要保持图书馆管理文化的民族特色，形成图书馆自身的文化特色。虽然图书馆不会在全球化中消失，但没有管理文化的图书馆可能在全球化中失去应有的地位和持续发展的动力。

图书馆一旦建立起符合图书馆需要的管理文化，对图书馆的业务与发展都将起到根本动力的作用，主要表现在五个方面：一是增强图书馆员的凝聚力和激励力；二是增强图书馆的导向力和纽带力；三是增强图书馆管理的能力；四是增强图书馆的核心竞争力和创新能力，管理文化的生命力就在于创新，创新能力的提高将不断扩大图书馆资源和服务，提高图书馆核心竞争力；五是增强图书馆的辐射力和影响力。

图书馆管理文化是信息文化的一个组成部分。1982 年联合国教科文组织通过的《墨西哥城文化政策宣言》将文化界定为，“文化现在可以看成是由一个社会或社会集团的精神、物质、理智和感情等方面显著特点所构成的综合性整体。它不仅包括艺术和文学，也包括生活方式，人类的基本权利，价值体系、传统和信仰”。如果将文化看作是人类创造的一切物质产品和精神产品的总和，那么，图书馆管理文化就是关于图书馆的物质文化和精神文化的综合体。

更确切地说，图书馆管理文化是一种组织文化，是图书馆管理活动过程中一系列文化观念的总和。尽管图书馆文化与企业文化不同，但其对各自组织的重要性相同。

图书馆管理文化是一个积累。传统图书馆管理文化表现为校雠文化和藏书楼文化，是书本位的文化，是与当时的文化相适应的图书管理文化。现代图书馆管理文化是在现代文化的背景下，一方面，技术因素对图书馆的作用加强，与信息技术的密切关联，受到计算机文化和网络文化的巨大影响；另一方面，人的能力与知识占有越来越重要的地位，管理的重要性突显，人文因素受到重视。现代图书馆管理文化在 20 世纪 80—90 年代就已形成，包含以下诸方面的内容。

1. 图书馆人本管理、能本管理与知本管理

图书馆建立以人为中心的文化。重视人的因素是图书馆成功的关键。所谓以人为本，就要是尊重人，信任人，关心人，理解人，激励人，培养人。既满足他们物质需要，也满足他们的精神需要，实现其个人的发展需要。

读者第一和馆员第一之争，说明人们已经注意到人在图书馆系统中的重要性，但谁是最重要的因素，并不明确。这一争论的根源在于美国罗森帕斯旅行管理公司总裁罗森斯人本管理思想创导的“顾客第二”新企业管理法。管理人格化逐步模糊和淡化管理和被管理层之间的界限，扩张管理内涵中的人格吸引力，使管理的整体概念平等地适用于企业所有员工。在图书馆，从个人的层面，从“读者第一”的概念转化为两个第一的概念，即服务上的“读者第一”和管理上的“馆员第一”。既要重视读者，在服务上通过高质量和快捷的服务来体现读者第一的宗旨。也要重视馆员，要把馆员作为最重要的财富，关心馆员，为馆员个人的发展和学习创造条件，在管理上体现馆员第一的管理理念。

以人为本的服务，就是以服务的对象——读者为本。首先要尊重读者，要在服务中尊重

读者的人格,尊重读者的权利,尊重读者表达意见的权利;为读者实现理想提供信息服务和知识服务,满足社会需要和读者个人自我发展的需要;尊重读者的利益,维护他们的正当权益,以及满足他们的合理要求。其次,真正实现人性化服务,真诚为读者服务,全心全意为读者服务,处处为读者着想,总是为读者排忧解难。再次,提供高质量和让读者满意的服务,真正让读者收益最大化,让图书馆服务在读者那里产生社会效益和经济效益。

以人为本的管理,首先要尊重馆员,除尊重馆员人格和表达意见以及个人发展意愿的权利外,要尊重馆员的能力,尊重馆员的价值;还要尊重馆员的劳动,尊重馆员的劳动成果。其次,要充分认可每个馆员在图书馆的贡献,客观地评价馆员的业绩。再次,允许馆员选择适合自己的岗位,提供其发挥潜能的机会。

以人为本的深化是以能为本。"以能为本"的管理是人本管理的进一步发展。它通过有效的方法,最大限度发挥人的能力,从而实现能力价值的最大化,把能力这种最重要的资源作为组织发展的推动力量,实现组织发展的目标和组织创新。要发现馆员的潜能,发现人才,培养其能力,做到人尽其才,人尽其长,人尽其用。

"以知为本"的管理是一种能够激励和活用馆员的知识,并使馆员做出可持续贡献的机制。与"以人为本"相比,它不允许存在不可替代的人才,因为这有可能破坏图书馆集体奋斗的核心价值,削弱图书馆的可持续发展动力。它要求馆员特别是馆长,必须兼有"才"和"知",不断地为图书馆做出贡献。

2. 图书馆制度文化建设与激励管理

图书馆制度文化建设是图书馆科学管理的基本保障,如果没有完善的规章制度,不仅起不到约束性和强制性的作用,而且,图书馆也会失去生存的依据。

图书馆制度是一个体系,既要重视业务服务制度的建立,也要重视内部管理制度的建立。制度的建立既要完整、全面、严密,具有科学性,又要具体、实用,具有鲜明的可操作性。建立起来的制度,既要有稳定性,又要在执行中允许有策略的灵活性,使制度支持图书馆的各项工作,保证图书馆发展的总目标实现。

制度文化建设,首先要培养馆员的制度意识和规则意识,认识不到位,管理与制度就很难发挥约束和导向的作用。制度文化建设要与馆员考核评价体系的创新结合起来。要设定有文化内涵的考核目标,设计奖酬内容不能伤害馆员的感情。特别是对馆员在工作中的失误,要做具体的情况分析,"死抠条文"往往达不到诫勉的效果。制度文化建设还要与思想政治工作结合起来,通过教育达到自觉遵守制度、自觉维护制度的效果。

制度文化建设要与激励管理结合起来。在图书馆形成重知识、重人才、重创新的氛围,可采取物质奖励和精神鼓励相结合的方法。①重奖为图书馆做出贡献特别是在图书馆工作创新中做出突出成绩的个人和集体;②以良好的图书馆精神激励馆员;③增强馆员的主人公意识,提高馆员的主动积极性和工作热情;④关心馆员生活,解决困扰馆员的后顾之忧,使馆员安心工作,并对图书馆产生感情。在激励管理中,要注意激励方向和实现图书馆目标相吻合,要公正,要有针对性,真正通过激励提高馆员的工作效率和业绩,达到增强制度文化信念和促进图书馆工作的目的。

3. 图书馆民主管理和自主管理

图书馆民主管理是通过馆员参与决策、组织动员、监督检查、协调关系和启迪教育,达到维护馆员的合法权益和图书馆领导权威,使图书馆工作获取广泛支持并顺利开展的管理。

在图书馆民主管理中,主要有五个方面:第一,图书馆领导班子是民主管理的第一责任者,其是否具有较强的民主意识和民主作风,是实现民主管理成败的关键条件。第二,馆员是民主管理的主体,其主人翁意识、参与民主管理的积极性和依法参与图书馆事务的能力与水平,是决定民主管理成效的主要因素。第三,民主管理应当成为图书馆的制度,不能因为图书馆领导者的更换和民主意识的淡薄使民主管理流于形式。民主权利必须有效地运用,既不能简单化,也不能滥用。第四,民主是法制的基础,法制是民主的保障,有制度保证的民主管理才具生命力,因此图书馆制度文化建设是民主管理的保证。第五,要明确图书馆民主管理的范畴,包括:图书馆管理制度的健全和执行程度,图书馆维护馆员合法权益的承诺程度,允许馆员参与图书馆事务的程度,允许馆员制约图书馆领导权力的程度。这些是实行有效民主管理的重要前提条件。

图书馆自主管理是一种"信任型"的管理。由馆员根据图书馆发展目标和要求,自主制定自我发展计划,实施自我控制、自我创造、施展才华机会的管理。这种管理要依靠馆员个体素质、文化底蕴来实现自我约束和自我发展,来完成图书馆交给的工作任务,目的在于为馆员实现自我价值提供机会,满足馆员追求成功、追求卓越的心理需要,因而是一种不靠职务和权力来实施管理的更高境界的管理。

4. 图书馆形象建设

图书馆树立什么样的形象,图书馆在读者心中产生什么样的形象,对图书馆服务乃至图书馆发展有着极大的影响。王世伟认为,跨世纪的图书馆应树立七大形象:知识殿堂的形象;没有围墙的大学的形象;信息枢纽的形象;精神文明建设基地的形象;优质服务形象;环境整洁形象;文化中心的形象①。

在国外,图书馆形象建设从点滴做起。例如,哥伦布市立图书馆的大门上有"OPEN TO ALL"标语,门内黑色锥体石雕上有用盲文镌刻的咏叹知识的诗。洛杉矶公共图书馆的宣传材料称"走进洛杉矶公共图书馆,发现一个知识的世界"。在我国,上海图书馆馆内各种语言书写的"知识就是力量"给人以深刻印象和强烈的求知欲。

图书馆要重视自身的形象建设,通常人们注意的是馆舍、布局、标识系统等外在有形的形象设计,如上海图书馆、首都图书馆、中国科学院图书馆的新馆形象设计各有特色。实际上还包括馆徽、馆训、对外宣传等体现文化的形象展示,如中山大学图书馆通过馆徽、馆训在内的形象策划形成较高品味的图书馆文化。此外,图书馆形象还应体现在馆员、服务等方面,要重视图书馆员的形象和图书馆服务的形象。要让公众更好地理解图书馆、支持图书馆、热爱图书馆和利用图书馆。

形象就是特色,特色构造形象。形象建设不是虚拟的,也不是做表面文章,必须与图书馆管理与服务紧密结合,必须体现在细微之处。

5. 学习型图书馆文化构建

构建学习型图书馆文化,其基础是图书馆共同愿景(library shared vision),包括图书馆共同的目标、价值观与使命感三个主要因素。具体来说,建立图书馆共同愿景就是要确立新时期图书馆的目标和任务,树立图书馆的形象,将馆员的个人价值与整个图书馆的价值统一起来,将个人的责任与整个图书馆的使命统一起来。这样形成的图书馆规划与图书馆设计,不

---

① 王世伟. 论树立跨世纪图书馆的七大形象[J]. 图书馆,1999(3):19－22.

只是代表图书馆馆长的意愿,而是图书馆全体员工的志向和符合时代需要的可实现的工作指南。建立在图书馆共同愿景的基础上的图书馆团队学习(library team learning)是学习型图书馆文化的重要内容。面对21世纪新的环境和新的挑战,迫切需要通过团队学习提高图书馆的学习能力。图书馆团队学习是发展团队成员整体搭配与实现共同目标能力的过程,不是指传统意义上的个人学习或集体学习,而是针对图书馆改革的需要、针对图书馆任务的需要、针对图书馆部门的需要等,组织全体成员在图书馆业务过程通过实践、互动和创造来进行的生产型学习(主动学习)和适应性学习(被动学习)。例如,在鄂尔多斯市直机关纪念中国共产党成立90周年暨表彰大会上,市图书馆党支部被授予"市直学习型党组织"荣誉称号。

从不同国家的比较方面看图书馆管理文化的内核,更需要从管理文化的角度对中外图书馆进行比较研究,深入探讨图书馆管理差异背后的文化影响因素,找到图书馆发展的真正的推动力。从管理文化特质对人的本性、本质了解的理论和思想角度,情、理、法三者是管理的文化内涵,它涉及管理中的情感投资、目标实现和法规制度建立等。不同国家和文化特质对其有不同的偏好和处理艺术,但只要是成功的管理必是三者的统一,中、日、美三国也正是通过不同文化途径不同管理方式来实现各自的统一[①]。

美国的管理文化是以"法—理—情"序列实现的。变契约为规则是西方社会的基本特点,欧洲文艺复兴恢复人在自然界面前的地位和理性,而科学管理时代的到来使管理进入人的情感世界。美国的图书馆管理反映以"法"为重心追求实用主义的管理模式。在契约社会形态以及法制社会的环境下,图书馆较早进行了规范管理、制度管理和条例管理,从而实现管理有序化和有效化。美国从1849年至1890年就有29个州相继颁布各州的图书馆法,到1956年美国国会通过《图书馆服务和建设法案》(LSCA)。而中国至今仍没有国家图书馆法。美国最早开始编目标准化的工作,1901年国会图书馆接管图书馆局1893年创办的印发目录卡片工作。卡片目录并非美国发明,但美国最早推出了卡片目录的标准,1961年又最早推出机读目录MARC标准。在美国图书馆管理中,1876年杜威出版了十进分类法第一版,名为《图书馆图书小册子排架编目适用的分类法和主题索引》,第一次用号码代替类目,创造相关排列法,统一图书排架和目录组织的次序。我国图书分类虽有数千年历史,却一直突破不了四分之法,类目也不能适应藏书发展需要,不得不在近现代从仿杜改杜做起。在美国,图书馆基础工作与服务各种业务均有严格成熟的规范,图书馆员和馆长的聘任、晋升、评估都有稳定的程序和制度。

日本的管理文化表现为"理—法—情"序列,是以"理"为中心的逻辑管理。日本在20世纪60年代就开始制订《图书馆员伦理纲领》,日本图书馆协会出台《关于图书馆自由的宣言》。在图书馆人员管理上,确立聘用有"司书"资格者当图书馆工作人员的制度,有一定图书管理年数和经验之后经过考试可以在图书馆系统独自晋升,无视本人意志不得调任图书馆工作以外的工种,图书馆馆长和干部职务原则上选拔有"司书"资格者担任[②],这些都是符合实际的合"理"的管理。

---

① 彭汉香.东西方管理文化的理念差异与融合[J].经济师,2005(1):87-88.

② 李朝辉,张丽娟,侯红叶.日本带给我们的启示——日本图书馆事业[J].农业图书情报学刊,2003(1):94-95.

中国以"情"为特质的管理哲理,和西方科学文化不同。中国文化是人文文化、伦理型文化,长于协调人际关系,追求群体和谐;纳情于理,从而使情感投资符合理性精神和法则,实现"情—理—法"统一。古代藏书楼的发展反映了"情"本位和人文的特点。今天的图书馆在制度化管理上有很大的进步,科学管理也产生显著的效益,但一些图书馆仍然是对管理制度不重视,制度不健全,制度也不稳定。一些图书馆还存在着"人治"大于"法治"的问题。可见,要改善图书馆管理,不仅是要从科学管理和制度化管理做起,更要从价值观和文化的现代化做起。

美国有一种说法,即在图书馆服务所发挥的作用中,图书馆的建筑物占5%,信息资料占20%,而图书馆员占75%①。这既说明图书馆员在图书馆的作用和地位,也说明美国图书馆的一种人本价值观。而在我国的图书馆管理中,还存在着一系列认为合情合理的现象。一是重物轻人,我们回想起,图书馆最早装有空调的地方不是阅览室,而是机房,目的不是为了机房的工作人员,而且为了保护计算机等机器设备。图书馆管理者有很好的财产保管意识,认为图书馆的图书、设备最珍贵,想尽各种办法增加书库空间,而对工作人员的办公空间以及读者的阅览空间都熟视无睹,甚至还为了图书设备挤占读者空间和工作人员空间。二是在对待人上,存在着服务重馆员轻读者,管理重读者轻馆员的现象。

图书馆管理文化需要在图书馆建立共享的价值观,不仅馆长要有先进的理念,每个馆员也要有新观念,才能跟上时代。只有馆长与馆员的价值观达到统一,才能转化为巨大的精神动力。在某大学图书馆,一读者私自在电子阅览室电脑上装软件遭到一年轻馆员的制止,而后读者与馆员争吵导致被取消该阅览室上机权达一周之久,当馆长和部主任处理这一纠纷时,发现图书馆并没有这样的制度,批评该馆员擅自处罚学生,并向读者解释允许读者继续上机。该馆员对这样的处理大为不解,认为领导对读者太软。在这个案例中,有几个问题值得思考,一是发现读者有新的要求而图书馆不能满足或图书馆不让满足时,如何办?如何解决读者行为不符合馆员的要求而没有制度的问题?如何让馆员理解和认同关于馆员与读者纠纷的处理?如何建立既符合制度化又符合人性化的管理机制?解决图书馆中的许多问题,要依靠图书馆管理文化,通过共同的服务价值观和管理价值观,发挥馆长、馆员和读者三方面的积极性,形成和谐的图书馆。

上海图书馆提出构建核心价值观"建立知识与用户的便捷通道"②。然而,内核的东西不是一句口号或一个标志。如同,美国国际商用机器公司IBM的"IBM就是服务"、中国太平洋保险公司的"太平洋保险保太平"、日本山之内制药公司"山之内社员形象"标志,都有着丰富的内容。图书馆管理的内核是由图书馆人与组织共同拥有的价值观、伦理与精神的一个融合体。

图书馆管理文化是馆员与读者共同的文化。以咸阳图书馆为例,开馆之初就确定一个发展目标:创造文明、优美和静心的阅读环境。为此,他们在9000多平方米建设用地上,开辟近4000平方米的草坪和绿地,并创作、制作了馆徽、馆歌和馆旗。读者走进图书馆,春天满眼鲜花,夏天满目绿草,馆旗在风中飘,馆歌在风中传,馆徽佩戴在每个职工胸前。而"非

---

① 吴建中.21世纪图书馆员的使命[J].图书馆杂志,1999(3):22-24.

② 王世伟.建立知识与用户之间的便捷通道[M]//图书馆管理与服务论丛.上海:上海社会科学院出版社,2004:173-180.

文明展览”,更是一个创造性举动。凡走进图书馆一楼大厅的读者,一眼就可以看到大厅正中有一个玻璃橱柜,橱柜内陈列了两样东西,一是众多的烟头,一是变黑的口香糖。橱内有这样的文字:“先生,这烟头不会是您扔下的吧?”“小姐,这口香糖不会是您吐在地上的吧?”又一行文字这样注明:展品采自图书馆大厅水磨石地面。几年来,图书馆的领导和职工,时常当着读者的面,弯下腰拾他们扔下的纸屑、垃圾袋,对读者教育很大,也培养大家的文明意识。此外,该馆树大文化观念,为读者送上各项特色服务。他们长期聘请20多位科技、文化界的专家为本馆名誉研究员;开设“文化科技讲坛”,每年坚持举办几场高质量的社会公益学术报告;常年举办各种书展,发挥读书导向作用;与新闻媒体合作,开辟《读书》《现代书潮》《每周说谜》等栏目;坚持举办优秀图书书评会;与社会各界携手,举办各种大文化活动;每年评出10至15名优秀读者,张榜公布,并颁奖,调动读者参与图书馆建设的积极性;为了方便读者,图书馆设立了读者专用电话,只用于听取读者意见和图书预约、续借,不能用作他途。咸阳图书馆依靠建立图书馆文化赢得了社会的重视和高度评价:1999年,馆长梁澄清被人事部、文化部命名为“全国文化先进工作者”;2000年,图书馆被全国知识工程领导小组授予“读者喜爱的图书馆”;2001年,该馆又被文化部授予“全国文化战线先进集体”。近日公布的全国第二批精神文明建设先进单位,作为陕西文化系统唯一的单位,咸阳图书馆的名字又添列榜上。新华网陕西频道2003年6月13日以《精神家园守望者——咸阳图书馆》为题做了报道[①]。

总的来说,图书馆管理文化既是一种“硬”文化,包含一系列有形的物质、环境、制度要素,又是一种“软”文化,它深入图书馆的价值、人的心理等。这种文化涉及广度和深度,物(图书馆、藏书)与人(读者、馆员等)等的紧密联系。在图书馆管理文化的三个层面中,紧紧抓住内核,深化中间层,扩大表层,使文化根植于图书馆管理中,发挥更大的张力和作用。

二、图书馆管理的精神文化

按照文化结构的解释,图书馆管理文化是图书馆业务活动和文化活动交融形成的混合体,是管理者和馆员在管理实践过程中创造的理念形态文化、物质形态文化和制度形态文化等的复合体文化。图书馆精神文化是一种与物质形态相对应的以意识为形态的深层次文化,是受一定的社会文化背景影响而长期形成的一种精神成果和文化观念。

图书馆管理精神文化:指为图书馆馆长和馆员所共有的并指导和支配其行为的思想意识,其内容包括理想信念、管理精神、职业道德、管理作风、审美情趣和心理习惯等许多方面[②]。从本质上看,图书馆管理文化是将图书馆的全体员工结合在一起的行为方式和标准。它代表图书馆的目标、信念、哲学伦理及价值观,这是图书馆精神世界最核心、最本质的成分。因此,图书馆管理精神文化是图书馆管理文化的内核。

图书馆管理精神文化也是一个体系,主要有三个方面:

1. 图书馆管理哲学

此部分内容在本章第一节已有部分论述,图书馆哲学与图书馆管理哲学密不可分。管

① 精神家园守望者——咸阳图书馆[EB/OL].[2006-09-30].http://www.sn.xinhuanet.com/2003-06/13/content_603825.htm.

② 柯平.图书馆管理文化三论[J].图书情报知识,2005(5):23-27.

理哲学是管理者在管理实践过程中所形成的对主客观世界的基本看法，是管理者在创造物质财富和精神财富的实践活动中表现出来的世界观和方法论。图书馆管理哲学是图书馆管理系统人格化的基础，是形成图书馆管理系统独立人格的源泉，是图书馆管理活动的总的理论基础，也是图书馆管理文化的核心要素，包括图书馆员的哲学信仰、图书馆社会认识论、图书馆的文献价值观、社会图书馆价值观、图书馆服务价值观，等等。图书馆管理哲学应坚持一切从实际出发，按规律的客观要求办事，坚持用发展、变化的观点解决管理中的问题，坚持实践—认识—再实践—再认识的过程，坚持走群众路线，始终将读者和读者的利益放在首位，正确处理管理者与被管理者的关系。

管理哲学视角下的图书馆管理的根本任务就在于转变管理理念，而要实现这种管理理念，首先要实现图书馆基础管理的科学化、规范化，这才能创建一个和谐的图书馆①。人是创建和谐图书馆的基础，和谐也是中国人千百年来“大同社会”的现代梦想。在文明法制、稳定和谐、谅解宽容的和谐社会里，需要有“爱国、守法、诚信、知礼”的现代公民，他们既是和谐社会的创造者，也是受益者。以“爱国”为核心，“守法”为重点，“诚信”为关键，“知礼”为基础，图书馆大力开展道德教育活动，再加上和谐的管理理，一个个现代图书馆员的崭新典范必将不断涌现，一个稳定、高效的和谐图书馆也必将出现。

图书馆的管理经过实践和理论的探索，遂步揭示出图书馆管理的本质，取得一定的进展，但怎样进行优化管理、现代化管理，仍然难以有一个比较令人满意的答案，有着颇多的疑虑和微词。哲学是锐利的思维武器，其管理需要运用哲学的思维逻辑来透视一下。现代的图书馆管理过程或成果，或行动的手段，都必须建立在客观规律的认识基础之上，因此管理要从实际出发，以客观性为基础，这是管理的客观性。另外管理也需要有一定的目的性，即达到管理者的主观愿望，充分体现人的主观能动性。

现代图书馆管理的基础是哲学，因而图书馆管理者无论形势如何变化，都应牢牢把握哲学这一万向，用哲学理论和方法指导变化和发展着的图书馆理论和实践。马克思主义哲学认为，世界是由矛盾组成的，而世界的进步也是在解决矛盾中进步的，图书馆也是如此。图书馆管理活动就是一个解决矛盾的管理系统，它的任何一个管理过程都蕴含着许多管理中的哲学问题。图书馆管理中的哲学问题是图书馆学研究中的一个永恒的主题，任何一个图书馆领导者都必须承认它、学会它、运用它于管理工作之中。如果轻视它或不承认它，那么，管理活动中实际所需要的灵活性与变通性、科学性与系统性也就不存在，管理自然也不会成功。图书馆领导者的任务，就是正确运用马克思主义哲学思想，按图书馆规律处理好管理中的哲学问题，才能真正发挥管理要素的作用，调动各要素的积极作用，使图书馆成为一个充满生机的有机的整体，成为一个有效管理系统，图书馆才能创造良好社会效益，才能循着正确的道路顺利发展。

2. 图书馆管理伦理

图书馆管理的发展，在经历了传统管理、科学管理、行为科学与科学管理的复合阶段之后，今天，图书馆管理者还面临着许多新的挑战，其实质是对图书馆决策者伦理素质的要求和考验②。图书馆管理伦理是从理论上调整图书馆管理系统内外关系的行为规范。以善与

① 潘小枫. 管理哲学视角下的高校图书馆管理[J]. 情报探索，2005(6)：120－121.

② 李玉安. 论现代图书馆的伦理管理[J]. 图书馆理论与实践，2004(2)：1－3.

恶、公正与偏私、诚实与虚伪等几对道德范畴标准,评价并调整馆员行为及关系,具有积极示范作用和强烈的感染力,是图书馆队伍安定团结的重要保证。管理伦理的建设主要靠舆论、教育。

图书馆管理伦理的最大变革就是管理者的道德规范意识的提高,注重自己的修身养性,充分体现对"人"的关心、尊重、理解和培养。首先是对馆员的关怀,才能进一步体现及拓展对读者的尊重和服务。伦理管理的核心手段主要体现在以下几个方面:

第一,尊重和欣赏(respect and enjoy)是伦理管理的人文关怀最佳模式。尊重和欣赏馆员,是激活和发挥馆员积极性和创造性的无成本手段。尊重就是管理,这是国内外成功的管理者的宝典。体现对馆员的关怀,对读者的服务也会生动而赋予激情,不再是刻板地要求开展什么"微笑服务""挂牌服务"。没有深度和思想的微笑服务,只能是东施效颦。尊重和欣赏每一位馆员,绝对比滥用经济赏罚手段的预期效果要好,经济赏罚"必然在受赏或受罚者心理产生负效应,出现被动、恐惧、欺骗、浮夸之风"。重在日常考核、商讨、评价工作人员;重在调动员工的主人翁意识;重在赏识、鼓励、调动员工的主动性、创造性,有一个经常的、畅通的对话和反馈渠道,注重和发现工作人员微小的思想创新和技术创新,这比当今的经济赏罚要深刻得多。

第二,公正和公平(impartiality and equitableness)是伦理管理的基石和天平。公正和公平问题,它已不仅仅局限于道德和伦理的范畴,而是目前整个社会普遍畸形存在的问题,且已经引起众多政治精英和知识精英们极大关注的问题,并一针见血地警告:"发展是硬道理,社会公正也是硬道理。"在图书馆管理界,这个问题还没有得到充分的认识和警觉。在没有建立公正公平的评价机制之前,就把同一岗位、同一专业层次的工作人员划为数等,是无论如何难以让人产生敬业爱岗的热情的。我们提倡多劳多得,更要提倡协调和协作。不公正的设岗,不公平的分配,就会导致不平衡的心理,产生不稳定的思想和情绪。同时,对管理者的财富占有不具有合法性或不符合公平正义原则,应该对其进行道德评价和理论讨伐。所以,建立一个公正、公平的人员评价系统,有公正、公平、民主的考核组织,设计一个科学、简捷、易操作的评价标准,在分配、奖惩制度上追求调动大多数人的积极性,杜绝家长制和一言堂,才是伦理管理成功的关键。

第三,没有权力的管理(managing without power)是伦理管理达到无为而治的手段。现在的图书馆管理中,权力意识的强化是一件很危险和没落的模式。图书馆本身是一个清贫而寡利的公共服务部门,然而,在物欲横流的市场经济大潮的挟裹下,图书馆也被打上了权力的烙印。尤其是在岗位聘任时,图书馆管理者的权力意识得到极度膨胀。馆员处于雇佣地位的诚惶诚恐意识和管理者操纵上下岗大权的权力地位发生碰撞时,权力阶层和雇佣阶层的断裂,是摧毁图书馆干群关系的催化剂。崇拜权力意识的人,不会平等地对待每个人,他们很擅长找出多种理由对相同的人做出不同的评价,它的孪生兄弟就是官僚,而且对权力的敏感远远超过对学术、对人的敏感。图书馆不是一个企业或者是行政单位,而是一个学术性的服务机构,图书馆管理者的角色定位不应该是政府官员或企业主。权力性、经验性、技巧性的管理可以在短期内对馆员进行强制性操作,也可以在局部和某一时段内激发工作人员的主动性和积极性,但对于服务和工作态度却难以得到端正,因而不能保证人们勤奋工作的持久性。伦理管理就是要淡化权力观念,强化为馆员、为读者的服务职能,才能树立和确立读者在图书馆至高无上的地位。没有权力的管理,就是最具权威的管理。

第四,人格道德(personality and moral)是伦理管理的精神力量和源泉。管理者的人格道德力量,是图书馆管理最为直接的影响力和感召力。图书馆员的道德规范的执行程度要取决于管理者的人格道德力量的强弱高低。一个不怎么具备基本伦理道德水准的管理者,图书馆员的思想意识是混乱的、模糊的、无奈的,也是消极的。道德是一种意识,我们天天鼓吹"读者第一,服务至上"的职业规范,是对每个工作人员的基本要求。可是我们管理者的职业道德规范又是什么呢?如果他不具备公平、公正、民主的伦理素质,就没有基本的人格道德力量,只能靠权力来征服,只能靠小恩小惠来拉拢,只能靠顺者上逆者下的排挤。

第五,创新与可持续发展(innovate and sustainable development)是伦理管理的终极目的。图书馆管理的评价标准,是看其馆风的活泼与人际关系的和谐,工作的效率与质量,服务的创新与读者的口碑等。其中,得到广大读者肯定,才是硬道理。

现代管理理论认为,管理关系的实质是伦理关系,管理活动的关键在于协调管理的伦理关系。因为人们总是从一种具体的社会文化背景和道德背景出发来做出各种判断和选择。管理伦理的建设应以人文关怀为核心,只有建立充满人文精神的管理伦理规范,才能使飘荡浮躁的人心有所归依,使茫然无措的行为有所参照。需要注意的是,伦理标准是不断变化的。而且,伦理标准在不同图书馆间具有差异性,符合公共图书馆伦理的行为不一定适用于高校图书馆。因而,伦理准则不能照搬其他图书馆现成的准则,应根据图书馆的具体情况分析后制定,同时伦理准则还是一个持续改进的过程①。

3. 图书馆管理精神

在图书馆管理领域中,管理的高效率与高效益是人们孜孜追求的一个永恒目标。然而,现实中的许多图书馆管理活动却存在着管理效率低下、管理效益不高甚至是管理无效率或者无效益的情况。分析其中缘由,人们更多关注管理的过程、方法、手段层面的缺陷,对管理者的管理理念、管理精神层面的问题往往忽视。事实上,造成当前众多图书馆管理中许多问题的症结恰恰是由于在管理中缺乏正确而坚强的精神支柱,使其丧失了正确的前进方向,从而陷入低效管理的沼泽之中②。

管理精神是全体员工的共同心理和价值取向,是管理系统的精神支柱和活力源泉,是管理文化的灵魂。图书馆管理精神具体包括独立精神,指图书馆管理系统的独立人格和主体意识;创新精神,指在图书馆管理思想、管理目标、管理方针、管理决策、人才政策、产品开发等方面的创新意识;民族精神,指读者和馆长、馆员的民族自豪感、民族责任感、民族使命感、民族奋斗精神等;务实精神,指图书馆工作的实事求是、扎实工作等。

当前图书馆管理需要管理精神作为其支柱。首先,管理精神是提高管理效能的重要支柱。在管理活动中拥有正确的管理理念对提高管理效能具有至关重要的作用。管理理念在很大程度上制约着管理者会以什么样的行为方式、会采用什么样的管理方法与手段来实施管理,进而影响管理效能的高低。管理精神则是管理理念的进一步升华,是管理者从内心深处自觉认同、坚信不疑、乐于实践的科学管理思想。它犹如管理活动的"灯塔",为管理者指明正确的管理之路,使管理者以更加理性的态度进行自己的管理实践,获得良好的管理效

---

① 刘贵勤. 试论图书馆伦理管理[J]. 大学图书情报学刊,2011(2):20-23.

② 宁金平,黄波. 管理精神:当前高校管理的支柱缺失及其构建[J]. 绵阳师范学院学报,2010(4):133-135,140.

能。其次,管理精神是提升管理者管理水平的重要保障。图书馆管理者的管理水平的提升也离不开管理精神的有力支撑。在管理者的专业素养中,管理知识、管理能力、管理精神都不可或缺,但管理精神反映了管理者对管理的信念、价值的认识与追求,在管理中发挥着更高层次的导向作用。相比那些仅仅依靠物质化的管理工具、技术和自己的有限管理经验的管理者,在一定的管理精神指引之下的管理者的管理活动会更加富有成效。也正是因为拥有这种宝贵的财富,才有可能促使其在管理上达到更高的造诣。

图书馆职业精神是管理精神的组成部分,指图书馆员从事图书馆事业的精神,主要表现为:对图书馆的热爱(爱馆、爱书、爱读者);事业的执着追求(精心业务、认真态度、以优秀的服务为己任、改善图书馆事业);甘为人梯的人文精神;艰苦创业的献身精神;海纳百川的知识精神等。

不同的职业活动有不同的内容、方式和环境,因而职业精神中包含着特定的涵养和情操,反映着从业者在职业品质和境界上的特殊性。图书馆职业精神具有以下特征:首先,在内容上,图书馆职业精神鲜明地体现着图书馆职业的使命,以及图书馆职业责任、职业行为上的精神要求。图书馆职业是一项具有专门业务和特定职责的社会活动,同时它也承担着特定的社会使命。现代图书馆的使命包括保存知识记录和保证知识继承的使命、教育使命、情报传递使命、促进社会和谐、包容和平等的使命。图书馆职业精神要鲜明地体现这些使命,以及履行这些使命的精神要求。其次,在表达形式上,图书馆职业精神要体现图书馆职业活动的特点。职业精神是社会精神原则的“职业化”,因此任何形式的职业精神都不同程度地体现着社会精神。而各种不同职业对于从业者的精神要求又总是从本职业的活动的内容和方式出发,适应于本职业活动的客观环境和具体条件。图书馆职业精神的表达形式,既应该体现社会精神原则,也应该具有图书馆职业活动的特点,与图书馆职业活动的性质、使命、环境和条件相适应。同时,要易于为图书馆从业人员理解和掌握,并在职业活动中践行。再次,在调节范围上,图书馆职业精神要调整两方面的关系:一是图书馆职业内部的关系。图书馆职业精神要起到一种凝聚人心,培育图书馆从业人员正确的人生观、职业观和价值观,形成共同的职业理想和信念,以及导向性的职业心理和职业习惯的作用。二是要调整图书馆从业人员与其所接触的对象的关系,也就是图书馆员与读者、用户之间的关系。图书馆职业精神要为图书馆树立良好的职业形象,要满足读者、用户对图书馆职业的要求。

第十章　图书馆组织文化案例

第一节　美国国会图书馆建筑案例①

一、辉煌的图书馆建筑

国会图书馆建筑共有三个部分:杰弗逊大楼(Thomas Jefferson Building,主楼)、亚当斯大楼(John Adams Building,附楼)和麦迪逊纪念大楼(James Madison Memorial Building,第三大楼)。

美国国会图书馆建立于1800年,当时的约翰·亚当斯总统签署一项法令将政府所在地从费城迁到新的首都华盛顿,这一法令描述一个供国会使用的参考图书馆,包罗“作为国会使用的必要的图书,并提供一个合适的房间放置它们”。

从1800年到1870年的70年里,国会图书馆一直在国会大厦内,没有独立的馆舍。这一时期,国会图书馆以两个方面的发展为重点。一方面是大量增加藏书。最初只有立法拨款5000美元购买的书籍,但在1814年8月侵入的英军烧了国会大厦,图书馆也毁于一旦。一个月内,退休的托马斯·杰弗逊总统将他50年收藏的6487册图书卖给国会图书馆,使图书馆有了全美质量最高的一批藏书,但在1851年国会大厦失火中,烧毁了2/3的馆藏,直到1870年,国会通过由图书馆负责版权的法案,图书馆的藏书才有了稳定的来源,藏书不断增多。另一方面,国会图书馆的功能和任务在不断扩大,从最初只为国会议员提供服务,扩大到更大的服务范围。1864—1897年担任国会图书馆馆长的艾恩沃斯·兰德·斯波福特将图书馆对公众开放并扩大其馆藏,使图书馆成为一个国家的机构。

随着藏书的增长和图书馆功能的扩大,国会大厦已无法适应图书馆的发展需要。1871年,斯波福特馆长建议为当时在国会大厦内拥挤的图书馆建一个独立的大楼。在许多提议和大量的争论之后,1886年4月,国会批准在毗连国会大厦东街的地方建造一栋图书馆大楼。

1888年,安置大楼地基的工作开始。1897年2月5日,大楼内部最后的绘画完成。2月19日,总统签署了一项法律批准图书馆重组并扩充其工作人员。4月初,资料开始从国会大厦搬进新大楼。4月22日,格林主管向国会报告新大楼的纯耗费是6032124.54美元,比建造总拨款缺20万美元。9月1日,国会大厦内的图书馆关闭。

当国会图书馆新大楼1897年11月1日对公众开放时,产生了轰动,人们欢呼这一辉煌的国家纪念馆建成,它被人们誉为世界上“最大、最昂贵、最安全的”图书馆大楼。1898年2月,大楼正面罗兰·欣顿·佩里的人造喷泉完工。10月,大楼定期晚上向公众开放。1980

① 本部分主要参考整理自主编前期研究与团队后续实地考察。
柯平.美国国会图书馆巡礼[J].图书馆工作与研究,2001(2):25-29.
柯平.图书馆建筑之经典——美国国会图书馆托马斯·杰斐逊大楼[J].新世纪图书馆,2001(5):59-62.

年6月，主楼正式改名为托马斯·杰弗逊大楼，这就是国会图书馆的第一大建筑。

1928年决定建造、1939年建成的附楼是国会图书馆第二大建筑，坐落在主楼的东面。1976年4月13日被命名为托马斯·杰弗逊大楼。1980年改名为约翰·亚当斯大楼。这是一座朴素的具有古典风格的建筑物，外层由佐治亚大理石砌成，大铜门上的雕像代表历史上12位对文字艺术有过贡献的人，其中有中国象形文字的鼻祖仓颉、希腊神话中首创字母的卡德摩斯、发明美国印第安人切罗基族音节文字音符体系的印第安人塞阔雅。室内装饰较主楼简洁，五楼的阅览室装饰着以斯拉·温特的描述坎特伯雷故事集的壁画。建筑物成矩形，南北长124米，东西宽69.8米，中央是书库，四周围绕着办公室和阅览室。中心书库共12架层，每层约4500平方米，层高2.28米，库容量800—1000万册。这一建筑与杰弗逊大楼之间有地下隧道相连，并可通往国会大厦，两楼之间以大型气压运输管道传送图书，空气压缩管和机械送书装置也经过地道。

图10－1　本书主编在美国国会图书馆入口处

来源：柯平提供。

国会图书馆最新的一栋建筑是1980年落成的詹姆斯·麦迪逊纪念大楼。早在1965年10月19日，约翰逊总统批准一项拨款法案，决定拨款7500万美元建造第三座馆舍，并将新馆“命名为詹姆斯·麦迪逊纪念图书馆，它位于国会图书馆主楼的正南方”。但直到1971年才正式动工兴建。这一建筑是由DeWitt、Poor和Shelton设计的。地上6层，地下3层，总面积19.4万平方米，占地面积200万平方英尺。这是一栋体现现代化的宽敞明亮的大理石建筑(图10－1)，建筑物内装有垂直的及水平的传送设备(传送机、气送管)以及其他各种设备。

二、图书馆建筑之经典——杰弗逊大楼

这国会图书馆的三栋之中，托马斯·杰弗逊大楼是最早的一栋，也是最著名的一栋。从建筑上，托马斯·杰弗逊大楼更值得称道，她将图书馆理念与建筑风格、知识传统与建筑艺术融为一体，乃精雕细刻之典范、巧夺天工之杰作，是世界图书馆建筑之瑰宝。

在国会大厦的东面，带有圆顶的雄伟大楼就是杰弗逊大楼(图10－2)。这是一座典型的意大利文艺复兴时期风格的建筑，是仿照大英博物馆进行设计的。这是一栋连地下室和顶层共5层的建筑，主体只有3层。

图书馆平面是田字形，外边尺寸为142米×103米，连地下室和顶层一共5层(图10－3)，总建筑面积近3万平方米，书库容量约为500万册。经过长达十年的整修翻新，于1997年5月重新对公众开放并被认为是美国最漂亮的建筑之一。

杰弗逊大楼整体布局科学合理、大方实用。其建筑完美、别具一格，她的外表，庄严气派、雍容华贵，风度翩翩；其内部，豪华、秀丽、精巧、雅致。她的全身都镶嵌着艺术精品，有50多位美国著名雕塑家、绘画家和马赛克画家在这里贡献了他们的艺术才智，可见大楼的艺术品之丰富、艺术价值之高。

图 10－2　美国国会图书馆杰弗逊大楼

来源：Library of Congress. Aerial view from the southwest of the. Library of Congress Thomas Jefferson Building, Washington, D. C. [EB/OL]. [2012－11－03]. https://www.loc.gov/pictures/resource/highsm.01915/.

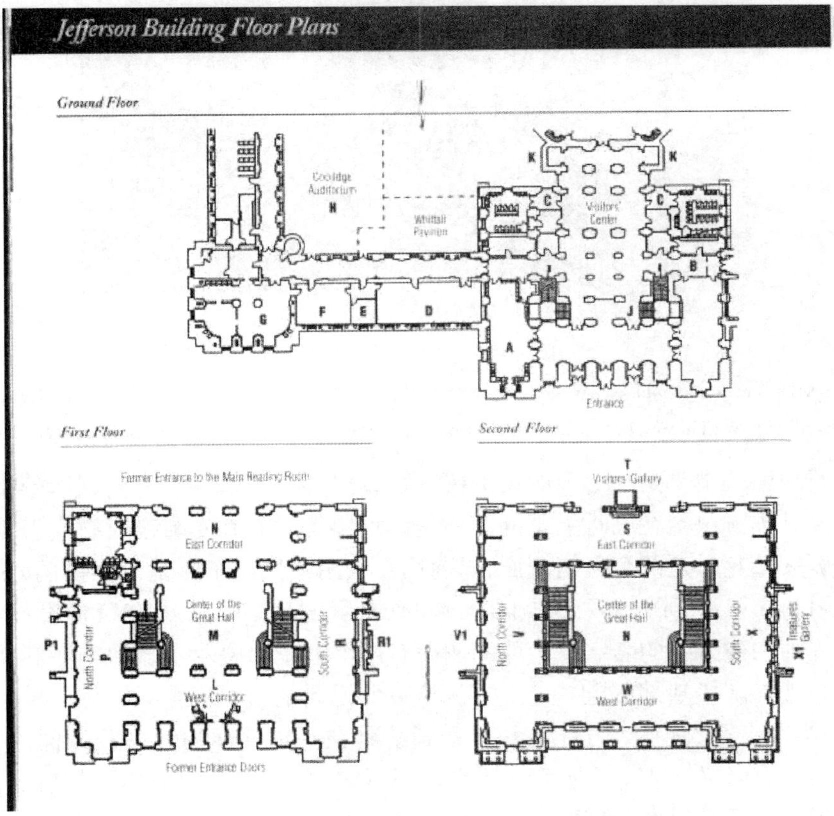

图 10－3　美国国会图书馆杰弗逊大楼平面图

来源：Library of Congress. Alterations to the Library of Congress Thomas Jefferson Building, Washington, D. C. Cellar floor plan. [EB/OL]. [2012－11－03]. http://www.loc.gov/pictures/item/2002719564/.

杰弗逊大楼最亮丽的要算是一层的大厅了(图 10 - 4)。站在大厅中央,可欣赏到建筑的宏伟,整个大厅金碧辉煌,雕像、圆柱、圆顶、壁画无一不是精美之作。离大理石地面 75 英尺的天花板,装饰着彩色玻璃天窗,由用铝叶精心制作的格子架支撑着。

View of the Great Hall

图 10 - 4　美国国会图书馆内景

来源:Library of Congress. Janitor cleans the floor in front of the iconic Minerva in the Great Hall of the Library of Congress, Thomas Jefferson Building, Washington, D. C. [EB/OL]. [2012 - 11 - 03]. http://www.loc.gov/pictures/item/2007684271/.

在大理石地面的中央是一个大的黄铜镶嵌物,形状像一个太阳,上面刻印着指南针上的东南西北四个基本方位。在临近太阳的四周是圆形雕饰,12 个黄铜镶嵌物代表着黄道十二宫。大厅西侧的壁龛里是两个青铜假面,以前用作饮用喷泉。东侧是纪念拱门,刻在柱子中楣上的字是"Library of Congress"。再上面,在鹰的两侧是一个匾,上有负责设计、建造杰弗逊大楼的工程师和建筑师的名字。大厅的侧面有两个大楼梯展示着雕塑字菲利普·马蒂尼的作品。每个楼梯围栏基部的起柱上,矗立着一个无名的、比普通人要大一些的青铜女塑像,她高高地举起一个火炬。走近围栏,可看到雕刻在围栏外部的大理石人像,用各种职业工具来表现"现代生活"的职业、习惯和追求:音乐家带着里拉和乐谱;电工握着一部电话;昆虫学家带着标本箱和蝴蝶网,等等。

沿着纪念拱门中间的楼梯向上走,站在第一个台面上,面前一幅巨大的大理石马赛克画像十分夺目,这就是伊莱休·维德所做的《和平的密涅瓦》(图 10 - 5)。

图 10－5　美国国会图书馆内景之二

来源:贾东琴拍摄。

画上,密涅瓦女神手握着羊皮纸卷,上面列有学术、科学和艺术的各个部分。她的盔甲置于一旁,在她的右边是胜利女神的雕像,左边是猫头鹰。密涅瓦和她的象征猫头鹰在整个大厅反复出现。

上到二层,在参观者画廊的后面是著名的主阅览室,主阅览室在大楼圆顶的下面,直径30.5 米,屋顶呈八角穹窿形,由地面至屋顶巍巍直上达 50 米高,从参观者画廊可看到圆顶的天花板,在阅览室下边可看到小圆顶上埃德温 · 布拉什菲尔德创作的表现“人的理解力”的女姓。在圆顶顶点的环形壁画上 12 个 10 英寸高的人像表现了对西方文明发展做出贡献的国家和时代。彩色玻璃表现的 48 个州(除阿拉斯加和夏威夷外)的象征,使阅览室四周的 8 个半圆形窗户生辉。

阅览室的 8 个大理石柱每个都支撑着 10 英尺高的女石膏像,表现文明生活和思想的特征:宗教、商业、历史、艺术、哲学、诗歌、法律和科学。画廊的栏杆上安置 16 尊青铜雕像。由主阅览室伸向四臂,前臂与大厅相连,后臂通计算机目录中心和缩微阅览室,左右两臂是书库。4 臂又与外圈的建筑相交,形成 4 个庭院。

大楼的一层和二层都有东、南、西、北四个走廊,除大厅和主阅览室,这些走廊别开生面、各显异彩。

一层的西走廊在大厅的门厅有三个两扇青铜色大门,总重量达 3 吨,描述"传统""写作"和"印刷",表现历史、宗教、文学和科学是如何由人类保存和传播的,北走廊上由查尔斯·斯普拉格·皮尔斯所做的画表现了精心安排的田园诗般的主题:《家庭》《消遣》《学习》《劳动》《宗教》和《休息》。在《家庭》组画下刻有国会图书馆所有馆长的名字和工作日期。在这些雕刻的左边有一个小门,门上刻有"Librarian",这是到国会图书馆馆长前办公室的入口,现在它只用于典礼。

东走廊的拱顶天花板上铺的马赛克纪念美国人及其在各行业的成就包括绘画、诗歌、工程、自然哲学、建筑、自然科学、音乐、雕塑和天文。沿着天花板的中央部分是三个圆雕饰,描述神学、法律和医学专业。在拱顶天花板下的半圆区,约翰·怀特·亚历山大的 6 幅画阐明了《图书的演变》。从这里向大厅看,可看到从左到右,在人类历史上从人的记忆到口语、书写和印刷文字的连续进程。在描绘古腾堡的《印刷所》的画下方有一个纪念碑,以纪念第一次世界大战中逝世的国会图书馆人员。

南走廊上亨利·奥利弗·沃克作的画用以纪念诗人(图 10－6)。走廊东端的壁画展现了《田园诗》,它的周围环绕着《悲怆》《真实》《忠诚》《热情》《美丽》和《欢笑》。在这幅画下方的大理石上有一个纪念碑,以纪念在第二次世界大战中逝世的国会图书馆人员。走廊向南是专为国会备用的会员室和国会阅览室。

图 10－6　美国国会图书馆的壁画

来源:贾东琴拍摄。

二层的西走廊拱顶上沃尔特·舍洛作的天花板画描绘了"科学"。在天花板的每一端都有一个碑,列有画中表现的科学上著名的人物的名字。中央由威廉·B. 范英根作的三个圆雕饰描述了雕塑、建筑和绘画。

北走廊的天花板上罗伯特·里德所做的画表现了"五官",从走廊的西端开始,是味觉、视觉、嗅觉、听觉、触觉。沿墙的 4 个圆形画,里德画了智慧、理解、知识、哲学。在走廊西端紧靠天花板的拱门上是 5 个半圆或圆形的碑,其中 2 个包含着美国国玺的正面和反面,另 3 个带有蒲柏、西塞罗和爱默生的题词分别看作是秩序、记忆和美丽。走廊的另一端,是一幅西半球的画。走廊向北是西北画廊和穹形阁,这里一直用于展览。走到画廊顶端圆顶的艺术和科学阁,由威廉·德莱夫特威奇·道奇作的壁画描绘了文学、音乐、科学和艺术。在圆顶的顶部是他的画《抱负》,可看作是人的努力的激发。在杰弗逊大楼一层和二层的 4 个角都有类似的穹形阁。离开这里在北画廊可找到非洲和中东阅览室。还有 56 个出版商的商标,使大厅这一层面四个走廊的天花板拱顶三角面增添了光彩,这些是早期印刷商用在图书书名页上的图案,一面是作为一种非正式商标保护其作品,一面是作为一种个人徽标代表有地位的出版商。沿北走廊还可看到一些现代的出版商商标,这其中,最著名的是 William Caxton。

东走廊的拱顶天花板上方是由小乔治·巴斯所做的8幅系列画，描绘了《文学》各方面的代表人物。沿天花板的中心是威廉·A.麦凯所做的《人生》3幅画，表现了从幼儿到成年最后老年用一根茎相连。在天花板的北端和南端有一块匾，书写着那些对印刷机械和生产做出巨大贡献的美国人的名字。从东走廊背后的楼梯上去就到了参观者画廊，从这里可看到主阅览室。在主阅览室的后面是珍本/特藏阅览室、西班牙阅览室。1942年，巴西壁画家坎迪多·波提拉里在西班牙室的入口处完成的4幅巨画描述了从西班牙人和葡萄牙人到达美洲以来的时代更替，通过4幅油画《发现大陆》《进入森林》《印第安人的教训》《开采金矿》，艺术家描绘了在美洲的印第安人、黑人和白人。

南走廊与北走廊相对应。在拱顶天花板的中央弗兰克·W.本森的画描绘了赐人美丽和欢乐的三女神，与北走廊里德的画平衡。在西端的拱门上出现的是着画的半圆或圆形雕饰物，另一端是一幅东半球的画，与北走廊西半球的画相对。本森还画了4幅圆形墙画，描绘了《四季》。艺术家以一个美丽少妇的半身像来表现每一季，用颜色、叶子和背景的细微变化来区别不同的季节。走过南走廊向南，坐落在西南画廊和穹形阁的是珍品画廊，这里布置了一个永久性展览，有关于美国历史的珍品，还有民族文化传统的独特样品。珍品画廊每一端的大壁画均出自凯尼恩·考克斯之手，靠近大厅那端的主题是《科学》，北端表现的是《艺术》。穿过珍品画廊，来到画廊顶端的有圆顶的发现者穹形阁。这里的绘画是乔治·W.梅纳德的作品，从东端到进来的左边，连续的主题是冒险、发现、征服和文明，冒险精神导致发现，发现导致征服，征服导致文明。在圆顶的中央，梅纳德选择了4种品质来适配国家发展的4个层次：勇气、勇猛、坚忍、成就。由此向左，就是欧洲阅览室。

大楼中的这些走廊集合了绘画、雕塑的珍藏，映射历史、人文、科学与社会于艺术之中，令人流连忘返。

从大楼出来，细看大楼上的人种图，共有33个，装饰在大楼四周第一层窗户的冠石上。他们以史密斯逊研究院收藏的从阿拉伯人到祖鲁人各种族实际人脑为模型。第二层正门穹形阁跨过门廊的半身塑像以纪念9位伟人，每个侧面像在园窗前。9位伟人是由国会图书馆第六任馆长艾恩沃斯·兰德·斯波福特所选的，在大楼正面从左到右是：古雅典雄辩家德摩斯梯尼、美国散文家爱默生、美国作家欧文、德国诗人歌德、美国科学家富兰克林、英国史学家麦考莱、美国小说家霍桑、英国作家司各特和意大利诗人但丁。这些半身像由赫伯特·亚当斯、乔纳森·司各特·哈特利和弗雷德里克·W.拉克斯塔尔所雕刻。

在正门的大楼梯前伸展的部分引人注目，由罗兰·欣顿·佩里雕刻的尼普顿喷泉描绘了尼普顿王的宫廷，喷泉之中是罗马海神尼普顿的塑像，他是智慧女神密涅瓦的兄弟，坐在喷泉之上，寓意十分深刻。

这一建筑犹如一本读不完的画卷，给人知识的启迪，催人思想的火花，予人美的享受，在这里激动，在这里陶醉。

大楼具有强劲的艺术魅力，吸引了世界各国的观光者。杰弗逊大楼现在是华盛顿的重要景点之一，每天的参观者络绎不绝。可见，杰弗逊大楼的影响远不止是图书馆提供知识和信息服务本身，建筑艺术在这里发挥了巨大的作用。

第二节　首都图书馆视觉识别系统案例

首都图书馆是具有首都特色的集"文化、知识、信息服务"为一体的,面向决策、科研和大众的文献信息服务机构。其具有以下六项主要功能:面向社会的文化教育中心功能,北京市文献收藏中心功能,服务于北京市的公共信息导航中心功能,信息加工、生产、增值中心功能,图书馆学业务研究辅导中心功能,北京市对外文化交流的重要窗口功能。

2000 年,首都图书馆迎来乔迁之喜,首都图书馆新馆总建筑面积 3.7 万平方米,地下 1 层,地上 8 层,可藏书 400 万册,19 个阅览室共有 1065 个座位,拥有 750 个席位的报告厅可举行各种学术会议,此外还有视听会议室、图书资料采编、计算机管理等现代设施。而通过计算机系统的公共信息导航功能,读者在馆内、家中均可查阅资料。图书馆已不是原有意义上的图书馆,而成了没有围墙的图书馆。并且,首都图书馆被市委、市政府确定为北京市四大文化标志性建筑设施之一,为提高自身的社会影响力和内部的管理水平,首图于 1999 年决定引进企业界广泛采用并行之有效的 CIS 系统,在这里可以称之为图书馆形象识别系统。本书以首图 CIS 导入工作策导小组和北京杰威广告公司首图 CIS 策划小组共同努力的结果,也就是目前首都图书馆采用的视觉识别系统为案例进行分析。

视觉识别系统是以图书馆的标志、标准字体、标准色彩为核心展开的完整、系统的视觉传达体系,是将图书馆的理念、文化特质、服务内容、管理规范等抽象语意转化成具体符号的概念,塑造出独特的公共图书馆形象。首都图书馆形象定位的原则与众不同,首先馆徽设计尽量不用中国传统的代表图书的事物;其次设计风格不要过于传统,要厚今薄古,迎合未来读者的品位;第三更强调数字图书馆的寓意,改变图书馆作为藏书之地的传统形象,更突出其在信息时代的价值;第四体现现代图书馆服务的理念,也是首图的理念"以人为本,服务大众";第五体现图书馆位于首都的标志性概念;第六体现馆徽的扩展性,这种扩展性应迎合图书馆未来的发展①。

一、首都图书馆形象识别系统基本要素

(一)首都图书馆建筑

图书馆建筑是图书馆最重要的形象标志之一,特别在最近几年新图书馆建设繁荣的时代,图书馆建筑不仅代表图书馆的形象,更重要的代表一个城市的形象。首都图书馆也不例外,它是首都的四大文化标志性建筑之一。首都图书馆占地面积 3.8 万平方米,A 座与 B 座以连廊相联结,总建筑面积 9.4 万平方米,具有 2 万人次的日接待能力。

2004 年,北京市少年儿童图书馆迁入,两馆的合并使首都图书馆的服务功能更加完备。2012 年 9 月 28 日,首都图书馆新馆二期(B 座)正式对外开放,遵循"大开放、大服务"的服务理念,成为全国开放度最高、融合度最好的公共图书馆②。

---

① 注:参考首图 CIS 策导小组,杰威广告公司. 首都图书馆馆徽设计形象定位文件.

② 首都图书馆. 首图概况[EB/OL]. [2016-03-31]. http://www.clcn.net.cn/modules/guide/index.php? page_id=7.

首都图书馆的建筑造型借鉴了中国的传统文化，又具有新的内涵。它平面取1/4扇形，围合着中心广场，形成强烈的聚合力，正立面恰似展开的长卷，立面中央则为巨大的牌楼造型（图10－7），颇具视觉冲击力。图书馆正门以中国特有建筑类型天坛为造型（图10－8），体现中国深厚的文化积累。首都图书馆新馆的设计体现了以读者为中心的思想，主要部分为读者阅览室和书库，交通联系便捷。全馆实现无线网络全覆盖，设有20个阅览室（区），近4000个阅览座席，还设有多功能剧场、展厅、电影鉴赏厅、报告厅、多功能厅及会议室等十余个专业厅室，为读者提供多样化文化服务[①]。

图10－7　首都图书馆

来源：闫慧拍摄。

图10－8　首都图书馆网站宣传图

来源：首都图书馆网站[EB/OL].[2016－03－31].http://www.clcn.net.cn/modules/guide/index.php? page_id＝7.

（二）首都图书馆标志

首都图书馆标志设计理念综合体现为传承历史、沟通未来，也就是要体现传统与现代的融合，历史与未来的交汇，信息与知识的融通。其标志的含义如下：

（1）标志的整体外形为"首都"的英文首字母"C"指明首都的概念（图10－9）。

（2）标志整体分为上下两部分，上部利用中国传统的，最具特色的红色为基调，造型为飞

① 首都图书馆.首图概况[EB/OL].[2016－03－31].http://www.clcn.net.cn/modules/guide/index.php? page_id＝7.

扬的、翻开的书页，表达出图书馆的概念，同时也表达出图书馆的历史以出版物为主的含义；下部则是利用最能体现图书馆深刻含义、图书馆利用最多的蓝色为基调，表现为极具信息化含义的图形，图形末尾不断延伸的网状正表明图书馆的数字化和网络化，同时给人一种扩散感，表明数字化图书馆的特征，亦指明图书馆的功能——传播知识，知识只有得以传播才具有价值。标志上下两部分有机结合，相互转化，充分体现出首图“秉承传统，不断创新，继往开来”的发展历程。

图 10－9　首都图书馆馆徽

来源：闫慧拍摄。

图 10－10　首都图书馆网站 logo

来源：首都图书馆网站[EB/OL].[2016－03－31]. http://www.clcn.net.cn/.

（3）首图标志的辅助图形截取标志的上半部分，可以从网站 logo 截图（图 10－10）的彩色背景中看出，做海浪状旋转，极具动感，充满活力，体现出“学海无涯”和图书馆行业蒸蒸日上的特征以及首图人的蓬勃朝气。

（4）标志整体又像腾起的海浪，寓意出“学海无涯”的诗句，以及图书馆是知识的海洋的含义。

（5）蓝色的信息化图形又似中国传统书法的笔锋，给人以丰富的想空间和深厚的文化底蕴。

（6）标志的整体造型亦是人手做“OK”状，极具趣味性和亲和力。同时也象征首都图书馆良好的服务传统——对读者的合理要求我们的回答永远是“OK”。正反映出首都图书馆“以人为本，服务大众”的理念。

（三）首都图书馆标准字

首都图书馆的标准字体是塑造图书馆整体形象、造就图书馆识别符号个性化的又一组成部分，它在标识系统中具有与标志同等重要的地位。最重要的标准字是对图书馆中英文名称的设计，除在整段行文中不必采用标准字，其他状况都应采用设计好的标准字体及其变体。下图 10－11、图 10－12 是首图的标准字。

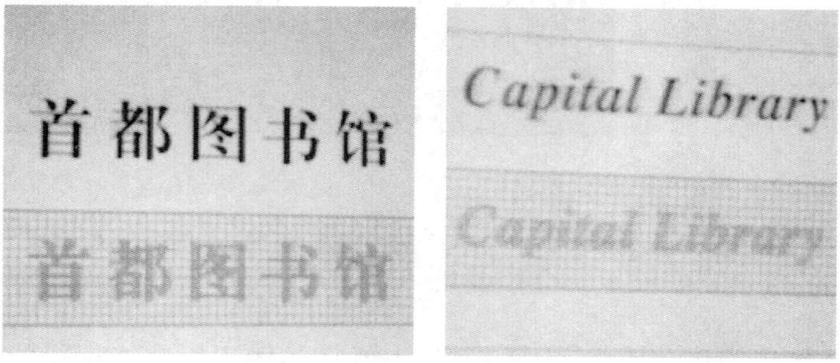

图 10－11　首都图书馆中、英文名称标准字

来源：首都图书馆提供材料，闫慧拍摄。

图 10－12　中英文组合标准字

来源：首都图书馆提供材料，闫慧拍摄。

标准字不仅包括图书馆的名称，还有其他一些成用字句也会设计为标准字，比如图书馆理念等，可以分别用于图书馆活动组织宣传的横幅、海报、汽车图书馆车身、媒体宣传等不同场景中，不同的场景也会有特定的要求和特定的字体。首都图书馆的服务理念标准字体及各种应

用变形如图 10 - 13。

（四）首都图书馆标准色

1. 主色系

色彩在识别系统中具有特殊重要的地位，超越其他形态，因为其他形态通过色彩表现其含义。它能有效地区分和强调图书馆形象的差异性和个性，并充分发挥全面扩散、统一形象识别的大众传播效果。首都图书馆的标准色分别为红色（M100Y1005）、蓝色（C100M60），以及字体颜色黑色。

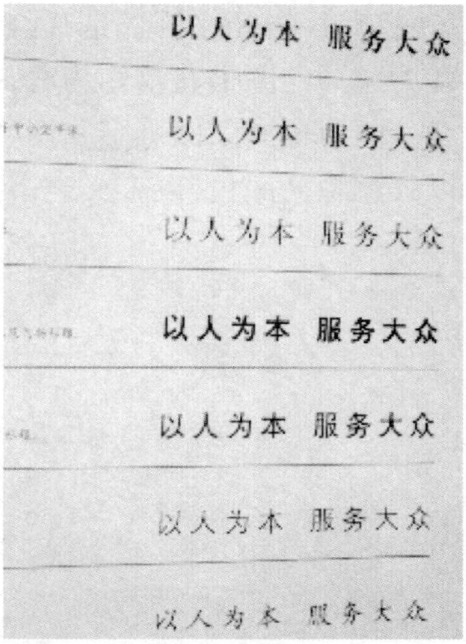

图 10 - 13　首都图书馆服务理念的标准字体及各种应用变形

来源：首都图书馆提供材料，闫慧拍摄。

红色是中国的传统颜色，也是吉祥的颜色。它很容易让人联想到火焰、太阳、热血、红旗、辣椒等，同时表达出热烈、青春、朝气、积极、革命、活力、健康、新鲜、温暖等抽象情感。红色用在图书馆的标志中可以表现出这个图书馆勃勃生机以及图书馆事业具有青春的活力和无限的生命力。同时表达出图书馆人对知识和服务的热情。这种颜色不仅表现出首都图书馆对图书馆事业的信心，同时表现出中国文化的特色。

蓝色是图书馆一贯喜欢采用的颜色，它能充分体现图书馆的内涵。蓝色很容易让人联想到天空、海洋、水、青山等，同时表达出沉静、平静、科技、理智、速度、年轻、青年、诚实、真实、可信等抽象情感。蓝色所表现的广阔、深邃，正是知识和文化的一种色彩写照。蓝色代表图书馆，也象征一种知识与文化的广博。蓝色带给人的是一种庄重、沉稳、深刻、内秀的感觉。蓝色还代表着未来与创造，而这也正是图书馆性质与功能的一种注释。

2. 辅助色系

首图辅助色系为金色和银色及其深浅变化为主，辅助色系是为了在某些场合，标志与标准字的组合中，受客观条件的限制和需要，需要特殊搭配时使用的。金色代表庄严，代表富贵，代表高雅的文化，代表力量，很多壁画都是以金色系表现。金色是力量和财富的象征，同时也是打开力量和财富大门的钥匙的象征，而这个钥匙就是知识，用金色代表知识的宝库图书馆，给人一种积极向上的动力。金色还具有很强的冲击力，代表愉快、明快的风格。

图 10 - 14　首都图书馆标志完整组合（其中包括馆徽、中英文名称标准字）

来源：首都图书馆提供资料，闫慧拍摄。

（五）首都图书馆标志组合

图书馆标志的完整组合应包括图书馆标志，图书馆中英文名称，根据事先设计好的标准图形和标准字，根据需要不同组合成不同的大小，但颜色变换以标准色为基础。可以根据需要调整其大小，形成各种场合需求状况下的图形（图 10 - 14）。

二、首都图书馆形象识别系统应用要素

（一）内部环境类指示系统

首都图书馆的指示系统也是用其 CIS 导入工作策导小组和北京杰威广告公司首图 CIS 策划小组共同研究设计而成，自成一套体系又和图书馆标志相连的形象系统（图 10 - 15，图

10－16)。各指示标牌选择红色系字体,白色系底牌,简单、明了、鲜明。每一标牌的下方设计为掀开的图书花纹作为底,托出标牌内容,整体看来既具有深刻含义又明了大方,方便读者。而历史文献阅览室利用特殊的标牌和特殊的字体,表现出文化的积累和历史的厚重,也以红色系为底色,以金文隶书繁体字表现,并用木质标牌,充分体现中国历史文化特色。

图 10－15　首都图书馆功能模块指示牌

来源:闫慧拍摄。

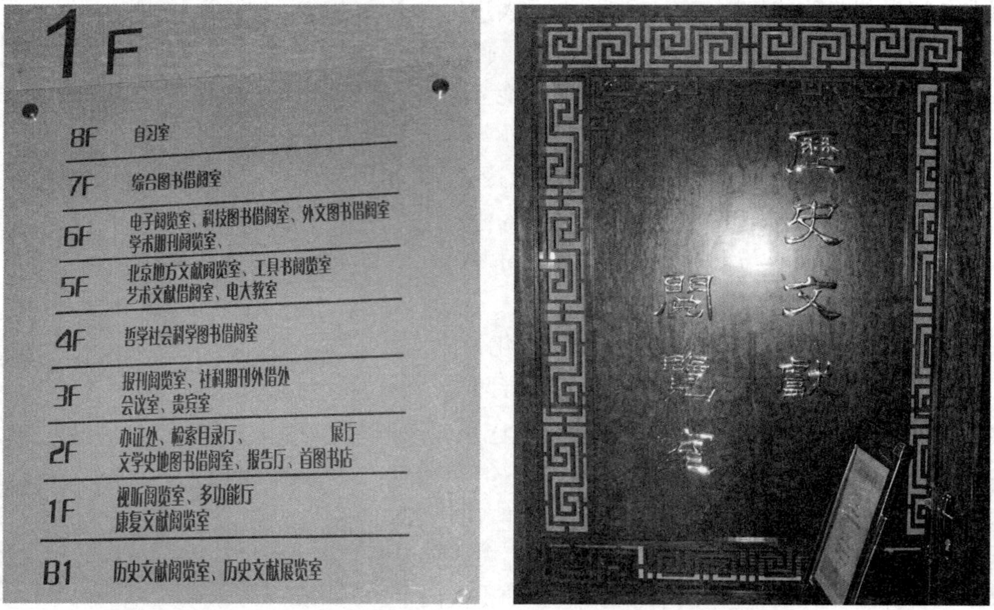

图 10－16　首都图书馆楼层指示牌、历史文献阅览室指示牌

来源:闫慧拍摄。

(二)传播公告

图书馆传播公告类形象系统主要是指在媒体上对图书馆标志及标准字的利用,最多的表现在图书馆的相关活动的海报上,以及图书馆的旗帜、图书馆的公告栏等。

标志旗帜是图书馆标志标准设计的应用,是对标志设计应用改变以及放大化。一个组织的旗帜可以充分表现这个组织的形象以及自信。首都图书馆采用标志最初状态的设计,白色的底幕,标准色红色和蓝色的组合,馆标在旗帜上简单醒目,并给人以纯洁的感觉。

图书馆在各种传媒中表现的形象更能体现图书馆的形象价值,更容易与读者接触,并且容易给读者带来第一印象。标准的形象系统应该分别设计出各种不同传媒的应用体系,比如报纸上的广告、杂志上的广告、电视上的标版,用得最多的是图书馆的各种海报、公告等系统上的形象。图 10－18 是首都图书馆两个公告牌对图书馆标志的利用，利用图书馆的标准色中的蓝色系为底色，图书馆标志采用原始设计红蓝相配，位于公告牌上方，首先吸引读者眼光。

图 10－17　首都图书馆标志旗与国旗一起迎风飘扬

来源：首都图书馆提供。

图 10－18　会展中心海报

来源：闫慧拍摄。

（三）应用系统

图书馆形象系统用的应用要素系统包括一般公关礼品、图书馆工作人员制服、图书馆办公用品，以及流动图书馆汽车的设计等。

首都图书馆礼品袋及名片的设计底色采用图书馆的辅助色银色为主色调，标准色红色作为调配图案，并利用海浪底纹，整体给人的感觉高雅、大方，并有质感。其中红色的渲染使得物品略有活力但不张扬，图书馆标志是物品整体设计的中心，点缀其中，为单调的平面带来渲染。

第三节　上海交通大学图书馆组织文化案例

上海交通大学图书馆创建于 1896 年，同年建成一个图书室，1919 年建成独立的图书馆大楼。1981 年 7 月，在党和国家领导人邓小平、王震等同志亲自关怀下，原香港环球航运集团主席包玉刚先生向上海交通大学捐赠 1000 万美元用于建设一座现代化的图书馆，1985 年 10 月包兆龙图书馆落成使用。1990 年，为适应学校办学规模的迅速发展，在闵行校区兴建了包玉刚图书馆，于 1992 年 10 月建成。2005 年，学校整体战略开始向闵行校区转移，遂计划在闵行校区兴建新馆。位于闵行校区中心位置的新馆于 2006 年 3 月 11 日奠基，建筑面积约为 3.5 万平方米，于 2008 年 9 月正式启用。为配合学校整体布局，徐汇校区包兆龙图书馆分别搬迁至徐汇校区西大楼、新上院，分别定位为图书馆储备书库、图书馆社科馆，储备书库于 2013 年 4 月正式启用，社科馆于 2013 年 9 月正式启用，2014 年 12 月李政道图书馆成为上海交通大学的新地标①。

位于闵行校区中心位置的上海交通大学图书馆新馆作为主馆（图 10－19），定位为“理工生医农综合馆”，在崭新的布局和设计上充分体现图书馆全新的学科服务理念。主馆座位近 4000 席。采用一门式管理模式，淡化书库和阅览室的界限，推行大开放、大服务格局。

图 10－19　上海交通大学图书馆主馆

来源：馆方提供。

李政道图书馆（图 10－20）于 2014 年 12 月 28 日落成，由实体图书馆和“李政道数字资源中心”（http://www.tdleelib.info/）两大部分组成。诺贝尔物理学奖获得者、著名物理学家李政道教授担任名誉馆长，李中清教授担任馆长。李政道图书馆开创性地实现了包括图书馆、档案馆、博物馆、科技馆和艺术馆在内的“五馆合一”的功能定位。实体图书馆总建筑面积 6500 平方米，分为地下一层，地上四层。地下一层为报告厅，有 340 个座位，可以举办各类学术会议及小型音乐会。地上第一层和第二层的部分区域为展厅，在“以天之语，解物之道”的陈展主题下，共分为“问道”“悟道”“传道”和“超弦”四个展区。第二层和第三层有 2 个阅览室，最大藏书容量约为 7 万册书刊，共有 300 余个阅览座位，5 个小组讨论室。第四层为李政道先生办公室、特藏书库和李政道研究所（筹），收藏有各类李政道先生捐赠的珍贵档案藏品 8 万余件。

上海交通大学图书馆的服务实现“藏、查、借、阅、参”五位一体的有机服务机制；延长服务时间，延伸服务场所；增加借还书、复印、扫描、打印等自助服务；主馆通过各种形式的创新服务，为全校师生提供安静自习区、小组讨论室、课题研究室、多媒体试验区、多媒体制作室、多媒体演播室，同时提供外语自主学习中心，设计和构建具有主动生长特征的智能化综合服务设施，营造身临其境的学习研究氛围，成为能够容纳不同学习风格、研究习惯和使用需求的学术交流中心和信息共享空间。

---

① 上海交通大学图书馆[EB/OL].[2015－10－11].http://www.lib.sjtu.edu.cn/index.php? m = content&c = index&a = lists&catid = 134.

图 10－20　李政道图书馆

来源：馆方提供。

上海交通大学图书馆十分重视以文化激励促创新发展，凝练并倡导“提倡一种团队合作精神，注入一种积极进取心态，培养一种不断创新能力，营造一种人文关怀环境，建立一种学习提升机制，形成一种相互塑造氛围”的组织文化，使团队精神、创新精神、服务精神和奉献精神深入人心；同时，积极创造条件提供包含六大模块、多种形式完善的馆员综合素质培训体系，保障馆员爱岗敬业，努力学习，不断提升综合素质和业务技能，既确保服务质量不断提高，又实现馆员自我发展的职业生涯目标，构建和谐向上的团队文化，保障事业的可持续发展。

一、环境文化

上海交通大学图书馆主馆，位于上海交通大学闵行校区，于 2008 年 12 月正式投入运行。由法国设计师设计，为欧式建筑风格，由三个相互独立但又连通的 A、B、C 区域构成，从空中俯视，整个建筑呈“E”字形状，蕴含着这是一座现代化、数字化的图书馆。一楼大厅气势恢宏，顶部采用挖空立体圆形多光孔设计，整个大厅通透明亮。厅内集中多个功能区，包括：流线型的总服务台，优雅、现代，读者可以在此进行全天借阅流通以及相关咨询活动；RFID 自助借还设备，读者可以自助借还书；在大厅正中央，读者可以通过厅内的液晶屏幕和海报展示及时获知图书馆的各项活动安排和新鲜资讯；大厅左侧还有 3D 打印机及作品的展示、多媒体等设备。

为提升环境文化建设，主馆 C 区中厅精心设计制作“六艺”文化空间。“六艺”文化空间根据“六艺”的文化内涵，分别选取（礼）思想道德、（乐）音乐诗歌、（射）体育、（御）军事及劳动、（书）文学和（数）理工科方面古今中外的代表人物作为展示的主题，用礼、乐、射、御、书、数 6 个篆体书法字进行组织和区分，又从中国传统建筑构件和八卦文化中提取符号，运用现代手法重构、联系、沟通三层墙壁之间的人物图片，形成一个虚实结合的系统。并充分发挥中厅的设计作用，与旁边的阅读区形成虚与实、精神空间与功能空间的对比，令读者在紧张地阅读、学习之余放飞思想，解读历史、感悟人生、接受美的熏陶。

“江南可采莲，莲叶何田田”“出淤泥而不染，濯清涟而不妖”。莲花身处污泥，却纤尘不染，不随世俗、洁身自爱、天真自然，因此历来是爱国文人的自我比喻。景观（图 10－21）从荷入手，花、叶、茎——塑造一个纯洁、纯净的空间，寓意高校优雅的文化氛围，采用含蓄、隐喻的设计理念,整体设计运用枯山水手法表达。30多米长的大型雕刻玻璃,是克劳德·莫奈的名作“睡莲”,白色的沙粒是面的聚集,绿色、蓝色的荷叶是点的转换,镜面的柱体是线的传承,全面完成的空间将呈现一个丰富浪漫的构成空间。景观雍容大气,雅致中孕育力量、稳重中蕴藏能量,通过隐喻、象征的设计手法形成全新的、高品位的图书馆文化景观。

图10-21　荷田

来源:馆方提供。

图书馆主馆的环境设计处处融入了文化的元素,别出心裁,如一楼的精心布置的照片墙,孔子学堂,二楼的学业分享中心,三楼的瑞典文化角,四楼的思源阁(图10-22),以及每层桌椅的颜色都是精心搭配而成。图书馆主馆具备学习、科研、休闲等多项功能,将知识性和休闲性融为一体,让读者到图书馆有所取、有所得、有所乐。力图把主馆打造成一个炫动

图10-22　思源阁

来源:馆方提供。

多元、功能丰富、设施先进的现代大学图书馆,成为交大师生所倚重的学习交流中心与研究支撑平台。

二、注重队伍建设

图书馆事业的发展离不开馆员队伍的建设,为了充分发挥团队合作的精神,图书馆不断探索岗位设置和馆员分类模式,力图让每个馆员都能在自身岗位上发挥所长。上海交通大学图书馆于2008年起实行岗位分类管理,彻底梳理200多个岗位的职责和要求。首先根据岗位的专业程度将馆员划分为专业馆员和辅助馆员,继而按照各岗位的具体业务范畴,横向划分为学科服务馆员、资源建设馆员、技术支撑馆员、图书馆管理馆员四大类;按岗位内容的专业程度纵向划分为辅助型、技能型、特色专业型、专家级、领军型五个层次"横向四大类"的馆员岗位设置坚持契合图书馆的发展需求,保持动态的调整和平衡,有多种岗位是近年来为满足学校建设世界一流大学目标的需要,有效支撑教学、科研、创新型人才培养和文化传播与传承而新增拓展的。如学科服务馆员中的学科化服务规划与设计、综合性学科馆员、学科情报分析、信息素养教育、专业学科馆员、阅读推广和文化活动策划、图书情报分析、知识产权服务等;技术支撑馆员中的数字化业务管理、智能技术研发等。随着图书馆事业的进一步发展,这些岗位的业务内容和要求还将不断深化与提高,同时,也会存在部分岗位的转型和更新。总体而言,"横向四大类"馆员各具特色,各有专攻,同时又相互渗透,有机融合,构成有机整体①。

在岗位聘任上,自2008年机构改革以来实行每三年一次的全馆岗位聘任工作。确定"目标引领、分类深化、人本为核、全面提升的指导思想;明确岗位聘任工作的原则,要求"公平、公正、公开""双向选择、竞争上岗,择优录用"。双向选择的机制,加强了岗位的流动性,有助于馆员进一步发挥自身特长,同时也拓宽了个人发展空间。

三、以党建引领创新

上海交通大学图书馆历经百余年的发展,紧跟学校"构建世界一流大学"和"培养创新人才"发展战略,将党建工作和图书馆创新发展紧密结合,倡导"一名党员就是一面旗帜",充分发挥党员先锋模范作用,积极服务全校师生,在创新服务体系、支持教学科研、弘扬校园文化和社会服务等方面成绩显著。近年来,该图书馆党委结合实际工作特点,对党支部提出"支委班子强、党员业务精、服务成效显、群众基础好、读者评价高"的建设要求,改变传统、沉闷的理论学习方式,积极推广"迷你党课""资料漂流""观摩体验"等创新型学习模式,政治素养结合专业知识,理论教育捆绑工作技能,要求每一位党员力争做到"理论学习做示范、创新服务当典范、道德品行是模范",主动签署"图书馆共产党员对群众承诺书"和"图书馆全体党员服务读者承诺书",以党员示范带动全体馆员,凝心聚力,推动图书馆事业的改革与创新。

四、营造一种人文关怀环境

图书馆作为一个由所有馆员组成的大家庭,给予每位馆员无微不至的关心,图书馆领导

① 李杨,潘卫. 高校图书馆馆员分类发展的探索与研究[J]. 大学图书馆学报,2015(1):21 - 27.

班子平日里积极倾听群众意见、关心群众生活；工会组织不仅有组织丰富的文体活动，还带领大家不断学习进步，营造一种和谐温馨的人文关怀环境。每年的帮困、爱心一日捐，看望新妈妈和宝宝，为孕妈妈提供爱心奶粉，生日祝福等活动，让每位馆员切身感受到来自图书馆的关怀。除此之外，工会还组织各类主题讲座，如“相聚星期三”活动，在周三中午的图书馆教工之家举行，每次都会精选一个主题，这些主题包括养生、衣着搭配、休闲娱乐、子女教育、科研提升等，通过邀请馆内外嘉宾做讲座和交流，让大家在活动中受益。在文体活动这块，图书馆工会积极策划、组织、参加各类比赛节目，包括学校运动会、文化艺术节以及学校工会的各类比赛，取得了突出的成绩，展现了图书馆全体馆员积极向上的风貌。

图书馆为丰富馆员工的文化生活，在一些节日里都会举办一些特别的活动，如三八妇女节中西点厨艺交流活动、春节包饺子等活动，所有馆员齐聚一堂，在劳作中分享快乐，拉近彼此之间的距离，凸显图书馆的人文关怀。

五、建立浓厚的学习氛围

上海交通大学图书馆十分注重馆员的再学习，建立完善的学习提升机制，包括参加国内外培训、会议，馆内讲座，专题研讨与演练，旁听专业课程，参与馆内的项目（任务、兴趣）小组；在科研方面，鼓励馆员从馆内科研项目为起点，积极申报各类科研项目，提升科研能力。活动由情报科学技术研究所牵头，一般将培训对象分为全体馆员、面向读者的一线馆员、咨询馆员与学科馆员、服务支持馆员、新进馆员（区分有/无图情专业背景）等。

海外交流也是馆员素养提升的重要方面，上海交通大学图书馆与美国加州大学伯克利分校、辛辛那提大学、康奈尔大学，新西兰奥克兰大学，新加坡南洋理工大学等高校图书馆建立良好关系，在加州大学伯克利分校图书馆建立海外培训基地，与奥特班等大学图书馆签署了合作协议，每年都会选派一定数量的馆员到合作馆交流学习一定的时间，学习国外的先进经验再在馆内做分享。

每年的海内外与馆内外多个层次的培训几乎覆盖全部馆员，从而建立浓厚的学习氛围，馆员们在学习交流中也乐于学习，不断提升自我。

第四节　上海图书馆组织文化案例

1995 年 10 月 4 日，上海图书馆与上海科技情报研究所合并，形成全国第一个省市级的图书情报联合体。这一图情一体化的改革举措为上海图书馆的发展带来新机遇。此后，上海图书馆开始探索适应并促进图书馆事业发展的图书馆组织文化，为了形成馆所的综合竞争力，将组织文化建设放到非常重要的位置，成为 2002 年工作的新的着力点，明确提出“初步形成促进图情事业发展和体现图情事业特点的馆所组织文化”的工作目标并制定相应的实施意见。上海图书馆的组织文化建设，取得了显著的成效。

一、引入 CIS 实践

（一）理念识别系统

1996 年，江泽民总书记为新馆落成题词“把图书情报新馆所建成上海的重要信息枢纽和精神文明建设的重要基地”，成为全馆上下的努力目标和奋斗理念。1999 年，李瑞环在视察馆所时题词“一切为了读者”。上海市领导则要求馆所朝着“国内一流，国际先进”的目标发展。在此基础上，形成四大功能的价值观，即面向社会的教育功能、文献加工的升值功能、面向市场的营销功能、信息咨询的服务功能。

在上述价值观的指导下，上海图书馆探索在图情一体化的事业创新路上。2015 年年末，上海图书馆（上海科学技术情报研究所）编制完成“十三五”发展战略规划初稿，并提交职代会表决通过，成为新一轮发展的纲领性文件。

在发展战略规划中确立实施“智慧（intelligence）”“包容（inclusiveness）”“互联（interconnection）”的“3i”转型战略，指出要全面构建图情一体化知识服务体系的战略主题。“智慧”体现不断深化“云中上图”与情报服务，建设智慧型图书馆和新型科技智库的愿景；积极引入和创新各类智能化信息技术，培育技术研发和技术应用能力，为上海建设全球科创中心的发展目标贡献力量，为助推上海“智慧城市”的建设发挥积极作用。“包容”突出上海图书馆作为公共图书馆的发展使命和立身之本，即面向所有社会群体，包括社会弱势群体及特殊人群，提供多元、均等、包容、开放的公共服务，营造倡导阅读和学习的综合性文化场所；体现联合国教科文组织在《公共图书馆宣言》中提出的“在人人享有平等利用权力的基础上，向所有的人提供服务”，以及响应党文化建设、社会建设要求。“互联”则强调人、空间和资源三者之间的便捷高效连接，并且注重科技与文化融合，促进知识充分流动并有效、有序地相互关联。

（二）行为识别系统

馆所合并之初，图书馆提出“不培训不上岗，培训不合格不上岗”的人力资源管理规范。以 1998 年上海图书馆行业开展的规范服务达标总体要求 40 个字作为行为服务准则：读者第一，服务至上；着装统一，挂牌上岗；文明接待，借阅迅速；文字规范，有问必答；设施完好没，环境整洁。并向全体职工提出规范言行的五句话：“文明礼貌使您添风采，积极工作使您增自信，周到服务使您受尊敬，热情助人使您更快乐，勤奋向上使您永充实。”

行为识别系统与图书馆业务紧密结合，形成提高图书馆服务质量和服务水平的基本规范。图书馆在读者服务中实行了热心、精心、耐心、细心、专心的“五心”服务及百问不厌、百问不倒的“双不”服务。“馆所光荣我光荣，我为馆所争光荣”“辛苦我一人，方便众读者”在馆员中形成风尚。

（三）视觉识别系统

上海图书馆在 1996 年新馆开馆之初，对馆所的整体形象进行创意的全面设计。一是进行机构标志的国内外公开征集，设立万元大奖，在 1326 幅作品中经创作修改后形成目前广泛使用的馆标，其寓意为：新馆建筑形象，图情并茂，知识的积累与攀登，开卷有益，信息枢纽，网上服务。二是根据建筑设计总工程师的意见，确定黑、白、蓝、灰色为机构的基本色，以蓝色为基色，寓意知识的海洋，安静、典雅、深邃，思想的驰骋与知识的创造。三是委托专门的设计机构进行导引系统的总体设计，共有 60 多项创意设计，包括基本要素，即标准字体、标准色、象征图案、印刷字体使用规范，标志符号等；应用开发要素，有办公事务用品、服务用品、公关用品、服务规范、车体外观和车牌等。醒目方便而又典雅协调的导引系统使读者一走进图书馆，就感到全馆上下文字色彩规范划一、和谐舒适，有助于读者的阅览与思考。图书馆倡导并规定使用规范化汉字与外语文字并要求在接待中讲普通话，设计并使用系列的机构识别用品,包括信封、信纸、礼品袋、馆旗、馆徽、名片、对外告示、汽车外形等。

在建馆50周年之际(1952—2002),对图书馆的视觉识别系统进行新一轮的更新与完善。一是视觉系统的国际化,包括各类标志标识采用国际化的标准图案、公共通用图案和国际上通用对应外文;还包括导引资料、导读系统、机构介绍资料的英文资料。为适应国际大都市多民族语言的需要,多媒体导读仪除中文版外,还推出英文版和日文版。二是按照业务重组后机构的变化和服务项目的增加进行新的标识和导引。三是编制《上海图书馆上海科学技术情报研究所视觉识别系统手册》。四是对全体员工进行视觉识别系统及其理念的培训①。

1. 助力读者了解图书馆

一些人认为图书馆网站只要信息量大、更新快、有效链接多即可,实际上这只是网站为读者有效服务的一个方面。在当前网络技术如此发达的社会,很多读者对图书馆的了解和接受图书馆服务的方式是通过图书馆门户网站进行,特别是对于那些不能亲自来图书馆的读者,图书馆网站是图书馆开辟的另一种访问和使用图书馆的途径,它应起到与实体图书馆相同的作用。对于读者来讲,通过浏览图书馆网页,不仅能获取文献信息,同时还能体会到整个图书馆的发展目标、文化内涵、规范化的管理和服务理念等,通过图书馆网站建立对图书馆的印象,进而决定是否接受图书馆的服务。

2. 提升社会影响

图书馆的服务对象是广泛的,她不仅服务于个体用户,也服务于集体用户,包括社会的各个层面,为众多社会读者提供服务。虽然高校图书馆和其他的一些专业图书馆的用户群体有一定的限定,但是图书馆联盟及图书馆互访互借的发展,使得这些图书馆的用户也面临多元化。通过那些由专业设计人员进行组织化、系统化、统一化设计的与众不同的视觉符号,图书馆网站在社会中可产生影响,并吸引更多的访问者。同时图书馆可依靠自身的丰富文献资源和人力资源,提供高质量的服务,以获得社会效益和经济效益。

3. 提高管理效能

网络是图书馆的一个新的工作环境,而网站建设需要图书馆各部门提供不同信息和服务。如果各自为战,根据个人的兴趣爱好随意布置版面,则网站犹如一盘散沙,毫无品味之言。因此,在实际运作中必须加强图书馆内部管理,强调使用统一识别系统,统一版面,以突出网站的整体性和归属感。同时,目前图书馆的很多服务也依赖网站进行,这些服务的提供和处理同样需要各个部门的合作,好的图书馆网站不仅是图书馆用户访问的平台,也是图书馆员工作的平台,对图书馆员工作的方便和对图书馆员积极性的提高有不可估量的作用。

二、融形象与文化为一体

(一)馆标与建筑一致

这类图书馆网站的设计者有意突出艺术品位,从整体色调、版面风格、文字插图都十分考究,具备较高的美工基础和设计技巧,给读者留下美好的视觉享受。以美丽的图片和精巧的设计吸引读者的兴趣,同时网站内也有丰富的内容。

---

① 王世伟. 图书馆管理与服务论丛[M]. 上海:上海社会科学院出版社,2004.

上海图书馆新馆新馆位于上海的科技文化区域——淮海中路高安路口，处市中心地段。占地3.1公顷，建筑面积8.3万平方米，在设计中注入以外滩为代表的上海近代建筑的特点，同时又赋予其时代的气息。新馆建筑由高106.9米和58.8米的两座塔形高层和五层裙房组成，拥有知识广场和智慧广场，周围绿化面积达1.1万平方米。新馆建筑与旧馆的塔形钟楼建筑之间有了前后相续的内在联系；而整座大楼的多维台阶式块体设计，象征着文化积淀的坚实基础和人类对知识的不断攀登。新馆成为上海的十大标志性文化设施之一。

图10－23　上海图书馆馆标

来源：上海图书馆. 主页[EB/OL]. [2016－10－01]. http://www.library.sh.cn.

上海图书馆上海科技情报研究所的标志的整体造型取自新馆的建筑特征，即两个错落有致的塔形尖顶：其三角形的造型象征馆所历史悠久、馆藏丰富，寓意知识的积淀和人类对知识的不断攀登。这一造型（图10－23）正是馆所使用的形象体现。

（二）理念、行为、视觉识别系统融汇一致

在上海图书馆各层走廊的大理石壁墙上，雕刻着世界上23种国家和民族的文字，其文字内容都是同一句话，就是“知识就是力量”。

上海图书馆、上海科学技术情报研究所也在践行着这句话。馆所合并之初，上海图书馆就精神文化层面的一些理念进行过整合与创新。随着图书情报事业的变化和发展，精神文化也提出与时俱进地进行整合与创新的要求。图书馆在复旦大学苏勇教授为首的关于馆所组织文化整合与创新课题组的近一年的共同努力下，已就馆所经新一轮整合与创新之后的精神文化达成共识，在原有的基础上形成新的体系，包括：

1. 图书馆的使命：积淀文化，致力于卓越的知识服务

积淀文化是图书馆最重要的职能。上海图书馆、上海科技情报研究所在其50年的发展历程中（如果从先后加入的一些专业和私人图书馆的发展历史计，则已有150多年的发展历史），已经形成一些文化积淀的特色，对于这些历史传统，在积淀文化的使命时将予以坚持。致力于卓越的知识服务是时代赋予图书馆的新的使命。包括三层含义：一是知识服务。二是卓越，即要求每个馆员都要实现三大转变，即从过去的普通服务向精致的服务发展，从过去的大众化服务向个性化服务发展，从过去的一般服务向优质的服务发展。三是将最优秀的人才、最好的设备和技术、最充足资金放到知识服务的一线去。

2. 图书馆的目标：世界级城市图书馆

上海图书馆、上海科学技术情报研究所在1995年曾经提出“国内一流、世界先进”的发展目标。经过七年的努力，图书馆初步达到国内一流的高度。从1998年至2002年先后在全国图书馆领域获得省市级文明图书馆、全国文化系统先进集体、全国图书馆文明行业示范点以及全国巾帼文明岗等光荣称号。随着上海朝着世界城市的目标迈进，作为位于上海的最大的城市公共图书馆和中心图书馆总馆，就应当适应上海在迈向世界城市过程中的文化和信息需求。因此确立“世界级城市图书馆”的发展目标正是在解放思想、实事求是的思想指导下提出的新的发展目标。

“十三五”期间将积极推进“上海图书馆东馆”项目建设，努力推动基本公共文化服务标准化、均等化发展，基本建成世界级城市图书馆体系，加快向大数据时代的全媒体复合型知

识中心转型。着力营造“连接一切,无处不在”的公共文化空间,提供以阅读服务为核心的丰富多元文化体验;着力完善服务“大众创业、万众创新”的知识共享空间,提供以图情一体为特色的专业知识服务;着力打造“支撑创新,支持决策”的新型科技智库,提供以科技、产业和文化为重点的情报服务。

3. 图书馆的核心价值观:精致服务,至诚合作,引领学习,激扬智慧

精致服务要求在图书情报服务的各个环节中做到精细、入微,从一个个细节做起,从一件件小事抓起,为读者考虑得十分周到、细致,为用户提供高质量、高效率、高水平的品牌服务,在服务管理中导入“无缺点服务”的科学管理方法。如馆所的社会科学期刊阅览室提出十个一点的服务要求就是基于精致服务的核心价值观。至诚合作要求在馆所内外做到发扬团队精神,主动协作,诚实守信,互助共赢。引领学习要求馆所在内外成为学习的倡导者、组织者和导航者。如 2002 年 12 月馆所组织的读者月的主题就是“引领网络环境下的学习”,2003 年 5 月的图书馆服务宣传周的主题也是“倡导与发展全民网上学习”。激扬智慧要求馆所在内外管理中成为理念创新的摇篮、知识的推动者、新思想交流和才华施展的平台,并努力构建一个促进人们不断创新的环境。

4. 图书馆的事业领域:传承文化,知识导航,信息服务,图情研究

传承文化要求馆所成为文化传承的殿堂和宝库,将人类文化和上海地方文化之脉通过馆所得以延续。每一位馆员都将把传承文化、收集文献、保护馆藏作为自己的神圣使命和终身追求的事业。知识导航要求馆所的馆员为知识的提供者、知识中介、知识教员、知识的组织者、知识的创建与出版者、知识的合作与倡导者,使馆所成为知识的门户、信息的枢纽和特大型城市中心图书馆的总馆,以适应网络环境下复合型图书馆对我们提出的新的要求。信息服务要求馆所发挥图情合一的优势,以信息服务的理念积极推进情报分析和情报咨询业务以及知识库建设,积极发展战略咨询、政府决策咨询、竞争情报、市场调研与分析、会议展览信息服务、剪报服务、参考服务,持续地建设知识库系列,构建快速便捷的覆盖国内外的文献信息提供体系。图情研究要求馆所在图书馆学和情报学研究领域能够有所探索,有所总结,有所引领,有所建树。

上海图书馆在精神文化创建中,重视员工的参与、学习与创新。在庆祝上海图书馆建馆 50 周年之际,要求每个员工参加“七个一”的活动,即读一本书,学一种新的服务技能,为馆所建议提一条合理化的建议,就 50 年的发展历史写一篇回忆文章,应馆所的发展写一篇学术论文,为读者或社会做一件好事,学 100 句外语。从 2001 年开始,先后施行了评选优秀成果奖、优秀服务奖和金点子奖等。

三、创建文明单位

1997 年年底,上海图书馆向全体干部职工提出文明创建的三大奋斗目标,即争创全国省市文明图书馆并力争名列前茅;争创上海市两个文明的最高荣誉——上海市文明单位;争创上海图书馆行业规范服务达标单位并力争起龙头作用。全馆召开文明创建的动员誓师大会。实践证明,文明创建的载体极大地推动了图书馆的各项工作①。

上海图书馆为争创上海市文明行业示范单位,按照文明行业示范单位的六条标准,提出

① 王世伟. 上海图书馆近年来的改革实践与思考[J]. 中国图书馆学报,2000,26(4):70 - 73.

“名训九三双高招”的文明创建目标和行为规范,即业务发展指标在国内外同行业中排名要居于前列;职工培训要做到百分之百,一个不少;读者用户满意率要达到90%以上,投诉率要降至千分之三以下;科学管理水平要高,文明共建参与度要高;便民服务年年有新招。

在创建精神文明建设基地中创造多种载体。首先是文明共建。上海图书馆先后与徐汇区、广电局、华东师范大学、武警总队十支队等10多家单位签订文明共建协议,并相应开展一系列文明共建活动。如与上海交通大学合办英语广场、五十四中学在上海图书馆知识广场举行成人宣誓仪式、华夏宾馆来图书馆进行文明礼仪示范培训等。其次是参与文明社区建设。如与图书馆所在的天平街道联合举办迎香港回归广场音乐会、“首届社区艺术展”和地区全民健身运动会等。第三是开展社会帮教活动。在上海市监狱局的指导下,图书馆把文明之风吹入大墙之内,在服刑人员中开展读书明理、读书学法、读书悔罪、读书求真活动。上海图书馆与上海周浦监狱签订《关于加强社会帮教共建精神文明协议》,图书馆员与服刑人员结成帮教对子,并为服刑人员做读者辅导讲座、举办书市、组织参观新馆,开展形式多样的知识帮教工作。第四是开展“做文明读者”万人签名活动。图书馆作为精神文明建设的基地,不仅要搞好自身的文明创建,而且应该发挥其精神文明的辐射作用。1998年8月,上海图书馆与上海市文明办共同在上海图书馆知识广场主办“做文明读者、树都市形象”的万人签名活动,并就此拉开全市性的“城市文明与市民素质”大讨论的序幕。在这次活动中,上海图书馆的8家文明共建单位向广大市民和读者发出“读者六要六不”的文明规范倡议,即要遵守“六不”、要衣着整洁、要保持安静、要遵守规定、要爱护书籍、要举止文明;不在指定地点外饮食、不穿背心拖鞋进馆、不使通信工具发同声响、不将书刊随意上架、不涂写损坏图书报刊、不做有碍观瞻之举。第五是认真做好参观接待工作。上海图书馆作为上海精神文明建设的标志性建筑,已经成为上海乃至中国改革开放的窗口形象,每天接待团队参观二至三批。为了在国内外的宾客面前展示新馆的形象、上海的形象和中国的形象,上海图书馆在办公室和国际交流处安排专职接待人员,精心设计多条参加路线,每次参观活动都认真准备、精心安排,做到万无一失,宾客满意。如1998年上海图书馆就先后成功地接待了中央领导胡锦涛和李岚清、美国总统克林顿、香港特别行政区长官董建华等贵宾,为展示国际大都市标志性文化窗口形象做出贡献。上海图书馆树立精神文明建设基地形象的其他三种载体是:与市总工会一起创办“中华职工周末读书会”,在团市委指导下建立青年志愿者基地,与市妇联一起创办“妇女之窗”。

在文明创建中,上海图书馆提出对外树三大形象:

第一是树精神文明建设基地的形象。通过文明共建、社区建设等活动,充分发挥上海图书馆作为精神文明建设基地的作用。为了在全体干部职工中发扬帮困扶贫的社会公德,图书馆向全馆职工发出“支援老区文化建设,开展图书扶贫活动”的通知,许多干部职工纷纷购置新书。1997年以来,图书馆先后向国家级贫困县江西省安远县以及山西省、云南省的一些图书馆捐赠100多万元的图书。

第二是树信息枢纽的形象。在1998年庆祝上海科技研究所建所40周年的庆典上,上海市市长徐匡迪的题词“集全球信息,促上海发展”,为图书馆建立信息枢纽的目标提出更高的要求。图书馆先后建设具有世界先进水平的上海图书馆计算机管理系统,承担上海公共文化信息网的建设,积极发展决策咨询,充分发挥展览、会议、讲座的功能,开通为大型企业集团服务的“知识干线”,不断推出适应市场与用户需求的信息产品,包括为市领导决策参考用的“上图专递”等。

第三是树优质服务的形象。在全馆开展规范服务达标活动,把有规范服务各项要求内容的小册子发至每位职工包括外聘的临时工,馆级领导首先背诵默写,并要求每位职工背得出、做得到。专门成立8个文明督查小组,定期进行检查并记分考核,作为年终文明部门评比的依据。在全馆倡导开放型办馆的思想,具体表现在:服务时间上,做到天天开放,中午不休息,取书实行限时服务;服务对象上,向更多的读者开放,推出部分阅览室的免证阅览;服务方式上,包括古籍阅览室在内均实行开架阅览,推出东方上图联名卡,逐步向一卡走遍全馆发展;服务范围上打破本馆馆藏的限制,提供跨省市、跨国界的馆际互借服务;服务手段上,充分利用现代信息技术如网页展示、电子函件、因特网、全文光盘等为读者用户服务,等等。在规范服务达标的基础上,图书馆于1999年在窗口部门逐步推出品牌服务,服务质量不断提高。

在文明创建中,上海图书馆还做到对内抓五大管理,即队伍管理、制度管理、环境管理、业务管理和读者管理。在队伍管理方面,主抓干部队伍、党员队伍、职工队伍和青年队伍的管理。如在职工队伍管理方面,主抓5个提高,即提高职工的政治思想素质、业务素质、文明素质、身体素质和生活素质。在制度管理方面,共建立健全涉及全馆的职能制度、业务制度和行政制度175项,建立健全200个岗位职责、129项工作流程及流程图。在环境管理方面,要求做到远看近看一个样,粗看细看一个样,正看反看一个样,平时看与检查看一个样。

主要参考书目

1. ALA Council. Code of Ethics of the American Library Association[EB/OL]. [2016 - 03 - 31]. http://www.ala.org/ala/oif/statementspols/codeofethics/codeethics.htm.
2. CILIP. Ethical Principles and Code of Professional Practice for Library and Information Professionals[EB/OL]. [2016 - 03 - 31]. http://www.cilip.org.uk/professionalguidance/ethics/code.
3. 鲍家声. 现代图书馆建筑设计[M]. 北京:中国建筑工业出版社,2002.
4. 程焕文. 新世纪中国大学图书馆发展之我见(之五)——中山大学图书馆馆长程焕文访谈录[J]. 大学图书馆学报,2001(6):1 - 5,13.
5. 程焕文. 跨越时空的图书馆精神——“三位一体”与“三维一体”的韦隶华女士、沈祖荣先生和裘开明先生[J]. 中国图书馆学报,2002(5):61 - 65.
6. 初景利,李麟. 美国图书馆员职业资格认证体系[J]. 国家图书馆学刊,2005(3):29 - 35.
7. 东京大学工学部建筑学科安藤忠雄研究室. 勒·柯布西埃全住宅[M]. 曹文珺译. 宁波:宁波出版社,2005.
8. 杜克等. 当代中国的图书馆事业[M]. 北京:当代中国出版社,1995.
9. 甘波,孙黎. CI 策划——企业形象新境界[M]. 北京:企业管理出版社,1993.
10. 黄俊贵,林汉城. “馆员第一”的辨识和实现[J]. 中国图书馆学报,2004(1):32 - 35.
11. 柯平. 文献目录学[M]. 郑州:河南大学出版社,1998.
12. 柯平. 美国国会图书馆巡礼[J]. 图书馆工作与研究,2001(2):25 - 29.
13. 柯平. 图书馆建筑之经典——美国国会图书馆托马斯·杰斐逊大楼[J]. 江苏图书馆学报,2001(3):59 - 62.
14. 柯平. 社区图书馆的一个范例——纽约皇后区法拉盛图书馆[J]. 图书馆建设,2001(4):107 - 109.
15. 柯平. 大学图书馆管理改革的十大探索[J]. 大学图书馆学报,2001(5):8 - 12.
16. 柯平. 知识管理在图书馆中的应用研究[J]. 图书馆学研究,2003(9):8 - 12.
17. 柯平. 21 世纪的图书馆员[J]. 图书馆建设,2004(1):5 - 9.
18. 柯平. 塑造图书馆——访香港浸会大学图书馆[J]. 图书馆建设,2005(4):114 - 116.
19. 柯平. 图书馆管理文化三论[J]. 图书情报知识,2005(5):23 - 27.
20. 理查德·L. 达夫特. 组织理论与设计精要[M]. 李维安等译. 北京:机械工业出版社,1999.
21. 林海清. 新世纪我国图书馆学研究的展望[J]. 中国图书馆学报,1998(1):18 - 26.
22. 刘静霞. 现代图书馆服务的发展趋向[J]. 科技情报开发与经济,2005(3):8 - 9.
23. 王世伟. 关于蓝色与图书馆的诠释[M]. 图书馆建设,2002(4):8 - 9.
24. 王世伟. 图书馆管理与服务论丛[M]. 上海:上海社会科学出版社,2004.
25. 吴建中. 21 世纪图书馆新论(第二版)[M]. 上海:上海科学技术文献出版社,2003.
26. 吴慰慈,董焱. 图书馆学概论[M]. 北京:北京图书馆出版社,2002.
27. 谢灼华. 中国图书和图书馆史[M]. 武汉:武汉大学出版社,1987.
28. 雄澄宇. 信息社会 4.0:中国社会构建新对策[M]. 长沙:湖南人民出版社,2002.
29. 徐建华. 现代图书馆管理[M]. 天津:南开大学出版社,2003.
30. 于良芝. 图书馆学导论[M]. 北京:科学出版社,2003.

31. 袁咏秋,李家乔.外国图书馆学名著选读[M].北京:北京大学出版社,1988.
32. 张德,吴剑平.企业文化与CI策划[M].北京:清华大学出版社,2000.
33. 赵晓虹.国家图书馆业务工作规章制度建设的回顾与思考[J].国家图书馆学刊,2003(3):3-12.
34. 周宁.CIS企业形象识别设计全书[M].北京:北京广播学院出版社,1995.

后　记

2005 年,在柯平的指导下,2004 级图书馆学专业硕士研究生闫慧、刘玉红、付哲进行了图书馆文化的调查与研究。在接受某策划人约稿任务后,由柯平起草写作大纲,并进行分工撰稿。具体分工是:闫慧负责图书馆文化、图书馆物质文化、图书馆制度文化初稿;付哲负责 CIS 理论与图书馆形象导入、图书馆理念识别系统、行为识别系统初稿;刘玉红负责图书馆视觉识别系统以及图书馆形象导入的实施初稿。为撰写此书,进行了文化的深入研究,闫慧完成硕士学位论文《网络阅读文化体系研究》;进行了案例分析,柯平指导研究生闫慧、付哲和刘玉红共同完成研究报告《泰达图书馆形象识别系统调查及其满意度测评报告》;调查采访了许多图书馆,如柯平多次到上海图书馆和中山大学图书馆实地采访,闫慧到首都图书馆进行实地采访,得到各图书馆的大力支持,获得了有价值的资料;进行资料整理,包括柯平的讲课、报告材料以及照片,除引用的照片外,书中均标注照片的拍摄者。柯平不仅对每一章进行修改,增加材料,而且撰写前言、图书馆精神文化建设、图书馆组织文化案例等章节,并对全书进行统稿。

然而,2006 年全稿完成后,因为那位策划人找的出版社不理想,放弃了出版,这一放就是几年。正好在这个过程中,我国各类型图书馆快速发展,随着图书馆新馆一个又一个拔地而起,图书馆界在文化建设方面发生了很多可喜的变化,为我们提供了更多丰富的素材,进而充实书稿。

在这样一个新形势下,柯平在进行战略规划与战略管理研究过程中,越来越感觉到组织文化的重要性,于是又重启"图书馆组织文化"理论研究与实践探索。2012 年中国图书馆年会在东莞召开,年会专设一个主题论坛"责任与使命——图书馆人的时代担当",其中有一个分主题"组织 · 战略 · 文化",特邀中国图书馆学会学术研究委员会副主任柯平教授做题为"图书馆组织文化的战略构建"的主题报告。

2015 年,柯平找到国家图书馆出版社图书馆学编辑室金丽萍主任,得到她的大力支持,该书的出版工作正式启动,责任编辑高爽提出很多修改意见与完善建议。

因为原稿距今已近十年,许多内容已经过时,原稿中的大部分内容不能再用,于是柯平组织新的团队进行重新撰写。书稿各章节修订过程如下:第一章图书馆组织文化概述,由柯平、邹金汇修订完稿;第二章图书馆的理念识别系统(MIS),宫平参与修订,最后由苏福修订完稿;第三章图书馆的行为识别系统(BIS),宫平参与修订,最后由胡银霞修订完稿;第四章图书馆的视觉识别系统(VIS):基本要素,刘玉红、黄娜、贾子文参与修订,最后由邹金汇修订完稿;第五章图书馆的视觉识别系统(VIS):应用要素,刘玉红、段珊珊参与修订,最后由邹金汇修订完稿;第六章图书馆形象导入的实施,由苏福修订完稿;第七章图书馆物质文化建设,闫慧、苏福、邹金汇参与修订,最后由彭亮修订完稿;第八章图书馆制度文化建设,闫慧、邹金汇、苏福参与修订,最后由张雅琪修订完稿;第九章图书馆精神文化建设,苏福、邹金汇参与修订,最后由刘旭青修订完稿;第十章图书馆组织文化案例,由胡银霞补充上海交通大学图书馆案例,最后由柯平、邹金汇修订完稿。修订工作于 2017 年 3 月完成,书稿面目一新,最终由柯平、邹金汇统稿完成。

在完成本书的过程中,参考了许多资料,特别是得到很多热心人的帮助并提供材料,在此一并表示衷心的感谢。

由于时间仓促,多人执笔,书中肯定会有不少错误和问题,敬请广大读者批评指正。

编者

2006 年 9 月 14 日

2017 年 9 月 14 日修订